Das Haus-Buch

Für Max, Noa und Paula

Stephanie Busch und Ulrich Noller
Illustriert von Monika Horstmann

Das Haus-Buch

Hier wohnt das Wissen der Welt

ERDGESCHOSS

1. STOCK

2. STOCK

UNTERM DACH

KELLER

DRAUSSEN

b
c
e
a
g
d
f
Emely
Rio
8

DIE EINGANGS-HALLE

Drinnen ist draußen

Begrüßungsrituale weltweit, selbst gemachte Nudeln, das älteste Instrument, fliegende Toiletten, das berühmteste Sofa der Welt und Bücher, die die Welt veränderten, dazu Rezepte, Bastel- und Spielideen – wer durch das Portal des Haus-Buchs schreitet, der kann etwas erleben. Portale kennt man heute vor allem aus dem Internet, aber Portale gab es schon längst vor Computern und Co. Das Wort Portal stammt von dem lateinischen »porta« ab, das »Tür« bedeutet. Das Portal eines Gebäudes, das meist die Eingangstür umrahmt, erzählt mitunter sehr viel über das Haus und seine Bewohner; über ihren Geschmack, ihren Wohlstand, ihre Vorlieben. Richtig spannend wird es aber erst hinter dem Portal, drinnen im Haus. Beim Haus-Buch ist im Eingangsbereich wie in allen anderen Zimmern eines sowieso ganz besonders: Drinnen ist eigentlich draußen – mit Hilfe der Dinge und Gegenstände in den Zimmern erzählt das Haus Interessantes, Spannendes und Staunenswertes aus der ganzen Welt.

Hochhäuser, die 13 und die Triskaidekaphobie

Im Eingangsbereich vieler Hochhäuser fehlt etwas: Die Klingeln für die 13. Etage. Und das liegt nicht etwa daran, dass die Männer vom Bautrupp dieses Stockwerk vergessen hätten. Vielmehr ist es so, dass in diesen Häusern auf den 12. Stock direkt die 14. Etage folgt. Die arme 13! Ihr wird aus reinem Aberglauben das ganze Pech dieser Erde angedichtet, und selbst Hochhausbesitzer fürchten ihre Wirkung! Es gibt sogar ein Fremdwort für die Angst vor der 13 – *Triskaidekaphobie.* Woher der Aberglaube stammt, dafür gibt es viele verschiedene Erklärungen. Eine lautet so: Die 13 gilt deshalb als Unglückszahl, weil Judas, der Jesus verriet, der 13. in der Runde der Apostel mit Jesus war. Wissenschaftler haben übrigens längst nachgewiesen, dass kein Unglück dieser Welt wirklich etwas mit der Zahl 13 zu tun hat. Trotzdem glauben viele Menschen unbeirrbar, dass die 13 Pech bringt. Immerhin, es gibt auch Menschen, die die 13 schätzen, etwa der Fußballer Michael Ballack: Wann immer es geht, spielt er im Trikot mit der Nummer 13. Ballack könnte glatt als Italiener durchgehen. In Italien gilt die 13 nämlich als Glückszahl.

Klingelstreiche

Glockenzieherle, Glöcknern, Klingeljagd, Klingelmännchen, Klingelpartie, Klingelputzen, Schellekloppe, Schellekes ziehen

Taipeh 101 – das höchste bewohnte Haus der Welt

Land: Taiwan *Stadt:* Taipeh *Stockwerke:* 101 *Höhe:* 508 Meter *Fahrstühle:* 63 *Stahl:* 50 000 Tonnen *Telefonkabel:* 5360 Kilometer *Wasserleitungen:* 100 Kilometer *Bauzeit:* 65 Monate

Das Tilgerpendel

Hohe Gebäude können an ihrer Spitze je nach Windverhältnissen mehrere Meter hin und her schwanken. Weil das die Stabilität gefährdet, haben viele Wolkenkratzer Tilgerpendel. Das sind schwere Stahlkugeln, die in großer Höhe im Haus so aufgehängt sind, dass sie die Bewegungsenergie des Pendels auffangen und anschließend in andere Energie umwandeln. Auf diese Weise

lässt sich die Schwankung des Hauses deutlich verringern. Das Tilgerpendel im Hochhaus »Taipeh 101« hat einen Durchmesser von 5,5 Metern und wiegt 660 Tonnen. Es schützt nicht nur vor starkem Wind, sondern auch vor Erdbebenerschütterungen. Es kann zwischen dem 88. und dem 92. Stockwerk besichtigt werden.

Lockpicking: Extremsport für Panzerknacker

Wie sicher sind eigentlich Sicherheitsschlösser? Die seltsamen Extremsportler, die eine Sportart namens Lockpicking betreiben, wissen es am besten. Die nicht ganz offiziellen Meisterschaften im Lockpicking, also im Schlösserknacken, gewinnt derjenige, der mit einfachen Werkzeugen und ausgeklügelter Technik ein Sicherheitsschloss möglichst schnell knackt. Dass sie jedes Schloss überwinden können, haben die selbstbewussten Lockpicker bei ihren Meisterschaften schon oft bewiesen. Gut, dass es mittlerweile Schlösser gibt, die mit dem Abgleich der Fingerabdrücke und mit Stimmerkennung arbeiten. So gibt es für ängstliche Millionäre auch in Zeiten des Lockpickings wenigstens ein bisschen Sicherheit.

Der Geist der Türschwelle

In Thailand schickt es sich, beim Eintreten nicht auf die Türschwelle des Hauses zu treten oder gar darauf stehen zu bleiben. Das würde den Schwellengeist sehr verletzen. Bei den nordamerikanischen Navajo-Indianern befindet sich der Eingang der Lehmhäuser immer Richtung Osten. Auf keinen Fall gibt es Öffnungen in Richtung Norden. Dort, so glauben die Navajos,

Die ersten Hochhäuser

Die Pyramiden von Gizeh / Ägypten (2500 v. Chr.): 146 Meter
Die Tempelpyramiden von Tikal / Guatemala (500 v. Chr.): 69 Meter
Die Hindutempel in Chidambaram / Indien (13. Jahrhundert): 45 Meter

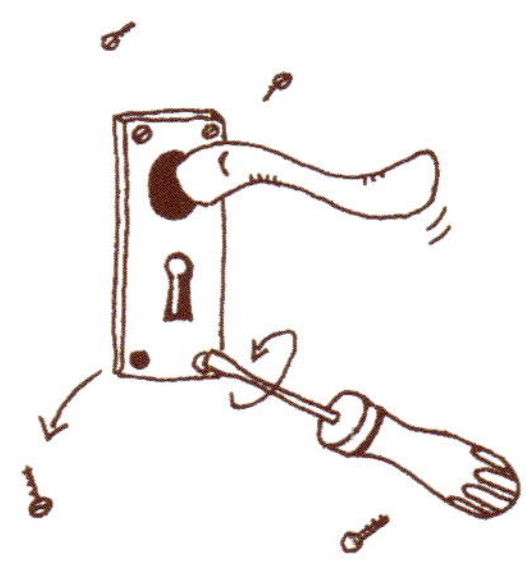

Städte mit den meisten Hochhäusern

1. Hongkong / China: 7549
2. New York / USA: 5478
3. Singapur / Singapur: 3619
4. São Paulo / Brasilien: 3549
5. Seoul / Südkorea: 2842
6. Tokio / Japan: 2496
7. Istanbul / Türkei: 2122
8. Rio de Janeiro / Brasilien: 1989
9. Toronto / Kanada: 1645
10. Buenos Aires / Argentinien: 1528

(Als Hochhäuser gelten Häuser, die über 25 Meter hoch sind.)

wohnen mächtige Geister, und denen wollen sie nicht jedes Mal beim Verlassen des Hauses ins Antlitz blicken. In der Türkei ist es üblich, mit dem Übertreten der Türschwelle die Schuhe abzulegen. Passiert das nicht, wird der gute Geist des richtigen Benehmens verprellt. Außerdem streicht man in der Türkei Öl oder Honig auf die Türschwelle, wenn eine Braut erstmals die Türschwelle des Bräutigams überschreitet. So soll bei allen guten Geistern gesichert werden, dass die beiden immer ein gutes Auskommen haben. In Deutschland trägt der Bräutigam die Braut nach dem Hochzeitsfest über die Türschwelle. Der Grund: Früher glaubten die Menschen hierzulande, dass unter der Türschwelle böse Geister darauf lauern, die Braut zu berühren und dadurch dem Brautpaar Unglück zu bringen. Vor dem Tor vieler chinesischer Häuser steht eine Wand, so dass man nicht einfach voranschreiten, sondern nur links oder rechts herum eintreten kann. Der Grund: So lassen sich böse Geister abhalten, die nur geradeaus gehen können.

Türen nach Widerstandsklassen

Für starke Diebe kein Problem: Türen der Widerstandsklasse 1 überwindet der Einbrecher mit reiner Körperkraft, indem er gegen die Tür tritt, sich mit der Schulter dagegen wirft oder die Tür einfach herausreißt. Bei Türen der Widerstandsklasse 2 benötigt der Dieb schon einfache Werkzeuge wie Zange und Keile. Türen der Widerstandsklasse 3 können nur mit speziellen Werkzeugen wie dem Brecheisen überwunden werden. Eine Tür der Widerstandsklasse 4 hält dem Gangster lange stand. Er braucht Säge, Hammer, Schlagaxt, Stemmeisen und Meißel sowie eine Akku-Bohrmaschine, um diese Tür zu knacken. Mindestens! Bei Türen der Widerstandsklassen 5 und 6 muss der Täter schweres und besonders schweres Werkzeug, also zum Beispiel eine Schlagbohrmaschine, einsetzen. Wer solche Türen hat, ist sogar vor den Panzerknackern ziemlich sicher.

Die Türklinke be-greifen

Oft sind die Dinge, die wir im Alltag benutzen, von Designern gestaltet worden. Otl Aicher (1922–1991) beispielsweise war ein deutscher Gestalter, der durch eine Reihe von Symbolen weltberühmt wurde, die bei den Olympischen Spielen 1972 in München die Besucher sicher durch die Stadt lotsten. Otl Aichers Zeichensprache kam bei den Olympia-Touristen so gut an, dass sie später in vielen Ländern der Welt verwendet wurde. Der bayerische Designer hat sich aber auch mit Türklinken beschäftigt. Inspiriert von dem Philosophen Ludwig Wittgenstein, suchte er nach der perfekt geformten Klinke. Und dabei stellte er die vier Gebote des Greifens auf:

Die Daumenbremse – damit der Daumen auf der Klinke Halt findet. Die Zeigefingerkuhle – damit auch der Zeigefinger Halt findet. Die Ballenstütze – damit die Handfläche beim Greifen gestützt wird. Das Greifvolumen – damit man beim Greifen etwas in der Hand hat.

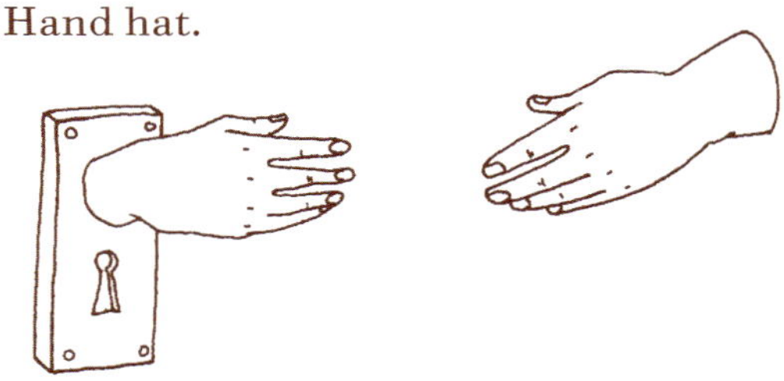

Allein im weiten Flur

Dielenbowling Neun leere Plastikflaschen aufstellen und mit einem alten Tennisball kegeln. Läuferschlittern Anlauf nehmen und auf einer Fußmatte oder einem Läufer durch den Korridor schlittern. Vorsicht: Ein Balanceakt! Flurgolf Mit Schrubber oder Besen Tischtennisbälle in fremder Leute Schuhe einlochen. Zielmurmeln Beliebte Ziele sind Türritzen, Schrankbeine und Einkaufstaschen. Garderobenbasketball Die Hutablage dient als Korb. Vorsichtshalber nur mit einem Softball spielen.

Ohne Worte: Begrüßungszeichen

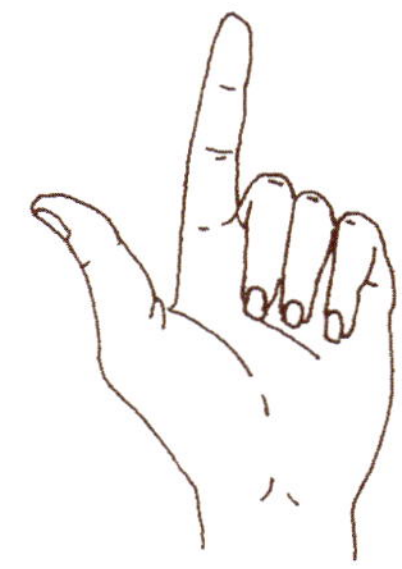

Abklatschen = Hip-Hopper und Streetkids Ausgestreckter Daumen und Zeigefinger, die drei anderen Finger sind eingeklappt = Surfer Drei mittlere Finger gestreckt, der Daumen liegt über dem kleinen Finger = Pfadfinder Erhobene, offene rechte Hand = Friedensgruß der Indianer Geballte Faust = Kämpfer für die Sache der Arbeiter/Sozialisten Rechte Hand offen erheben, dann als Faust aufs Herz = Reaggae-Fans Teufelshörner, der kleine Finger und der Zeigefinger zeigen nach oben = Rocker und Hardrock-Fans Victory = Sportsmenschen

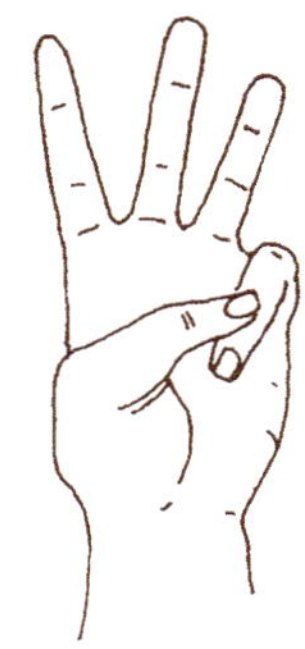

Begrüßungsrituale in aller Welt

Eine Akkolade ist ein angedeuteter Wangenkuss, den man zur Begrüßung in Frankreich, Spanien und vielen osteuropäischen Ländern gibt. Die Maoris, die Ureinwohner Neuseelands, begrüßen sich mit einer Umarmung und dem Wort *Hongi*. Die Nasenspitzen werden bei geschlossenen Augen und einem tiefstimmigen »Mmmm« aneinander gerieben. »Abrazo« ist in vielen Ländern Lateinamerikas das gängige Begrüßungsritual mit Handschlag, Umarmung, Wangenkuss, wiederholtem Händeschütteln und Auf-die-Schulter-Klopfen. *Namaste* sagen die Hindus in Indien und in vielen Ländern Asiens, während sie die Handinnenflächen in Herznähe an die Brust legen und den Kopf leicht beugen. *Schalom* bedeutet in Israel und unter den Menschen jüdischen Glaubens »Unversehrtheit«, »Heil«, »Frieden«. Man wünscht dem anderen aber auch »Gesundheit«, »Sicherheit« und »Ruhe«. *Hujambo?* (»Wie geht es dir?«) ist in folgenden afrikanischen Ländern gebräuchlich: Tansania, Kenia, Kongo, Uganda, Burundi, Malawi, Mosambik, Sambia, Komoren, Mayotte und Ruanda. *Ni hao ma!* heißt ebenfalls »Wie geht es dir?«. Chinesen, die Mandarin sprechen, grüßen sich auf diese Weise mit einer leichten Verbeugung. *A-salamu ʻalaikum* ist ein arabischer Gruß, der übersetzt »Friede sei mit euch« bedeutet.

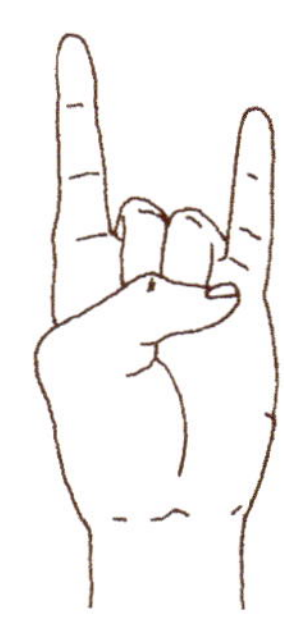

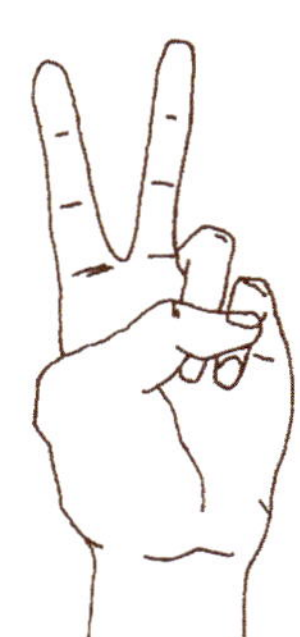

Tierisches Hallo

Pinguine schreien vor Freude. Besonders, wenn ein Pinguin seine Partnerin wiederfindet, beginnt eine laute Begrüßung mit allem Pipapo. Pinguine leben in Kolonien mit bis zu einer Million dicht aneinandergedrängter Artgenossen, die alle irgendwie gleich aussehen. Deshalb können sie sich am besten an der Stimmgewalt und an den unterschiedlichen Lauten der Artgenossen erkennen. Delfine grüßen sich mit einem Pfeifen, das jeweils nach etwa drei Sekunden beantwortet wird. Das funktioniert auch auf Distanz: Die Meeressäuger hören sich schon aus 600 Metern Entfernung und erkennen einen einmal gehörten Artgenossen an seinem Pfiff wieder. Ähnliche Fähigkeiten haben nur Menschen und Vögel. Die eigentliche Begrüßung zwischen den Delfinen ist dann allerdings das Aneinanderreiben der Brustflossen. Schwertwalgruppen, die sich im offenen Meer begegnen, verharren erst einmal einige Sekunden lang. Dann schwimmen sie aufeinander zu, vermischen sich, tauchen unter, schwimmen im Kreis, tauchen wieder auf, um schließlich ausgelassen miteinander herumzutoben.

Garderobe?

Das Wort Garderobe (aus dem Französischen: *garde* = »Wache« und *robe* = »Gewand«; also *garde robe* = »Kleiderverwahrung«) hat folgende Bedeutungen:

An der Garderobe im Flur hängen Mäntel und darauf liegen Hüte. In der Garderobe ziehen sich Theaterschauspieler um. Eine Garderobe kann man anziehen und sich damit sehen lassen. An der Garderobe in der Oper kann man seinen Mantel abgeben.

Wer erfand eigentlich den Anorak?

Das Wort Anorak stammt aus der Sprache der Eskimos/Inuit: *Annoraaq* bedeutet »etwas gegen den Wind«. Die Ureinwohner Grönlands müssen Kälteperioden mit bis zu 50 Grad unter null überstehen. Ihre Kleidung bestand früher aus Fellen und Vogelhäuten. Das »Unter«-Fell wurde mit der Haarseite auf dem Körper getragen, darüber trugen die Inuit die Kleidung mit dem Fell nach außen. Die ersten Anoraks bestanden aus Robbenfell. Auch der Parka war übrigens schon den Inuit bekannt: *Parquaaq* bedeutet »Hitze«, Parka ist bei uns auch eine Bezeichnung für warme Funktionsjacken. Adelbert von Chamisso, der Anfang des 19. Jahrhunderts die Küste Alaskas kartographierte, führte das Wort in die deutsche Sprache ein.

Öl und Gummi – Regenschutz

Regenschirme haben die Eigenschaft, immer gerade dann verschwunden zu sein, wenn man sie braucht. Es gab aber auch Zeiten, in denen sie nicht so leicht verschwanden: Im 18. Jahrhundert wogen Regenschirme bis zu fünf Kilogramm – fünf Kilo weniger in der Tasche zu haben, das fällt natürlich auf. Der Engländer Jonas Hanway (1712–1786) machte den Regenschirm in unseren Gefilden populär. In China gab es Schirme schon im 4. Jahrhundert. Ursprünglich sollten sie übrigens eher Schatten spenden, als vor Regentropfen schützen. Daher auch die englische Bezeichnung *umbrella*, was so viel wie »kleiner Schatten« heißt. Gummistiefel Die Inkas und die Mayas, also die Ureinwohner Amerikas, haben die ersten Gummistiefel hergestellt, indem sie sich den Saft des Kautschukbaumes über Unter-

Handschuhgrößen

Die Handschuhgröße misst man mit einem Maßband rund um den Bereich der Hand, an dem die Finger beginnen. Einmal rundherum gemessen – und schon kann man seine Handschuhgröße ermitteln.

18,25 cm = 6,5
19,50 cm = 7
20,75 cm = 7,5
22 cm = 8
23,25 cm = 8,5
24,50 cm = 9
25,75 cm = 9,5
27 cm = 10

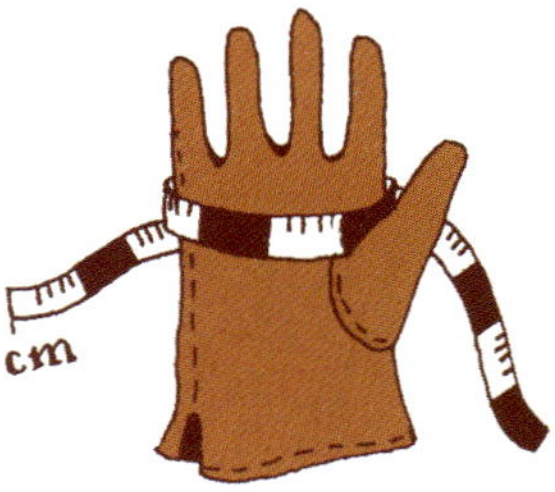

Lustige Kopfbedeckungen

Basecap, Bollenhut, Calotte, Dreispitz, Elbsegler, Geierhaube, Melone, Narrenkappe, Schlafmütze, Skimütze, Tirolerhut, Tschako, Zweispitz, Zylinder

schenkel und Füße gossen und die Masse langsam trocknen ließen. Dieser Urgummistiefel war noch sehr brüchig. Erst im 19. Jahrhundert wurde Gummi durch ein chemisches Verfahren namens Vulkanisation so elastisch, dass man gut darin laufen konnte. Übrigens: Gummistiefelweitwurf ist in Finnland ein anerkannter Mannschaftssport, inzwischen gibt es sogar Weltmeisterschaften in dieser Sportart. Ölzeug Seeleute tragen zum Schutz gegen Wind, Regen und Kälte sogenanntes Ölzeug. Das ist Kleidung, deren Oberfläche mit Leinöl behandelt wurde und wasserdicht ist. Ölzeug wird heute aus modernen Stoffen wie Goretex und Sympatex hergestellt. Diese Stoffe sind atmungsaktiv, das heißt, dass Regen zwar nicht eindringen, Schweiß aber nach außen verdampfen kann.

Schuhe, Schuhe, Schuhe

Mohkisso Indianischer Schuh, wahrscheinlich ältester Schuh der Menschheit; heute noch Mokassinschuh (gemacht aus einem Stück Leder, das unter dem Fuß entlangführt und vorne durch ein rundes Stück Leder zusammengehalten wird). Zori Japanische Sandalen = Flip-Flop. Aus dem holländischen Holzschuh wurde der Clog. Der irisch-schottische Schuh namens *Broguing* (irische Hirten wollten, dass das Wasser aus den Schuhen schneller ablief, und stanzten Löcher hinein) wurde zum Budapester mit seinem typischen Lochmuster. Mitte des 19. Jahrhunderts kamen in den USA Leinenschnürschuhe mit Gummisohle für den Krocketsport auf den Markt, woraus die Sneakers wurden.

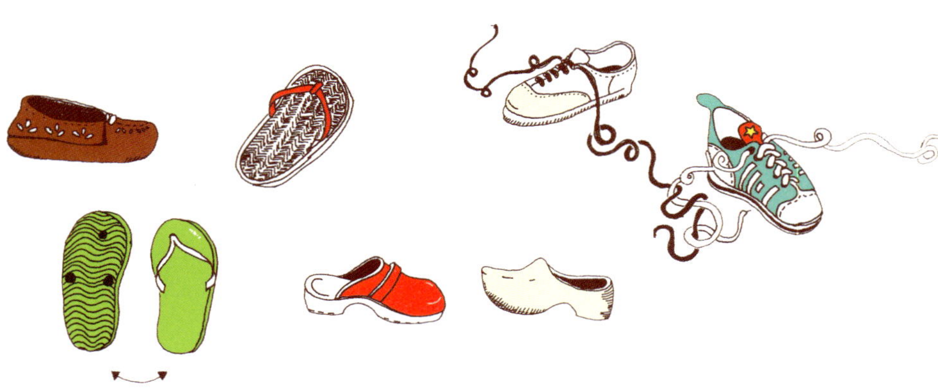

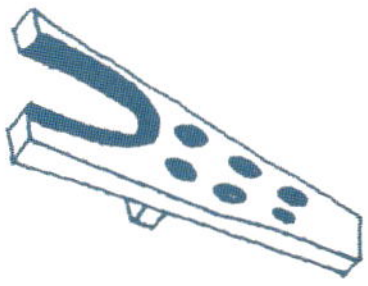

Der Stiefelknecht

Reiche Menschen hatten früher Knechte, die ihnen dabei behilflich waren, nach langem Tagwerk die Schuhe auszuziehen. Heutzutage kann man dazu den Stiefelknecht benutzen: ein Brett mit einem rundlichen Einschnitt, mit dessen Hilfe man auch eng anliegende Schuhe kinderleicht vom Fuß bekommt.

Und wenn die Sonne lacht?

Neben guter Wetterkleidung bei Regen braucht der Mensch Kleidung, die auch vor den UV-Strahlen der Sonne Schutz bietet. Allgemein gilt: Wie gut ein Kleidungsstück vor der gefährlichen UV-Strahlung schützt, hängt von der Dichte, vom Fasermaterial und von der Farbe des Stoffes ab. Je dunkler die Farben, desto größer ist der Schutz. Kräftiges Grün und Rot sind am wirksamsten. Aber so oder so: Die beste Vorsorge ist immer noch, zu viel Sonne zu meiden.

Telefonieren

1837 Samuel F. Morse erfindet die Technik des Morsens. Dabei können Signale mit Hilfe von Stromleitungen über weite Entfernungen gesendet werden. 1876 Alexander Graham Bell stellt als Erster einen Patentantrag für ein Telefon. Er war damit nur einen Hauch schneller als Elisha Gray und Antonio Meucci. Die drei gelten deshalb gemeinsam als die Erfinder des Telefons. 1881 In Berlin wird das erste deutsche Ortsnetz aufgebaut. Frankfurt/Main, Hamburg, Köln, München, Mannheim und Breslau folgen. 1900 Zwischen Berlin und Paris wird die erste Auslandsverbindung möglich. 1923 In Weilheim/Oberbayern werden erstmals in Deutschland die Verbindungen automatisch geschaltet. Damit ist keine Vermittlungsstelle mehr nötig. 1986 Das C-Netz geht in Betrieb. In Deutschland kann erstmals flächendeckend und ohne Vermittlung mobil telefoniert werden. 1991 In England wird die erste SMS (*Short Message Ser-*

vice) verschickt. 1992 In Deutschland wird der GSM-Standard eingeführt. GSM bedeutet *Global System for Mobile Communications*. Dieser Standard führte dazu, dass Mobiltelefone sich weltweit durchsetzen. 2003 In Europa werden 16 Milliarden SMS verschickt. 2006 Weltweit nutzen 1,7 Milliarden Menschen ein Handy. Täglich kommen etwa eine Million Menschen dazu.

Botschaften, Briefe, E-Mails

Der wahrscheinlich älteste Brief wurde vor 3700 Jahren von König Hammurabi (1728–1686 v. Chr.) von Babylon geschrieben. Jahrhunderte später legten Seefahrer ihre Briefe an bestimmte Plätze unter Steine, in der Hoffnung, dass zufällig vorbeikommende Schiffe ihre Botschaften irgendwann mit nach Hause nähmen. Ähnlich wie die Ballonpost, bei der Briefkarten an einen ungelenkten, mit Helium gefüllten Ballon gehängt wurden, erreichten die Schriftstücke meist nicht ihren Adressaten. Organisierte Botendienste, die Briefe aus Postkästen mitnahmen, gibt es seit Mitte des 17. Jahrhunderts: Um 1653 konnten die Menschen in Paris Papierstreifen kaufen, um den Postdienst zu bezahlen. Ein Briefbote brauchte damals oft Tage, um einen Brief in eine andere Stadt zu bringen. Heute ist die moderne Post auch nicht viel schneller. Deshalb trägt sie bei vielen Kunden auch den Namen »Schneckenpost«. Gut, dass es das Internet gibt: Eine E-Mail ans andere Ende der Welt zu schicken dauert gerade mal den Bruchteil einer Sekunde.

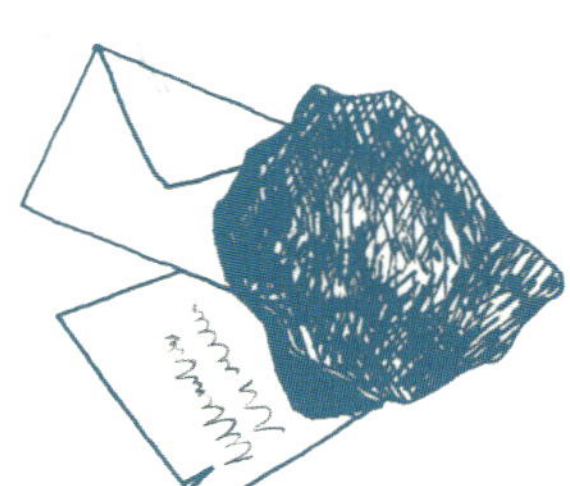

Zum Buchstabieren: Das (Telefon-)Alphabet

Deutsch	*Finnisch*	*Englisch*
Anton	Aarne	Alfred
Berta	Bertta	Benjamin
Cäsar	Celsius	Charles
Dora	Daavid	David
Emil	Eemeli	Edward
Friedrich	Faarao	Frederick
Gustav	Gideon	George
Heinrich	Heikki	Harry
Ida	Iivari	Isaac
Julius	Jussi	Jack
Kaufmann	Kalli	King
Ludwig	Lauri	London
Martha	Matti	Mary
Nordpol	Niilo	Nellie
Otto	Otto	Oliver
Ökonom	Öljy	(..)
Paula	Paavo	Peter
Quelle	Kuu	Queen
Richard	Risto	Robert
Samuel	Sakari	Samuel
Theodor	Tyne	Tommy
Ulrich	Urho	Uncle
Viktor	Vihtori	Victor
Wilhelm	Wiski	William
Xanthippe	Äksä	X-ray
Ypsilon	Yrjö	Yellow
Zacharias	Tseta	Zebra

Rekordtreppen

Neun Kilometer misst die längste Treppe der Welt. Auf 6 293 Stufen führt sie auf den Berg Taishan in China.

Die Niesen-Treppe, die neben der örtlichen Seilbahn auf den Berg Niesen in der Schweiz führt, ist zwar nicht ganz so lang, hat dafür aber mehr Stufen: 11 674. 52 Minuten brauchte der schnellste Treppenläufer, um sie zu erklimmen.

Die längste Treppe in einem Gebäude befindet sich im CNN-Tower in Toronto. Der Tower ist mit 553 Metern das höchste freistehende Gebäude der Welt. Die Treppe hat 2 570 Stufen.

Hunger!

Wir haben Hunger, Hunger, Hunger,
haben Hunger, Hunger, Hunger,
haben Hunger, Hunger, Hunger,
haben Durst ...

Wo bleibt der Käse, Käse, Käse,
bleibt der Käse, Käse, Käse,
bleibt der Käse, Käse, Käse,
bleibt die Wurst ...

In Deutschland nimmt ein Mensch in seinem Leben im Durchschnitt 80 000 Mahlzeiten ein. Diejenigen, die jeden Tag zusätzlich Kaffee und Kuchen genießen, kommen bei 75 Lebensjahren auf 105 000 Mahlzeiten. Bei einem durchschnittlichen Zeitaufwand von 30 Minuten sind das sechs Lebensjahre, die man allein mit Essen verbringt. Insgesamt nimmt ein Mensch dabei 30 000 Kilogramm feste Nahrung sowie 50 000 Liter Flüssiges zu sich.

Schokoriegel, Radarstrahlen und Mikrowellen

Am Anfang war das Feuer. Schon vor 500 000 Jahren haben die Menschen ihre Mahlzeiten mit Feuer zubereitet. Das schließen Forscher aus verkohlten Tierknochen, die sie in Indien fanden. Zwischen dem 3. und dem 6. Jahrhundert n. Chr. bauten die Japaner Öfen aus Erde und Ton zum Reiskochen, die sogenannten *Kamados* (Herdöfen). Im 16. Jahrhundert ummauerten viele Menschen in Mitteleuropa ihre offenen Feuerstellen, so dass daraus Herde wurden. Die erste geschlossene Feuerstelle, der Castrol-Herd, wurde 1735 von François de Cuvilliés erfunden und machte das Kochen sicherer: Die gemauerte Kammer, in der das Feuer loderte, wurde mit einer gelochten Platte abgedeckt und der Kochtopf daraufgestellt. 1830 wurde der erste Gasherd erfunden, 1893 auf der Weltausstellung in Chicago der erste Elektroherd vorgestellt. 1947 kam der erste Mikrowellenherd auf den Markt. Eine Zufallserfindung: Der Forscher Percy Spencer experimentierte 1945 in seinem Labor mit Radarwellen – und dabei begann der Schokoriegel in seiner Kitteltasche zu schmelzen. Spencer forschte nach und erfand den »Radarange«. Dieses Urmodell eines Mikrowellenherdes wog mehrere hundert Kilogramm und war so groß wie ein Schrank. 1974 erfanden Mitarbeiter der deutschen Firma Schott das Cerankochfeld. Ein solcher Herd verfügt statt der gängigen Metallplatten über eine Glas-Keramik-Platte. Die Ingenieure entwickelten das Ganze heimlich, weil ihren Chefs das Forschungsprojekt eigentlich zu teuer war. 1987 wurde die Induktionskochplatte der Öffentlichkeit vorgestellt. Beim Kochen mit dieser Methode werden die Lebensmittel mit Hilfe von Magnetfeldern erhitzt. Das funktioniert aber nur, wenn man auch geeignete Töpfe und Pfannen verwendet.

Reichsgraf von Rumford – der Küchenrevolutionär mit der Armensuppe

Benjamin Thompson aus Rumford / New Hampshire (1753–1814) war schon als junger Mann sehr an Mathematik und Physik interessiert. Im amerikanischen Unabhängigkeitskrieg kämpfte er auf der Seite Englands und ging anschließend nach London. Dort arbeitete Thompson als wissenschaftlicher und militärischer Berater für die Regierung. Unter anderem erfand er ein Kommunikationssystem für die Seefahrt und verbesserte das gängige Schießpulver. Weil seine Karriere-Aussichten in London nicht gut genug waren, zog es ihn an den Hof des bayerischen Kurfürsten Karl Theodor (1724–1799). Beeindruckt von der Armut der einfachen Soldaten der bayerischen Armee, entwickelte Thompson eine Unterwäsche, die Wärme speicherte, erfand den Sparherd und führte die Armenspeisung auf Basis der sogenannten Rumfordsuppe ein. Der bayerische Herrscher machte seinen amerikanischen Mitarbeiter nicht nur zum Polizeichef und Kriegsminister, sondern adelte ihn im Jahr 1790 auch zum Grafen. Seitdem durfte der sich Sir Benjamin Thompson Reichsgraf von Rumford nennen.

Kalorien in Lebensmitteln

pro 100 Gramm / 100 Milliliter

Apfel: 47
Banane: 95
Bratwurst: 290
Butter: 740
Cola: 39
Cornflakes: 360
Honig: 290
Honigmelone: 54
Kartoffelchips: 550
Kopfsalat: 12
Mayonnaise: 700
Orange: 37
Pommes frites: 305
Reis: 140
Rosine: 280
Schokolade: 530
Spaghetti: 362
Spinat: 15
Tomate: 17
Vollmilch: 66
Walnuss: 690
Weintraube: 60
Zwiebel: 28

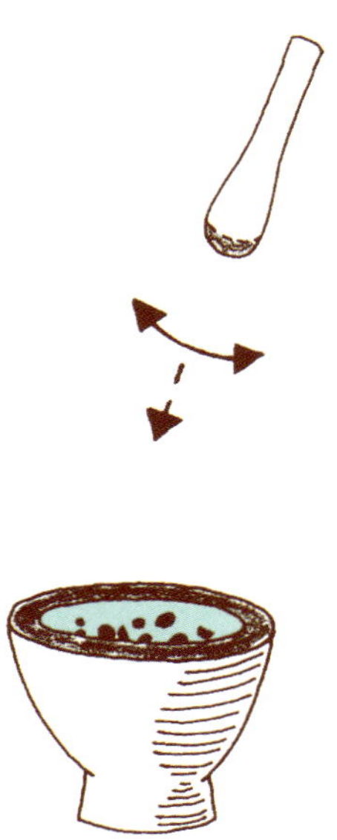

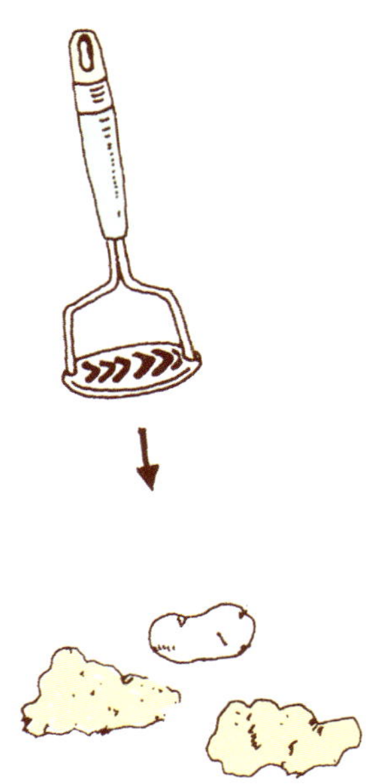

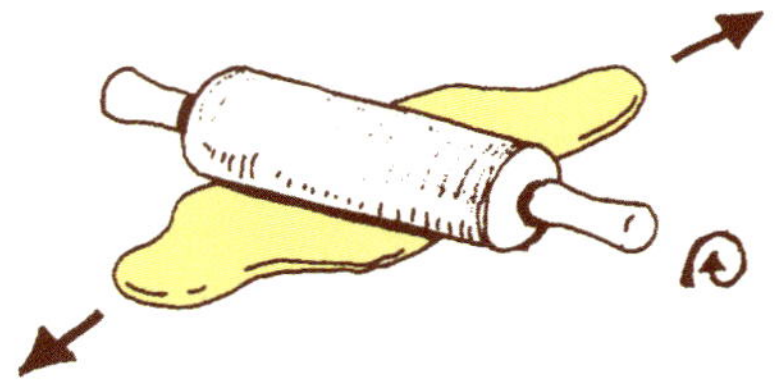

Die Rumfordsuppe heute

Zutaten für vier Personen

150 Gramm grüne Trockenerbsen
Eine Pfefferschote
40 Gramm Graupen
Eine kleine Kartoffel
Eine große Zwiebel
Eine Knoblauchzehe
Etwas gehackte Petersilie
Ein Schuss Zitronensaft
Ein Bund Suppengrün
1 250 Milliliter Gemüsebrühe
Ein Esslöffel Öl
Eine Prise Salz

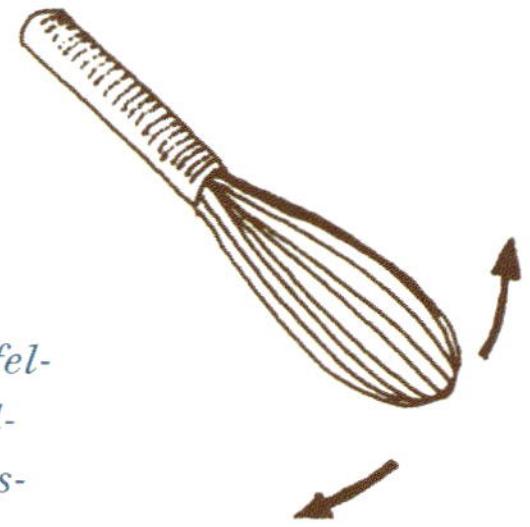

Traditionelle Küchengeräte

Butterfass, Dröppelminna, Glosche, Kartoffelstampfer, Mörser, Nudelholz, Nussknacker, Presssack, Samowar, Schlesinger, Schneebesen, Trichter

Zubereitung

Die Erbsen werden mit der Gemüsebrühe kurz aufgekocht. Anschließend ziehen sie bei kleiner Hitze eine halbe Stunde. Die klein geschnittene Pfefferschote und die Graupen werden in die Erbsenbrühe gegeben. Die Brühe wird kurz aufgekocht. Anschließend zieht sie 10 Minuten. Die Kartoffelstücke werden der Brühe beigefügt. Wieder wird die Brühe kurz aufgekocht. Danach zieht die Masse so lange, bis alle Zutaten weich sind. Knoblauch, Zwiebel und Suppengrün werden klein gehackt und anschließend in heißem Öl fünf Minuten gebraten. Danach wird alles in die Suppe gerührt. Die Suppe wird schließlich mit Zitronensaft und Salz verfeinert sowie mit Petersilie bestreut.

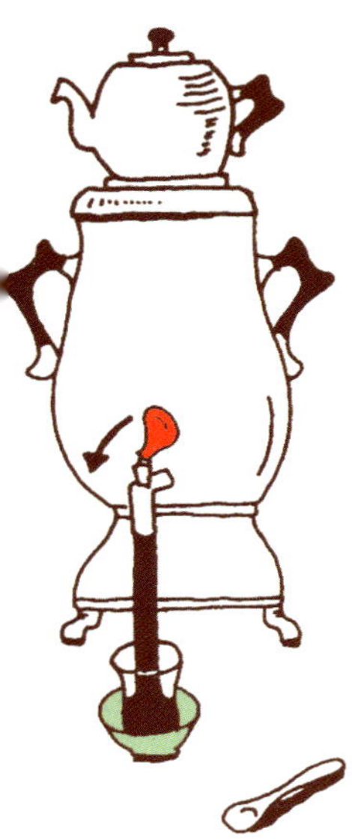

Die Erfindung der Einbauküche

Mutters Einbauküche als Motor des Fortschritts – eine witzige Vorstellung. Aber auch eine zutreffende: In den 1920er Jahren machte sich die junge österreichische Architektin Margarete Schütte-Lihotzky (1897–2000) ernsthafte Gedanken darüber, wie die Küchenschufterei für Frauen erleichtert werden könnte. Mit einer Stoppuhr und einem Metermaß bewaffnet, berechnete sie die für die üblichen Küchentätigkeiten optimale Raumgröße. Heraus kam eine Küche von nur 6,5 Quadratmetern: die sogenannte Frankfurter Küche, die für ein Wohnungsbauprojekt in Frankfurt/Main entwickelt wurde. Sie gilt als Urtyp der modernen Einbauküche. Jeder Arbeitsschritt sollte durch einen einfachen Handgriff erledigt werden können, jede Anstrengung durch technische Hilfsmittel möglichst verringert werden. Durch einfaches Drehen des Oberkörpers nahm Margarete Schütte-Lihotzky mit der linken Hand den Topf aus dem Schrank, angelte mit der rechten Hand zugleich die Kartoffeln aus dem Spülbecken und ließ nur eine Sekunde später den Topf ohne großen Aufwand auf die Herdplatte gleiten. Ein weiterer Vorteil: Diese Küche ist so schnell wieder aufgeräumt, dass genügend Zeit für die wirklich wichtigen Dinge des Lebens bleibt.

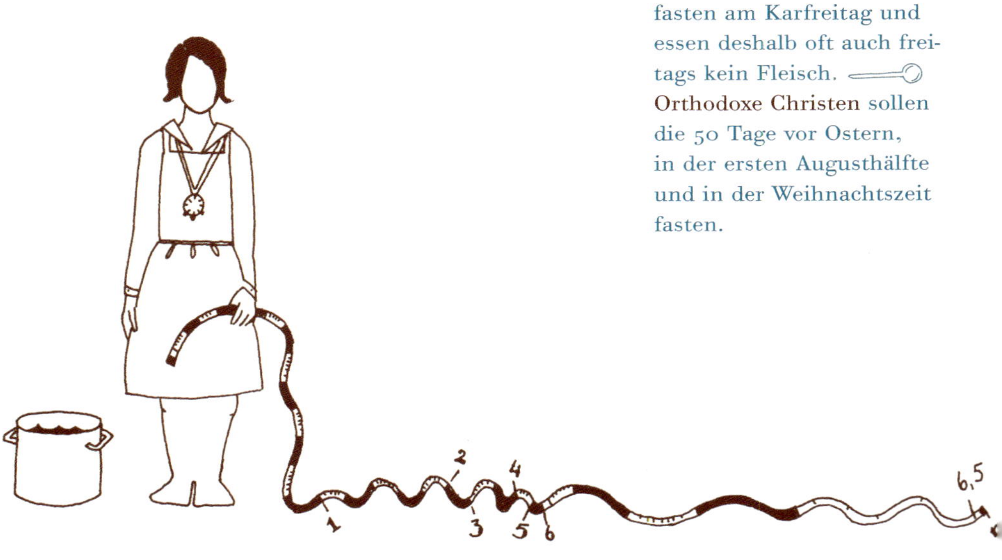

Durchschnittlicher Kalorienverbrauch pro Stunde

Fußball: ca. 600
Joggen: ca. 600
Schwimmen: ca. 540
Sitzen: ca. 90
Tanzen: ca. 420
Tischtennis: ca. 390
Tennis: ca. 600
Zügiges Gehen: ca. 400
Yoga: ca. 300

Fastenzeiten

Islam Strenges Fasten im neunten Monat des islamischen Jahrs, dem Ramadan.

Judentum Juden fasten am Vorabend des Neumonds, am eigenen Hochzeitstag, am Todestag der Eltern sowie am Versöhnungstag Jom Kippur.

Katholische Kirche Von Aschermittwoch bis Karfreitag fasten Katholiken, wobei die Sonntage ausgenommen sind.

Protestanten wie Katholiken fasten am Karfreitag und essen deshalb oft auch freitags kein Fleisch.

Orthodoxe Christen sollen die 50 Tage vor Ostern, in der ersten Augusthälfte und in der Weihnachtszeit fasten.

Namhaftes und Nahrhaftes

Birne Helene Eingeführt in Paris um 1870, als gerade die Operette DIE SCHÖNE HELENA sehr beliebt war. Bismarckhering Säuerlich schmeckende Fischspezialität, der der deutsche Reichskanzler Otto Fürst von Bismarck (1815–1898) den Namen gab. Earl Grey Ein Tee, den der englische Earl Grey (1764–1845) gerne getrunken hat. Mozartkugeln Pralinen aus Wien, die zu Ehren des Komponisten Wolfgang Amadeus Mozart (1756–1791) erfunden wurden. Sachertorte wurde von dem Wiener Küchenlehrling Franz Sacher (1816–1907) erfunden. Sandwich Benannt nach John Montagu, dem vierten Earl of Sandwich (1718–1792).

Sushi, eine Delikatesse aus Japan

Sushis sind kleine Röllchen aus Reis, Fischfilet und Seetang. Sushis werden mit Wasabe (scharfer grüner Meerrettich-Paste) und Sojasoße gewürzt und meist mit Gari (eingelegtem Ingwer) serviert. »Sushi« stammt von dem alt-japanischen Adjektiv *sushi* ab, das »sauer« bedeutet. Säuerlich schmeckt der mit Essig gewürzte Reis. Sushi entstand als Nebenprodukt einer Konservierungsmethode: Um Fisch haltbar zu machen, packten ihn die Japaner früher in Reis ein und vergruben das Ganze in Erdlöchern. Sushi in der heutigen Form gibt es seit dem 18. Jahrhundert. Im wohlhabenden Tokio wurde aus dem konservierten Fisch eine frische Fisch-Delikatesse.

Elf Gerichte mit seltsamen Namen

Armer Ritter Rührei, in dem ein Brot gebraten wird Bärentatze Keks mit Schokoglasur Errötende Jungfrau Buttermilchspeise mit Himbeeren Falscher Hase Hackbraten mit 1–2 hart gekochten Eiern Halver Hahn Roggenbrötchen mit Gaudakäse Himmel und Erde Äpfel, Speck, Bratkartoffeln Hutzlbrot Früchtebrot mit getrockneten Birnen Huushuur Mongolische Teigtaschen mit Hackfleisch Möppkenbrot Blutwurst-Klöße aus Westfalen Obatzter Gut gewürzte bayerische Käsecreme, urspr. aus Camembert, Ei, Butter, Zwiebel, Salz, Paprika Strammer Max Schinkenbrot mit Spiegelei

Porzellan – wie aus Habgier ein Geheimnis entdeckt wurde

Porzellan, das »weiße Gold«, wurde zweimal erfunden: um 620 n. Chr. im chinesischen Kaiserreich – und im Jahr 1708 in Deutschland. In Deutschland wusste man damals nicht, dass das Ganze bei den Chinesen längst ein alter Hut war. Zwischenzeitlich hatten auch die italienischen Fürsten Medici unter Großherzog Francesco Maria von Toscana (1574–1587) die Erfindung des Porzellans gemeldet. Dabei handelt es sich aber lediglich um nicht ganz so hochwertiges Steingut. Porzellan besteht aus Kaolin (eine Tonsubstanz), Feldspat (ein Mineralgestein) und Quarz (ein Kristallgestein). Man unterscheidet Hartporzellan (Mischungsanteil 50/25/25) und Weichporzellan (40/30/30). Porzellan wird zwei- bis dreimal gebrannt. Die hohe Brenntemperatur ist ein entscheidender Qualitätsunterschied zu Ton oder Keramik. Zunächst erfolgt der Schrühbrand bei 850 bis 950 °C. Dann der Glattbrand (auch: Glasurbrand/Endbrand) bei 1300 (Weichporzellan) bzw. 1410 °C (Hartporzellan). Und schließlich – zur Veredelung – ein dritter Brand (780 bis 1410 °C), bei dem das Dekor/die Bemalung verfestigt wird. Porzellan ist heutzutage ein Massenprodukt, das industriell hergestellt wird. Im 18. Jahrhundert musste jedes Porzellanprodukt noch mühsam und teuer von Hand gemacht und bemalt werden. Insofern war Porzellan lange Zeit tatsächlich fast so wertvoll wie Gold. Als »weißes Gold« wurden im Laufe der Geschichte allerdings auch andere Materialien bezeichnet, die wegen ihrer Seltenheit besonders wertvoll waren: Elfenbein, Papier, Marmor und Baumwolle. August der Starke, Kurfürst von Sachsen (1670–1733), hörte von dem Apothekergehilfen Johann Friedrich Böttger, der

Filme? – zum Fressen gerne

BRUST ODER KEULE (1976): Ein Feinschmecker kämpft gegen die Fast-Food-Industrie. Mit dem zum Schießen komischen Louis de Funès. BABETTES FEST (1987): Eine Köchin aus Paris lehrt ihre spartanischen Gäste den Gaumenschmaus mit allen Sinnen. BITTERSÜSSE SCHOKOLADE (1992): Eine Frau darf nicht heiraten – und steckt ihre ganze Liebe ins Kochen. CHOCOLAT (2000): Schokoladenherstellung mitten in der Fastenzeit in einem katholischen Dorf in Frankreich. CHARLIE UND DIE SCHOKOLADENFABRIK (2005): Bunter, fantasievoller Süßwarenfilm aus dem Kino-Schlaraffenland. Nach einem Kinderbuch von Roald Dahl (1916–1990).

behauptete, Gold herstellen zu können. Im Jahre 1707 wurde er in Gewahrsam genommen, um zusammen mit dem Mathematiker und Physiker Walther von Tschirnhaus tatsächlich Gold herzustellen. Das gelang den beiden zwar nicht, aber 1708 entdeckten sie dafür die Herstellungsweise für Porzellan, also die Formel für das »weiße Gold«. Am 23. Januar 1710 wurde in Meißen die Königlich-Polnische und Kurfürstlich-Sächsische Porzellanmanufaktur gegründet. In dieser Fabrik stellte man Prunkfiguren für das Fürstenhaus, aber auch Geschirr und Alltagsgegenstände her. So begann die Geschichte des berühmten Meißener Porzellans, das noch heute als sehr hochwertig und wertvoll gilt.

Eine Farce!

In der Küche Füllung für Pasteten und Geflügel — Im Theater Derbes, vergnügliches Lustspiel — Im Leben Wenn sich jemand peinlich danebenbenommen hat — In der Politik Wenn ein Sachverhalt für jeden offensichtlich nicht stimmt

Der Arsch des Löffels

Der Löffel besteht aus Laffe und Stiel. Die Laffe ist die Höhlung des Löffels. Die Rückseite der Laffe, also die untere Ausbuchtung, trägt bei Besteckspezialisten eine eindeutige Bezeichnung: der Arsch (des Löffels).

Ein Mops kam in die Küche …

Ein Mops kam in die Küche
und stahl dem Koch ein Ei.
Da nahm der Koch den Löffel
und schlug den Mops zu Brei.

Da kamen alle Möpse
und gruben ihm ein Grab,
und setzten einen Grabstein,
auf dem geschrieben stand:

Ein Mops kam in die Küche …

Ohne Wasser geht gar nichts

Wasser, chemisch ausgedrückt H_2O, ist eines der größten Wunder der Erde. H_2O beschreibt die Ehe der Elemente Wasserstoff und Sauerstoff, ohne die die Welt nicht denkbar wäre. Wasser ist immer und überall, ohne Wasser geht gar nichts. Der Mensch zum Beispiel besteht zu 70 Prozent aus Wasser. Überhaupt enthalten alle Lebewesen einen großen Anteil H_2O. Genau genommen benötigt jede einzelne Zelle eines jeden Organismus Wasser. Allerdings ist Wasser nicht gleich Wasser: Das Trink- oder Tafelwasser etwa ist nach strengen Vorschriften gereinigtes Oberflächenwasser aus Seen und Flüssen. Mineral-, Quell- oder Heilwasser hingegen reinigt sich sozusagen selbst, während es durch unterirdische Gesteinsschichten fließt. Dabei wird es gefiltert – und reichert sich währenddessen auch noch mit natürlichen Mineralstoffen an. Wasser ist trotzdem gleich Wasser: Wasser ist H_2O. Zwei Wasserstoffatome, die sich mit einem Sauerstoffatom verbündet haben, um die Welt zu beherrschen.

Reis, Kartoffeln, Nudeln kochen

Gewöhnlicher geschälter Langkornreis sollte in kochendem Wasser etwa 18 Minuten garen. Aber Vorsicht: Es gibt über 8 000 Reissorten und viele verschiedene Methoden, die Reiskörner zuzubereiten. Wilder Reis braucht zum Beispiel dreimal so lang (40–45 Minuten) wie weißer Reis; Basmatireis dagegen muss nur 6–8 Minuten köcheln. Salzkartoffeln werden nach dem Schälen in einen Topf mit Salzwasser gegeben. Das Wasser wird dann erst zum Kochen gebracht. Die Kochzeit beträgt 20–25 Minuten. Achtung: Auch Kartoffeln haben unterschiedliche Eigenschaften. Fest-

Unser täglich Wasser …

Toilette 44 Liter
Baden / Duschen 41 Liter
Wäschewaschen 17 Liter
Körperpflege 6 Liter
Garten 6 Liter
Autowaschen 3 Liter
Kochen / Trinken 3 Liter
Sonstiges 8 Liter

Wasserverbrauch pro Person und Tag

Deutschland 128 Liter
Frankreich 112 Liter
Finnland 214 Liter
Indien 25 Liter
Italien 213 Liter
Niederlande 129 Liter
Österreich 150 Liter
Türkei 68 Liter
USA 382 Liter

Arme Zuckerschnecke

Armes Würstchen, Beleidigte Leberwurst, Dreikäsehoch, Dünner Hering, Früchtchen, Hanswurst, Honigkuchenpferd, Rollmops, Spargeltarzan, Suppenkasper, Toller Hecht, Treulose Tomate, Ulknudel, Zimtzicke, Zuckerschnecke

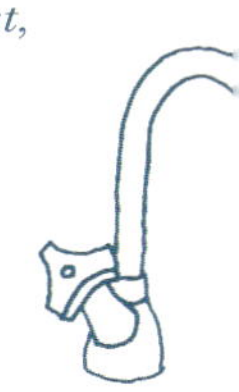

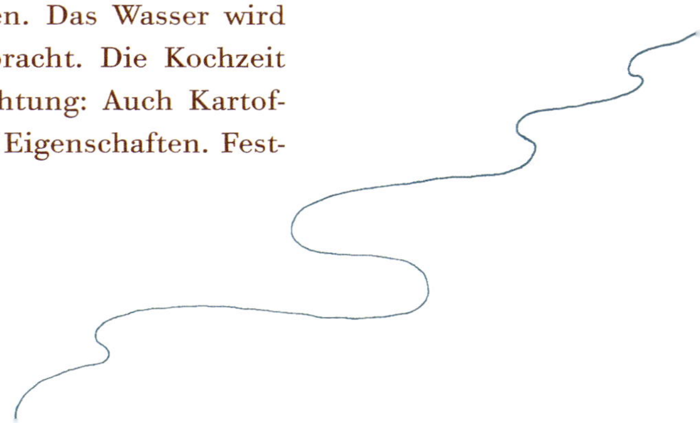

kochende Kartoffeln behalten ihre Form, mehlig kochende eignen sich dagegen bestens für Kartoffelbrei. Pellkartoffeln werden ungeschält erwärmt und erst nach dem Kochen geschält Nudeln schmecken am besten *al dente* gekocht, also bissfest. Das klappt meistens gut, wenn der Koch sich an die vorgegebene Zeit auf der Packung hält.

Riesenarbeit, Riesenvergnügen – Wie man Nudeln selber macht

Nudeln (italienisch: *Pasta*) kauft man normalerweise im Supermarkt oder beim Italiener; abgepackt in Tüten oder Pappschachteln. Richtige Feinschmecker essen nur frische, selbst gemachte Nudeln. Es gibt unzählige Möglichkeiten, Nudeln selber zu machen: Wer Nudeln selbst zubereitet, muss sich zwischen Weißmehl und Vollkornmehl entscheiden; kann alle nur denkbaren Gewürze und Kräuter verwenden; kann Eier hinzugeben oder es bleiben lassen. Für einen einfachen Pastateig, der vier Personen satt machen soll, braucht man: 180 Gramm Mehl, 120 Gramm Hartweizengrieß, drei Eier, drei Teelöffel Öl, etwas warmes Wasser, eine Prise Salz. Mit dem Mixer werden diese Zutaten in der Rührschüssel vermengt, bis sie zu einem großen Klumpen werden. Dieser Teigklumpen wird dann so lange mit den Händen geknetet und bearbeitet, bis er nicht mehr klebrig ist und sich zu einer Kugel formen lässt. Nach einer Viertelstunde Wartezeit lässt sich der Teig mit dem Nudelholz auswalzen. Anschließend wird er in kleine quadratische Teile geschnitten. In der Nudelmaschine oder mit dem Nudelholz wird der

Prost!

Afrikaans *Gesondheid!*
Armenisch *Genatsoot!*
Baskisch *Osasuna!*
Bretonisch *Lermat!*
Dänisch *Skål!*
Englisch *Cheers!*
Finnisch *Kippis!*
Griechisch *Jámas!*
Italienisch *Salute!*
Japanisch *Kampai!*
Jiddisch *Mazel tov!*
Libanesisch *Kesak!*
Maorisch *Kia ora!*
Niederländisch *Proost!*
Nigerianisch *Mogba!*
Persisch *Salam ati!*
Polnisch *Na zdrowie!*
Rumänisch *Noroc!*
Suaheli *Kwa Siha Yako!*
Thailändisch *Chockdee!*
Türkisch *Serefe!*
Urdu *Djam!*
Ungarisch *Egészégére!*
Walisisch *Lechyd da!*

Auf des Messers Schneide

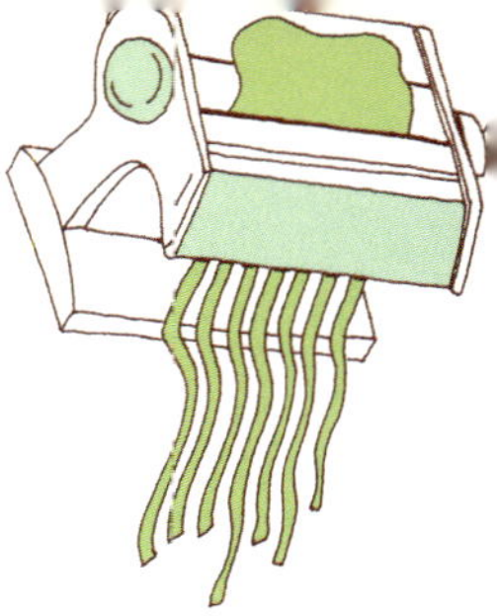

Teig platt gewalzt. Danach lässt er sich problemlos in Streifen, Vierecke, Achten oder jede gewünschte Form schneiden. Fertig zum Verzehr sind die Nudeln aber erst dann, wenn sie anschließend zusammen mit einer Prise Salz noch zwei Minuten in einem Topf mit kochendem Wasser verbracht haben. Farbe erhalten die Nudeln zum Beispiel durch die Zugabe von Spinat, Tomaten, Kakaopulver, Eiern. Oder, ganz einfach, mit Lebensmittelfarbe, die man in Tuben kaufen kann. Schwarze Nudeln enthalten Sepia, einen Farbstoff, der aus Tintenfischen gewonnen wird. *Pasta fatta in casa* – so heißen »hausgemachte« Nudeln auf Italienisch. Restaurants mit »hausgemachten« Nudeln sind zu selbst produzierten Teigwaren eine echte Alternative. Denn: Nudeln selbst herzustellen, das ist zwar ein Riesenvergnügen, aber auch eine Riesenarbeit und unter Umständen eine Riesensauerei.

Al dente, Marco Polo und die Etrusker – Nudel-Weisheiten

Der Weltreisende Marco Polo soll die Nudeln im 13. Jahrhundert aus China nach Europa mitgebracht haben. Allerdings lassen Bilder auf Grabsteinen darauf schließen, dass man die Nudeln in unseren Gefilden auch schon vor Marco Polo kannte. Nur beweisen lässt sich das nicht. Eines jedenfalls ist ganz klar: Italien ist heutzutage das Nudelland schlechthin. Pizza und Pasta werden mit italienischer Küche gleichgesetzt. Ein Trend, der im 18. Jahrhundert in der Stadt Neapel seinen Anfang nahm. Die Stadt galt damals als die Hauptstadt der Nudelesser. Die deutsche Antwort auf die Pasta lautet: Spätzle. Spätzle galten früher als günstiges, aber sehr nahrhaftes Arme-Leute-Essen – und sind heute eine beliebte Spezialität. Besonders lecker: Käsespätzle. Nudeln machen glücklich, und das nicht nur, weil sie so lecker schmecken, sondern auch, weil die Stärke im Mehl die Produktion von *Serotonin* im menschlichen Körper anregt. Und das Hormon *Serotonin* ist dafür bekannt, die Stimmung zu verbessern.

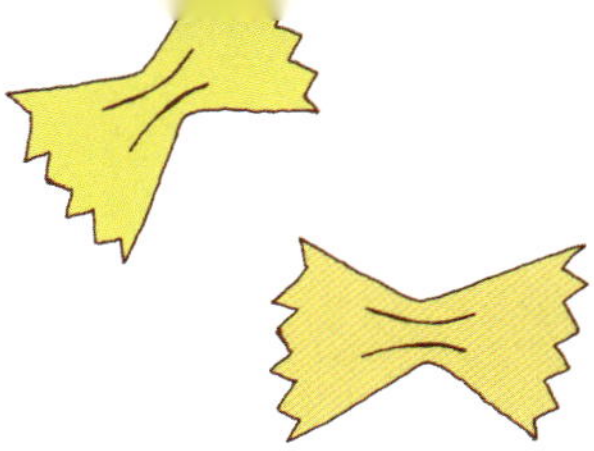

Spaghettis Geschwister – 22 von 222 Pastasorten

Agnolotti gefüllte, runde Nudeln
Bavettini kleine Band-Nudeln
Cannelloni dicke, gefüllte Röhren-Nudeln
Cotelli Korkenzieher-Nudeln
Farfalle schmetterlingsförmige Nudeln
Fettuccine schmale Band-Nudeln
Fusilli spiralenförmige Nudeln
Gnocchi kleine Klößchen
Lasagne Nudelplatten, die geschichtet werden
Maccheroni lange, hohle Nudeln
Paglia e Fieno gelbe und grüne Band-Nudeln
Penne schräg zugeschnittene Röhren-Nudeln
Pizzoccheri Buchweizen-Nudeln
Quadretti viereckige Nudeln
Radiatori gedrehte Nudeln
Ravioli viereckige, gefüllte Nudeln
Rigatoni geriffelte, eher kleine Röhren
Spelle Sterne
Spiralini spiralenförmige Nudeln
Tagliatelle Band-Nudeln
Tortellini ringförmige, gefüllte Nudeln
Tortelloni große, gefüllte Nudel-Taschen

Ernährungs-spezialisten

Allesfresser Essen und fressen alles, was essbar ist. Fleischfresser Essen und fressen kein Grünzeug. Fruganer Ernähren sich überwiegend von Fallobst und Nüssen. Pescetarier (lat. *pesce*: »Fisch«): Essen kein Fleisch, aber Fisch. Veganer Verzichten auf alles, was vom Tier stammt, also auch auf Käse und Eier. Vegetarier Essen aus Überzeugung kein Fleisch und keinen Fisch.

Maßeinheiten

Prise = 0,2 Gramm
Teelöffel = 5 Gramm
Esslöffel = 15 Gramm
Tasse = 238 Gramm

Die zweitbeste Erfindung der Küchen-Geschichte: Der Kühlschrank

Was ist die zweitbeste Erfindung der Küchengeschichte? Klar, der Kühlschrank. Der deutsche Ingenieur Carl von Linde entwickelte im Jahr 1876 den ersten, mit Ammoniak betriebenen Schrank zum Kühlen. Ammoniak ist ein giftiges Gas, das sich aber sehr gut zum Kühlen eignet. Davor kannte man nur Eisschränke, die mit Natureis (von Seen oder Flüssen) gekühlt wurden. Dieses Eis wurde im Winter gewonnen – und bis zum Sommer in Bergwerken und Höhlen gelagert. Erst die Kältemaschine, ebenfalls von Carl von Linde erfunden, machte es möglich, Eis künstlich herzustellen, so dass man nicht mehr von der Jahreszeit abhängig war. Der Kühlschrank hat das Leben der Menschen massiv verändert: Lebensmittel bleiben länger frisch und halten sich besser. Trotzdem ist der Kühlschrank – zusammen mit der Waschmaschine – garantiert nur die zweitbeste Erfindung der Küchen-Geschichte. Die beste ist eindeutig die Spülmaschine. Sie wurde 1886 von einer amerikanischen Diplomatengattin namens Josephine Cochran erfunden. Seit sie in den 1930er Jahren ihren Siegeszug auch in Europa antrat, gehören lästige Spüldienste der Vergangenheit an.

Allesfresser Mensch

Raupen Die Vorstufe des Kaiserschmetterlings wird im Süden Afrikas als wertvolle Eiweißquelle geschätzt. Raupen werden getrocknet, gebraten oder eingelegt gegessen und sind dort in jedem Supermarkt erhältlich. Steine Einfache Kiesel enthalten Calcium, Magnesium, Kalium, Kupfer, Zink und Eisen. In Ghana werden die Steinchen zermalmt und als Beilage verspeist. Vogelspinnen In Notzeiten haben die Menschen in Kambodscha diesen haarigen Sechsbeiner als kross gebratene Speise kennen- und schätzen gelernt. Der Vogelspinne (*a-ping*) werden Heilkräfte nachgesagt. Weinbergschnecken Gelten in Frankreich als Leckerei, die mit pikanter Soße verspeist wird. *Blood Pudding* Beliebtes Gericht in England. Mit Blut, Fett und Fleischresten.

Muktuk Weißwalhautstücke, die roh oder gekocht verspeist werden. Spezialität bei den Inuit. In Taiwan, China und in Teilen Indiens gilt Hundefleisch als Delikatesse.

Ist Fisch eigentlich Fleisch?

Fleisch? Damit ist von Amts wegen das Muskelfleisch von warmblütigen Tieren (z. B. Rinder, Schweine, Puten, Hühner) gemeint – mit Fett, Bindegewebe, Knochen und Knorpeln. Fische sind keine Warmblüter, auf ihren Gräten und um sie herum findet sich aber jede Menge Frischfleisch. Außerdem besitzen Fische Knorpel, Knochen, Muskeln, Nerven, Blutgefäße und Haut, allerdings mit Schuppen. Also: Fisch ist Fleisch, schuppiger Kaltblüter hin oder her.

Fisch? Stäbchen? – Fischstäbchen!

Fischstäbchen gibt es seit 1955. Da kam ein englischer Erfinder auf die Idee, Fisch in Stäbchenform zu pressen. Eine Erfolgsgeschichte: Fisch ohne Gräten, mit Panade, knusprig gebraten – bei der Vorstellung läuft nämlich fast allen Kindern das Wasser im Mund zusammen. Kann man Fischstäbchen wirklich essen? Werden dafür nicht nur Fisch-Abfälle verwendet? Das sind Fragen, die sich Eltern viele Jahre stellten. Journalisten und Wissenschaftler haben nachgeforscht: Man kann. Fischstäbchen bestehen meist aus gutem, gesundem Fischfilet vom Alaska-Seelachs, der allerdings wegen Überfischung in seinem Bestand gefährdet ist. Der Fisch wird noch auf dem Trawler (Fischkutter) ausgenommen, in Portionen zerteilt und tiefgefroren. So gelangt er nach Deutschland, wo er dann in einer Fabrik nochmals bearbeitet, paniert und zu Stäbchen gemacht wird.

Die tödliche Kartoffel

Tod durch Kartoffeln? Ein Krimistoff, zumindest, wenn man nicht aufpasst. Rohe Kartoffeln sind nämlich giftig. Das Gift sitzt vor allem in den Blüten und Blättern, aber auch in der Knolle, erst recht, wenn sie noch grün ist. Es heißt *Solanin* – und wird durch Kochen für den Menschen ungefährlich. Übrigens: Auch viele andere Pflanzen sind naturbelassen giftig: So etwa rohe Bohnen, in denen sich ein Stoff namens *Phasin* befindet, der ebenfalls erst durch das Kochen oder Braten unschädlich gemacht wird.

Was Manager in Essenskursen lernen

- Nicht mit vollem Mund sprechen.
- Sich möglichst nicht laut über den Tisch hinweg unterhalten.
- Bei Ansprachen sollte Stillschweigen herrschen.
- Nicht zu laut mit dem Besteck oder Geschirr klappern.
- Nicht zu große Portionen nehmen.
- Die Körperhaltung bei Tisch sollte bemüht aufrecht sein.
- Sämtliche kosmetischen Nachbesserungen wie Lippenstift auffrischen, Fingernägel säubern oder Zahnpulen sind bei Tisch nicht erwünscht.

Ungekocht giftig

Aubergine, Grüne Bohne, Kartoffel, Kidneybohne, Kohl, Raps, Rhabarber, Senf, Sojabohne, unreife (grüne) Tomate, Weiße Bohne

Hackfleisch

Bifteki Griechenland
Bulette Berlin
Cevapcici Serbien und Kroatien
Fleischpflanzerl Bayern
Fleischklops Nord- und Ostdeutschland
Fleischküchle Süddeutschland
Frikadelle Westdeutschland
Hackplätzchen Schweiz
Hamburger USA
Köfte Türkei
Köttbullar Schweden
Zeppelinas Litauen

Kochen nach Zahlen

Schon in frühester Zeit, als es noch kein Papier gab, haben die Menschen Kochrezepte aufgeschrieben. Die ältesten Kochanleitungen hat man auf Schrifttafeln gefunden. Sie stammen aus dem Gebiet des heutigen Irak und sind fast 3700 Jahre alt. Gekocht wurde mit Fleisch, Zwiebeln und Knoblauch, aber auch mit Sauermilch und Blut. Das älteste Kochbuch ist Marcus Gavius Apicius, einem genusssüchtigen Römer zu verdanken. Er lebte im 1. Jahrhundert n. Chr. und schrieb neben Rezepten auch Anleitungen zur Mast von Schweinen, zur Haltbarmachung von Lebensmitteln und zur Herstellung von Wein auf. Die ersten allgemeinverständlichen Kochbücher erschienen vor gut hundert Jahren. Das Vorbild hierfür lieferte Fannie Merritt Farmer mit ihrem Buch BOSTON COOKING SCHOOL von 1896. Seither wird in Kochbüchern jeder Arbeitsschritt beschrieben, wird jede Zutat genau in Menge oder Maßeinheit angegeben – eben Kochen nach Zahlen.

Ess-Sprüche

Der kocht auch nur mit Wasser = Jeder Mensch hat die gleichen Voraussetzungen zum Erfolg. *Es wird nichts so heiß gegessen, wie es gekocht wird* = Abwarten und Tee trinken. Dann ist alles halb so schlimm. *Mit jemandem ist nicht gut Kirschen essen* = Vorsicht, dieser »Jemand« kann ungemütlich werden. *Wes Brot ich ess, des Lied ich sing* = Manchmal ist man mit seiner Meinung von seinem Arbeitgeber abhängig.

Bedrohte Fischarten

Folgende Fischarten werden derzeit von Greenpeace als gefährdet eingestuft:

Hering aus der Ostsee, Makrele aus dem Atlantik, Zander aus der Ostsee, Sardinen aus dem Atlantik oder dem Mittelmeer, Tintenfisch aus dem Mittelmeer, Alaska-Seelachs aus der russischen Beringsee, Regenbogenforelle aus deutschen Flüssen und Bächen, Heilbutt aus den Nordmeeren, Seehecht, vor allem aus der Biskaya, Kabeljau aus der Nordsee, Scholle und Seezunge aus der Nordsee, Wildlachs aus dem Atlantik, Rotbarsch aus dem Nordatlantik, Dornhai aus der Nordsee, bekannt als »Schillerlocke« oder »Seeaal«

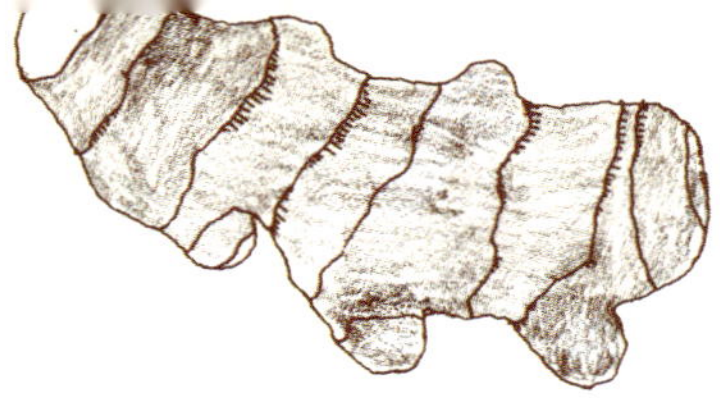

3

Menü mal etwas anders

Astronautenkost Besonders energie- sowie eiweißreiche Kost, die aber längst nicht mehr aus Tuben gedrückt werden muss. Modernes Raumfahrtessen besteht meistens aus getrockneter oder tiefgekühlter Normalkost. Katerfrühstück Menschen, die am Vorabend zu viel Alkohol getrunken haben, schwören auf ein Katerfrühstück: Schwarzer Kaffee mit Zitronensaft, dazu am besten Saures wie Heringssalat oder Rollmöpse. Henkersmahlzeit Diese Mahlzeit soll dem zum Tode Verurteilten eine letzte Freude und Ablenkung sein. Der Schwerverbrecher Hamby, der 1920 in Hamburg verurteilt wurde, wählte Rumpsteak mit Pilzen, Hummersalat, Erdbeeren und Mokka als letztes Mahl. Martinsgansessen Der heilige Martin wurde, so die Überlieferung, von Gänsen bei der Predigt gestört. Also machte er mit den Störenfrieden kurzen Prozess: Sie wanderten in die Bratpfanne. Ötzis letzte Mahlzeit Ötzi, die Gletschermumie aus den österreichischen Alpen, genoss vor 5000 Jahren Rothirschfleisch vom Feinsten. Sondenkost Lebensnotwendige Ernährung, die bei bestimmten Erkrankungen über einen Schlauch direkt in den Magen wandert. Trekkingmahlzeiten bestehen aus speziell verpackten und konservierten Lebensmitteln für Expeditionen, Trekking und Outdoor. Und natürlich fürs Zelten mit dem Papa.

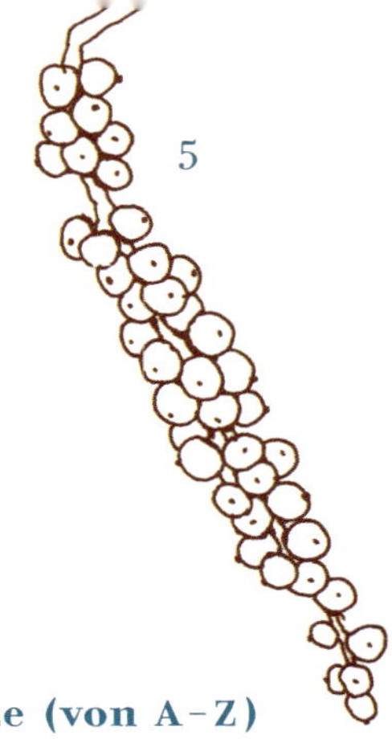

5

Gewürze (von A–Z)

Anis, Bärlauch, Basilikum (1), *Bohnenkraut, Curry, Dill* (2), *Engelwurz, Fenchel, Ingwer* (3), *Kerbel, Knoblauch, Koriander, Kümmel, Kurkuma, Lorbeer, Majoran, Minze, Muskat* (4), *Pfeffer* (5), *Rosmarin* (6), *Safran, Salbei* (7), *Schnittlauch* (8), *Schwarzkümmel, Süßdolde, Thymian, Vanille* (9), *Ysop, Zimt* (10), *Zucker*

9

2

Das Haus-Buch-Menü

Aperitif
Kirsch-Bananen-Saft

Vorspeisenteller
Fleischwursthäppchen und
Cocktailwürstchen an Minikroketten
mit Ketchupsoße und grünem Senf

Salat
Grüner Salat, verziert mit feinen Apfelstückchen,
Ananassplittern und kleinen
Gänseblümchenköpfen. Dazu ein Dressing
aus Nussjogurt und Honigwasser

Hauptgericht
Schnitzel des Hauses, zart und gut paniert an
gebutterten Zuckerschoten, Prinzessböhnchen
und Babyerbsen. Als Beilage belgische
Riesenfritten, in Walnussöl geröstet

Nachspeise
27 Sorten Eis, überzogen mit einer Soße
aus Nussnugatcreme und zarten Flocken
weißer Schokolade

Froschschenkel und Elefantenrüssel – Gerichte mit seltsamen Namen

Elefantenrüsselmuschel Eine Muschel, die im Schlamm des Pazifiks lebt und zu den teuersten Spezialitäten Chinas gehört. Das Muschelinnere wird in kleinen Scheibchen zubereitet und serviert. Maultaschen Schwäbische Spezialität, bei der Nudelteigtaschen mit Fleisch, Spinat, Zwiebeln und Semmelbröseln gefüllt werden. Für »tausendjährige Eier« werden rohe Enteneier für die Zeit von drei Monaten in ein Gemisch aus Holzkohle, gebranntem Kalk, Salz und Wasser eingelegt. Das Ergebnis gilt in China als Delikatesse. Schwalbennestersuppe Die Salanganen sind Artgenossen der Schwalben. Ihre Nester bestehen aus dem besonders eiweißhaltigen Speichel der Tiere. Die Nester werden gereinigt und mit Rinder- oder Hühnerfleisch als Süppchen verspeist. Eine Delikatesse der chinesischen Küche. Auch kleine Sofas kann man essen: »Kanapees« sind kleinste Häppchen, die mit Lachs, Ei oder Kaviar belegt sind. Ochsenschwanzsuppe gibt es in vielen deutschen Wirtshäusern. Wichtig: Niemals einen ganzen Ochsenschwanz bestellen! Der ist nämlich eine echte Herausforderung aus Knorpel, Knochen und nur manchmal einem bisschen Fleisch.

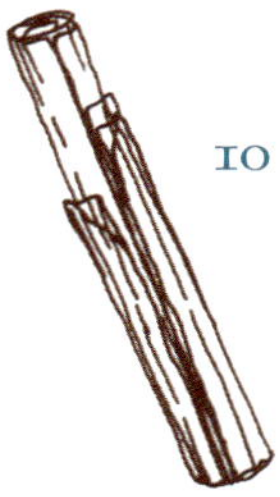
10

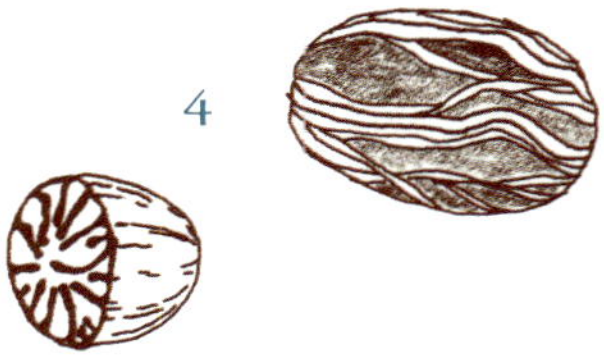
4

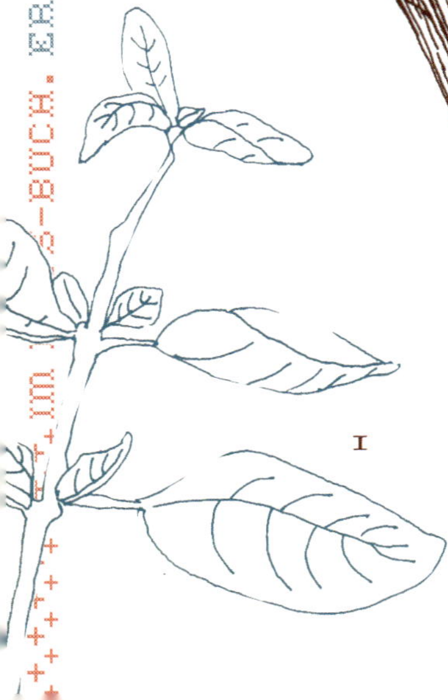
1

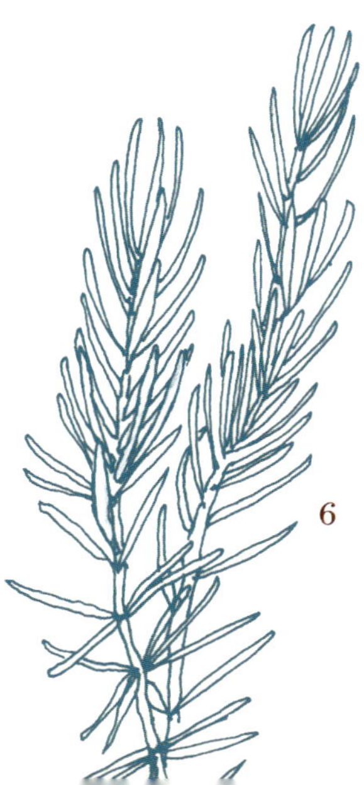
6

7

Drei einfache Gerichte zum Überleben in elternlosen Zeiten

Strammer Max

Zwei Eier
Zwei Scheiben Graubrot
Zwei Scheiben roher Schinken
Etwas Butter
Tomate

In einer Pfanne etwas Öl oder Butter erhitzen. Die Eier nacheinander aufschlagen und in die Pfanne geben. Spiegeleier vorsichtig braten und ein wenig salzen. Das Brot unterdessen toasten, mit Butter bestreichen, Schinken darauf legen, vielleicht noch eine Scheibe Tomate und schließlich jeweils ein Spiegelei auf eine Scheibe Brot gleiten lassen. Fertig.

Spaghetti mit Thunfisch

Eine Packung Spaghetti
Eine Dose Thunfisch
Zwei Tomaten
Eine Zwiebel
Etwas Sahne

Spaghetti in kochendem Salzwasser *al dente* kochen. Währenddessen Zwiebel in kleine Würfel schneiden und in einem Topf anbraten. Die Tomaten gewürfelt dazugeben. Das Döschen mit dem Thunfisch öffnen, den Fisch mit einer Gabel auflockern und dann in den Topf mit dem angebratenen Gemüse stürzen. Alles mit einem guten Schluck Sahne zu einer Soße verrühren. Wer unbedingt muss, kann noch etwas Ketchup in die Soße mixen. Fertig.

Wiener-Würstchen-Toast

Eine Packung Wiener Würstchen
Drei Scheiben Toastbrot
Drei Scheiben Käse
Zwei Tomaten
Etwas Butter
Alufolie

Die Toastscheiben auf ein Stück Alufolie legen und zart mit Butter bestreichen. Dann die Wiener Würstchen der Länge nach aufschneiden und nebeneinander auf die Toasthälften legen. Etwas Ketchup darüber verstreichen. Anschließend das Ganze mit hauchdünnen Tomatenscheiben belegen. Schließlich auf jede Toastscheibe eine Scheibe Käse legen. Die drei belegten Toastscheiben auf der Folie in den Backofen jonglieren und 15 Minuten bei 200 Grad dahinschmelzen lassen. *Et voilà!*

Nachtisch(e)

Himbeer-Bananen-Quark für vier

Drei Bananen in Stücke schneiden, zerdrücken und in eine Schüssel geben. 250 Gramm Quark und zwei Löffel Himbeermarmelade dazugeben. Alles gut vermischen; wenn möglich pürieren. Mit Schokostreuseln, Smarties oder Rosinen verzieren.

Obstsalat für zwei

Zwei Bananen, zwei Äpfel und zwei Kiwis in kleine Stücke schneiden. Zwei bis drei Orangen auspressen und den Saft zu den Stücken geben. Nach Lust und Laune Rosinen und Nüsse dazugeben. Alles gut vermischen und – nur, wenn es zu sauer ist – mit einer Prise Zucker versehen.

Waffeln für alle

250 Gramm Butter, 250 Gramm Zucker, 250 Gramm Mehl mit einem Teelöffel Backpulver, sechs Eiern und einem Schluck Milch zu einem Teig verrühren. Teig ins Waffeleisen geben, backen – und schließlich mit Marmelade, Schokocreme oder Honig bestreichen. Fertig.

Nachspeisen

Ägypten *Om Ali* (Blätterteig mit Kokosflocken und Rosinen) Australien Fruchtkekse mit Kokos Barbados Warmer Zitronenpudding Brasilien *Pe de Anjo* / Engelsfuß (Creme mit Maracujasaft und Kokosmilch) Dänemark Dänische Pflaumengrütze Frankreich *Mousse au chocolat* (Schokoladencreme) England *Plumpudding* Indien *Kulfi* (Eiscreme aus Kondensmilch, Crème fraîche, Wasser, Mandeln, Pistazien) Italien *Tiramisu* (Creme aus Mascarpone, Honig, Amaretto, Espresso- und Kakaopulver) Mexiko Gebackene Bananen Niederlande *Poffertjes* (kleine, mit Puderzucker bestreute Pfannkuchen) Österreich Kaiserschmarrn (Pfannkuchenstücke, die mit Puderzucker bestäubt werden) Ukraine *Wareniki* (Teigtasche mit Quarkfüllung plus Kompott) USA Erdbeer-, Himbeer-, Waldfrucht- oder Bananenshake

Süßstoffe

Zuckerrohr wurde bereits vor 7000 Jahren in Indien angebaut. In Ägypten und dem heutigen Europa war es zunächst wilder Honig, der zum Süßen von Speisen genutzt wurde. Die ersten professionellen Imker lebten vor 4000 Jahren im alten Ägypten. Zur Herstellung von süßen Speisen wurden aber auch Früchte benutzt. Statt Honig oder Zucker eignen sich auch Obstdicksäfte aus Äpfeln und Birnen sowie Sirup von Datteln oder Ahorn zum Süßen. Außerdem gibt es Zuckeraustauschstoffe (Fruchtzucker) oder zuckerähnliche Stoffe (*Sorbit, Xylit*), die auch für Menschen mit Diabetes (eine Krankheit, bei der der Körper Zucker nicht richtig oder gar nicht abbauen kann) geeignet sind.

Torten, Tortenschlachten, Tortungen

Tortenschlachten waren vor allem in der Stummfilmzeit ein beliebtes Mittel, um die Menschen zum Lachen zu bringen. Die größte Tortenschlacht der Filmgeschichte fällt allerdings in die Tonfilmzeit: Nach der riesigen Tortenschlacht, mit der Regisseur Blake Edwards in seinem Abenteuerfilm DAS GROSSE RENNEN UM DIE WELT (1965) das Publi-

kum erfreute, sollen trotz aller Torterei noch 300 Kuchen übrig gewesen sein, die das Filmteam verspeisen musste. Von einer »Tortung« ist dann die Rede, wenn jemand aus politischen Gründen mit einer Torte beworfen wird. Die älteste bekannte Tortung in Deutschland fand im Jahr 1968 in Berlin statt: Studenten sollten aus einem Café verwiesen werden, sie wehrten sich aber mit Hilfe von Torten und Kuchen gegen die anrückende Polizei. Etliche Politiker und Unternehmer sind in den letzten Jahren »getortet« worden – aus Protest gegen ihre Politik oder ihr Geschäftsgebaren. Bill Gates, der Gründer und Chef von Microsoft, wurde 1998 in Brüssel sogar das Opfer einer Mehrfachtortung. Verantwortlich dafür war der belgische Komiker Noël Godin, der sich auf gut gezielte Tortenwürfe spezialisiert hat.

Schnelles Eis – selbst gemacht

Für diesen kalten Zauber braucht der Koch zehn tiefgefrorene Erdbeeren (oder frische Erdbeeren, die zwei Stunden Gefrierfach hinter sich haben), zwei Esslöffel Zucker und einen halben Becher Sahne. Die Erdbeeren aus dem Tiefkühlfach nehmen und mit einem Standmixer zerkleinern. Den Zucker und die Sahne hinzugeben. Im Standmixer gut vermischen. Die leckere Masse entweder direkt in Schüsselchen servieren oder in einem Behälter noch mal in der Tiefkühltruhe kühlen.

Die Hitparade der Eisesser in Europa

Liter pro Jahr, erhoben 2003

1. Finnland 12,9 Liter
2. Schweden 12,5 Liter
3. Dänemark 10,6 Liter
4. Italien 9,5 Liter
5. Irland 8,5 Liter
6. Deutschland 8,4 Liter
7. Belgien 8,3 Liter
8. Schweiz 7,6 Liter
9. Österreich 7,5 Liter
10. Großbritannien 6,6 Liter

Giftige Pilze

Falscher Pfifferling, Feld-Trichterling, Fliegenpilz, Giftegerling, Grüner Knollenblätterpilz, Kahler Krempling, Kegelhütiger Knollenblätterpilz, Netzstieliger Hexenröhrling, Orangefuchsiger Hautkopf, Streuliebender Trichterling, Tödliche Galerina

1

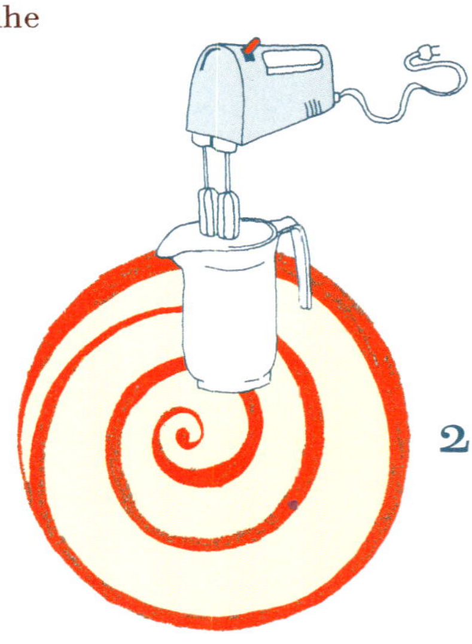

2

Eklige Küchengerüche und was man dagegen tun kann

Essensdunst in der Küche und anderen Räumen ist leicht zu beseitigen, wenn in eine Schüssel heißes Wasser zwei bis drei Tropfen Lavendel geträufelt werden. Fischgestank in der Küche beseitigt man durch einige Tropfen Zitronensaft auf die heiße Herdplatte. Blumenkohl riecht beim Kochen nicht mehr unangenehm, wenn man dem Wasser ein oder zwei Lorbeerblätter zufügt. Wenn die Mikrowelle müffelt, eine Schüssel mit Wasser und ein paar Scheiben frischer Zitrone auf der höchsten Stufe etwa eine Minute lang heiß machen. Wenn im Backofen etwas überquillt, stinkt und qualmt, eine dicke Lage Salz auf die verbrannte Stelle streuen und mutig weiterbraten lassen. Nach 24 Stunden die Salzkruste einfach mit einem Schaber entfernen. Aber Vorsicht: Heiß! Im stinkigen Kühlschrank einfach eine Untertasse mit Backpulver abstellen. Dann wird der Geruch bald verschwinden.

Praktische Tipps aus der Mottenkiste

Lebensmittel, die in Gläsern oder Flaschen verpackt sind, halten länger, wenn sie an einem dunklen Ort lagern. Die stinkigste Thermoskanne wird mit Zahnprothesenreiniger wieder blitzsauber. Dreckige Flaschen mit rohen Kartoffelstücken, zerdrückten Eierschalen oder groben Sandkörnern und Sodawasser ausschwenken. Der eklig braune Belag in Teekannen verschwindet wie von Zauberhand, wenn die Kanne über Nacht mit einem Wasser-Zitronensaft-Gemisch stehen gelassen wird. Morgens auswischen und ausspülen. Aufgeschnittenes Brot bleibt länger frisch, wenn es in ein (unbenutztes) Geschirrtuch gewickelt wird.

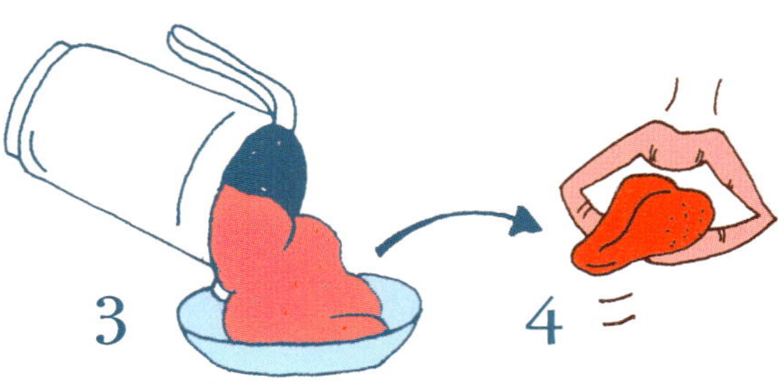

Von Mäusen und Menschen

Für Gastgeber mit leeren Kühlschränken haben Ukrainer einen lustigen Spottspruch: Bei dem hat sich eine Maus in der Vorratskammer erhängt. *Mäuse lieben Speisekammern, denn die Nager legen sich naturgemäß Unmassen von Vorräten an, da kommt ihnen so ein Raum voller Essen sehr entgegen. Die* mus musculus *oder »gemeine Hausmaus« wird durchschnittlich nur fünf bis zehn Zentimeter groß. Gemeine Hausmäuse bevorzugen entgegen allgemeiner Meinung keineswegs Speck und Käse. Vielmehr sollten Mausefallen mit Keksen oder noch besser Schokolade ausgestattet sein, um die klugen Tiere zu locken. Für Mäuse ist es übrigens ein Leichtes, sich aufzuhängen: Ihr Schwanz ist mit bis zu zehn Zentimeter im Vergleich zur Körpergröße extrem lang und kann wunderbar zum Klettern und Abseilen benutzt werden. In der Ukraine und überall auf der Welt.*

Seltsame Vorratsgefäße

Der Römertopf stammt nicht von den Römern, sondern von der Firma »Römertopf Keramik«, die ihn bei dem Volk der Etrusker, das in der Antike in Italien lebte, abgeguckt hat. Der Römertopf dient eigentlich zum Kochen. Man kann darin aber auch zum Beispiel Brot, Knoblauch oder Zwiebeln aufbewahren. Tupperware, das sind Vorratsdosen aus Plastik. Der Amerikaner Earl Silas Tupper hat sie 1947 erfunden. Damals war Plastik ein ganz neues Material, das den meisten Menschen unbekannt war. Kaum zu glauben, aber wahr: Viele Erwachsene feiern gerne »Tupperpartys« – sie treffen sich und diskutieren über die neuesten Tupperdosen. Die Konservendose macht Lebensmittel besonders lange haltbar. Wer sie erfunden hat, das ist heute umstritten; wie es dazu kam, ist bekannt: Der französische General und spätere Kaiser Napoleon Bonaparte versprach ein hohes Preisgeld für die Erfindung einer guten Methode zur Konservierung von Lebensmitteln. Das war 1795, Napoleon wollte seine Soldaten besser ausrüsten. Schon ein paar Jahre später, gegen 1800, entwickelte der Zuckerbäcker François Nicolas Appert das Verfahren des Haltbarmachens, bei dem man das Essen in einem geschlossenen Gefäß erwärmt. Allerdings weiß man heute nicht genau, ob Appert Gläser oder Metallbehälter verwendete. Deshalb kann man auch den Briten Peter Durand als Erfinder der Konservendose betrachten, der sie im Jahr 1810 zum Patent anmeldete. Der Dosenöffner wurde jedoch erst 50 Jahre später patentiert. Einmachgläser hatte im letzten Jahrhundert fast jeder im Keller. Das »Einwecken« funktioniert ähnlich wie das Konservieren in einer Metalldose: Man erhitzt die Lebensmittel im Glas. Dadurch werden Keime abgetötet, und es entsteht ein Überdruck. Wenn die Temperatur wieder sinkt, verringert sich das Volumen der eingeschlossenen Luft, also der Raum, den sie einnimmt. So entsteht ein Vakuum. Und im Vakuum halten sich Lebensmittel besonders lange.

Die Nudel ist eine Chinesin

Wie gut manche Aufbewahrungsgefäße ihren Zweck erfüllen können, zeigte sich vor kurzem in China. Da wurden nämlich die ältesten Nudeln der Welt ausgegraben: 4000 Jahre alt, aufbewahrt in einem Steinguttopf. Seitdem machen die Chinesen den Italienern den Titel als Erfinder der Nudeln streitig. Über das Verfallsdatum der gefundenen Nudeln ist nichts bekannt.

P-P-P-Pökeln? Wie man Lebensmittel haltbar machen kann

Früher gab es Erdbeeren nur von Mai bis Juli. Es gab auch keine Supermarktketten mit meterlangen Kühlregalen. Stattdessen kannten die Menschen viele Tricks, Lebensmittel länger haltbar zu machen. Zum Beispiel das Pökeln. Wenn Fleisch eklig wird, dann liegt das an Bakterien. Beim Pökeln wird das Fleisch mit Salz überzogen, das dem Fleisch die Flüssigkeit entzieht. Und ohne Flüssigkeit geht es Bakterien gar nicht gut. Auch beliebt: Das Räuchern von Fisch oder Fleisch. Je nach Art des Räucherns sind Fisch und Fleisch ein paar Tage, ein paar Wochen oder sogar ein paar Monate lang haltbar. Früher gab es in fast jedem Bauernhaus eine Räucherkammer. Fleisch, Fisch, Käse oder Tofu werden eine Zeit lang dem Rauch eines Feuers ausgesetzt. Dieser Rauch hat eine antibakterielle Wirkung – und er sorgt außerdem für einen guten Geschmack. Oder das Einlegen. Essiggurken in Gläsern sind zum Beispiel völlig mit einem Essigsud bedeckt, wodurch sie sehr lange halten. Igitt? Klar, Geschmackssache. Jedenfalls werden auch in den Mittelmeerländern Nahrungsmittel eingelegt, und zwar in Olivenöl. Das hat denselben Effekt, schmeckt aber ganz anders. Und das Lagern? Ja, stimmt, manche Lebensmittel muss man einfach nur intelligent lagern, damit sie sich lange halten. Gelagerte Lebensmittel finden sich aus Platzgründen allerdings häufig nicht in der Speisekammer, sondern im Keller. Außerdem ist es dort meist kühler. Dann ist da noch das Trocknen. Dabei werden zum Beispiel Apfelringe, Fische oder Paprika auf Schnüre auf-

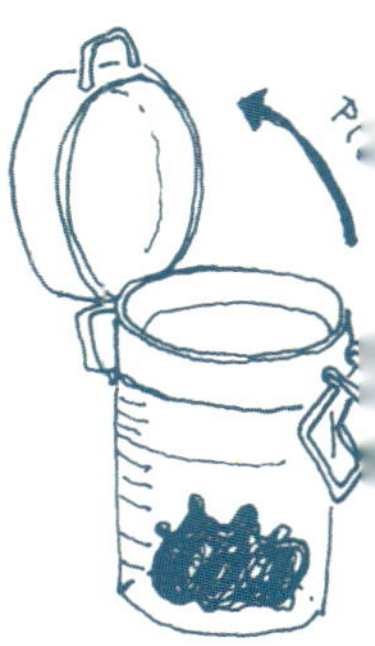

gezogen. Im Freien oder auf dem Dachboden werden sie dann hängend getrocknet. Den Lebensmitteln wird dabei Wasser entzogen, und sie verderben nicht so schnell.

Wissenswertes über Haltbarkeit

Das Mindesthaltbarkeitsdatum (MHD) muss auf allen Lebensmittelpackungen zu finden sein. Es gibt an, wie lange sich der Packungsinhalt bei richtiger Lagerung auf jeden Fall halten wird. Das MHD nennt eine Mindestzeit – man kann die Sachen also in der Regel auch noch länger essen. Das MHD gilt nicht für geöffnete Packungen. Bei sehr leicht verderblichen Lebensmitteln wie Hackfleisch muss der Hersteller kein MHD, sondern ein Verbrauchsdatum angeben. Bis dahin muss das Ganze auf jeden Fall verspeist sein. Bei Medikamenten muss ein Verfallsdatum angegeben werden. Danach sollte man sie keinesfalls verwenden, sondern zu einer Apotheke bringen, die sie fachgerecht entsorgt.

Frittierte Kartoffelstäbchen

Der Ausdruck Pommes frites stammt ursprünglich aus dem Französischen: *Pommes de terre frites* (»in Öl gebackene Erdäpfel«). Alternativ kann man in Deutschland auch einfach »Pommes« oder »Fritten« sagen. Allein tiefgekühlt werden in Deutschland ungefähr 300 000 Tonnen Pommes frites pro Jahr verkauft. Hinzu kommen die frisch zubereiteten. Es heißt, belgische Fischer an der Maas, die den gefangenen Fisch am liebsten frittierten, hätten die Pommes frites erfunden: Im Winter, wenn der Fluss zugefroren war, warfen sie statt der Fische einfach Kartoffeln in das heiße Öl. Das ist die glaubwürdigste Erklärung der Herkunft der Pommes frites, aber es ist nur eine von vielen. *French Fries* heißen die Pommes frites in den Vereinigten Staaten, weil amerikanische Soldaten im Ersten Weltkrieg, wo ihnen mitunter auch Fritten serviert wurden, die Belgier mit den Franzosen verwechselten. Wo »Pommes Fritz« wirklich herkommen, das hat der deutsche Komiker Heinz Erhardt herausgefunden: *Vom Alten Fritz, dem Preußenkönig, weiß man zwar viel, doch zu wenig. So ist es zum Beispiel nicht bekannt, dass er die Bratkartoffeln erfand. Drum heißen sie auch – das ist kein Witz – Pommes Fritz!*

Die Kartoffel

Jedes Jahr werden auf der Welt ungefähr 300 Millionen Tonnen Kartoffeln geerntet. Das sind 300 mal 1 000 mal 1 000 Kilogramm Kartoffeln. Die ältesten Spuren der Wildkartoffel hat man auf einer patagonischen Insel ganz im Süden vor der Küste Südamerikas gefunden. Sie sind schätzungsweise 13 000 Jahre alt. Kultiviert wurde die Kartoffel von den Inka-Indianern in den Anden; sie machten um das Jahr 1550 auch die spanischen Eroberer mit dem Erdapfel bekannt. In Europa wurde die Kartoffel aber erst sehr viel später gegessen, weil man sie zunächst für eine Zierpflanze hielt. Kartoffeln müssen trocken, dunkel und möglichst kühl gelagert werden. Man sollte Kartoffeln nicht zusammen mit Äpfeln aufbewahren, weil Äpfel ein Gas namens *Ethylen* absondern, das Kartoffeln schrumpfen lässt. Es gibt weltweit über 5 000 Kartoffelsorten. In Deutschland werden davon ungefähr 150 kommerziell verwendet.

Einige klangvolle Kartoffelsorten

Adretta, Agria, Arnika, Arkula, Atica, Aula, Baltica, Berber, Christa, Cilena, Desirée, Freya, Gloria, Granola, Hansa, Irmgard, Karlena, Leyla, Likaria, Linda, Liu, Marabel, Nicola, Rikea, Rosara, Satina, Secura, Selma, Sieglinde, Solara, Quarta

Der Name der Kartoffel

Keine Kartoffel sieht aus wie die andere, und Kartoffeln tragen ganz verschiedene Namen, je nach der Region, in der sie verspeist werden.

Arber, Ärpel, Bramburi, Erdapfel, Erdbirn, Flezbirn, Grübling, Grundbirn, Knulle, Krumbiir, Krumbeer

Die größten Kartoffelproduzenten (2005)

China — 73 Millionen Tonnen
Russland — 36 Millionen Tonnen
Indien — 25 Millionen Tonnen
Ukraine — 19 Millionen Tonnen
USA — 19 Millionen Tonnen
Deutschland — 11 Millionen Tonnen
Polen — 11 Millionen Tonnen

Einige Pilzkrankheiten der Kartoffelpflanze

— Kartoffelfäule *Phytophthora infestans* — Dürrfleckenkrankheit *Alternaria solani* — Pockenkrankheit *Rhizoctonia solani* — Pulverschorf *Spongospora subterranea* — Weißfäule *Fusarium coeruleum*

Kein Essen ohne die Tomate

— Tomaten stammen aus Mittel- und Südamerika. Sie wurden von den Azteken und den Inkas schon vor 1800 Jahren kultiviert. — Kolumbus führte die Tomate 1498 in Europa ein. In Deutschland galt sie – ähnlich wie die Kartoffel – sehr lange als Zierpflanze. Erst seit hundert Jahren wird die Tomate auch hierzulande als essbar angesehen. — Es gibt über 2500 natürliche Tomatensorten und noch einmal so viele, die von Züchtern herangezogen wurden. — Tomaten bestehen zu 95 Prozent aus Wasser. Sie können weiß, gelb, orange, rot, rosa, grünlich, grünbraun, rotgelb, violett und schwarz oder auch gestreift sein. — Jeder Deutsche isst ungefähr 20 Kilogramm Tomaten im Jahr; die Hälfte davon frisch. Der Rest entfällt unter anderem auf Ketchup, Tomatensoße, Tomatenmark. — Vor dem Essen sollte man auf jeden Fall grüne Stellen und den Stielansatz entfernen. Darin befindet sich nämlich *Solanin*, und das ist in hohen Dosen giftig. Deshalb sollte man auch keine unreifen Tomaten essen.

Die Tomate in der Flasche

Ketchup ist ein Geschmackstöter und nur etwas für kulturlose Banausen! Eltern, die so argumentieren, kann man gut entgegenhalten, dass sie selbst kulturlose Banausen sind, zumindest was die Ketchup-Kultur angeht. Ketchup gibt es nämlich seit über 2000 Jahren: Schon 300 v. Chr. bereiteten die Römer eine sehr würzige, Ketchup-ähnliche Soße ohne Tomaten, um Fisch- und Fleischgerichte zu bereichern. Der heutige Ketchup geht allerdings nicht auf die Römer, sondern auf die Chinesen zurück: Im 17. Jahrhundert verspeisten sie häufig eine Soße namens *Ketsiap*. Über Malaysia gelangte diese Soße, die noch keine Tomaten enthielt, mit englischen Seeleuten nach Europa, und zwar unter dem heutigen Namen: Ketchup. Aus der nachgeahmten Würzsoße machten die Engländer Ende des 18. Jahrhunderts dann doch wieder etwas Eigenes, indem sie, wie einst schon die Römer, durch ein Sieb gepresste Tomaten zugaben. Bald setzte sich die leckere Soße in England durch, wenig später auch in Amerika. Und weil die Zubereitung zu Hause sehr aufwendig war, gab es schnell auch eine Fabrik, in der Ketchup maschinell hergestellt und in die Flasche gefüllt wurde. Das war in den 1870er Jahren. Seitdem gibt es »Heinz Ketchup«, benannt nach dem aus Deutschland stammenden Inhaber der Fabrik. Nach dem Öffnen ist Ketchup im Kühlschrank vier bis sechs Wochen haltbar.

Ein paar bemerkenswerte Tomatensorten

Ananastomate, Andenhorn, Bunte Pflaume, Cherrytomate, Eiertomate, Hillbilly, Novogogoschary, Radaubruder, Reisetomate, Strauchtomate, Watermelon Beefsteak, White Wonder, Zebratomate

Apfel-Allerlei

Äpfel gehören botanisch zur Familie der Rosen. Insgesamt wachsen weltweit über 7500 verschiedene Sorten Äpfel. Äpfel können klein wie ein Kirschkern, aber auch groß wie eine Grapefruit sein. Äpfel waren das Lieblingsobst der Römer und Griechen in der Antike. Es dauert vier bis fünf Jahre, ehe ein junger Apfelbaum Früchte trägt. Äpfel reifen sechsmal schneller bei Zimmertemperatur als im Kühlschrank.

Größer, weiter, schwerer

Vor einigen Jahren fand eine Bauerstochter aus Thüringen auf dem Acker ihres Vaters eine 1,6 Kilogramm schwere Kartoffel, die für zwei Familien als Beilage reicht. Rekord: 1988 trug eine einzige Tomatenpflanze in Japan fast 1700 Tomaten. Die bislang größte Tomate wurde 1986 in Oklahoma/USA geerntet. Sie wog 3,5 Kilogramm. Der schwerste und größte Kürbis wurde ebenfalls in den USA gewogen: 606,7 Kilogramm. Der schwerste deutsche Kürbis wog immerhin 298,6 Kilogramm. Verschiedene Äpfel konkurrieren um den Titel des schwersten Apfels. Ihnen allen gemein ist, dass sie fast anderthalb Kilogramm auf die Waage bringen. Das entspricht ungefähr zehn normal großen Äpfeln.

Konfitüre, Gelee – alles Marmelade?

Konfitüre, Gelee oder Marmelade – alles das Gleiche? Keineswegs. Das sagt auch die Europäische Union, die genau festgelegt hat, was Marmelade eigentlich ist: Laut EU besteht sie durchweg aus Zitrusfrüchten und Zucker, und zwar aus gleichen Anteilen. Erdbeermarmelade? Gibt es demnach also gar nicht. Konfitüre dagegen enthält einen Teil Zucker, einen Teil Pulpe und einen Teil Wasser. Die Pulpe ist ein Gemisch aus den zerkleinerten, genießbaren Teilen von Früchten, die je nach Natur der Frucht entkernt oder geschält sind. Es gibt bei Konfitüre deutliche Unterschiede im Fruchtanteil. So enthält »Konfitüre extra« nach EU-Vorschrift 450 Gramm Pulpe, einfache Konfitüre hingegen nur 350 Gramm. Erdbeerkonfitüre? Klar, kann man bekommen, kein Problem. Und Gelee? Damit ist noch einmal etwas ganz anderes gemeint, nämlich Fruchtsäfte, die durch Kochen mit Zucker zum »Erstarren« gebracht wurden.

Zum Beispiel Himbeer-Johannisbeer-Konfitüre

Die Zutaten
200 Gramm Himbeeren
300 Gramm Johannisbeeren
500 Gramm Gelierzucker (1:1)
Eine Zimtstange
Eine Vanilleschote
Eine Handvoll Rosinen (oder nicht)

Die Konfitüre
Die Johannisbeeren zupfen, reinigen und in einem Topf zerdrücken. Eine halbe Tasse Wasser dazugeben und das Ganze kurz aufkochen lassen. Zucker und Zimtstange in den Brei geben, die Mischung nochmals kurz aufkochen. Anschließend die Himbeeren dazugeben und das Mus eine Minute lang kochen lassen. Rosinen unterrühren oder – je nach Geschmacksvorstellungen – auch nicht. Alles einige Minuten lang gut rühren und schließlich noch heiß in Gläser füllen.

Ohne Kühlschrank kühlen

Die Getränkeflaschen ins Meerwasser stellen. Ein Loch buddeln und die Saftflasche im kühlen Boden vergraben. Eine Tasche für Butter, Käse, Wurst vors Fenster hängen. Funktioniert ganzjährig im Hohen Norden, bei uns aber nur im Winter. Die Getränke in kalte Tücher wickeln und an einem luftigen Ort abstellen. Den Limokasten einer kalten Dusche unterziehen. Die Klimaanlage in Papas Auto zweckentfremden.

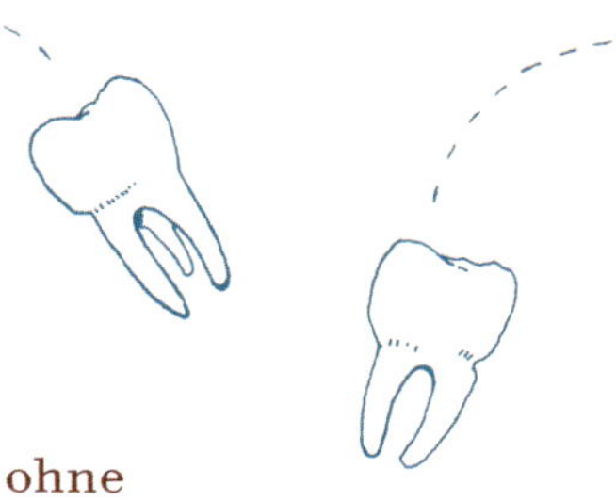

Skorbut – was passiert, wenn Menschen zu lange ohne Vitamin C auskommen müssen

Es gab in früheren Zeiten kaum eine längere Seefahrt ohne Skorbut. Die Krankheit mit dem seltsamen Namen war im Mittelalter die häufigste Todesursache bei Seeleuten. Skorbut, das ist eigentlich ein holländisches Wort. Es stammt ab von *Scheurerbek* (»wunder Mund«). Ein wunder Mund tritt bei Vitamin-C-Mangel auf, und der führt zu Skorbut, wenn man auf Dauer unter der optimalen Tagesdosis von 75 Milligramm liegt. Die Symptome sind Müdigkeit, Muskelschwund, Gelenkentzündungen, Infektionen, Zahnfleischbluten und Zahnausfall. Ein britischer Schiffsarzt namens James Lind erstellte 1754 die erste Studie über Skorbut. Er entdeckte den Zusammenhang von Skorbut und Vitamin-C-Mangel. Zitrusfrüchte sind seitdem Pflicht bei Schiffsreisen. Wegen ihres hohen Gehalts an Vitamin C wurden früher zur Behandlung von Skorbut auch Brennnesseln verabreicht. Zu Land kam Skorbut häufig im Winter bei Festungsbelagerungen vor. Aber auch noch im 20. Jahrhundert, nach den beiden Weltkriegen, als die Menschen sehr wenig zu essen hatten, litten viele Europäer unter Skorbut. Heute haben wir in den wohlhabenden Ländern eine so ausgewogene Ernährung, dass niemand einen Mangel an Vitamin C befürchten muss. Trotzdem ist Skorbut keine Krankheit von gestern. Denn in Gegenden, in denen viele Menschen Hunger leiden, ist Skorbut noch immer weit verbreitet.

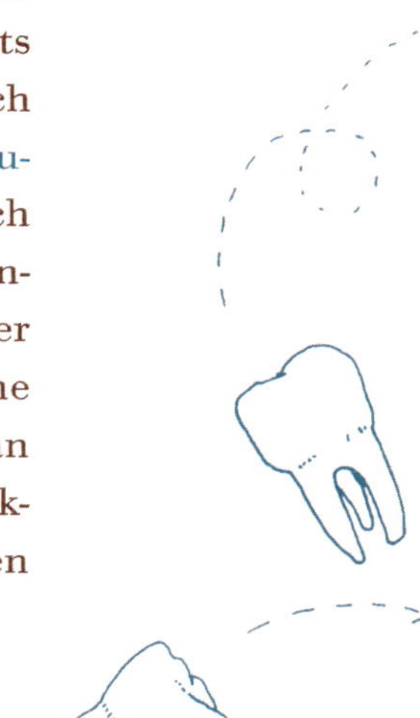

Die Eskimos und das nahrhafte Einhorn der Meere

Was tun, wenn man überhaupt keine Früchte, kein Gemüse, kein Vitamin C bekommt? Zum Beispiel, wenn man dem Volk der Inuit, also der Eskimos, angehört? *Eskimo* ist ein indianisches Wort und bedeutet »Rohfleischesser«. So bezeichneten die Indianer ihre Feinde aus dem ewigen Eis, mit denen sie immer wieder Kriege führten. Eigentlich nennen sich die Menschen, die rund um den Nordpol leben, »Inuit«. Weil sie das Wort *Eskimo* als Beleidigung betrachten, kämpfen sie seit vielen Jahren gegen diese Bezeichnung. Rohes Fleisch hat tatsächlich aber eine wichtige Bedeutung für die Inuit. Klar: Sie leben seit 5000 Jahren in der Arktis, wo nicht viel wächst und wo man auch nicht mal eben ein Feuer machen kann. Deshalb bleibt ihnen nur die Jagd auf Tiere, deren Fleisch sie roh verspeisen. Woher jedoch bekommen die Inuit das wichtige Vitamin C? Das liefert ihnen der Narwal, den sie seit Menschengedenken mit Kajaks jagen. Der Narwal, wegen seines langen Stoßzahnes auch »Einhorn der Meere« genannt, wird bis zu fünf Meter lang. Seine Haut hat einen so hohen Gehalt an Vitamin C, dass sie den Inuit Zitrusfrüchte und dergleichen ersetzt.

Große Äpfel? – Alles über Melonen

Das Wort »Melone« stammt aus dem Griechischen und bedeutet so viel wie »großer Apfel«. Melonen gehören aber zu den Kürbisgewächsen. Melonen sind kalorienarm und bestehen zu 90 bis 95 Prozent aus Wasser; besonders Zuckermelonen besitzen aber viele Vitamine und Mineralien. Melonen sind hervorragende Durststiller an heißen Sommertagen. Reife Wassermelonen klingen beim Klopfen hohl und dumpf, während unreife Melonen kaum ein Geräusch von sich geben. Der süßliche Geruch der Melone ist ein weiteres Zeichen der Reife. Wassermelonen können bis zu 20 Kilogramm wiegen.

Warum klopfen Melonenhändler vor dem Verkaufen auf die Frucht?

A Um von ihrem eigenen Hohlkopf abzulenken. B Sie hoffen auf eine Antwort aus dem Innern. C Reife Melonen klingen beim Klopfen hohl und dumpf. D Sie warnen das Fruchtfleisch, dass sein Ende naht.

Warum ist die Banane krumm?

A Weil die Ureinwohner sie beim »Räuber und Gendarm« als Revolver benutzt haben. B Weil die Plantagenbesitzer sie zum Rückenkratzen brauchten. C Weil Bananen Sonnenbäder lieben und deshalb in Richtung Sonne wachsen, auch wenn ihre Staude zum Boden zeigt. D Weil krumme Bananen besser in Bananenkisten passen.

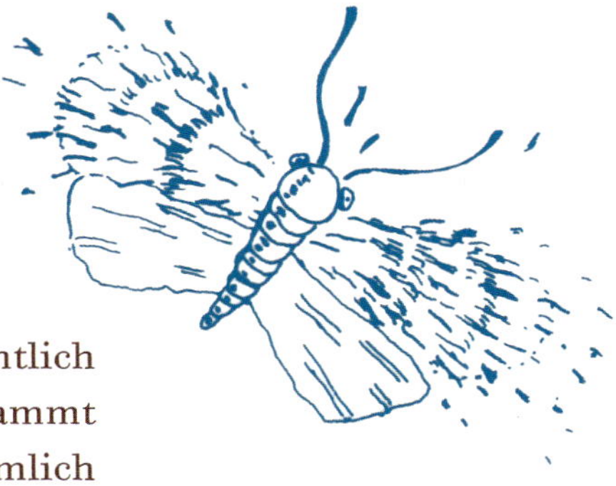

Eine Beere namens Banane

Wer hätte das gedacht: Die Banane ist eigentlich eine Beere. Das Wort »Banane« stammt aus dem Arabischen. Da bedeutet *banan* nämlich »Finger«. In Größe, Farbe und Form sind Bananen sehr unterschiedlich. Sie können bis zu 50 Zentimeter lang werden. Nicht alle Bananen sind krumm. Die meisten Sorten aber wachsen der Sonne entgegen. Und weil die Stauden, in denen sie groß werden, so schwer sind, dass sie nach unten hängen, müssen die Bananen krumm wachsen, um ans Licht zu kommen. Ursprünglich stammt die Banane aus dem indisch-malayischen Raum. Sie dient aber schon seit Jahrtausenden in Afrika sowie in Mittel- und Südamerika als Nutzpflanze. Heute werden Bananen in über 100 Ländern angebaut. Bananen werden immer grün geerntet, auch dann, wenn sie in den Herstellerländern gegessen werden. Würde man die Bananen später ernten, wären sie ungenießbar.

Bananen aus Deutschland

Es gab auch einmal deutsche Bananen: Anfang des 20. Jahrhunderts war das afrikanische Land Kamerun eine deutsche Kolonie. Weil Bananen zu der Zeit immer beliebter wurden, pflanzte eine Firma namens Afrikanische Frucht-Compagnie die Früchte in Kamerun an und verschiffte sie nach der Ernte nach Deutschland. Nach dem Ersten Weltkrieg musste Deutschland seine Kolonien abgegeben, und seitdem gibt es keine deutschen Bananen mehr.

Milben, Käfer, Schaben – unsympathische Mitbewohner

Milbe Wird bis zu 0,5 mm groß. Befällt vor allem Getreide. Brotkäfer Bis zu 5 mm lang. Mag Backwaren, Gewürze, Schokolade, Hülsenfrüchte und alles aus Getreide – also besonders dein Lieblingsschokomüsli. Mehlkäfer Kann bis zu 18 mm lang werden. Bevorzugt Mehl- und Getreideprodukte. Mehlmotte Flügelspannweite bis 2,5 cm. Mag Mehl. Fliege Bis zu einem Zentimeter groß. Bevorzugt Fleisch, Käse, Fisch. Schabe Bis zu 28 mm lang. Liebt weiche, saftige Lebensmittel, gibt sich aber auch mit Abfällen zufrieden. Ist nachtaktiv und ganz besonders eklig.

Bitte nicht stören? Bitte stören!

In vielen Wohnzimmern gilt: Das Zimmer ist nicht für den alltäglichen Gebrauch gedacht, sondern für besondere Gelegenheiten. Hier heißt es: Bitte nicht stören! Schonen! Die Möbel müssen ein Leben lang halten! Tja. Ist das Wohnzimmer nun zum Benutzen da oder zum Schonen? Es geht auch anders. Zum Beispiel im Haus-Buch. Hier sieht es aus wie bei Hempels unterm Sofa. Der Salon lädt zum Spielen ein, zum Reden, zum Lesen, zum Toben, zum Fernsehen, zum Musikhören. Hier lautet das Motto: Stören? Aber sicher! Immer gerne.

Frisuren, Autos, Spiele, Diskussionen – der Salon

Der Salon ist das Wohnzimmer vornehmer und / oder reicher Leute. Das Wort »Salon« stammt aus dem Italienischen. Da nennt man einen großen Saal *salone*. Es gibt auch Geschäfte, die sich Salon nennen: der Friseursalon beispielsweise. Oder der Hundesalon. Der Autosalon dagegen ist kein Laden, in dem man Autos kaufen kann, sondern eine Messe für Autos, die alljährlich in Genf / Schweiz stattfindet. Es gibt auch gesellschaftliche Veranstaltungen, die sich »Salon« nennen. Zum Beispiel »literarische Salons«. Dabei treffen sich Menschen, die sich für Literatur interessieren. Gesellschaftliche Salons wurden früher oft von Frauen veranstaltet. Eine solche Gastgeberin nannte man auch Salondame oder *Salonière*. Heute sind literarische Salons wieder sehr in Mode; vor allem bei jungen, coolen Künstlern und Literaten in Berlin. Der *Salon du livre* ist eine große Buchmesse in Paris.

Salon mit Musik: Die Schubertiade

Franz Schubert war ein berühmter österreichischer Komponist, der 1797 bis 1828 in Wien lebte. Innerhalb weniger Jahre komponierte er sehr viele Instrumentalwerke und Lieder. Schallplatten oder CDs gab es damals natürlich noch nicht; Komponisten wie Schubert stellten ihre Musik deshalb bei Konzerten vor. Und so kam es zur Schubertiade: Franz Schubert nutzte einen gesellschaftlichen Salon der Wiener Familie Sonnleithner, um dort bei Hauskonzerten seine neuesten Kompositionen zu präsentieren. Ab 1821 bezeichnete man diese Konzerte als »Schubertiade«. Bald gab es sie auch in Salons anderer Familien. Im Lauf der Zeit hat sich der Begriff »Schubertiade« verselbstständigt: Auch heute finden noch Schubertiaden statt, aber nicht mehr nur in Wien. Vielmehr handelt es sich dabei um ganz normale Konzerte – nur dass dort ausschließlich Musik von Franz Schubert gespielt wird.

Weniger ist mehr: die Plattensammlung

Schwarze, gerillte, in einen Pappkarton verpackte Scheiben aus Vinyl, so hörten Musikfans bis Mitte der 1980er Jahre ihre Sounds. Dann setzte die Musikindustrie eine kleinere Scheibe aus Kunststoff durch – die CD. Die CD war umstritten: Die einen lobten sie, weil sie nicht so schnell kaputtging wie Vinylplatten und praktischer zu lagern war. Die anderen argumentierten dagegen, die CD klinge bei weitem nicht so gut wie das gute alte Vinyl. Während die beiden Gruppen noch stritten, setzte sich die CD am Markt durch – und war bald auch schon wieder veraltet, weil bereits ein neues Musikformat namens MP3 erfunden wurde. Dank MP3 und ähnlicher Formate ist es möglich, Musik in einer Qualität zu speichern, die fast der CD entspricht, aber sehr viel weniger Speicherplatz beansprucht. Heute kann man auf einer Zwei-Gigabyte-Speicherkarte rund 1 000 Titel abspeichern. Das entspricht ungefähr 100 Vinylschallplatten. Weniger ist hier also mehr.

Ausruhen, ablegen und versinken: das Sofa

Ein gemütliches Sofa darf in keinem Haushalt fehlen. Das Sofa heißt auch *Couch* (Englisch), *Kanapee* (Französisch) oder *Diwan* (Persisch/Türkisch). Es kann ein Schlaf- oder Klappsofa sein – oder auch eines einfach nur zum Sitzen. Die meisten Sofas sind Zweisitzer oder Dreisitzer. Es gibt auch sehr viel größere, auf denen mehr Leute Platz finden. Das Wort »Sofa« gibt es übrigens seit ungefähr 300 Jahren in Deutschland; es stammt von dem arabischen Wort *Suffa* ab, das nichts anderes als »Ruhebank« bedeutet.

Wohnzimmer international

Amsterdam *woonkamer*
Barcelona *salón*
Helsinki *olohuone*
Manchester *living room*
Lyon *salle de séjour*
Palermo *salone*
Reykjavík *dagstofa*
Rom *salone*
Stockholm *vardagsrum*

Tonträger und ihre Abspielgeräte

1887 Schellackplatte – Grammophon
1935/36 Magnettonband – Tonbandgerät
1948 Vinylplatte – Plattenspieler
1963 Kassette – Kassettenabspielgerät
1981 CD – CD-Player

Das berühmteste Sofa der Welt: Freuds Couch

Auf die Couch legen – wenn jemand davon spricht, meint er meistens nicht einen gemütlichen Fernsehabend auf dem Sofa, sondern einen Termin bei einem Psychologen. Dafür ist Sigmund Freud (1856–1939) verantwortlich, der berühmte Begründer der Psychoanalyse. Er bat seine Patienten, während der Behandlungsgespräche nicht auf einem Stuhl Platz zu nehmen, sondern auf einem Sofa. Auf diese Weise, glaubte Freud, könnten die Patienten sich besser entspannen – und leichter in die Welt der Erinnerungen abtauchen. Letzteres fand er sehr wichtig für die Behandlung seelischer Krankheiten. Schon bald legten viele Psychologen ihre Patienten auf die Couch, und so wurde das Ganze schließlich zu einem geflügelten Wort: Wenn jemand sagt, er habe sich auf die Couch gelegt, meint er, dass er beim Psychologen war. Freuds Sofa steht übrigens heute, gut 100 Jahre später, im Sigmund Freud Museum in London. Es ist wie damals mit einem Perserteppich bedeckt.

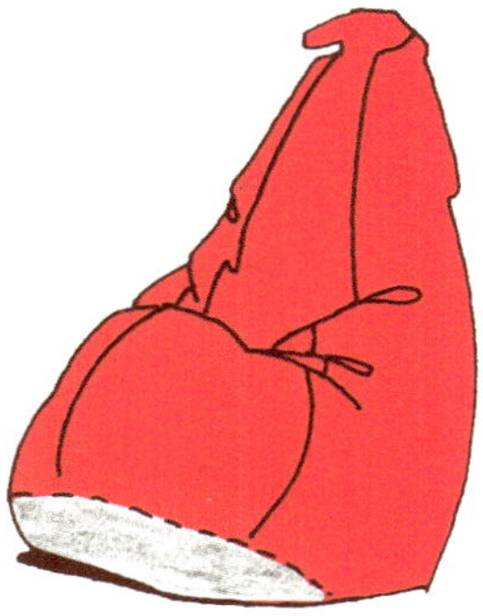

Seltsame Wohnzimmermöbelstücke

Elektrokamin, Katzenbaum, Kuckucksuhr, Massagesessel, Musiktruhe, Schrankwand, Sitzsack

Zungenbrecher: Sofa und Couch mal anders

- *Chaiselongue* Liegesofa für eine Person, ohne Rückenlehne, dafür mit Kopflehne, 1
- *Diwan* niedrige, gepolsterte Liege ohne Rückenlehne, 2
- *Ottomane* niedriges Liegesofa, unterscheidet sich durch feste Armstützen vom Diwan; stammt aus dem Ottomanischen Reich, also aus der Türkei, 3
- *Récamiere* Liege ohne Rückenlehne, benannt nach der französischen Schriftstellerin Adelaide Récamier, die von 1777 bis 1849 lebte, 4

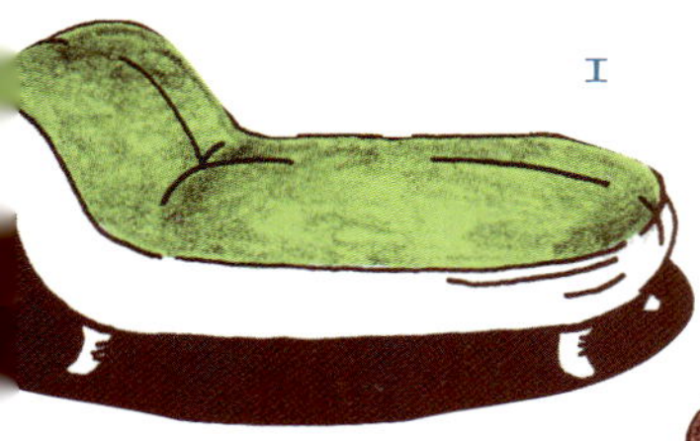

1

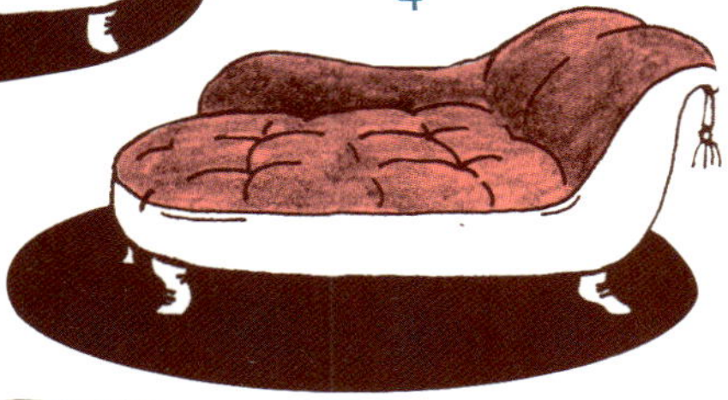

4

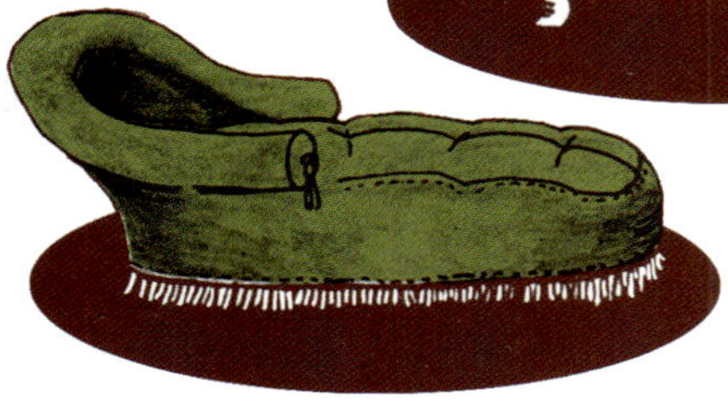

3

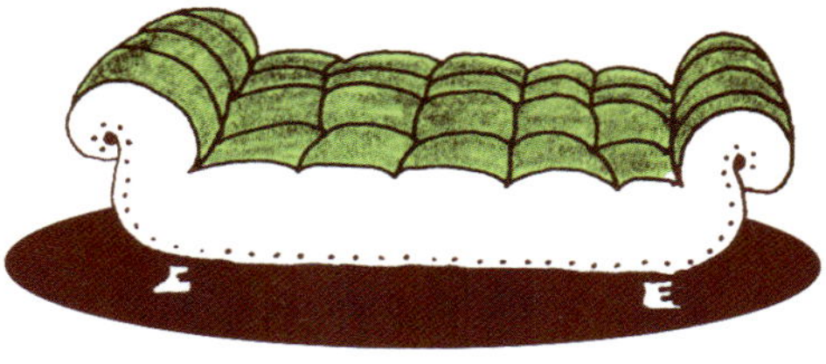

2

Lagerfeuer im Wohnzimmer – der Kamin

Offener Kamin Wohlig am Lagerfeuer und doch zugleich im Wohnzimmer sitzen. Ist als Heizung nicht besonders effizient, sorgt aber für gemütliche Stimmung. Der Speicherofen Großer, gekachelter, geschlossener Ofen, der zwischen 800 und 1500 Kilogramm schwer sein kann. Das Feuer prasselt hinter einer Glastür. Durch seine Bauweise gibt dieser Ofen die Hitze sehr langsam und gleichmäßig ab und sorgt dadurch für eine angenehm milde Raumtemperatur. Leider dauert es sehr lange, bis dieser Ofen heiß wird. Der Heizkamin Mischung aus offenem Kamin und Ofen. Gibt die Wärme durch Lüftungsklappen und zugleich durch die Strahlung der Kacheln ab. Dank der großen Glastür kommt man sich fast wie am offenen Feuer vor. Eignet sich gut zum Heizen.

Knoten, knoten, knoten – der Perserteppich

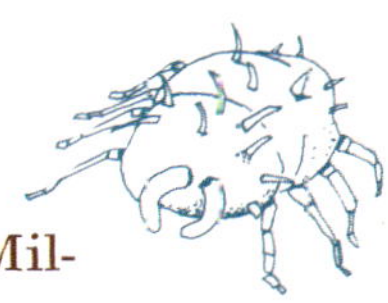

Ein Perserteppich enthält zwischen 100000 und zwei Millionen Knoten pro Quadratmeter. Wenn eine Knüpferin 5000 Knoten am Tag schafft, braucht sie für einen Teppich von zwei mal zwei Metern mindestens drei Jahre. In Teheran, der Hauptstadt des Iran, gibt es ein eigenes Museum für handgeknüpfte Perserteppiche. Dort kann man einige der schönsten Teppiche überhaupt bewundern. Alte Perserteppiche zeigen Ornamente und geometrische Muster, aber auch Jäger, Reiter und Tiere. Über die Entstehung des Perserteppichs erzählt man sich eine märchenhafte Legende: In der persischen Wüste lebte einst eine arme Schäferfamilie. Eines Tages beschloss der Vater, in ein Land auszuwandern, wo sagenhafter Reichtum herrschte. Nach einem Jahr kehrte er zurück, und seine Kinder wollten wissen, wie es in diesem reichen Land gewesen war. Um seine Eindrücke zu schildern, knüpfte der Vater einen Teppich, der ein wunderschönes Bild einer blühenden Landschaft zeigte. Und so war der berühmte Perserteppich erfunden.

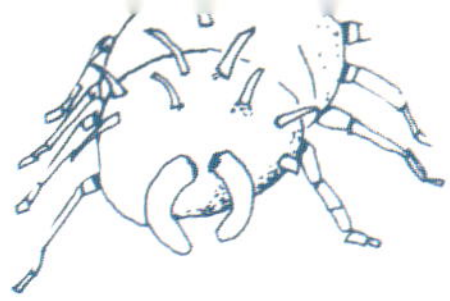

Die Monster im Teppich

Mit bloßem Auge sieht man sie nicht. Aber unterm Mikroskop betrachtet, sehen sie wie furchtbare Monster aus: Hausstaubmilben werden maximal einen halben Millimeter groß, haben acht Beine und gehören zu den Spinnentieren. Sie mögen es gerne kuschelig warm, deshalb siedeln sie sich am liebsten in Betten, Polstermöbeln – und Teppichböden an. Milben sind genügsam; allein von den wenigen Gramm Hautschuppen, die ein Mensch am Tag verliert, können Tausende von ihnen komfortabel leben. Für manche Menschen sind Milben ungesund, weil ihr Kot Allergien auslösen kann. In einem Quadratmeter Teppichboden können sich bis zu eine halbe Million Milben aufhalten. Und sie sind – als wäre all das nicht genug – im und unterm Teppich nicht allein, sondern teilen ihren Lebensraum mit Schaben, Silberfischchen, Staubläusen und Schimmelpilzen.

Die Geschichte des Parketts

Im 13. Jahrhundert begannen die Menschen hierzulande, Holzbohlen nebeneinander auf die Lehmböden ihrer Behausungen zu legen. Auf diese Weise wollten sie Staub und Feuchtigkeit abhalten. Die Methode wurde nach und nach perfektioniert, so dass sich aus dem einfachen Belag zunächst der Dielenboden entwickelte. Im 16. Jahrhundert wurden die Bearbeitung und die Verlegung des Holzbodens stark verfeinert. Damit entwickelte sich das Parkett zum repräsentativen Bodenbelag der Reichen. Die Parkettverlegkunst war ein hoch angesehenes Handwerk. Ihren Höhepunkt erreichte die Kunst des Parkettlegens

Heizungen

Fernwärmeheizung Heizt mit Wärme, die bei Industrieanlagen abfällt. Gasetagenheizung Heizt mit Erdgas. Heizlüfter Heizt mit Strom aus der Steckdose. Nachtspeicherheizung Heizt mit Strom, der nachts eingespeist wird, wenn er billiger ist. Ölzentralheizung Heizt mit Öl. Pelletheizung Heizt mit gepresstem Holz. Solarheizung Heizt mit Sonnenenergie.

Bildmotive auf Perserteppichen

Boteh Mandel
Charschiang Krabbe
Gol Blume
Herati Raute
Minah Chani vier Blumen
Schah Abbase Blumenornamente
Sil-e Sultan geschmückte Vasen

im 18. Jahrhundert. Damals fügte man komplizierte Ornamente und Muster und sogar gegenständliche Bilder in das Parkett ein. Im 19. Jahrhundert begann die industrielle Massenfertigung von Holzböden. Damit verlor zwar die Verlegekunst an Bedeutung, aber es konnten sich auch ganz normale Bürger einen Parkettboden leisten. Heute ist Parkett zwar immer noch der teuerste Holzboden. Da man Parkettböden bei guter Pflege aber sehr lange nutzen kann, kostet so ein Boden langfristig weniger als andere Bodenbeläge.

Die Teppichlitanei

von Christa Reinig

Chiwa, Chotan, Samarkand
Afghan und Beludschenland,
Taschkent, Beschir, Buchara,
Alle aus Turkmenia.
Gehen die Anatoler beten,
Werden diese vier betreten:
Kula, Ladir, Mudjur, Meles
Und als fünfter noch Ghiordes,
Dieser mit dem Türkenknoten,
Türken ist das Grün verboten.
Uschak, Yürük, Bergamo,
Pergemon heißt heute so.
Aus dem Kaukasus sind die:
Sumak, Schirwan und Tschetschi,
Talysch, Derbent, Daghestan,
Und nun fehlt noch der Iran:
Täbris, Heris, Yoraghan,
Diese aus Nordpersistan.
Mesched, Herat, Chorassan,
Diese aus Ostpersistan,
Und nun geht der Süden an:
Keschan, Kirman, Ispahan,
Kaschkai, Schiras, Dschusche
Bachtiari und Afschari.
Und zum Schluss der Westen ha
Mahal, Mossul, Muskabad,
Saruk und Sultanabad,
Gum, die blauen, Mir, die roten
Senneh mit dem Perserknoten,
Hamedan und Ferahan,
Serabend, wir sind am End.

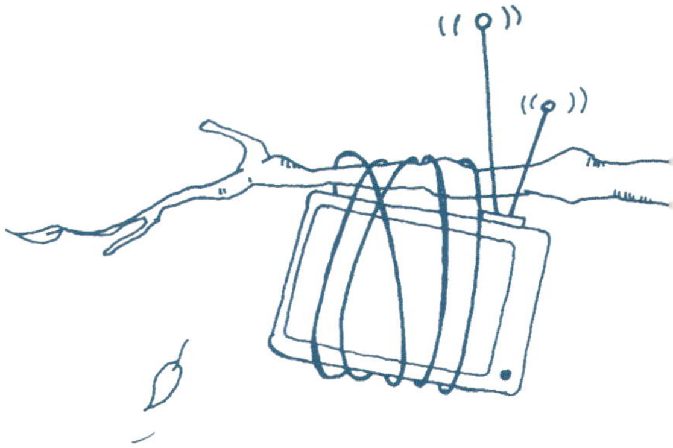

Fernsehen – das Fenster zur Welt

Das Fenster zur Welt, so sahen viele Menschen das Fernsehen, als es sich Mitte der 1950er Jahre weltweit verbreitete. Fernseher zeigten damals schwarz-weiße Bilder und bekamen ihren festen Platz im Wohnzimmer. Beeindruckend ist die Erfindung des Fernsehens vor allem deshalb: Sie zeigt, was der Mensch mit Hilfe seines Geistes, seiner Kreativität und mit seinem Fortschrittsglauben erreichen kann. Heute, wo wir im Internet und auf Handys immer und überall fernsehen, kann man sich die damalige Faszination kaum mehr vorstellen: New York, Rio, Tokio – plötzlich konnten die Menschen überall dabei sein, plötzlich war die Welt zu Gast im eigenen Wohnzimmer. Und das allein mit Hilfe einer Technik, die aus Strom, elektromagnetischer Strahlung, Antennen und Kabeln lebendige Bilder zauberte.

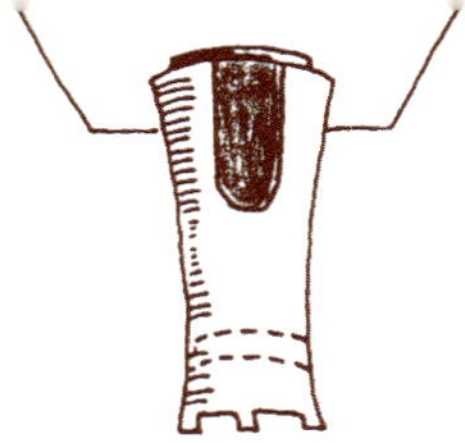

Für faule Knochen: Die Fernbedienung

Lazy Bones, also »Faulpelz«, so hieß die Fernbedienung, die die amerikanische Firma »Zenith« 1950 verkaufte. Über ein Kabel war der Fern-Seher mit dem Fernseher verbunden. *Flashmatic* war der Name der ersten Fernbedienung ohne Kabel, die 1955 auf den Markt kam. Diese Fernbedienung war lichtgesteuert. Das Problem war allerdings, dass der Empfänger so sensibel reagierte, dass manchmal schon ein Sonnenstrahl genügte, um das Fernsehgerät einzuschalten. *Space Command* nannte der österreichische Erfinder Robert Adler seine Fernbedienung. Weil sein Gerät mit Ultraschallwellen arbeitete, umging er 1956 das Problem des lichtgesteuerten Vorgängermodells.

Mehr-Wissen übers Fern-Sehen

In Deutschland wurde die erste Fernsehsendung im Oktober 1923 ausgestrahlt. Allerdings gab es damals nur wenige Empfänger. 1939 sollte ein bezahlbares Volks-Fernsehgerät auf den Markt kommen. Dieser Plan wurde aber durch den Zweiten Weltkrieg vereitelt. Deshalb setzte sich das Fernsehen erst in den 1950er und 1960er Jahren durch. Am Anfang funktionierte Fernsehen nur in Schwarz-Weiß. Dann kam das Farbfernsehen: 1954 in den Vereinigten Staaten, 1967 in Deutschland. Über 50 Jahre lang wurden Fernsehsignale mit analoger Technik gesendet. Jetzt setzt sich langsam, aber sicher das digitale Fernsehen durch, bei dem die Bildsignale in einen Zahlencode umgewandelt werden. Vorteil: eine größere Bildschärfe. Außerdem können viel mehr Sender übertragen werden. In Deutschland haben etwa 95 Prozent aller Menschen einen Fernseher zu Hause. Im Schnitt verbringen sie drei bis vier Stunden täglich vor dem Fernseher.

Die Seifenoper

Soap Operas, also Seifenopern, sind Fernsehsendungen, die täglich um dieselbe Uhrzeit gezeigt werden. In den 1930er Jahren wurden in den USA Hörfunkserien von Waschmittelkonzernen mit Geld unterstützt. Diesen Konzernen war klar, dass sich ihre Produkte nicht wirklich von denen ihrer Konkurrenten unterschieden. Deshalb versuchten sie, Unterschiede auf anderen Gebieten herauszustellen, etwa indem sie ihr Produkt in Radio- und später Fernsehserien bewarben. Das führte umgekehrt dazu, dass diese Serien irgendwann nach ihren Sponsoren aus der Waschmittelindustrie benannt wurden: Seifenopern.

Die Unaussprechlichen – Schachweltmeisterinnen

Vera Menchik (ČSSR, Großbritannien) 1927–1944. Jelisaweta Bykowa (UdSSR) 1953–1956 und 1958–1962. Nona Gaprindaschwili (UdSSR) 1962–1978. Maja Tschiburdanidse (UdSSR) 1978–1991. Xie Jun (China) 1991–1996 und 1999–2001. Zsuzsa Polgár (Ungarn) 1996–1999. Zhu Chen (China) 2001–2004. Yuhua Xu (China) seit 2006

Schach!

Schach ist der Spiel-Klassiker schlechthin. Es gilt als das variantenreichste Spiel überhaupt. Und es ist eines der ältesten. Vorläufer gab es schon im ersten Jahrtausend in Indien; über den Orient kam das Spiel nach Europa. Wann genau das war, ist nicht sicher. Auf jeden Fall vor dem 15. Jahrhundert, denn zu dieser Zeit wurde in Europa schon über die Schachregeln diskutiert. Das Wort »Schach« stammt von dem Wort *Rajah*, später *Shah* ab, dem persischen Begriff für König oder Herrscher. Schachweltmeisterschaften gibt es seit Ende des 19. Jahrhunderts. Die wahren Weltmeister sind mittlerweile längst die Hochleistungs-Schachcomputer, die den menschlichen Schachspielern immer deutlicher überlegen sind. Allerdings gibt es noch keinen Computer, der so leistungsfähig ist, dass er alle möglichen Varianten durchspielen könnte.

Schach International

Skaak Afrikaans
Shah Albanisch
Sah Bosniakisch
Chess Englisch
Male Estnisch
Shakki Finnisch
Catur Indonesisch
Scacchi Italienisch
Kisik Kurdisch
Latrunculi Lateinisch
Schaak Niederländisch
Szachy Polnisch
Eckeks Wallonisch

Das Saftglas und der Mondstein

Große Überraschung bei der NASA: Einer der Mondsteine, die von den Apollo-14-Astronauten 1971 zu Forschungszwecken auf die Erde mitgebracht wurden, enthielt Spuren von Glas. Die Forscher waren überrascht: Glas auf dem Mond, das hätten sie nicht erwartet. Glas entsteht auf natürliche Weise, wenn sehr hohe Temperaturen wirken – zum Beispiel bei einem Blitzeinschlag, Vulkanausbruch oder einem Meteoriteneinschlag. Diese sogenannten *Obsidiane* wurden schon von den frühen Steinzeitmenschen genutzt, um Pfeil- und Speerspitzen oder Schmuck herzustellen. Die frühesten Beweise für die künstliche Herstellung von Glas durch den Menschen sind über 4000 Jahre alt und stammen aus dem Nahen Osten. Reisende Kaufleute entdeckten das »künstliche« Glas zufällig, als ihre nitrathaltigen Lagerfeuersteine ungewollt zu heiß wurden und sich kurze Zeit später in Glas verwandelten. So berichtet es der römische Historiker Plinius (23 bis 79 n. Chr.). Zur Herstellung von Glas wird vor allem eins gebraucht: Sand. Und davon gab es im Vorderen Orient genug. Kein Wunder also, dass die Phönizier in der Gegend des heutigen Libanon zu den größten Glasherstellern des Altertums wurden. Und so funktioniert das Ganze: Fein gemahlener Quarzsand, Kalk und Soda werden miteinander vermischt und im Ofen bei ungefähr 1600 °C geschmolzen. Die dabei entstehende Glasschmelze wird auf 1000 °C abgekühlt, so dass sie leicht geformt werden kann. Zu Trinkgläsern zum Beispiel, zu Flaschen oder Lampenschirmen.

Straßenfeger

Städtische Angestellte, die mit Besen, Schaufel, Kehrwagen die Straßen und Bürgersteige der Stadt reinigen. Berliner Obdachlosenzeitung, mit deren Verkauf sich Wohnungslose ihren Lebensunterhalt verdienen. Erfolgreiche Fernsehsendungen, die so viele Zuschauer bannen, dass während ihrer Ausstrahlung die Straßen wie leergefegt sind. Ein Beispiel sind die berühmten Krimiverfilmungen der Romane von Francis Durbridge in den 1960er Jahren. Sie zogen bis zu 89 Prozent (!) der Deutschen in ihren Bann.

Tisch-Sprüche

Am grünen Tisch = in der Theorie *Auf den Tisch hauen* = seine Meinung lautstark kundtun *Die Füße unter den Tisch strecken* = bei jemandem leben und auf dessen Kosten essen *Etwas ist vom Tisch* = ein Problem wurde behoben *Reinen Tisch machen* = für klare Verhältnisse sorgen *Über den Tisch ziehen* = jemanden betrügen *Unter dem Tisch kaufen* = heimlich kaufen *Zu Tisch!* = das Essen ist fertig

Tee, Kakao, Kaffee

Tee, Kakao und Kaffee sind die beliebtesten Heißgetränke. Das älteste dieser drei Getränke ist der Tee. Von China aus breitete sich die Kultur des Teetrinkens vor über 2000 Jahren zunächst nach Japan aus und trat schließlich ihren Siegeszug um die Welt an. In China und Japan wurde aus dem Teezubereiten und -trinken eine richtige Kunst. Es gab sogar Tee-Schulen, die ihr Wissen über viele Generationen weitergaben. Schokolade als Getränk ist ungefähr 1900 Jahre alt. Die Mayas in Mexiko tranken Kakao schon damals am liebsten mit Chili, Maisstärke und Wasser. Dann kamen die spanischen Eroberer, die fanden das klassische Kakaogetränk der Ureinwohner jedoch ungenießbar. Statt Chili gaben sie Zucker und Zimt dazu, und so trat die Kakaobohne im 18. Jahrhundert ihren Eroberungsfeldzug um die Welt an. Kaffee dagegen kennt die Menschheit erst seit ungefähr 1000 Jahren. Die Kaffeebohne breitete sich von der äthiopischen Provinz Kaffa in die arabische Welt aus. In Zentraleuropa nahmen die Franzosen erstmals ihren Kaffee 1643 in den neuen Pariser Cafés ein. Sieben Jahre später waren es die Bürger Oxfords, die als erste Engländer ein *Coffee-House* betraten. Die berühmten Wiener Kaffeehäuser haben die Österreicher den Türken zu verdanken. Nach der Belagerung Wiens ließen die sogenannten Osmanen 1683 einige Kaffeesäcke zurück, und das wussten die Österreicher zu nutzen.

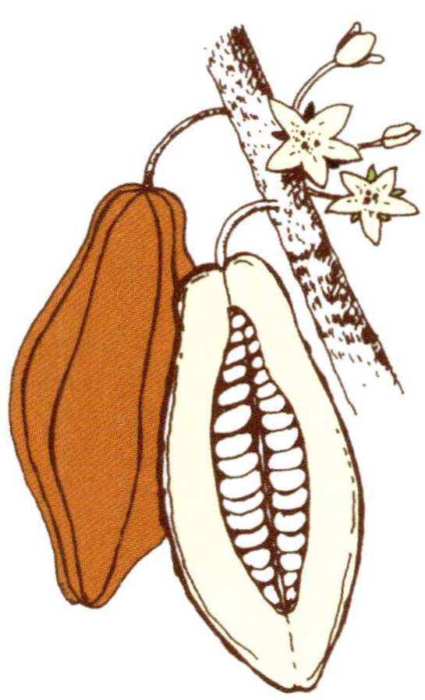

Kaffeetrinker

Verbrauch / Tassen
pro Jahr und Person

Finnland 12 kg / 1737
Österreich 8,6 kg / 1245
Schweden 7,7 kg / 1117
Holland 7,3 kg / 1071
Deutschland 7,1 kg / 1030
Frankreich 5,1 kg / 735
USA 4,5 kg / 646

Teatime

Afternoon Tea – der Tee am Nachmittag *Early Morning Tea* – der Tee zum Wachwerden *High Tea* – der Tee zur Abendbrotzeit *Reception Tea* – Stehempfang mit Tee *Royal Tea* – der Tee am Nachmittag plus Sherry oder Champagner

Die Anfänge des elektrischen Lichts

☞ 1789 Luigi Galvani (1737–1798) macht Experimente mit Froschschenkeln und entdeckt die elektrochemischen Stromquellen. Alessandro Graf von Volta (1745–1827) entwickelt daraufhin die Theorie des elektrischen Stroms. ☞ 1800 Hymphrey Davy (1778–1829) erzeugt als erster Mensch elektrisches Licht. ☞ 1846 Eine Bogenlampe, die den Sonnenaufgang darstellen soll, begeistert das Publikum in einer Aufführung der Pariser Oper. ☞ 1851 Der Londoner Chrystal Palace wird mit Bogenlampen beleuchtet. ☞ 1878 Die Differentialbogenlampe bringt den Durchbruch für eine rasche Verbreitung des elektrischen Lichts in den Städten. ☞ 1879 Thomas Alva Edison (1847 bis 1931) erfindet die Glühbirne. ☞ 1880 Die Prachtstraße *Unter den Linden* in Berlin erhält eine ständige Beleuchtung. ☞ 1885 AEG verkauft 60 000 Glühbirnen ☞ 1887 AEG verkauft 300 000 Glühbirnen.

Zum Sitzen: ein Brett mit Stützen

Gut zu sitzen ist das halbe Leben! ☞ Deshalb haben sich viele Designer lebenslang mit der Erschaffung des perfekten Stuhls befasst. *Ein Stuhl ist ein Schemel mit Rückenlehnen, und ein Schemel ist ein Brett, das sich auf Stützen vom Boden hebt,* so hat es Christopher Dresser 1873 in einem Buch über Möbel formuliert – Dresser gehörte zu den Pionieren der modernen Formgebung. ☞ 130 Jahre später ist das Brett mit Stützen eines der vielfältigsten Dinge überhaupt. Außerdem ist der Stuhl zum Kultobjekt geworden: Jeder Designer, der etwas auf sich hält, hat einen ganz besonderen Stuhl entworfen.

Modische Lampen

Designer und ihre Stühle

Henry van de Velde: Stuhl. Im deutschsprachigen Raum gilt Henry van de Velde (1863–1957) als eine der einflussreichsten Persönlichkeiten auf dem Gebiet der Architektur und des Kunsthandwerks. Van de Velde war einer der konsequentesten Vertreter des Jugendstils. Diese künstlerische Epoche ist an dekorativ geschwungenen Linien, flächenhaften, geometrischen Blumen- und Blätterdarstellungen zu erkennen. NoName: Monoblock. Ein unbekannter Designer hat einen der erfolgreichsten Stühle überhaupt erfunden. Der Französische Terrassenstuhl stammt wahrscheinlich aus dem Jahr 1896 und wurde ursprünglich aus Sperrholz hergestellt, später aus lackiertem Stahlblech, heute aus Kunststoff. Dieser gut stapelbare Stuhl gilt als hässlich, aber bequem und ist auf der ganzen Welt für wenig Geld zu bekommen. Er heißt heutzutage auch Monoblock. Arne Jacobsen: Ameise. Der dänische Möbeldesigner Arne Jacobsen (1902–1971) erfand den berühmten dreibeinigen Stuhl, der den Beinamen Ameise erhielt. Das Neue an diesem Stuhl waren nicht nur die Materialen, ein Mix aus Stahl und Sperrholz, sondern auch die Art der Fertigung: Sitz und Lehne werden aus einem einzigen Stück Sperrholz hergestellt. Giancarlo Piretti: Plia. Giancarlo Piretti, Mister Klappstuhl (*1940), erfand einen Faltmechanismus, der es ermöglichte, den Stuhl mit Hilfe eines Gelenkes aus drei Metallscheiben zusammenzuklappen. Die Erfindung des Italieners wurde bis heute über vier Millionen Mal verkauft.

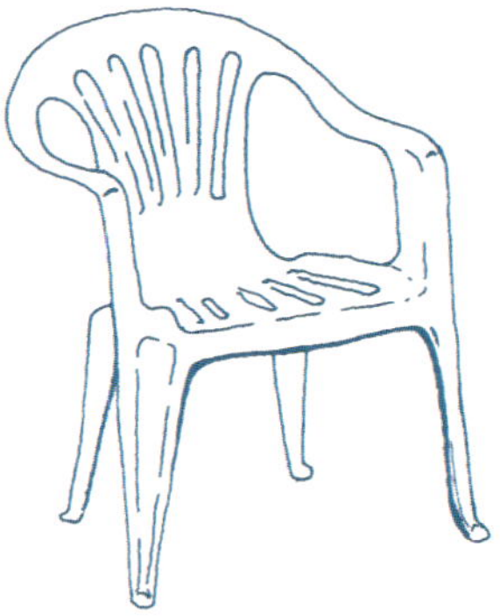

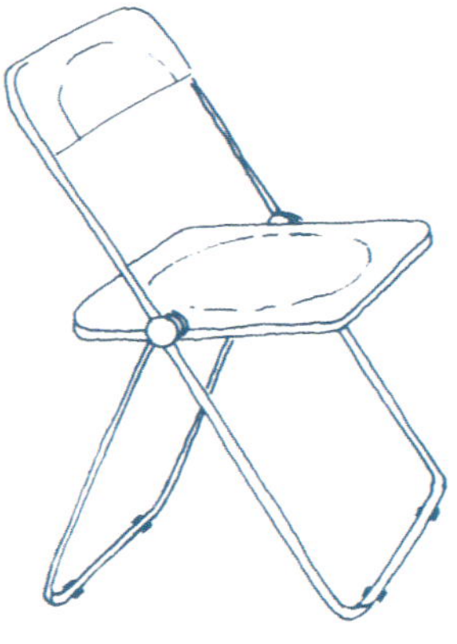

DIE TOILETTE

Das große Werk

Am Morgen steigt man aus dem Bette,
und geht ganz schnell mal zur Toilette.
Um weg zu bringen seine Schlacke,
manche nennen es auch Kacke.

Man setzt sich hin, läßt alles laufen,
bis sich die Kacke häuft zum Haufen.
Manchmal ist es auch nur Wasser,
manchmal dünner, manchmal blasser.

Ist das große Werk vollbracht,
wird eine Kehrtwendung gemacht,
um das Ganze zu beschaun,
das gibt wieder Selbstvertraun.

Verfasser unbekannt. Manche
halten Heinz Erhardt für den Dichter.

Oben rein, unten raus

Sechs Monate seines Lebens hat ein sechzigjähriger Mensch auf dem Klo verbracht. Dabei werden Jahr für Jahr durchschnittlich 48,5 kg feste Masse und 422 Liter Flüssigkeit ausgeschieden. Die tägliche Menge schwankt zwischen 100 und 500 Gramm Kot und einem bis anderthalb Litern Urin (lat. »Wasser«). Zum richtigen Zeitpunkt auf die Toilette zu gehen, das muss der Mensch mühsam lernen: Erst mit zwei bis drei Jahren sind die Verbindungen im Hirn eines Kleinkindes so weit ausgebildet, dass die Signale »Blase voll« oder »Stuhl muss raus« rechtzeitig erkannt werden. Eine Fähigkeit, die der Mensch im hohen Alter wieder verlieren kann, zum Beispiel wenn das Hirn durch Krankheiten geschädigt wird.

Andere Wörtchen fürs Örtchen

Abort, Abtritt, Bedürfnisanstalt, Klosett, Donnerbalken, Kloake, Latrine, Lokus, Plumpsklo, Retirade, Scheißhaus, Stilles Örtchen, Tante Meyer, Thron

Warum das Klo »00« genannt wird

1. Weil der aufgeklappte Klodeckel und der Beckenrand wie eine doppelte Null aussehen. 2. In Hotels hatten die Klos im 19. Jahrhundert häufig die Zimmernummer 00. 3. Die beiden Nullen stehen für die Pobacken des Menschen, wenn man sie von unten, also aus der Sicht des Klos betrachtet.

Ein tägliches Bedürfnis: der Stuhlgang

Von »Stuhlgang« spricht man, wenn jemand aufs Klo geht. Viele Menschen benutzten im 18. Jahrhundert den sogenannten Leibstuhl fürs große Geschäft: einen hölzernen Stuhl, in dessen Sitzfläche eine Schüssel eingearbeitet war. Heute ist der Leibstuhl der Wassertoilette gewichen, die Bezeichnung Stuhlgang aber ist geblieben. Auch der Begriff »Stuhl« für Kot wird immer noch verwendet.

Tiefspüler und Flachspüler

Der Blick in eine New Yorker Kloschüssel kann ortsunkundige Besucher bedenklich stimmen: Das Becken sieht aus, als sei es kurz vor dem Überlaufen. Die meisten amerikanischen Klosetts sind Tiefspüler. Bei dieser Art des Sitzklos plumpst das Geschäft sofort ins Wasser. In Deutschland werden Flachspüler bevorzugt. So heißen Klos, bei denen das Wasser nur sehr flach im Abflussbereich steht. Dafür findet sich unter dem Popo eine Fläche, auf der sich zunächst alles sammelt. Ein beliebter Kompromiss zwischen Flach- und Tiefspüler ist das weitverbreitete Kaskaden-WC: Der Kot rutscht dabei gemächlich ins Abflussrohr, statt direkt ins Nasse zu fallen. So erklärt sich auch der Begriff: Eine Kaskade ist ein künstlicher Wasserfall, der auf Stufen herabläuft. Das Stehklo müsste genau genommen »Hock-Klo« heißen, weil man über dem Abflussloch in die Hocke gehen muss. Solche Toiletten sind in vielen Ländern Südeuropas, Asiens und in der arabischen Welt gebräuchlich. Diese Hockstellung erleichtert die Arbeit der Ausscheidungsorgane. In arabischen Ländern, aber auch in Indien, gibt es statt Klopapier einen Wasserhahn direkt neben dem Stehklo: Mit Wasser und der linken Hand wird der Po gereinigt; mit der rechten Hand wird gegrüßt und gegessen. Bordtoiletten in Flugzeugen, Zügen und Bussen sind Vakuumtoiletten. Nach dem Geschäft öffnet sich eine Luke und ein starker Luftzug saugt den ganzen Mist in einen Behälter, der am Zielort entsorgt wird.

Das Klo, anderswo

Armenisch *Paghnik*
Albanisch *Nevojtore*
Baskisch *Komunak*
Katalanisch *Lavabos*
Finnisch *Lepohuoneet*
Hebräisch *Sherutim*
Hindi *Aaramgriha*
Indonesisch *Kamar Kecil*
Japanisch *Toire*
Koreanisch *Hwa-Jang-Sil*
Russisch *Tualet*
Spanisch *Los Servicios*
Thai *Hong-Naan*
Türkisch *Tuvalet*
Ukrainisch *Laznychka*
Zulu *Itholethe*

Piktogramme zeigen den Weg aufs Klo

Wie findet ein Reisender in einem fremden Land auf die Toilette? In der Regel weist ein Klo-Symbol auf das stille Örtchen hin. Zum Beispiel ein Strichmännchen oder eine angedeutete Treppe. Solche Symbole heißen Piktogramme. Sie vermitteln Informationen in Bildern, so dass jeder sie verstehen kann. Auch dann, wenn es gerade sehr dringend ist.

Die Sache mit dem Weltraumklo

Astronauten sind Experten auf vielen Gebieten: Astrophysik, Physik, Mathematik, Elektromechanik. Und auch die Toilette ist im Weltall eine Wissenschaft für sich. Sie funktioniert ähnlich wie die Toiletten in Flugzeugen, Zügen und Bussen: Mit Hilfe eines Luftsogs werden die festen Ausscheidungen in einen Behälter bugsiert, bevor sie sich mangels Erdanziehung in der ganzen Raumstation verteilen. Die Astronauten müssen dabei in eine Toilettenöffnung von nur zehn Zentimetern Durchmesser zielen. Schwierig, aber machbar, weil die Raumfahrer sich die Klobrille mit zwei Klemmen an den Oberschenkeln festschnallen. Der Kot und Urin landen schließlich in einem Container. Beim Sinkflug zur Erde verbrennt dieser Container bei 2000 °C, so dass von den Hinterlassenschaften der Astronauten nichts übrig bleibt.

Recycling im All

Aufs Klo zu gehen, das wird für Astronauten in Zukunft eine nützliche Tätigkeit sein. Stichwort *Recycling* (engl. »Rückgewinnung«): Die im Urin enthaltenen Wasseranteile sollen zu Trinkwasser und der Wasserstoff zu Treibstoff umgewandelt werden. Außerdem wird der menschliche Stuhl wegen der in ihm enthaltenen Vitamine (z. B. Vitamin B und Vitamin C) eine wichtige Nährstoffquelle bei künftigen Langzeitflügen sein.

Die ältesten Klos der Welt

Die ältesten erhaltenen Toiletten fanden Wissenschaftler auf den Orkneyinseln an der schottischen Nordküste. An den Steinwänden von 5000 Jahre alten Häusern entdeckten sie Nischen, von denen Abwassergräben den Unrat ableiteten. Im antiken Griechenland (ca. 800 bis 100 v. Chr.) benutzten die Menschen hölzerne Sitze als Toilette. Das darunter befindliche Gefäß wurde einfach auf die Straße entleert. Im alten Rom (ca. 600 v. Chr. bis 600 n. Chr.) gab es öffentliche

Toiletten, sogenannte Latrinen. Männer- und Frauenbereiche dieser Latrinen waren getrennt, aber es gab keine Einzelkabinen. Geputzt wurde mit Stöckchen, um die man in Salzwasser getunkte Schwämmchen wickelte. Die Chinesen waren die Ersten, die Toilettenpapier benutzten, und zwar im 9. Jahrhundert n. Chr. Kein Wunder, schließlich hatten sie bereits einige Jahrhunderte zuvor das Papier erfunden. Im Mittelalter (ca. 500 bis 1500 n. Chr.) benutzten viele Menschen einen Abort-Erker, wenn sie ihr Geschäft verrichteten. Dabei handelte es sich um einen kleinen Vorsprung am Haus, aus dem heraus die Bewohner ungeniert auf die Straße machten. Das Abputzen erledigten sie mit Heu, Stroh, Gras und alten Lumpen. Das erste Klo mit Wasserspülung baute der englische Dichter John Harrington im Jahr 1589. Mit Hilfe eines Handgriffs wurde dabei Wasser, das sich in einem höhergelegenen Auffangbecken gesammelt hatte, in eine Art Toilettenschüssel gespült. Harrington baute nur zwei Klosetts: eins für sein eigenes Haus – und eins für den Palast der Königin Elisabeth I. Ein Landsmann von Harrington, der Uhrmacher Alexander Cumming, ließ das »Water Closet« (WC) als seine Erfindung im Jahr 1775 patentieren. Das erste Herstellungsverfahren für Klopapier entwickelte der Amerikaner William Lysle im Jahr 1889. Er stellte mit Hilfe des Kreppverfahrens (Runzeln und Anrauen) das heute noch gebräuchliche Tissue-Papier her. Die Firma Scott spulte das Papier noch im selben Jahr auf handliche Klopapierrollen.

Kloakentiere

Eine Kloake (lat. *cloaca*: »Abzugskanal«) ist ein mit Unrat gefüllter Abwasserkanal, durch den Abwasser, Urin und Kot fließen. »Kloake« ist aber auch ein Begriff aus der Zoologie (Tierkunde). Dort ist mit Kloake der gemeinsame Endabschnitt von Darm, Harn- und Geschlechtsorganen bei Haifischen, Amphibien, Reptilien, Vögeln und einigen wirbellosen Tieren gemeint. Diese Tiere besitzen nur einen einzigen Körperausgang. Kloakentiere (griech. *monotremata*: »Einlochtiere«) sind Säugetiere, die auf untypische Art ihren Nachwuchs zur Welt bringen: Normalerweise gebären Säugetiere Junge, Kloakentiere aber (z. B. der Ameisenigel oder das Schnabeltier) legen Eier. Obwohl sie nicht lebend gebären, haben die Kloakentiere typische Merkmale von Säugern: Sie besitzen Milchdrüsen, sind behaart und verfügen über die Fähigkeit, ihre Körpertemperatur gleichmäßig bei 31 bis 32 °C zu halten.

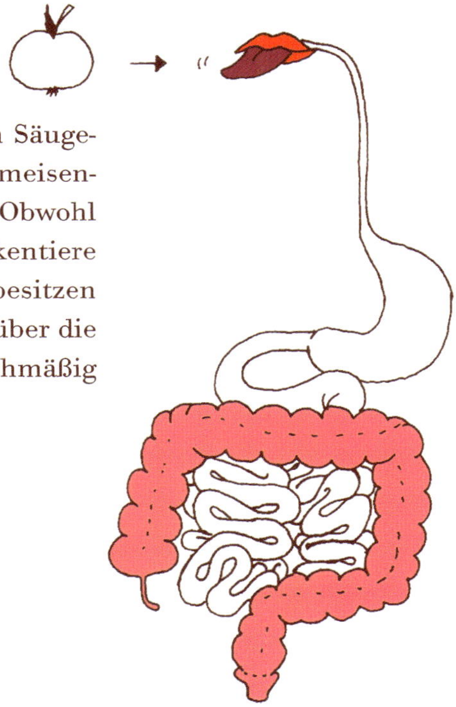

Verdauung – der lange Weg nach unten

Ort	Wegstrecke	Tätigkeit
Mund	5 bis 8 cm	Zerkleinern. Zusetzen von Speichel. Beginn der Verdauung. Transport zur Speiseröhre.
Speiseröhre	25 cm	Transport zum Magen.
Magen	10 bis 20 cm	Trennung und Verarbeitung. Transport zum Darm.
Zwölffingerdarm	28 bis 30 cm	Durchmischung des Nahrungsbreis mit den Verdauungssäften. Transport zum Dünndarm.
Dünndarm	350 bis 500 cm	Aufspaltung und Filterung. Transport zum Dickdarm.
Dickdarm	140 bis 160 cm	Abspaltung des Wassers. Transport zum After. Abgang.

Stuhlgang – die Masse lebt

Stuhlgang heißt in der Medizinersprache Defäkation. Dieser Begriff stammt von dem lateinischen Wort *defaecare* ab. Das bedeutet »vom Bodensatz reinigen«. Bestandteile der braunen Masse sind unverdauliche Reste der Nahrung wie Fett, Stärke, Bindegewebs- und Muskelfasern. Außerdem besteht sie zu 75 Prozent aus Wasser, das vom Darm nicht verarbeitet wird. Der Kot enthält auch Anteile, die zum Körper gehören, aber nicht mehr gebraucht werden: abgestoßene Darmzellen (vergleichbar mit Hornhaut), Schleim (bringt den Stuhl zum Flutschen), Reste von Verdauungsenzymen (Stoffe, die die Nahrung in brauchbare Einzelteile zerlegen) und Gallenfarbstoffe (Abbaureste des roten Blutfarbstoffs). Für die braune Färbung des Kots ist der Gallenfarbstoff *Sterkobilin* verantwortlich. Der Gestank wird durch *Skatol* verursacht. Das ist eine Substanz, die bei der Verdauung bestimmter Eiweiße anfällt. Die Farbe und auch der Geruch des Kots sind abhängig von der Ernährung und vom Gesundheitszustand. Spinat beispielsweise lässt den Stuhlgang grün erscheinen. Teerstuhl ist rabenschwarz, stinkt schlimm und wird meist durch eine Blutung im Magen oder oberen Darmbereich verursacht. Eine sehr helle Farbe kann dagegen das Zeichen einer Erkrankung der Leber oder Bauchspeicheldrüse sein. Sehr wichtige Darmbewohner sind die Bakterien. Sie bilden die Darmflora, die für die Verdauung unverzichtbar ist. Außerdem produzieren sie die Vitamine B und K. Der menschliche Körper enthält zehnmal so viele Bakterien wie Zellen, also ungefähr zehn mal zehn Billionen. Insofern ist es nicht weiter schlimm, dass rund 30 Milliarden Bakterien pro Stuhlgang im Klo verschwinden.

Der Pillendreher – ein Gott rollt Kot

Die Menschen im alten Ägypten verehrten den Mistkäfer (lat. *scarabaeus*) als Verwandten ihres Schöpfergottes Chepri, der aussieht wie ein Mensch mit dem Kopf eines Mistkäfers. Der Skarabäus ist ein Schwerstarbeiter. Er lebt vom Kot anderer Tiere, den er aber nicht nur frisst, sondern auch kräftig bearbeitet: Viele Mistkäfer drehen den gefundenen Unrat zunächst in kleine Kügelchen (deshalb werden sie auch »Pillendreher« genannt) und wühlen diese dann unter die Erde. Das lockert das Erdreich auf und hat einen bombastischen Düngeffekt. Auf einer großen Weide in Hessen fanden Forscher beim Wühlen in 501 Kilogramm Kuhfladen und 63 Kilogramm Schafsköteln 38 verschiedene Sorten Mistkäfer. Insgesamt waren auf der Wiese übers Jahr verteilt 40 200 Käfer damit beschäftigt, den Schafs- und Kuhkot zu recyceln. Weltweit gibt es übrigens über 7000 verschiedene Arten von Mistkäfern. Sie alle sind, ohne es zu wissen, ehemalige Götter, die den Mist von großen Tieren entsorgen.

Geräuschprinzessinnen

Pffff! Ein Wind, ein Pups, ein Furz! Oh, wie peinlich! – Klo- und Verdauungsgeräusche können sehr unangenehm sein, je nachdem, wo man sich gerade befindet. Mitunter reicht es schon, das Plätschern des Urins im Klobecken zu hören, um peinlich berührt zu sein. In Japan gibt es ein Gerät, das bei derartigen Unannehmlichkeiten hilft: Die Geräuschprinzessin (jap. *otohime*) erzeugt den Klang der Wasserspülung, sobald der Toilettenbesucher das wünscht. Grund für die Erfindung der Geräuschprinzessin war der zu hohe Wasserverbrauch. Viele Japanerinnen (und auch einige Japaner) hatten beim Klogang in öffentlichen Toiletten ständig die Spülung bedient, um so die peinlichen Körpergeräusche zu übertönen.

Pinkeln durch Plätschern

Wenn es plätschert, müssen viele Menschen nach kurzer Zeit pinkeln. Manche Klogänger drehen deswegen den Wasserhahn auf, wenn sie gerne wollen, aber gerade nicht gut können. Dahinter steckt die reine Gewohnheit: Jahrtausendelang haben die Menschen beim Pinkeln Plätschergeräusche verursacht. Dadurch haben sie sich so sehr an das Geräusch gewöhnt, dass sie es immer mit dem Pinkeln in Verbindung bringen können. Diese Wirkung nennt sich wissenschaftlich Konditionierung: Ein Lebewesen wird durch einen bestimmten Reiz zu einer bestimmten Reaktion gebracht. Und so klappt die Sache mit dem Wasserhahn auch dann, wenn man eigentlich nicht muss.

Urin – was man damit alles machen kann

Färbung »Indischgelb« (Indien, 15. Jahrhundert) Haare waschen bei Schuppenflechte (Mitteleuropa, heute) Medizin (Mitteleuropa, heute) Mittel zur Wunddesinfektion (Mitteleuropa, 19. Jahrhundert) Schuhe geschmeidig machen (Mitteleuropa, 20. Jahrhundert) Reinigungsmittel (Rom, vor 2000 Jahren) Revier abstecken (Hunde, zu allen Zeiten) Sich wiedererkennen (Mäuse, zu allen Zeiten) Zähne putzen (Rom, vor 2000 Jahren)

Der Kunstfurzer aus Paris

Josef Pujol war in den 1890er Jahren eine Berühmtheit in Paris. Der gelernte Bäcker konnte so brillant furzen, dass er im weltberühmten Moulin Rouge seine Fähigkeit in einem Soloprogramm vorführen durfte: Pujol machte Blasinstrumente nach, er entwarf Geräuschkulissen wie bei einem Erdbeben, er spielte Schlager und Kinderlieder – und zwar ausschließlich mit Hilfe seines Darms.

Reptilien urinieren Brei – wie Tiere pinkeln

Amphibien (Tiere, die im Wasser und auf dem Land leben, z. B. Lurche, Molche, Salamander) speichern ihren Urin in der Harnblase, die in Notzeiten auch als Wasserreservoir dient. Fische haben eine einfache »Ur-Niere« und scheiden ihren Urin über den Darm aus. Süßwasserfische pinkeln häufig, Salzwasserfische seltener. Reptilien (z. B. Schlangen, Echsen, Schildkröten) verfügen über eine sogenannte Nachniere und geben nur sehr geringe Mengen Urin ab. Schildkröten pinkeln flüssig, andere Reptilien urinieren einen Brei.

Kanalisationen

London, 1858. Das *Jahr des großen Gestanks*, wie die Londoner sagten. Die Themse ist eine dunkle Dreckbrühe. Wie überall in Europa, werden Kot und Abwässer der 1,5 Millionen Einwohner einfach in den Fluss geleitet. Die Menschen flüchten vor dem unerträglichen Gestank aus der Stadt. Jeder weiß: So kann es nicht mehr weitergehen. 1865 beginnt deshalb der Bau der Kanalisation, nach den Plänen des Ingenieurs Joseph Bazalgette. Das Londoner Leitungssystem war das erste in einer europäischen Großstadt. Heute besteht es bei mehr als sieben Millionen Einwohnern aus 32 000 Kilometern Trinkwasserleitungen und 64 000 Kilometern Abwasserkanälen. Wien hatte als erste Stadt eine vollständige Kanalisation (1917). Heute gibt es für die rund zwei Millionen Bürger 8 600 Kilometer Abwasserkanäle. Das Wiener Kanalsystem spielte in dem Filmklassiker DER DRITTE MANN (1948) ein wichtige Rolle. In Berlin (3,4 Millio-

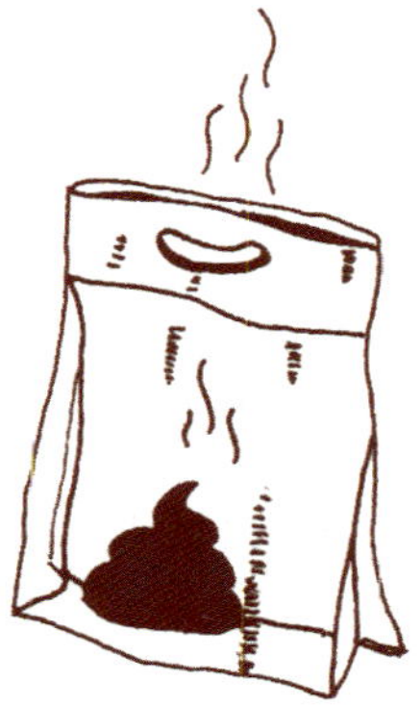

Jack Sim und die Tütentoiletten von Nairobi

Jack Sim aus Singapur hat eine wichtige Mission. Er ist der Gründer der World Toilet Organisation (WTO). Diese Organisation hat es sich zur Aufgabe gemacht, so viele Menschen wie möglich mit Klos zu versorgen. Auf der Welt gibt es nämlich immer noch 2,6 Milliarden Menschen ohne Toilette. Das bedeutet einerseits eine große Gefahr für die Gesundheit dieser Menschen – und andererseits eine üble Umweltverschmutzung von Seen und Flüssen. In Nairobi, der Hauptstadt Kenias, gibt es zum Beispiel für die fast drei Millionen Einwohner weder Waschbecken noch Toiletten. Ihr Geschäft verrichten die Menschen in Plastiktüten, die sie anschließend wegwerfen.

nen Bewohner) sind 4178 Kilometer der Kanäle Schmutzwasserkanäle, 3212 Kilometer Regenwasserkanäle und 1902 Kilometer Mischwasserkanäle. Die Berliner »Unterwelt« birgt auch Bunker, Räume und ganze Hallen. Der Kriminalroman BERLIN FIDSCHITOWN (2003) ist größtenteils in dieser Welt angesiedelt. In Venedig (282000 Bürger) gibt es nach wie vor keine Kanalisation. Bis vor einigen Jahren durften die Abwässer in die Kanäle der Stadt geleitet werden. Mittlerweile sind die Venezianer angehalten, Kot und Urin in Behältern zu sammeln. Über eine Pipeline wird der Inhalt von Zeit zu Zeit in ein Boot gepumpt und zum Klärwerk abtransportiert.

Die Ungeheuer aus dem Abfluss

Kloungeheuer gibt es nicht. Aber Ratten im Klo sind durchaus drin. Zwar liegt es nicht unbedingt in der Natur der Nager, durch die Kanalisation zu klettern. Aber wenn sie Beute wittern, wagen sie es trotzdem. Schuld sind meistens menschliche Hausbewohner, die Essensreste in das Klobecken schütten. Die intelligenten Tiere haben einen hervorragenden Orientierungssinn und erkennen, woher die Nahrung kommt. Und für ein leckeres Futter klettert auch der faulste Nager schon mal über mehrere Stockwerke nach oben bis in die Kloschüssel. Verhindert werden solche Besuche durch eine Einwegklappe, die zwischen Klo und Abflussrohr eingebaut wird. Ansonsten gilt: Essensreste nie in der Toilette entsorgen! Und – tief durchatmen: Forscher schätzen, dass in Deutschland doppelt so viele Ratten wie Menschen leben, nämlich 160 Millionen.

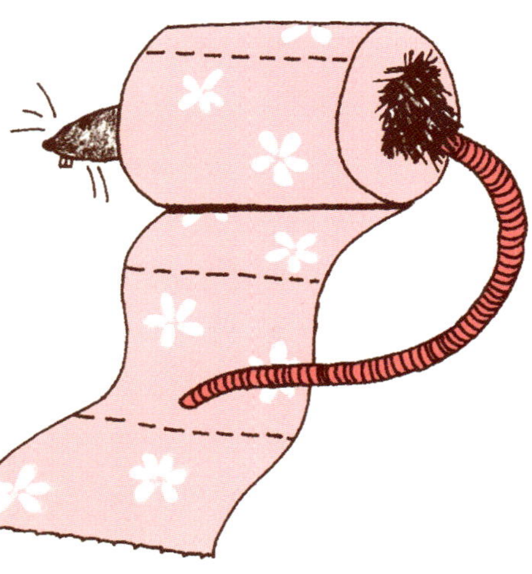

Abenteuer A–Z
Seefahrt
Brauwesen

AMBROSIA
Minka

Frauenzimmer, Teil I

Das Wort »Frauenzimmer« stammt von dem mittelhochdeutschen Wort vrouwenzimmer *ab. Ursprünglich bezeichnete es die Wohnräume einer Fürstin. Im Laufe der Jahrhunderte erlebte das Wort eine Bedeutungsverschiebung: In der Zeit der Renaissance (etwa 1450 bis 1600) bezeichnete das »Frauenzimmer« das Gefolge der Fürstin, also Hofdamen, Kammerzofen, Mägde, Diener und Kutscher. In der Barockzeit (etwa 1600–1750) galten diejenigen Frauen als »Frauenzimmer«, die man wegen ihrer Geschwätzigkeit verspotten wollte. Ab 1750 war »Frauenzimmer« schlicht eine Bezeichnung für Frauen einfacher Herkunft. Heutzutage gelten Damen als »Frauenzimmer«, die sich derb und laut verhalten. Allerdings gerät die Bezeichnung »Frauenzimmer« langsam, aber sicher aus der Mode.*

Frauenzimmer, Teil II

Die Natur hat die Frau mit ebenso vielen körperlichen und geistigen Gaben ausgestattet wie die weisesten und erfahrensten Männer. Christine de Pizan, die erste französische Schriftstellerin, die von ihren Geschichten leben konnte (1365 bis ca. 1430) *Die Frau wird frei geboren und bleibt dem Manne gleich in allen Rechten.* Olympe de Gouges, Revolutionärin, Frauenrechtlerin, Autorin (1748–1793) *Die Befreiung des Weibes ist die vordringlichste gesellschaftliche Aufgabe.* Mathilde F. Anneke, Autorin und Frauenrechtlerin (1817 bis 1884) *Die Frau gehört nicht mehr ins Haus, sie gehört in dieses Haus: den Reichstag.* Minna Cauer, Publizistin, Pädagogin, Frauenrechtlerin (1841–1922) *Feminismus, das bedeutet uneingeschränkt gleiche Chancen und Rechte – inklusive Pflichten! – für Frauen wie Männer.* Alice Schwarzer, Journalistin und Frauenrechtlerin (* 1941)

Frauenzimmer, Teil III

Femme Französisch
Femmina Italienisch
Koebieta Polnisch
Kvinde Dänisch
Mulier Lateinisch
Mujer Spanisch
Mwanamke Suaheli
Nainen Finnisch
Nő Ungarisch
Perempuan Indonesisch
Senyora Katalanisch
Vrouw Niederländisch
Woman Englisch

Frauen und Mode: Schönheitsideale

Antike (ca. 1000 v. Chr. bis 500 n. Chr.): Zierliches, schmales Köpfchen, kleine Brüste Mittelalter (ca. 500 bis 1400): Zugeschnürt und ohne Schmuck, Hauben, Stirn- und Kinnbänder Renaissance (ca. 1450–1600): Zarte Gliedmaßen und weißer Teint (Gesichtsfarbe) Barock (ca. 1600–1750): Große Brüste, schmale Taille, komplizierte Hochsteckfrisuren, aufwendige Kleider Klassizismus (ca. 1760–1830): Schlichte Kleider, natürliche Haarpracht, wenig Schmuck 1920er Jahre: Kurzhaarschnitt, Hosenanzüge, rote Lippen, lange Ketten, schlanke Figur 1950er Jahre: Vollschlank und viel Busen, Petticoat (bauschiger Unterrock), Stöckelschuhe 1970er Jahre: Hippielook, dünn, flachbusig, langes offenes Haar Beginnendes 21. Jahrhundert: Modemix aus allen Zeiten, alles ist erlaubt

Die Toilette der feinen Damen – Nachruf auf ein Möbelstück

Die Toilette, Toilettentisch, im Bereiche des Frauenzimmers, ein Nachttisch, der mit Allem belegt und besetzt ist, was zum Putze und Anziehen einer Dame gehört. Die Toilette hat einen Spiegel, Büchsen, Fläschgen, Kästchen und Schachteln, kurz sie hat Alles, was zur Erfrischung der Gesichtsfarbe und der Haut, und zur Ausstattung der Haare, des Halses, der Arme, der Finger etc. dient. Aus der OECONOMISCHEN ENCYCLOPÄDIE, die zwischen 1773 und 1858 entstanden ist. Diese 242 Bände und 169 400 Seiten umfassende, alphabetische Auflistung menschlichen Wissens wurde in großen Teilen von dem Berliner Arzt Johann Georg Krünitz (1728–1796) erstellt. Der fleißige Chronist starb bei der Arbeit am Band 76, und zwar ausgerechnet bei den Erläuterungen zu dem Wort »Leiche«.

Modefrauen

Coco Chanel (1883–1971) ist die Klassikerin unter den Modedesignern. Die Pariserin erfand unter anderem »Das kleine Schwarze« (berühmtes Kostüm aus kurzer Jacke und engem Rock), den Modeschmuck, das Parfüm »Chanel No. 5« und die legendäre Handtasche »2.55«. Die Engländerin Vivienne Westwood (*1941) ist die große Rebellin unter den Modemacherinnen. Ihre Entwürfe zeigen alles – vom barocken Dekolleté bis zum verrücktesten Punk-Outfit. Ihr Motto: *Ich habe eine innere Uhr, die sich gegen alles Orthodoxe wendet.* Die deutsche Unternehmerin und Modeschöpferin Jil Sander (*1943) ist weltbekannt für ihre weiblich geschnittenen Anzüge aus edlen Stoffen. Stella McCartney (*1971) ist Engländerin. Bekannt wurde sie durch die Kombination von Spitzenröcken mit Petticoats und feinster Schneiderei. Auch Phoebe Philo (*1973) ist Britin. Typisch für die Designerin sind schmale Hosen und romantisch-verspielte Blusen.

Nofretete und Co. – 5000 Jahre Make-up

Teje, Gemahlin von Amenophis III., König von Ägypten (1402–1362 v. Chr.), galt als herausragende Schönheit. Die Augen wurden zu ihrer Zeit mit »Kohol«, dem heutigen Kajal, schwarz umrandet. Diese Umrandung sollte nicht nur vor Insektenstichen und Sandreiz schützen, sondern vor allem das Weiß des Augapfels zum Leuchten bringen. »Die sprechenden Augen« wurden in Tejes Zeit mit Lidschatten aus blauem Lapislazuli (farbiges Gestein) oder grünem Malachit (Mineralgestein) gefärbt. Ihren Teint hellten die Frauen mit gelblichem Ocker (Erdfarben) auf. Orangefarbenen Ocker benutzten sie als Rouge. Lippenstift wurde ebenfalls aus orangefarbenem Ocker hergestellt, indem man ihm Fette beimischte. Nofretete, die Gattin des Teje-Sohnes Amenophis IV., gilt als Idealbild für weibliche Schönheit. Die Büste, die der Bildhauer Thutmose um 1340 v. Chr. von ihr fertigte, wird bis in die heutige Zeit von der Kosmetikwerbung als Vorbild genutzt. Nofretete schminkte ihre Lippen, sie legte Rouge auf Wangen und Hals. Ihre Augenbrauen waren sorgfältig gezupft, und ihre Wimpern, so vermuten die Forscher, mit schwarzem Schwefelantimon (auch Grauspießglanz, einem Mineralgestein) gefärbt. Das erste von einer Frau verfasste HANDBUCH DER KOSMETIK stammt von Kleopatra (69–30 v. Chr.), der letzten Königin der ägyptischen Ptolemäerdynastie. Ihr Werk wurde von vielen herausragenden Ärzten und Gelehrten des Altertums gelobt und genutzt. Eine der bekanntesten Rezepturen verrät die Herstellung eines Gesichtspuders aus pulverisiertem Krokodilmist. Für die Herstellung von Lippenstiften empfiehlt Kleopatra, hohle Pflanzenstängel mit Fett oder Talg sowie einer Mischung aus dem Farbstoff der Purpurschnecke zu füllen.

Erfindungen von Frauen

1843: Die erste Programmiersprache ADA. Grundlage für heutige Computersprachen – Erfinderin: Ada Augusta Countess of Lovelace (1815–1852) 1905: Die Scheibenwischanlage für Autos – Mary Anderson (1872–1964) 1908: Die Filtertüten für Kaffee – Melitta Benz (1873–1950) 1913: Der Fallschirm mit Öffnungsleine – Katharina Paulus (1868–1935) 1913: Der Büstenhalter – Mary Phelps-Jacobs (1892 bis 1970) 1914: Das Rechengestell für die Grundrechenarten – Maria Montessori (1870–1952) 1951: Die Wegwerfwindel – Marion Donovan (1917–1998) 1996: Das Tamagotchi – Aki Maita (*1966)

Rosa Parks – eine Frau, die beim Busfahren Geschichte schrieb

Eigentlich wollte sie nur Bus fahren. Nach einem langen Arbeitstag war die dunkelhäutige Näherin Rosa Parks (1913–2005) am 1. Dezember 1955 in Montgomery/Alabama (USA) müde auf dem Nachhauseweg, als ein Weißer sie aufforderte, ihren Sitzplatz zu räumen, weil er sich in derselben Sitzreihe des Busses niederlassen wollte. In Montgomery gab es damals – wie in vielen anderen Orten der Vereinigten Staaten auch – ein Gesetz, das es Schwarzen verbot, in öffentlichen Verkehrsmitteln neben Weißen zu sitzen. Wollte sich ein Weißer setzen, hatten die Schwarzen aus der Sitzreihe zu verschwinden. Rosa Parks war an diesem Tag nicht nur müde, sondern auch mutig – und sie weigerte sich, aufzustehen. Daraufhin wurde sie von der Polizei festgenommen, ins Gefängnis gebracht und später zu einer Geldstrafe verurteilt. Diese Ungerechtigkeit veranlasste den schwarzen Bürgerrechtler Martin Luther King (1929–1968), einen Boykott des Busbetriebs in Montgomery auszurufen. Infolge dieses Boykotts kam es zu weiteren Protesten, und später wurde die Rassentrennung in Bussen und Zügen der USA abgeschafft. Rosa Parks, die eigentlich nur Bus fahren wollte, gilt seitdem als eine Pionierin der schwarzen Bürgerrechtsbewegung.

Der durchschnittliche Tagesablauf einer Bäuerin in Sierra Leone / Afrika

4 Uhr Aufstehen. Anschließend Fischen im Dorfteich. 6 Uhr Feuer entfachen. Waschwasser wärmen. Frühstück zubereiten. Die Kinder versorgen. 8 Uhr Arbeit auf dem Reisfeld, mit kleinem Kind auf dem Rücken. 11 Uhr Beeren, Laub und Rinde sammeln. Wasser besorgen. 12 Uhr Mittagessen zubereiten. Essen. Abwaschen. 14 Uhr Wäsche waschen. Wasser besorgen. Fische räuchern. 15 Uhr Arbeit im Gemüsegarten. 17 Uhr Fischen im Dorfteich. 18 Uhr Abendessen kochen. 20 Uhr Abwaschen. Die Kinder bettfertig machen. 21 Uhr In der Dorfgemeinschaft am Feuer sitzen. Körner schälen. Fischnetze reparieren. 23 Uhr Schlafen gehen.

Spioninnen

Mata Hari (1876–1917) war das Pseudonym der niederländischen Tänzerin Margaretha Geetruida Zelle. Mata Hari, die von sich behauptete, eine indische Tänzerin zu sein, wurde Anfang des 20. Jahrhunderts in ganz Europa verehrt wie ein Popstar. Nicht nur wegen ihrer vielgerühmten Schönheit, sondern vor allem, weil sie fast nackt tanzte. In der Zeit des Ersten Weltkrieges (1914–1918) geriet sie allerdings zwischen alle Fronten: Sie verkehrte mit Geheimpolizisten und Politikern mehrerer am Krieg beteiligter Länder und geriet unter Spionageverdacht. Ob Mata Hari wirklich für einen Geheimdienst spioniert hat, konnte bis heute nicht geklärt werden. Sicher ist nur, dass ihr von mehreren Diensten Angebote gemacht wurden – und dass sie eine Liebesaffäre mit einem russischen Agenten hatte. 1917 wurde sie ohne stichhaltige Beweise in Frankreich zum Tode verurteilt und am 15. Oktober hingerichtet. Die Journalistin und Krankenschwester Nancy Wake (*1912 in Neuseeland) führte Anfang der 1940er Jahre mit ihrem französischen Ehemann an der Côte d'Azur ein luxuriöses Leben. Doch dann wurde Frankreich von den deutschen Truppen besetzt. Nancy Wake schloss sich der Résistance (geheimer Widerstand gegen die Besatzer) an. Sie schmuggelte Flüchtlinge über die Grenze, überbrachte Nachrichten und versorgte die Widerstandskämpfer mit Nahrung. Die Gestapo (Geheimpolizei der Deutschen) überwachte Nancy Wake, schaffte es aber nicht, die gerissene Agentin festzunehmen. Im Jahr 1943 floh sie nach England und erhielt dort eine Ausbildung, um im Untergrund weiter aktiv sein zu können. Nancy Wake gehörte anschließend zu den Fallschirmspringern, die vom französischen Hinterland aus die Landung der amerikanischen Truppen in der Normandie (1944) vorbereiteten. So wurde sie zur höchstdekorierten Frau der gegen Deutschland kämpfenden Streitkräfte.

Tamara Bunke (1937–1967), die für den argentinischen Revolutionsführer Ernesto Che Guevara arbeitete, kam als Tochter deutscher Kommunisten in Argentinien zur Welt. Zusammen mit Che Guevara unterstützte sie den Kampf der Nationalen Befreiungsarmee Boliviens. Unter dem Namen Laura Gutiérrez Bauer schmuggelte sie sich 1966 bis in die höchsten Kreise Boliviens vor, um die Pläne der Regierung gegen ihre Organisation auszuspionieren. Nach ihrer Enttarnung schloss die Spionin sich den Untergrundkämpfern im bolivianischen Urwald an. Am 31. August 1967 kam sie bei einem Hinterhalt der Regierungsarmee ums Leben. Nur sechs Wochen danach wurde auch Che Guevara getötet. In Lateinamerika ist »Tania la Guerillera« bis heute eine berühmte Heldin.

Weltenbummlerinnen

1842–1858 reiste die Österreicherin Ida Pfeifer als erste Frau alleine um die Welt.

1889 bis 1890 umrundete die englische Journalistin Nellie Bly die Erde auf den Spuren von Jules Vernes Roman IN 80 TAGEN UM DIE WELT.

1927–1929 fuhr Clärenore Stinnes als erste Frau per Automobil um die Erde, und zwar in einem Adler Standard 6.

1963 umrundete die Russin Valentina Terschkowa als erste Astronautin der Geschichte in der Weltraumkapsel Wostock 6 in drei Tagen die Welt.

1985–1987 umsegelte die Amerikanerin Tania Aebi (*1966) als jüngste Frau aller Zeiten die Welt.

2004–2005 unterbot die Engländerin Ellen MacArthur den Weltrekord für die Nonstop-Einhandumsegelung der Welt: Mit einem Trimaran (Segelboot mit drei Rümpfen) war sie insgesamt 71 Tage, 14 Stunden, 18 Minuten und 33 Sekunden unterwegs. MacArthur war damit mehr als einen Tag schneller als der bisherige Rekordhalter.

Sophie Germain, der fehlende Name am Eiffelturm

Sophie Germain aus Paris (1776–1831) hatte schon als Kind eine erstaunliche Leidenschaft: Sie begeisterte sich für die Geometrie des antiken Mathematikers Archimedes. Wegen der Unruhen während der Französischen Revolution war Sophie der Schulbesuch verwehrt, aber in der Bibliothek ihres Vaters fand sie fast alles, was ihr wissbegieriger Kopf begehrte. Weil Frauen an der Polytechnischen Hochschule in Paris nicht zugelassen waren, besorgte sich die 18-Jährige die Aufzeichnungen der Vorlesungen und studierte heimlich zu Hause. Unter dem männlichen Decknamen Auguste Antoine Le Blanc reichte Sophie schließlich eine Facharbeit in Analysis (Teilgebiet der Mathematik) bei dem berühmten Mathematiker und Astronomen Joseph Louis de Lagrange ein. De Lagrange war begeistert – und deckte wenig später ihre wahre Identität auf. Aber er unterstützte sie bei ihren weiteren Studien. Sophie verfasste viele wegweisende Arbeiten. Sie entdeckte unter anderem eine Gruppe von Primzahlen (Zahlen, die nur durch sich selbst und eins teilbar sind), die bis heute Sophie-Germain-Primzahlen heißen. Ihre wissenschaftlichen Aufsätze zur Elastizität von Materialien lieferten wichtige Erkenntnisse für den Bau des Eiffelturms in Paris. Die Erbauer des Eiffelturms wussten es ihr nicht zu danken: Sophie Germain fehlt unter den 72 Gelehrten, deren Namen in goldenen Buchstaben in der ersten Etage verewigt wurden.

Frauenpflänzchen

Frauenschuh, Mauerblümchen, Mimose, Primel, Rose, Stiefmütterchen

Frauen im Parlament, 2005

Ruanda 48,8 Prozent
Norwegen 38,2 Prozent
Niederlande 36,7 Prozent
Kuba 36 Prozent
Spanien 36 Prozent
Mosambik 34,8 Prozent
Österreich 33,9 Prozent
Argentinien 33,7 Prozent
Deutschland 32,8 Prozent
China 20,2 Prozent
Griechenland 14 Prozent
Frankreich 12,2 Prozent
Italien 11,5 Prozent
Russland 9,8 Prozent

Olympische Spiele – der Frauenzuwachs

Austragungsort	Jahr	Nationen	Wettbewerbe	weiblich	männlich
Athen	1896	14	43	0	241
Paris	1900	24	95	22	975
St. Louis	1904	12	91	6	645
London	1908	22	110	37	1971
Stockholm	1912	28	102	48	2359
Antwerpen	1920	29	154	65	2561
Paris	1924	44	126	125	2954
Amsterdam	1928	46	109	227	2606
Mexiko	1968	112	172	781	4735
München	1972	121	195	1059	6075
Moskau	1980	80	203	1120	4135
Los Angeles	1984	140	221	1566	5263
Barcelona	1992	169	257	2704	6652
Atlanta	1996	197	271	3513	6722
Sidney	2000	199	300	4069	6582
Athen	2004	202	301	4287	6838

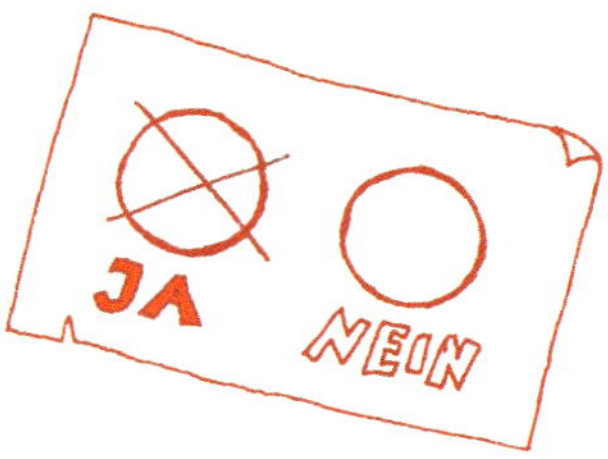

Einführung des Frauenwahlrechts

1902 Australien 1906 Finnland 1913 Norwegen 1915 Dänemark, Island 1918 Deutschland, Österreich, Russland 1919 Niederlande, Luxemburg, Ukraine, Weißrussland 1920 Albanien, Island, Slowakei, Tschechische Republik 1921 Armenien, Georgien, Litauen, Schweden 1924 Mongolei, Tadschikistan, USA 1928 Großbritannien 1933 Spanien 1934 Türkei 1944 Jamaika, Frankreich 1945 Indonesien, Italien, Senegal, Togo 1946 Dschibuti, Nordkorea, Kamerun 1971 Schweiz 2002 Qatar 2003 Oman 2005 Kuwait. Bis heute ohne Frauenwahlrecht: Saudi-Arabien und Bhutan

Wann ist ein Mann ein Mann?

»Männer haben's schwer, nehmen's leicht; außen hart und innen ganz weich; werden als Kind schon auf Mann geeicht ...«, so dichtete der Sänger Herbert Grönemeyer im Jahr 1984 in dem Lied »Männer«, das vor allem mit einer Frage in Erinnerung blieb: »Wann ist ein Mann ein Mann?« Männlichkeit wird häufig gleichgesetzt mit größerer Gewaltbereitschaft, Risikobewusstsein, Interesse an Technik, Durchsetzungsvermögen. Allerdings lässt sich die Trennlinie zwischen Mann und Frau nicht immer so genau ziehen, da es viele Menschen gibt, die sowohl männliche wie auch weibliche Anteile verkörpern. Manche Indianervölker machen die Frage, ob sie jemanden als Mann oder als Frau betrachten, deshalb auch nicht von seinem Geschlecht, sondern von seinem Verhalten abhängig. Zum männlichen Verhalten hat die Wissenschaft eindeutige Fakten gesammelt: Jeder zweite Mann singt, wenn er alleine Auto fährt. Alle Männer der Welt legen jährlich 400 Milliarden Kilometer in ihren Blechkisten zurück. Drei Viertel aller Männer sind dabei häufig verärgert, weil die anderen ihnen zu langsam fahren. Und einer von zehn Männern popelt manchmal beim Autofahren in der Nase.

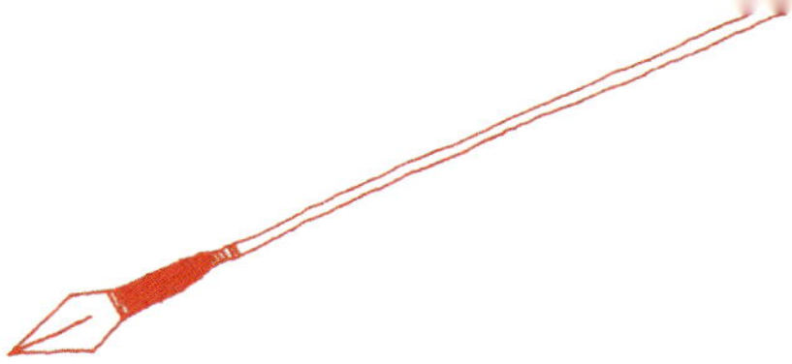

Sagenhafte Helden

Herakles ist ein berühmter Held der griechischen Sagenwelt. Der Sohn der Königstochter Alkmene und des Göttervaters Zeus gilt als die Verkörperung von Mut, Kraft und Tapferkeit. Der Zauberer Merlin, die Ritter der Tafelrunde und das Schwert Excalibur sind unverzichtbare Bestandteile der Sagen, die sich um den legendären König Artus ranken, der im Jahr 500 n. Chr. für die Briten gegen die Volksstämme der Angeln und der Sachsen gekämpft haben soll. Musashi Miyamoto ist der berühmteste Samurai (= Krieger) der japanischen Geschichte. Er hat im 17. Jahrhundert viele Schwertkämpfe gefochten und einen Wal geritten, so die Legende. Zugleich war er aber auch ein bekannter Gelehrter, dessen philosophische Erkenntnisse in Japan bis heute geschätzt werden. Robin Hood ist ein legendärer englischer Volksheld. Er soll die Beute, die er den Reichen raubte, an die Armen verteilt haben. Die Legende geht auf das 14. und 15. Jahrhundert zurück. Der legendäre Drachentöter Siegfried ist Held und Hauptfigur der Nibelungensage. Er kam in Xanten am Niederrhein zu Welt und war mit Kriemhild verheiratet. Siegfried soll 700 »Recken« (Männer) und 12 Riesen getötet, den Zwerg Alberich und den Drachen Fafnir besiegt haben. Siegfried badete in Drachenblut, um unverwundbar zu werden. Eine Stelle an seinem Rücken wurde allerdings nicht benetzt, weil beim Baden ein Lindenblatt auf der Haut lag. Hagen von Tronje fand die Stelle und tötete Siegfried mit dem Speer. Sindbad der Seefahrer erlebt auf seinen sieben Reisen märchenhafte Abenteuer. Seine Geschichte gehört zu den Erlebnissen, die Scheherazade dem König Scharyar in den MÄRCHEN AUS 1001 NACHT erzählt. Der berühmt-berüchtigte Rächer Zorro ist die Schöpfung eines amerikanischen Unterhaltungsschriftstellers: Johnston McCulley erfand die Figur im Jahr 1919 für seinen Roman DER FLUCH VON CAPISTRANO und schuf damit zugleich einen der berühmtesten Filmhelden.

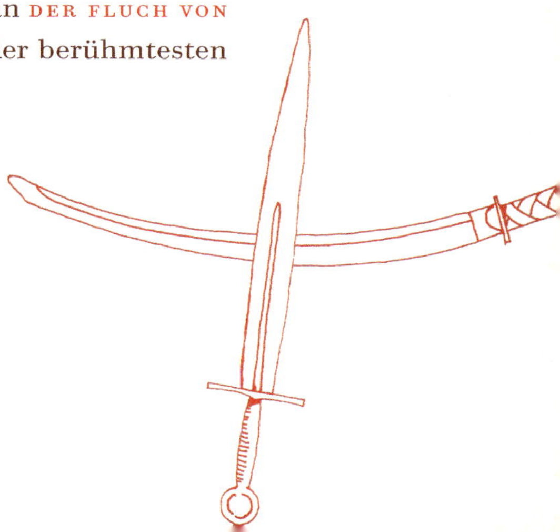

Männer, die für eine gute Sache kämpf(t)en

Der Friedensnobelpreisträger Albert Schweitzer (1875–1965) war ein Mann mit vielen Begabungen. Er war Theologe, Philosoph, Musiker, Arzt und Wissenschaftler. Weltweit anerkannt war Schweitzer für seine Hilfsprojekte: Er gründete eines der ersten SOS-Kinderdörfer und betrieb ein Urwaldhospital samt Leprastation in Lambaréné in der Gegend des heutigen Gabun / Afrika. Weltweit geschätzt wurde Schweitzer durch seinen unermüdlichen Einsatz gegen Atomwaffen und für den Frieden. James Nachtwey (*1948) ist Fotojournalist und glaubt fest daran, dass seine Bilder die Welt zum Positiven verändern können. Mit seinen Fotos und Berichten – zum Beispiel über Waisenhäuser in Rumänien und Hungersnöte in Somalia – sorgte er gegen viele Widerstände dafür, dass die Zustände in diesen und anderen Ländern bekannt wurden und dass reiche Länder Hilfsgüter bereitstellten. Der südafrikanische Anwalt und Politiker Nelson Mandela (*1918) engagierte sich im ANC (Afrikanischer Nationalkongress, Partei gegen die Unterdrückung der schwarzen Bevölkerung) und bekämpfte so das Apartheidsregime (Apartheid = Gesondertheit; Arpartheidsregime = Regierung aus überwiegend weißen Südafrikanern, die eine Gleichberechtigung der Schwarzen mit allen Mitteln verhindern wollten). Nelson Mandela saß wegen seines Kampfes insgesamt 27 Jahre im Gefängnis. 1990 wurde er aus der Haft entlassen. Drei Jahre später erhielt er den Friedensnobelpreis. 1994 wurde er zum ersten schwarzen Präsidenten Südafrikas gewählt.

Mannsbilder

Abenteurer, Bubi, Chef, Dandy, Diener, Held, Gentleman, Kämpfer, Macher, Macho, Softie, Supermann, Vater, Warmduscher, Weichei

Vier Spione und ihre Geschichten

Der Chevalier d'Éon (1728–1810) war einer der gerissensten Spione seiner Zeit. Der gut aussehende Adlige aus Frankreich gab sich am russischen Hof als schüchterne Dame aus, um das Vertrauen der Zarin zu gewinnen. D'Éon verbrachte einen ruhigen Lebensabend in London – als Frau, weil er sich mit dieser Rolle angefreundet hatte. Der Brite Paul Dukes – oder besser Agent ST 25 – war ein Meister der Tarnung: Er trat zur Zeit der Oktoberrevolution in Russland (1917) als kommunistischer Parteigenosse, als bärtiger Arbeiter, als kränklicher Intellektueller und epileptischer Säufer auf, ohne entdeckt zu werden. Der britische Schriftsteller Ian Fleming (1908–1964) arbeitete während des Zweiten Weltkriegs für den amerikanischen Geheimdienst. Dabei lernte er den gebürtigen Jugoslawen Dusko Popov (*1912) kennen, der zunächst für die Deutschen spioniert hatte und dann zu den Alliierten übergelaufen war. Popov war ein echter Lebemann und diente als eines der Vorbilder zu Flemings berühmter Romanfigur James Bond.

Sein bester Freund – das Tagebuch

Wer mehr über Männer, ihre Sichtweisen und Erlebnisse erfahren möchte, kann in den Tagebüchern berühmter Autoren nachlesen. Ein Tagebuch dient dazu, das eigene Erleben festzuhalten und das eigene Leben zu reflektieren. Tagebücher werden täglich geführt, sind niemals abgeschlossen, sondern (möglichst bis zum Tod des Verfassers) immer in Arbeit. Tagebücher im heutigen Sinn werden seit der Zeit der Renaissance (15. Jahrhundert) verfasst. Tagebücher haben unterschiedlichen Charakter: Sie können nur berichten – oder auch bewerten. Sie können ausschließlich Erlebnisse beschreiben – oder sich auf die Empfindungen des Schreibenden konzentrieren. Sie können zur Veröffentlichung bestimmt sein – oder auch nicht. In den letzten Jahren hat sich die Kultur des Tagebuchschreibens stark verändert: Immer weniger Tagebuchschreiber benutzen wirklich Tagebücher; stattdessen schreiben immer mehr Chronisten in Weblogs (Internettagebücher).

Drei berühmte Tagebuchautoren

Samuel Pepys (1633–1703), englischer Abgeordneter. Der Schifffahrtsexperte schrieb zwischen 1660 und 1669 seine Erlebnisse nieder und lieferte so auf über 3000 Seiten ein eindrückliches Bild seiner Zeit. Der Leser erlebt Museumsbesuche, Theateraufführungen, Verliebtheiten, ungeheure Fressgelage, aber auch eine kritische Sicht der Verhältnisse im England des ausgehenden 17. Jahrhunderts. Victor Klemperer (1881–1960), deutscher Schriftsteller und Literaturwissenschaftler. Klemperer dokumentierte in seinen berühmten Tagebüchern die Ausgrenzung und Verfolgung der jüdischen Bevölkerung von 1933 bis 1945. Die Aufzeichnungen geben ein sehr genaues Bild der alltäglichen Schikanen und Bedrohungen während der nationalsozialistischen Diktatur. Kurt Cobain (1967–1994), Rocksänger und Gitarrist der Band Nirvana, notierte in Tagebüchern seine Erlebnisse, Songtexte und Reiseeindrücke. Auch Träume, Gedanken, Briefe, Zeichnungen und sogar Tourneepläne hielt er von 1988 bis zu seinem Tod in den »Journals« fest.

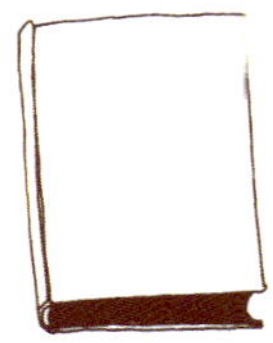

Filmlegenden

Buster Keaton (1895–1966): Zusammen mit Charlie Chaplin und Harold Lloyd zählte der Komiker zu den bekanntesten Schauspielern der Stummfilmzeit. Humphrey Bogart (1899–1957): Wurde 1999 vom American Film Institute zum größten männlichen Filmstar aller Zeiten gewählt. James Dean (1931–1955): Ging als jugendlicher Rebell in die Filmgeschichte ein. Kam bei einem Autounfall früh ums Leben. Klaus Kinski (1926–1991): Der international bekannteste deutsche Schauspieler, der in seinen Filmen häufig verrückte und gefährliche Männer darstellte. Sean Connery (*1930): Wurde als James Bond weltberühmt. Als stolzer Schot-

te trug er einen Kilt (=Schottenrock), als er im Jahr 2000 für seine Verdienste ums Vaterland zum Ritter geschlagen wurde. ⟶ Arnold Schwarzenegger (*1947): Österreichischer Schauspieler, der als Bodybuilder (u.a. fünffacher »Mister Universum«) bekannt wurde, dann als Action-Darsteller Karriere machte und schließlich den Berufswechsel zum Politiker vollzog. Heute ist Schwarzenegger Gouverneur von Kalifornien/ USA. ⟶ Johnny Depp (*1963): Amerikanischer Schauspieler deutscher, irischer und indianischer Abstammung. Spielt nur die Rollen, die ihn wirklich interessieren. Stattet seine Film-Charaktere gern mit speziellen Marotten aus. ⟶ Leonardo DiCaprio (*1974): Seit TITANIC ein Weltstar, der bis zu 20 Millionen US-Dollar Gage pro Film verdient. Sohn eines italienischstämmigen Amerikaners und einer Deutschen. Manchmal trifft man »Leo« in Oer-Erkenschwick (eine Kleinstadt im Ruhrgebiet), wo er seine Großmutter besucht.

Pfundskerle

Ob jemand als übergewichtig gilt, hängt von seinem Body-Mass-Index (BMI, auch Körpermaßindex) ab. Der BMI setzt die Körpergröße ins Verhältnis zum Gewicht. Man ermittelt ihn, indem man das Körpergewicht in Kilogramm durch das Quadrat der Körpergröße in Metern teilt. Übergewichtig ist ein erwachsener Mann, wenn sein BMI zwischen 25 und 30 liegt. Bei einem BMI von über 30 spricht man von Fettleibigkeit.

⟶ Anteil der übergewichtigen Männer an der Gesamtbevölkerung, 2007 Deutschland: 48 Prozent, Frankreich: 35,1 Prozent, Estland: 33,5 Prozent, Lettland: 32,5 Prozent ⟶ Anteil der fettleibigen Männer an der Gesamtbevölkerung, 2007 Malta: 25,1 Prozent, England: 22,3 Prozent, Ungarn: 19,7 Prozent, Deutschland: 18,8 Prozent, Niederlande: 7,9 Prozent, Rumänien: 7,7 Prozent

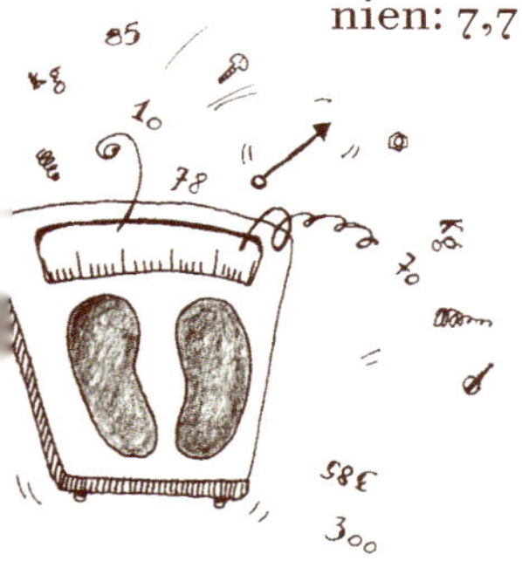

Der dickste Mann der Welt wird dünner

335 Kilogramm Gewicht – das ist für den dicksten Mann der Welt schon ein Riesenerfolg. Manuel Uribe aus Monterrey/Mexiko hat dieses »Leichtgewicht« nämlich nur mit Hilfe einer speziellen Diät erreicht. Vorher wog er 540 Kilogramm. 335 Kilogramm ist natürlich immer noch zu viel – aber 205 Kilogramm abzuspecken, das ist schon nicht schlecht. Seinen Triumph feierte der 41-Jährige im Frühjahr 2007 zusammen mit der ganzen Stadt: Freunde montierten Rollen an Uribes Bett, so dass er mit einem Kran aus seiner Wohnung gehievt und anschließend in einem Triumphzug durch die Stadt geschoben werden konnte.

Der Staatsmann und der Schaukelstuhl

Der Amerikaner Benjamin Franklin (1706–1790) war nicht nur Politiker und einer der Gründerväter der USA, sondern auch Erfinder: Unter anderem entwickelte er den Blitzableiter, die Gleitsichtbrille (für Nah- und Fernsicht in einem) und den Schaukelstuhl. Dass Schaukeln beruhigt, weiß jeder, der einmal einen Säugling in den Schlaf wiegen durfte. Die entspannende Wirkung des Schaukelns ist längst aber auch wissenschaftlich bewiesen: Das gleichmäßige Hin und Her wirkt beruhigend auf das menschliche Gleichgewichtsorgan im Innenohr.

Der Sekretär

… organisiert und managt das Büro eines anderen. … hat als Beamter ein politisches Amt (Staatssekretär). … hat eine Aufgabe innerhalb einer politischen Partei (Parteisekretär). … hat eine Aufgabe in einer Gewerkschaft (Gewerkschaftssekretär). … ist ein langbeiniger Greifvogel, der in Afrika südlich der Sahara lebt. … ist ein kleiner Schreibtisch mit Schreibplatte und mehreren Fächern.

Männermode

Männermode ist nicht so vielfältig, aber genauso kurzlebig wie die Mode der Frauen. Heutzutage prägen Musiksender, Zeitschriften und Fernsehserien das Modebewusstsein; in früheren Jahrhunderten orientierte man sich an den Größen von Gesellschaft und Politik. Im 16. Jahrhundert bestimmte zum Beispiel die Kleidung am Hofe des spanischen Königs den Stil, der auch im Rest Europas von den Herrschern geschätzt wurde. Die Hosen wurden mit Kleie und Rosshaar ausgestopft, so dass sie eine kugelige Form bekamen. Diese Form sollte die beiden Erdteile darstellen, über die die Spanier erfolgreich herrschten: Europa und Südamerika. Eine mitunter nicht ganz unkomplizierte Mode: Um derartige Hosen tragen zu können, ließen englische Abgeordnete die Sitze im Parlament verbreitern. Als die Franzosen die Vorherrschaft in Europa übernahmen, waren es die Modevorstellungen der französischen Könige, die von nun an das Geschehen beeinflussten. Einer der eitelsten Männer war der »Sonnenkönig« Ludwig XIV. (1638–1715). Bis zu 48 Perückenmacher waren damit beschäftigt, die verrückten Frisurenwünsche des Königs zu erfüllen. Durch die Revolution der Bürger von Paris im Jahr 1789 änderte sich auch die Mode: Lange Hosen und einfache Hemden wurden Zeichen einer neuen Zeit, in der Freiheit, Gleichheit und Brüderlichkeit herrschen sollten. Der neue Mann hatte schlank, breitschultrig und muskulös zu sein; seine Kleidung schlicht, elegant und betont männlich. Ein Ideal, das bis heute die Männermode prägt.

Männerröcke

Kilt – Schottenrock Fustanella – Faltenrock der Griechen Sarong – Wickelrock in Südasien Lava-Lava – polynesischer Wickelrock Kikoi – afrikanischer Herrenwickelrock Kimono – robenartiges Kleidungsstück aus Japan Galabija – ägyptisches Gewand mit bodenlangem, weitem Rock Thawb – in Wüstenregionen häufig getragenes knöchellanges, weites Gewand

Krawatten binden

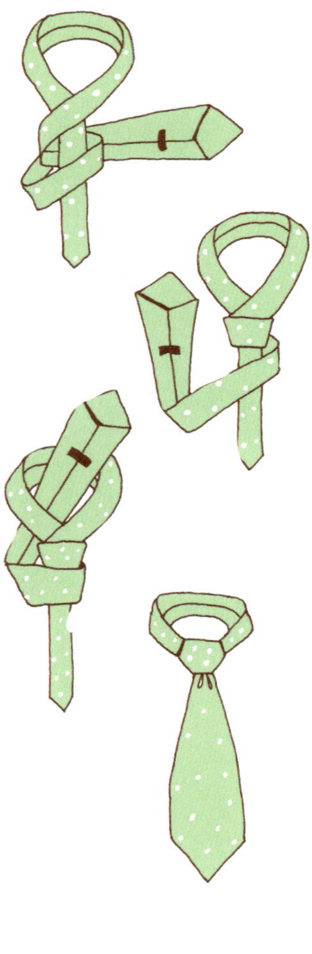

Männerspielzeuge – älter als man denkt

Die ersten Autos – sogenannte Windsegler – wurden im fünften Jahrhundert von den Chinesen gebaut. In den Wagen hatten bis zu dreißig Personen Platz. Die frühesten Nachweise für den Bau von Booten stammen aus der Steinzeit. Das älteste Paddel wurde in Star Car im englischen Yorkshire ausgegraben und ist 15 000 Jahre alt. Die ältesten Zeichnungen von Schiffen sind 6 000 Jahre alt, sie finden sich als Felsmalereien im Wadi Hammamat am Roten Meer. Diese Schiffe bestanden aus Papyrus oder Schilfbündeln. Das älteste Schiff mit Holzplanken entdeckten Archäologen 1952 im Grabmal des Pharaos Cheops in Ägypten. Das 4600 Jahre alte Schiff war fünf Meter breit, 43 Meter lang und bestand aus 1224 Einzelteilen. Die ersten Flugdrachen wurden um 300 v. Chr. in China gebaut. Diese Flugzeuge kamen nicht nur bei Wettkämpfen, sondern auch bei der Kriegsführung zum Einsatz. Die ersten Schienen waren in die Erde gegrabene Spurrillen (1600 v. Chr.). Sie dienten der Führung von Fahrzeugen. Vorläufer der heutigen Eisenbahn wurden in den Bergwerken des alten Ägypten und des antiken Griechenland gefunden.

Männerspielzeuge – die wichtigsten Erfindungen

Erstes Auto 1886 meldete der Mannheimer Ingenieur Carl Benz das Patent für das erste Automobil an. Fünfzehn Jahre später brachte er sein erstes Auto auf den Markt: Der Mercedes hatte einen Vierzylindermotor, 35 PS und fuhr maximal 75 Stundenkilometer. Erstes Flugzeug Am 17. Dezember 1903 fand in den USA der erste Flug mit einem motorgetriebenen Flugzeug statt. Dieser Flug dauerte ganze 12 Sekunden und war das Ergebnis einer langen Reihe von Experimenten der Gebrüder Orville und Wilbur Wright. Erste Spielzeugeisenbahn Der Erfinder und Begründer der Elektrotechnik Werner von Siemens baute 1879 in Berlin eine Schienenstrecke von 50 cm Spurbreite, auf der eine vierrädrige Elektrolokomotive fuhr.

Um die Welt segeln

1519–1522 Erste Weltumsegelung durch den Portugiesen Ferdinand Magellan. 1872–1876 Die britische Challenger-Expedition liefert bei der ersten wissenschaftlichen Weltumrundung per Segelschiff wichtige Informationen über den Meeresboden und die Lage von Inseln. 1895–1898 Erste Alleinumsegelung der Erde durch den Amerikaner Joshua Slocum. 1968–1969 Erste Nonstop-Einhand-Weltumsegelung (= ohne anzuhalten, im Boot befindet sich nur eine einzige Person) durch Robin Knox-Johnston. 1998–1999 Jesse Martin umsegelt als 17-Jähriger mit seinem Segelboot die Welt. Martin ist damit bis heute der jüngste Weltumsegler aller Zeiten. 2000–2001 Wilfried Erdmann umsegelt als erster Mensch die Welt in beide Richtungen nonstop und allein. (Die Welt kann sowohl west- als auch ostwärts umsegelt werden. Es müssen dabei alle Längengrade sowie mindestens einmal der Äquator überquert werden.)

Zwei berühmte Schiffe und ihre Geschichte

Die Meuterei auf der *Bounty*

Baujahr 1784 in Hull, England

Typ Handelsschiff, schlanke Pinassenform (schneller Dreimaster)

Ladefähigkeit 215 t

Maße *Länge* 27,7 m, *Breite* 7,3 m, *Tiefgang* 3,5 m

Besegelung drei Masten, Vollschiff, drei Rahsegel (großes viereckiges Segel) an Fock und Großmast, zwei Segel am Großmast

Bewaffnung 14 Kanonen, davon zehn Drehbrassen (auf Drehzapfen beweglich, wurden mit Schrot geladen, häufig getrockneter Lehm mit Nägeln)

Geschichte Am 28. April 1789 führte Fletcher Christian auf der *Bounty* den Aufstand gegen Kapitän William Bligh an. Der Kapitän wurde mit seinen Anhängern in einem Beiboot ins offene Meer ausgesetzt, erreichte aber nach 41 Tagen die rettende Insel Timor. Die Mannschaft der *Bounty* floh nach Tahiti und einige Männer dann weiter nach Pitcairn (Südpazifik), wo sie das Schiff 1790 ausraubten und anzündeten.

Moby Dick, der Walfang und die *Essex*

Baujahr 1800 in Nantucket (Insel vor New York)

Typ Walfänger-Fregatte (Vollschiff mit drei Masten)

Ladekapazität ca. 238 t

Maße *Länge* ca. 28,5 m, *Breite* 8 m, *Tiefgang* 5 m

Besegelung Dreimastbark (eine Bark hat Rahsegel an den vorderen Masten sowie am Besanmast, am hinteren Mast befindet sich ein dreieckiges Gaffelsegel)

Besatzung 21 Mann

Geschichte Der Schriftsteller und Moby-Dick-Erfinder Herman Melville (1819–1891) hat zwischen 1841 und 1843 als Matrose auf drei Walfangschiffen erlebt, was es heißt, von einem der Beiboote aus Harpunen auf die riesigen Wale zu feuern. Häufig griffen die Wale die Beiboote an und zerstörten sie. Die *Essex* hatte bereits ein Dutzend der Meeressäuger erlegt, als am 20. November 1820 ein Tier das Schiff versenkte: Dieser Wal, der von Melville den Namen *Moby Dick* erhielt, war fast so lang wie die *Essex* selbst und wog rund 80 Tonnen.

Ein Luxus: Das Gästezimmer

So ein Gästezimmer ist schon ein feiner Luxus: Den Besucher erfreuen ein eigener Schrank, ein eigener Tisch und vor allem ein eigenes Bett. Da kann man sich ganz wie zu Hause fühlen, ohne dem Gastgeber auf den Wecker zu fallen. Vor allem das Gästebett hat große Vorteile, denn die anderen Schlafmöglichkeiten, die einen Gast in deutschen Wohnungen so erwarten, haben ihre Schattenseiten: Schlafsofas sind meistens schrecklich unbequem, Luftmatratzen werden im Lauf der Nacht platt wie eine Flunder, und Schrankbetten machen Angst: Insbesondere Leichtgewichte fürchten, dass sie vom schnappwütigen Klappmonster mitten im Schlaf verschluckt werden. All das ist kein Problem, wenn man sich eine Wohnung mit Gästezimmer leisten kann. Auch wenn dort oft nur alte Möbel stehen, die man sonst nirgendwo mehr gebrauchen kann.

Gastgeschenke, international

Auf den Südsee-Inseln des Massim-Archipels (bei Neuguinea) bekommen Gäste Schmuckstücke geschenkt: Für die Frauen gibt es Muschelhalsketten, für die Männer Armketten. Diese Gaben sind Teil des Tauschrituals *Kula*: Die Schmuckstücke müssen innerhalb von zwei Jahren an einen neuen Besitzer weitergegeben werden. In Japan sind Geschenke traditionell sehr wichtig, denn sie dienen der Vertiefung von Freundschaft. Für Besucher japanischer Gastgeber empfiehlt es sich deshalb, ein sorgfältig ausgewähltes Mitbringsel in der Tasche zu haben. Beliebt sind Kleinigkeiten mit Bezug zum Herkunftsland des Gastes, zum Beispiel Kölnischwasser oder deutsche Marmelade. Auf Island gehören unangemeldete Besuche zum Alltag. Gastgeschenke sind jedoch nicht so wichtig wie eine persönliche Geste: Nach dem Essen reicht der Gast dem Gastgeber die Hand und dankt für die Gastfreundschaft. In westafrikanischen Ländern wie dem Senegal herrscht große Gastfreundschaft. Geschenke werden nicht erwartet. Schläft ein Gast auf dem Sofa ein, gilt das als größtes Kompliment für den Gastgeber: Der Besucher fühlt sich ganz wie zu Hause.

Zu Gast bei arabischen Familien

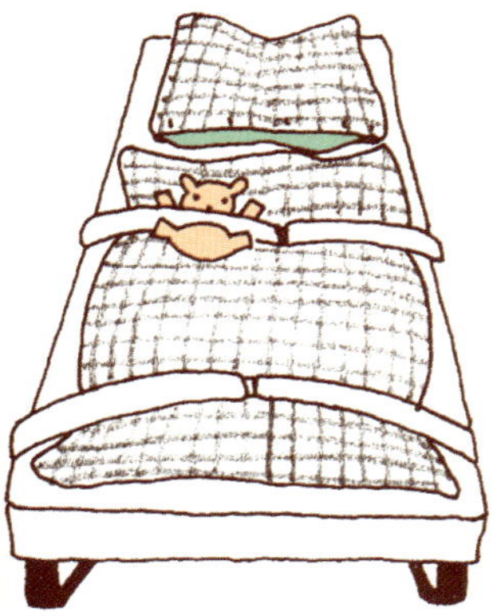

In arabischen Ländern ist es üblich, Einladungen Fremder mindestens dreimal abzulehnen. Wird die Einladung danach noch einmal wiederholt, ist sie mehr als eine Höflichkeitsgeste – und man kann annehmen. Unaufgefordert bei Freunden zu Besuch zu kommen – das ist in arabischen Ländern selbstverständlich. Nicht in allen muslimischen Familien müssen Besucher an der Haustür die Schuhe ausziehen. Deshalb sollte man immer beim Eintritt in die Wohnung fragen, was erwünscht ist. Wenn man auf dem Fußboden sitzt, sollte man seinem Gegenüber nicht die Fußsohle zuwenden. Das gilt als unhöflich. Blumen mitzubringen ist in arabischen Ländern nicht üblich. Süßigkeiten

und Nüsse sind dagegen gern gesehene Mitbringsel. Vor dem Essen wird Kaffee oder Tee angeboten. Diesen abzulehnen wäre sehr unfreundlich. In arabischen Familien gibt es immer reichlich zu essen. Die Gäste bekommen automatisch Nachschlag, und zwar so lange, bis sie einen Rest auf dem Teller liegen lassen. Generell muss bei so einem Essen als Zeichen des Wohlstands immer ein Rest des Essens liegen bleiben.

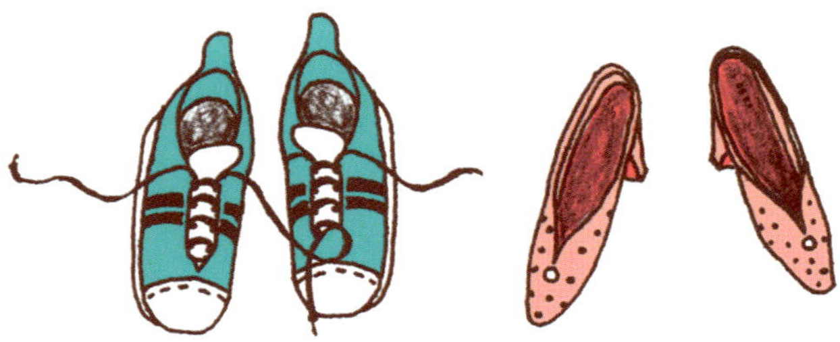

Zeitbewusste und zeitvergessene Länder

Wer Gäste aus verschiedenen Ländern Europas einlädt, kann nicht unbedingt alle zum selben Zeitpunkt erwarten: Engländer und Schweizer sind beispielsweise in der Regel pünktlicher als Italiener und Spanier. Verantwortlich dafür sind Unterschiede im Zeitbewusstsein. Die Wissenschaft unterscheidet in »zeitbewusste« und »zeitvergessene« Länder. In den »zeitbewussten« Ländern ist die Zeit wertvoll wie ein Rohstoff: Zeit ist Geld, sie muss genutzt werden, Termine sind strikt einzuhalten. Ein Manager, der während einer Besprechung unruhig auf die Uhr blickt, erntet hier volles Verständnis. In den »zeitvergessenen« Ländern dagegen ist die Zeit nicht so wahnsinnig wichtig: Plaudern, Schlendern und Nichtstun – das ist hier völlig normal. Und während des Essens auf die Uhr zu schauen, kommt einer Beleidigung gleich. Die gute Beziehung zum Gastgeber ist wichtiger als irgendein Termin. Zu den »zeitbewussten« Ländern gehören die Schweiz, Schweden, Norwegen, Dänemark und Deutschland. Italien, Spanien, Portugal, Marokko, aber auch der Süden Frankreichs gelten als »zeitvergessen«.

Fremdenfeindlichkeit, Fremdenfreundlichkeit

Xenophobie bezeichnet die Angst vor dem Fremden. Der Begriff setzt sich zusammen aus den Wörtern *xénos* (griech. »der Fremde« oder »der Gast«) und *phóbia* (griech. »Angst« bzw. »Furcht«). Xenophobie äußert sich in einer starken Ablehnung gegenüber den Lebensweisen, Bräuchen und Religionen fremder Menschen und Völker. Xenophilie ist umgekehrt das Fachwort für Fremdenfreundlichkeit beziehungsweise Gastfreundschaft. Die Bezeichnung setzt sich zusammen aus *xénos* und *philía* (griech. »Freundschaft«). Xenophilie ist verbunden mit Offenheit gegenüber dem Neuen und Unbekannten.

Ein Originalrezept für Staatsgäste des Bundespräsidenten: »Schaumsüppchen vom Sauerampfer«

Zutaten für vier Personen

600 ml Geflügelbrühe
100 ml Sahne
100 ml Crème fraîche
Salz, Pfeffer, Muskat
2 Bund Sauerampfer
30 g Butter
30 g Mehl
4 Kerbelblättchen

Zubereitung

Sauerampfer waschen, vom Stiel befreien und grob schneiden. Geflügelbrühe erhitzen, die Sahne hinzufügen, aufkochen lassen. Brühe würzen. Butter in einem Topf zerlassen, Mehl zugeben und unter ständigem Rühren andünsten, bis die Masse hellgelb wird. Unter Rühren nach und nach Flüssigkeit aufgießen. Die Suppe aufkochen und 5 Minuten ziehen lassen. Sauerampfer und Crème fraîche in ein hohes Gefäß oder einen Standmixer geben, mit der Suppe aufgießen und pürieren. Evtl. durch ein Haarsieb gießen. Suppe mit einem Stabmixer schaumig aufschlagen und in vorgewärmte Suppenteller geben.*

* Die Autoren danken dem Chefkoch des Bundespräsidenten für die Überlassung des Rezepts.

Tierische Mitbringsel

Der österreichische Bundespräsident Thomas Klestil bekam im Laufe seiner Amtszeit (1992 bis 2004) sechs Araberpferde und zwei Renndromedare geschenkt. Die Tiere leben im Zoo Schönbrunn bei Wien und gelten als Publikumslieblinge. Die Pandabären Bao Bao und Tjen Tjen waren 1980 ein Staatsgeschenk des chinesischen Regierungschefs Hua Guofeng an den damaligen Bundeskanzler Helmut Schmidt. Die Tiere wurden zu einer Hauptattraktion des Berliner Zoos. Der berühmte Araberschimmel »Kaisoon« reiste 1958 als Staatsgeschenk des ägyptischen Präsidenten Gamal Abdel Nasser nach Deutschland zu Bundespräsident Theodor Heuss. Von »Kaisoon« stammen einige der berühmtesten Rennsportpferde ab. Im Jahr 2000 schenkte der japanische Ministerpräsident Mori dem russischen Präsidenten Putin einen kleinen Roboterhund mit Namen »Puti«. Das Kuriose: Streichelt Wladimir Putin den Hund, bellt dieser die russische Nationalhymne.

Gastfreundschaft und der dritte Tag

Zwei Tage Gast, vom dritten Tag an Hausgenosse. Germanischer Rechtssatz, gültig zur Zeit um Christi Geburt *Kein Gast ist so willkommen im Hause seines Freundes, dass er nicht nach drei Tagen zur Last wird.* Titus Maccius Plautus (254–184 v. Chr.), römischer Schriftsteller *Ein Fisch und ein Gast riechen übel am dritten Tag.* Dänisches Sprichwort

Die Gastfreundschaft der Germanen

Fremde darf man bei ihnen nicht misshandeln; aus welchem Anlass auch immer man zu ihnen kommt, man ist vor allem Unrecht geschützt und gilt als unverletzlich. Ein jedes Haus steht einem offen und ein freier Tisch zu Diensten. Der römische Staatsmann, Feldherr und Schriftsteller Julius Cäsar (100–44 v. Chr.) über die Germanen

Einige landestypische Gaststätten

Brasilien *Churascarria*
Deutschland *Biergarten*
England *Pub*
Frankreich *Brasserie*
Griechenland *Taverne*
Italien *Osteria*
Japan *kaiten-zushi*
Österreich *Heuriger*
Schottland *Shebeen*
Thailand *Garküche*
Türkei *Lokanta*
USA *Diner*

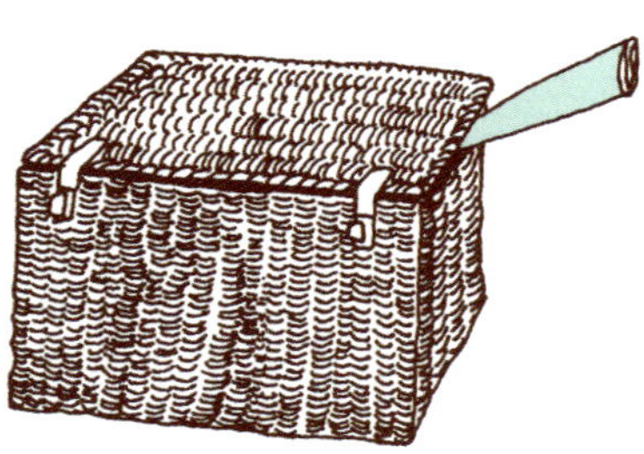

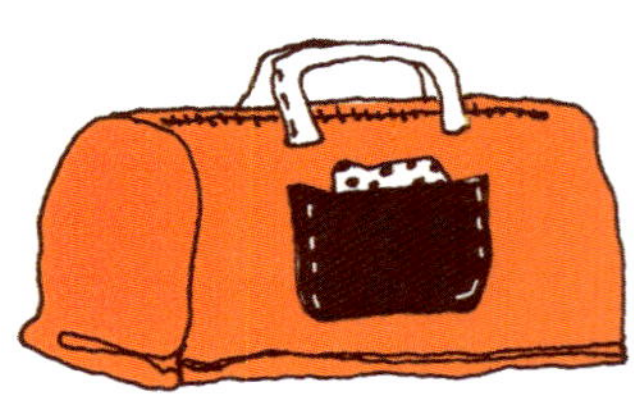

Andere Länder, andere Sitten

In China ist es üblich, beim Essen laut zu schlürfen. Durch den geöffneten Mund erhöht sich beim Schlürfen die Sauerstoffzufuhr, und das verstärkt den Geschmack. Auch der tief in die Reisschale gesenkte Kopf und die aufgestützten Ellenbogen sind für Chinesen kein Zeichen fehlender Manieren, sondern gängige Tischgewohnheiten. Bei einem türkischen Gastmahl sollten die Gäste nach dem ersten Bissen die Kochkunst der Köchin ausgiebig loben. Türkische Gäste verwenden die Redewendung: *elinize saglik* (»Gesundheit Ihren Händen!«). Lobt der Gast das Essen nicht, gilt dies als Beleidigung für die ganze Familie. Menschen islamischen Glaubens essen kein Schweinefleisch. Hat ein muslimischer Gast doch einmal versehentlich ein Stück Schweinefleisch gegessen, kann man ihm mit einem passenden Koranvers aus der Patsche helfen: *Wenn sich einer aber in einer Zwangslage befindet, ohne von sich aus das Verbotene zu begehren, so trifft ihn keine Schuld.* (Vers 2, Sure 173) Auch gläubige Juden verzichten komplett auf Schweinefleisch. Sie verspeisen ausschließlich koscheres Essen. Koscher (»rein« oder »tauglich«) sind zum Beispiel Rindfleisch, Kamelfleisch und Geflügel, ebenso Obst und Gemüse. Wein dagegen gilt nur dann als koscher, wenn die Kelterung (das Auspressen der Trauben) sowie die Reinigung der Herstellungsinstrumente unter der Aufsicht von Rabbinern (Geistlichen) durchgeführt wurde.

Reisen – gut für die Bildung

Die Welt ist ein Buch. Wer nie reist, sieht nur eine Seite davon. Augustinus Aurelius (354–430 n. Chr.), christlicher Kirchenlehrer *Reisen veredelt den Geist und räumt mit allen unseren Vorurteilen auf.* Oscar Wilde (1854–1900), Schriftsteller *Du kannst dich also nach Belieben in der Welt umsehen, denn die beste Bildung findet ein gescheiter Mensch auf Reisen.* Johann Wolfgang von Goethe (1749–1832), Schriftsteller *Die gefährlichste aller Weltanschauungen ist die Weltanschauung der Leute, welche die Welt nicht angeschaut haben.* Alexander von Humboldt (1769 bis 1859), Naturforscher

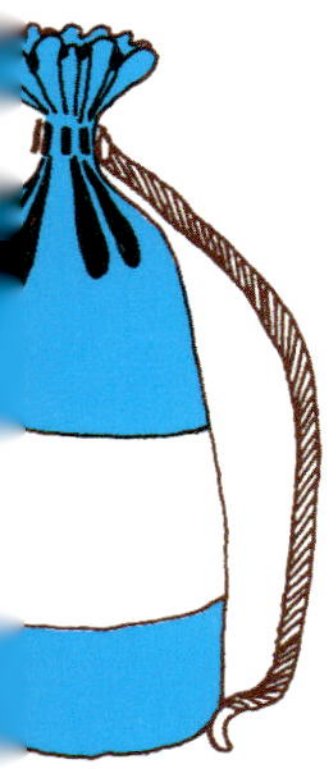

Ausländer in Deutschland
nach Herkunftsland, 2004

Türkei: 1764000 Italien: 540000
Serbien: 507000 Griechenland: 316000
Polen: 292000 Kroatien: 229000
Österreich: 174000 Bosnien-Herzego-wina: 156000 Ukraine: 128000
Portugal: 117000 Niederlande: 114000
Spanien: 108000 Frankreich 100000
USA: 97000 Großbritannien: 96000
Vietnam: 84000 Irak: 79000
Rumänien: 73000 Marokko: 73000
Insgesamt: 6700000

Wo Deutsche Einwanderer sind
Auswanderungsziele und Zahl der deutschen Einwanderer, 2006

Schweiz: 18242 USA: 13245
Österreich: 10299 Großbritannien: 9309
Polen: 9191 Spanien: 8136
Frankreich: 7507 Kanada: 3611
Niederlande: 3421 Türkei: 3384
Italien: 3355 Australien: 2904
Russland: 2567 Belgien: 2549
China: 2219 Schweden: 1653

Die beliebtesten Urlaubsziele der Deutschen
Gästezahlen 2005

Spanien 5,3 Millionen
Italien 2,8 Millionen
Bayern 2,8 Millionen
Österreich 2,4 Millionen
Türkei 2,4 Millionen
Mecklenburg-Vorpommern 2 Millionen
Schleswig-Holstein 1,6 Millionen
Niedersachsen 1,6 Millionen
Baden-Württemberg 1,2 Millionen
Frankreich 1,2 Millionen
Griechenland 1,2 Millionen
Dänemark 1 Million
Kroatien 1 Million
Niederlande 1 Million

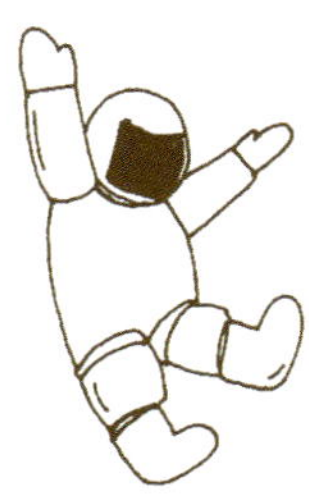

Einige berühmte Reisende

Odysseus ist ein Held der griechischen Mythologie. Die zehnjährige Reise des Königs von Ithaka, der von der Schlacht um Troja nach Hause zurückkehrte, hat der griechische Dichter Homer (um 800 v. Chr.) in der ODYSSEE beschrieben. Seitdem sprechen viele Menschen von einer »Odyssee«, wenn sie eine lange Irrfahrt meinen. Christoph Kolumbus war ein italienischer Seefahrer in Diensten des spanischen Königs. Am 12. Oktober 1492 betrat er die Küste der Karibischen Inseln vor Amerika. Seitdem gilt Kolumbus als Entdecker Amerikas – und die amerikanischen Ureinwohner heißen Indianer, weil die spanischen Entdecker glaubten, in Indien gelandet zu sein. Der deutsche Wissenschaftler Alexander von Humboldt ist der Begründer der Geographie, also der Wissenschaft von der Erdoberfläche. Mit dem Naturforscher Aimé Bonpland bereiste er unter anderem die Flüsse Venezuelas und legte dabei über 2000 Kilometer auf einem Einbaumschiff zurück. Roald Amundsen aus Norwegen erreichte am 14. Dezember 1911 als erster Mensch den Südpol. Seine Expedition startete zeitgleich mit einer Gruppe von Polarforschern um den Briten Robert Falcon Scott. Amundsen erreichte das Ziel 35 Tage früher als sein Konkurrent, der mit seinen Begleitern auf dem Rückweg erfror. Der norwegische Wissenschaftler und Abenteurer Thor Heyerdahl unternahm Expeditionen, bei denen er die Reisebedingungen der Menschen in früheren Zeiten erforschte. Berühmt wurde er mit seiner »Kon-Tiki«-Expedition: Mit einem Holzfloß überquerte er 1947 den Pazifischen Ozean. Das galt als wichtiger Beweis dafür, dass amerikanische Indianervölker bereits vor fast 2000 Jahren mit Flößen die Meere besegelt hatten. Der amerikanische Astronaut Neil Alden Armstrong war der erste Mensch auf dem Mond. Am 20. Juli 1969 landete er mit dem Raumschiff »Eagle« auf der Mondoberfläche. Einen Tag später, um 3:56 Uhr (mitteleuropäischer Zeit), betrat Armstrong den Mond und sprach dabei seinen berühmten Satz: *Dies ist ein kleiner Schritt für den Menschen, aber ein großer für die Menschheit.*

Bücherwürmer und Leseratten

Bücherwürmer sind die Larven von Nagekäfern, die sich von Holzmöbeln, altem Brot und von Büchern ernähren. Wurde ein Buch von einem Bücherwurm angeknabbert, erkennt man das eindeutig an den Wurmlöchern und Fraßgängen, die sich durch die Seiten ziehen. Als Bücherwürmer bezeichnet man aber auch Menschen, die leidenschaftlich gern und sehr viel lesen. Solche Bücherwürmer werden häufig auch »Leseratten« genannt.

Fakten, Fakten, Fakten über Bücher

Das erste Buch, für das ein Copyright (= Schutz des Urheberrechts, mit dem sich Autor/Verlag die Einnahmen aus einem Buch sichern) angemeldet wurde, war John Barrys THE PHILADELPHIA SPELLING BOOK am 9. Juni 1790. HARRY POTTER ist der Kinderbuchstoff, der sich bislang mit ungefähr 300 Millionen Exemplaren weltweit am meisten verkaufte. Bis zum Erscheinen von HARRY POTTER war der STRUWWELPETER von Heinrich Hoffmann (1809–1894) mit 120 Millionen Exemplaren das am besten verkaufte Kinderbuch weltweit. 380 000 Bücher von 7200 Ausstellern aus 111 Ländern, die fast 300 000 Besuchern präsentiert wurden – damit war im Jahr 2006 die Frankfurter Buchmesse erneut die größte Buchmesse der Welt. Die erste Bahnhofsbuchhandlung wurde im Jahr 1848 in London eröffnet, der erste Taschenbuchladen 1953 in San Francisco. Die vermutlich schreibwütigste Autorin der Geschichte war die Engländerin Barbara Cartland (1901–2000), die vor allem Liebesromane verfasste. Sie hat rund 750 Romane geschrieben, die in einer Auflage von ungefähr 1 000 000 000 (also einer Milliarde) Exemplaren gedruckt wurden. Der längste Roman der Welt ist das siebenbändige Werk AUF DER SUCHE NACH DER VERLORENEN ZEIT des französischen Schriftstellers Marcel Proust (1871–1922). Die sieben Bände umfassen rund 5 000 Seiten. Die umfangreichste Krimiserie hat der Belgier Georges Simenon verfasst. Sein Pariser Kommissar Maigret ermittelte in 85 Romanen. Insgesamt schrieb Simenon etwa 400 Romane, die in mindestens 50 Sprachen übersetzt wurden.

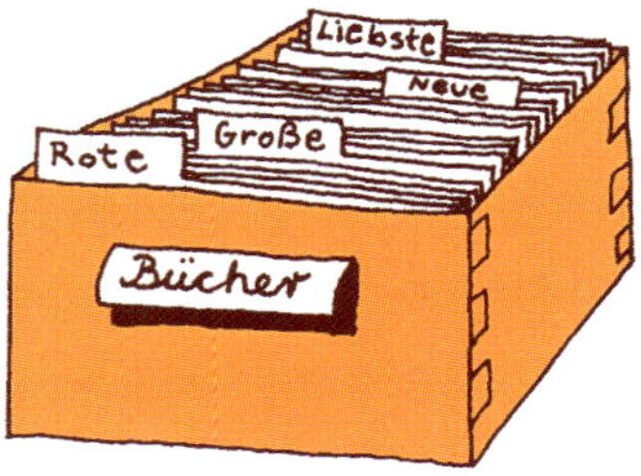

Wie man seine Bücher ordnen kann

Nach dem Alter, nach der Aktualität, nach dem Namen des Autors, nach den Farben, nach der Größe, nach der Schönheit, nach den Themen, nach den Titeln, nach dem Unterhaltungswert, nach Verlagen, nach der Wichtigkeit

Bibliotheken des Altertums

Bibliothek von König Assurbanipal (gest. 627 v. Chr.) in Ninive / Mesopotamien. Enthielt 25 000 Tontafeln. Bibliothek von Alexandria / Ägypten, gegründet von König Ptolemaios I. (367 bis 283 v. Chr.). Enthielt 400 000 bis 700 000 Papyrusrollen. Größte Bibliothek der Antike. Sie wurde in ihrer Geschichte mehrmals ganz oder teilweise zerstört, so etwa 48 v. Chr. von Julius Cäsar. Die Bibliothek von Pergamon in Kleinasien, die im Jahr 200 v. Chr. gegründet wurde, enthielt 200 000 Papyrusrollen. Die Stadt Caesarea Maritima, gelegen in Palästina, hatte eine Bibliothek mit ca. 30 000 verschiedenen Texten. Noch 1 000 Jahre nach ihrer Gründung, im Jahr 500 n. Chr., galt sie als eine der bedeutendsten Bibliotheken der damaligen Welt. Die Bibliothek der Villa dei Papiri stand in der Nähe der Stadt Herculaneum am Golf von Neapel / Italien. Sie ging 79 n. Chr. bei einem Vulkanausbruch des Vesuv unter. Der Schweizer Archäologe Karl Weber entdeckte die Anlage im Jahr 1750 unter 20 Metern vulkanischem Schlamm wieder. Durch ein Tunnelsystem, das er in den Schlamm grub, untersuchte der Forscher die Anlage und entdeckte 2 000 Schriften bedeutender antiker Philosophen.

Die größten Bibliotheken

Bücher und Zeitschriften, Stand: 2005

1. 42 Millionen Bände: *Russische Staatsbibliothek*, Moskau, Russland
2. 33 Millionen Bände: *Saltykow-Schtschedrin-Bibliothek*, St. Petersburg, Russland
3. 29 Millionen Bände: *Library of Congress*, Washington, USA
4. 22 Millionen Bände: *Chinesische Nationalbibliothek*, Peking, China
5. 22 Millionen Bände: *Deutsche Nationalbibliothek*, Frankfurt am Main und Leipzig, Deutschland
6. 13 Millionen Bände: *Staatliche Bibliothek der Akademie der Wissenschaften*, Novosibirsk, Russland
7. 13 Millionen Bände: *Universitäts-Bibliothek*, New Haven, USA
8. 13 Millionen Bände: *Bibliothèque nationale de France*, Paris, Frankreich
9. 12 Millionen Bände: *British Library*, London, England
10. 11 Millionen Bände: *New York Public Library*, New York, USA

Einige philosophische Weisheiten

Wenn an einer Wahrheit Ärgernis genommen wird, ist es nützlicher, das Ärgernis entstehen zu lassen, als auf die Wahrheit zu verzichten. Augustinus von Hippo, 354–430 n. Chr. *Denn es ist nicht genug, einen guten Kopf zu haben. Die Hauptsache ist, ihn richtig anzuwenden.* René Descartes, 1596–1650 *Aufklärung ist der Ausgang des Menschen aus seiner selbst verschuldeten Unmündigkeit.* Immanuel Kant, 1724–1894 *Der Mensch kann wohl tun, was er will, aber er kann nicht wollen, was er will.* Arthur Schopenhauer, 1788–1860 *In den Tälern der Dummheit wächst für einen Philosophen immer noch mehr Gras als auf den kahlen Hügeln der Gescheitheit.* Ludwig Wittgenstein, 1889–1951 *Man darf sich nicht ducken. Man muss sich wehren.* Hannah Arendt, 1906–1975

Das Alphabet

Als Alphabet werden die Zeichen benannt, die zur schriftlichen Darstellung der Laute einer Sprache dienen. Der Begriff »Alphabet« beruht auf den ersten beiden Buchstaben der altgriechischen Schrift: Alpha (α) und Beta (β). Umgangssprachlich wird das Alphabet in Deutschland auch ABC genannt. Die Zeichen eines Alphabets stehen jeweils für bestimmte Laute. Kombiniert man diese Laute, entstehen Wörter. Die Buchstaben des Alphabets werden nach Konsonanten (Mitlaute wie n, p, t) und Vokalen (Selbstlaute wie a, e, i) unterschieden. Im Deutschen verwendet man das lateinische Alphabet. Da nicht für alle Laute des Deutschen Entsprechungen im lateinischen Alphabet vorhanden sind, werden Zeichenkom-

Warum muss man in Bibliotheken leise sein?

Weil Bibliotheken auch Kathedralen des Wissens genannt werden. Und in Kirchen hat man leise zu sein. Weil es Wissensdurstige gibt, die in Bibliotheken arbeiten und lesen. Und die sollen nicht gestört werden. Weil in Bibliotheken sehr viele alte Bücher stehen, an denen der Zahn der Zeit nagt. Und diesen Verfallsprozess beschleunigen allzu laute Geräusche. Weil Bibliotheken gut dazu geeignet sind, um zwischendurch ein Nickerchen zu halten. Und zum Schlafen braucht man Ruhe.

binationen gebildet. So zum Beispiel »au«, »ch«, »ei«, »st« oder »sch«. Bahnbrechend war die Erfindung des Alphabets vor 3000 Jahren deshalb, weil damit die Erkenntnis verbunden war, dass sich das gesprochene Wort auf eine Kombination weniger schriftlicher Elemente zurückführen lässt. Das vereinfachte das Aufschreiben der Sprache. So konnten zum Beispiel Sachverhalte, für die die alten Ägypter Tausende Hieroglyphen (= älteste bekannte Bilderschrift, verwendet ab 3000 v. Chr.) benötigt hatten, wesentlich leichter dargestellt werden. Das heute verwendete lateinische Alphabet geht auf das Ur-Alphabet der Phönizier zurück. Allerdings erlebte dieses Zeichensystem im Lauf der Geschichte einige Veränderungen. Das lateinische Alphabet wird in mindestens 37 Sprachen benutzt. So auch im Albanischen, Finnischen, Kaschubischen, Gälischen, Sorbischen, Türkischen und Weißrussischen.

»Alphabet« im Vergleich

Afrikaans *alfabet*
Bulgarisch *asbuka*
Estnisch *tähestik*
Finnisch *aakkosto*
Japanisch *arufabetto*
Koreanisch *munja*
Malaiisch *aksara*
Russisch *alfawít*
Serbisch *abeceda*
Thailändisch *tua akson*
Türkisch *abece*
Ungarisch *irás*

Der Weg unseres Alphabets durch die Zeit

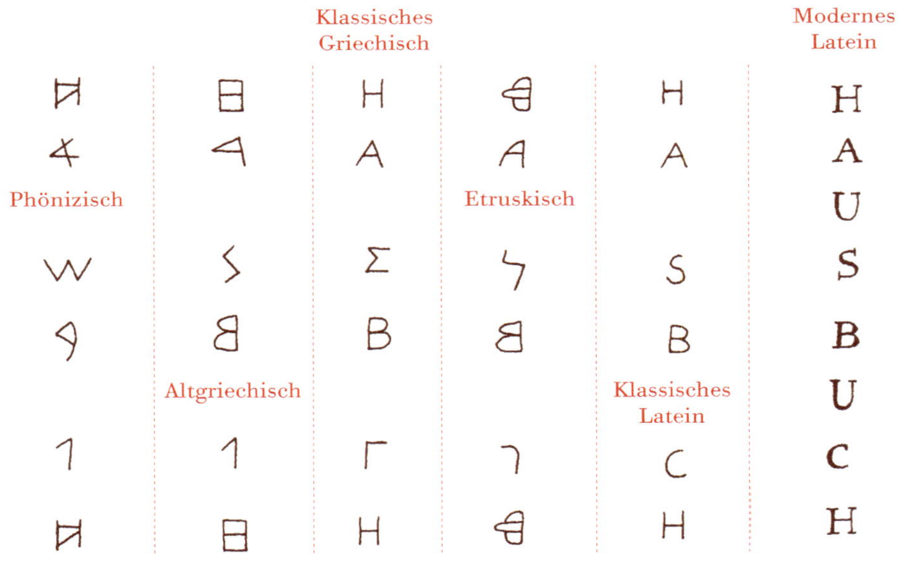

Wie der Buchdruck die Welt veränderte

Das Jahr 1455 wird in der Geschichte der Menschheit auf ewig unvergessen bleiben, und zwar wegen eines Goldschmieds aus Mainz: Johannes Gutenberg (ca. 1400–1468) entwickelte in diesem Jahr ein Verfahren, wie Farbe an beweglichen Metall-Lettern zum Drucken haften bleibt. Weil Gutenbergs Druck-Buchstaben nicht mehr aus Holz herausgeschnitzt wurden, sondern aus Metall gegossen waren, konnten sie sehr viel öfter verwendet und variabler eingesetzt werden. Damit war der Grundstein für das moderne Druckwesen gelegt: Fortan konnte jeder Text in jeder beliebigen Auflage vervielfältigt werden. Den Anfang machte die sogenannte Gutenbergbibel, das erste von Gutenberg gedruckte Buch. Jahrhundertelang galt Gutenberg als der Erfinder des Buchdrucks. Heute weiß man mehr: In Europa waren Drucktechniken tatsächlich erst zu Gutenbergs Zeit bekannt. In Indien, Korea und China hatte man aber schon lange vor der Gutenbergbibel Texte auf Papier gedruckt. Die japanische Kaiserin ließ im Jahr 764 sage und schreibe eine Million kleine Zettel mit Segenssprüchen bedrucken. Bücher gibt es sogar noch länger. So stellten die Chinesen vor 2600 Jahren Bücher aus Bambus- und Holzstreifen her. Und im 1. Jahrhundert v. Chr. nutzten die Römer mit Lederriemen gebundene Pergamentseiten samt hölzerner Deckel für ihre Buchhaltung. Vierhundert Jahre später füllten sie solche Bücher mit religiösen Texten. Trotzdem bleiben das Jahr 1455 und die Erfindung des Mainzer Goldschmieds Johannes Gutenberg ein Höhepunkt in der Menschheitsgeschichte: Gutenberg ermöglichte erstmals den massenhaften Druck von Texten. Damit waren Bildung und Wissen nicht mehr nur für den Adel und die Kirche reserviert, sondern für jeden Menschen zugänglich. Ein erster Grundstein für die modernen, demokratischen Industriegesellschaften war gelegt. Von den 180 gedruckten Gutenbergbibeln (150 auf Papier, 30 auf Pergament) sind heute noch 48 Exemplare erhalten.

Redewendungen mit Büchern

Das ist für mich ein Buch mit sieben Siegeln … – wenn man etwas überhaupt nicht versteht. *Na, das spricht ja Bände …* – wenn man etwas nicht weiter kommentieren muss, weil es für sich spricht. *Das kannst du dir ins Stammbuch schreiben …* – wenn man sich etwas gut merken soll. *In deinem Gesicht kann ich wie in einem offenen Buch lesen …* – wenn jemand seine Gefühle offen zur Schau trägt. *Der redet wie ein Buch …* – wenn jemand sehr geschwätzig ist. *Das ist ein Quatsch, wie er im Buche steht …* – wenn jemand groben Unfug erzählt.

ISBN – die internationale Standardbuchnummer

Fast überall in der Welt wird heute jedes Buch mit einer ISBN versehen, die eine exakte Zuordnung des Titels möglich macht. So kann man das Buch jederzeit unter Angabe dieser Nummer beim Verlag oder in einer Buchhandlung bestellen. Die ISBN wurde 1968 in Großbritannien erfunden. Sie besteht seit dem 1. Januar 2007 aus fünf Positionen:

1. Präfix Zum Beispiel 978 oder 979, kennzeichnet die Branche, seit dem 1. Januar 2007 2. Gruppennummer Zum Beispiel 3 für die Zuordnung zur deutschen Sprache 3. Verlagsnummer Jeder Verlag hat eine eigene Nummer 4. Titelnummer Diese Nummer steht für den einzelnen Buchtitel 5. Prüfziffer Diese Zahl belegt mit Hilfe einer mathematischen Berechnung die Richtigkeit der vorherigen Zahlenkombination

ISBN-Beispiele:
HARRY POTTER 7 (englische Ausgabe): 978-0-7475-9105-4
DAS HAUS-BUCH: 978-3-8270-5236-0

Die meistgedruckten Bücher aller Zeiten

Keiner kann wirklich exakt sagen, welches das erfolgreichste Buch aller Zeiten ist, weil niemand den kompletten Buchmarkt überblicken kann, zumal in manchen Ländern Bücher unkontrolliert »raubkopiert« werden. Deshalb ist man auf Schätzungen angewiesen. Ganz vorn liegen mit mehreren Milliarden gedruckten Exemplaren sicherlich die Bibel und der Koran. Es folgen die Schriften von Mao Tse-tung und die HARRY POTTER-Romane mit mehreren hundert Millionen gedruckten Ausgaben. Ein Kleiner unter den Großen ist das GUINNESS-BUCH DER REKORDE, das sich selbst zu Unrecht rühmt, das meistverkaufte Buch aller Zeiten zu sein. Auflage: 100 Millionen. IM WESTEN NICHTS NEUES, ein 1929 erschienener Antikriegsroman des Schriftstellers Erich Maria Remarque (1898–1970), gilt mit ebenfalls 100 Millionen Exemplaren als das meistverbreitete Buch eines deutschen Schriftstellers.

Emoticons: Zeichen für Gefühle

:-)	Smiley. Alles in Ordnung.
:-(	Bin traurig.
:-&	Das macht mich sprachlos!
:*)	Albern. Giggeln.
:-D	Lachen.
:-O	Schreien.
:-s	Das verstehe ich nicht.
:-X	Ein Kuss!
:-/	Das sehe ich skeptisch.
>:-o	Wut!
:'-(	Weinen.

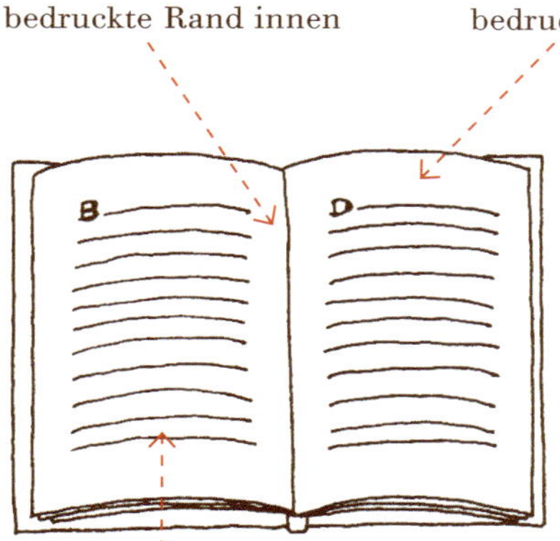

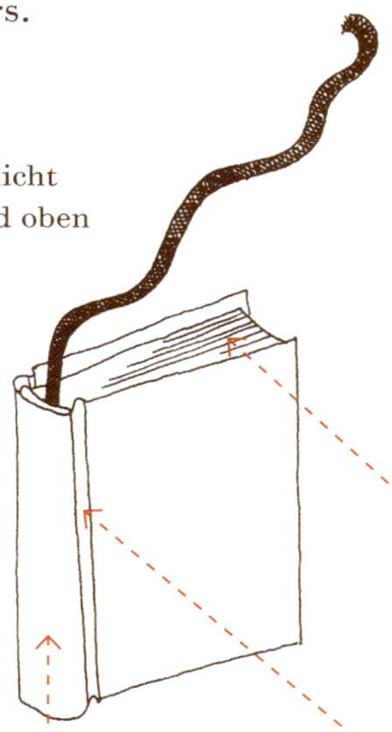

Der Welttag des Buches

Der 23. April ist für die Katalanen ein ganz besonderer Tag: Anlässlich des Namenstages des heiligen Georg († 303 n. Chr., einer der beliebtesten christlichen Heiligen) verschenken sie Bücher an Freunde und Bekannte. Ein Brauch, den hohe Mitarbeiter der UNESCO (Organisation der Vereinten Nationen für Bildung, Wissenschaft und Kultur) so beeindruckend fanden, dass sie ihn seit 1995 zum Anlass nahmen, immer am 23. April den »Welttag des Buches« zu feiern. Der Sinn dieses Welttages ist die Förderung der Lesekultur. Der 23. April ist auch deshalb passend, weil einige bedeutende Schriftsteller an diesem Tag geboren wurden – oder starben: William Shakespeare (1564), Halldór Laxness (1902) und Vladimir Nabokov (1899) kamen am 23. April zur Welt. Wiederum William Shakespeare (1616), Miguel de Cervantes (1616) und Rolf Dieter Brinkmann (1975) starben an diesem Tag.

Immer mehr zu lesen: Neuerscheinungen in Deutschland

2000	82 936
2001	85 088
2002	78 896
2003	80 971
2004	86 543
2005	89 869
2006	94 716

Wörter mit »Biblio« (= Buch)

Bibliographie Eine Liste mit Buchtiteln eines bestimmten Autors oder zu einem bestimmten Thema Bibliomantie Wahrsagen mit Hilfe zufällig aufgeschlagener Textstellen aus Büchern Bibliophilie Leidenschaft für besondere Bücher Bibliophobie Ekel vor Büchern aller Art Bibliothek Büchersammlung Bibliomanie Übertriebene Leidenschaft für Bücher Bibliophagie Der psychische Zwang, Bücherseiten essen zu müssen Bibliolatrie Buchstabenhörigkeit beziehungsweise (übertriebene) Verehrung von Büchern, die für heilig gehalten werden, insbesondere der Bibel Bibliosophie Heutzutage nicht mehr sehr häufig verwendeter Begriff, der die Leidenschaft fürs Büchersammeln beschreibt Bibliotherapie Psychotherapie mit Hilfe von Büchern

Bibliotheken in Deutschland

In Deutschland gibt es rund 2100 Bibliotheken, die von hauptamtlichen Bibliothekaren geleitet werden. 13000 Bibliotheken werden nebenamtlich gemanagt. 7000 dieser Bibliotheken gehören dem Staat, 5000 der Kirche, 1700 sind wissenschaftliche Bibliotheken. Rund 11 Millionen Menschen pro Jahr nutzen in Deutschland Bibliotheken; sie leihen sich durchschnittlich 400 Millionen Medien (Bücher, CDs, DVDs, Zeitschriften) aus. 90 Prozent der Besucher kommen in die Bibliothek, weil sie sich Bücher ausleihen, und 70 Prozent, weil sie etwas nachschlagen wollen. 50 Prozent der Besucher suchen einfach nur einen ruhigen Arbeitsplatz. Etwa ein Drittel der Bevölkerung in Deutschland hat noch nie eine Bibliothek betreten. Zu den seltensten Gästen insgesamt gehören Jugendliche zwischen 13 und 17 Jahren.

Bildung auf Rädern

Fahrbibliotheken – also Bücherbusse – waren früher in vielen Städten und Gemeinden selbstverständlich. Das ist heute nicht mehr der Fall, aus Kostengründen und weil man übers Internet überall Bücher bestellen kann. Trotzdem gibt es (Stand: Januar 2007) noch über 80 Bücherbusse in Deutschland, und es kommen mitunter sogar neue dazu, so zuletzt im Landkreis Leipziger Land. Die Fahrbibliothek Leipziger Land stellt in einem blauen Volvo-Bus 4500 Medien (Bücher, CDs, DVDs etc.) zur Verfügung. Der Bus ist in 42 Ortsteilen unterwegs. Die Jahresgebühr beträgt 6,10 Euro für Erwachsene und 3,10 Euro für Kinder. In Berlin verkehren insgesamt fünf Bücherbusse, und zwar in den Stadtteilen Mitte, Reinickendorf, Steglitz-Zehlendorf, Tempelhof und Treptow-Köpenick. Die »Autobücherei Reinickendorf« verleiht insgesamt 17200 Medien, der »Bücherbus Tempelhof« transportiert 18000 CDs, Bücher und Zeitschriften, die »Fahrbibliothek Mitte« hat sogar drei Busse mit einem speziell auf Kinder und Jugendliche abgestimmten Angebot. Wer wissen will, ob sein Dorf oder sein Viertel von einem Bücherbus angefahren wird, kann sich im Internet informieren: Auf der Seite www.fahrbibliothek.de sind alle mobilen Bibliotheken verzeichnet, inklusive Kontakttelefonnummern, E-Mail-Adressen und Fahrplänen.

Leidenschaftliche Büchersammler

Der Pariser Antoine Marie Henri Boulard (1754–1825) verließ 1808 den öffentlichen Dienst und widmete sich ausschließlich dem Büchersammeln. So wurde er Besitzer von rund 600 000 Bänden, für deren Aufbewahrung er fünf Häuser brauchte. Als Bücherdieb im großen Stil ging der Italiener Guglielmo Bruto Icilio Timoleone (1803–1869) in die Geschichte ein. Der Büchersammler arbeitete als Mathematikprofessor in Paris, wo er zugleich eine Kommission leitete, die dafür sorgen sollte, die bibliophilen Schätze der französischen Bibliotheken in Listen zu notieren. Timoleone nutzte die Gelegenheit, um Zigtausende Bücher und Handschriften für seine Privatsammlung zu unterschlagen. Als man ihn für dieses Vergehen zu zehn Jahren Zwangsarbeit verurteilte, war er allerdings längst samt einiger Wagenladungen voller Bücher nach England geflüchtet. Der preußisch-deutsche Geistliche Johann Georg Tinius (1764–1846) wurde im Jahr 1823 zu zwölf Jahren Zuchthaus verurteilt, weil er Kirchengelder unterschlagen und aus Habgier mehrere Menschen umgebracht haben soll. Das Geld, das er erbeutet hatte, brauchte Tinius vor allem für seine Bücher-Sammelleidenschaft. Seine aus 17 000 Bänden bestehende Bibliothek wurde 1821 versteigert.

300 Millionen Tonnen Papier

Das Wort »Papier« stammt vom griechischen Wort *pápyros* (»Papyrusstaude«) ab. Im Altertum nutzten die Ägypter, die Griechen und die Römer Papyrus (das Mark aus dem Halm der Papyrusstaude), um mit Pinseln und Federn darauf zu schreiben. Der Chinese Cai Lun schrieb im 2. Jahrhundert n. Chr. als erster Mensch nieder, wie man Papier herstellt. Deshalb gilt er als dessen Erfinder. Cai Lun kam durch die Beobachtung von Wespen beim Bauen ihres Nests auf die Idee, Baumrinde, Hanf und Wasser zu einem Brei zu verarbeiten, der durch Abschöpfen und Trocknen zu Papier wurde. In der Papierherstellung waren die Chinesen fortan führend: Sie verwendeten als Erste Papiertaschentücher, und schon im 6. Jahrhundert n. Chr. reinigten sie sich nach dem Stuhlgang mit Toilettenpapier. Zur selben Zeit wurde (ebenfalls in China) erstmals Papiergeld verwendet. Andere Völker zogen später nach: Die Mayas produzierten um 500 n. Chr. in Mittelamerika Papier. In der arabischen Welt wurde ab 750 n. Chr. Papier hergestellt. In Europa dagegen machte man sich erst im 12. Jahrhundert daran, Papier zu produzieren. Papier wird heute letztlich noch auf dieselbe Weise hergestellt wie zu Cai Luns Zeiten, allerdings haben sich die Herstellungstechniken verbessert: Mit Hilfe großer und ausgeklügelter Maschinen lassen sich in modernen Fabriken in kürzester Zeit Tausende Papierbogen herstellen. So entstehen weltweit jährlich 300 Millionen Tonnen Papier.

Papierverbrauch in Deutschland pro Person und Jahr

84 Kilogramm / 42 Prozent: Druckpapier (z. B. Zeitungen, Zeitschriften, Bücher) 80 Kilogramm / 40 Prozent: Verpackungspapier (z. B. Pappkartons, Milchtüten) 14 Kilogramm / 7 Prozent: Büropapier (z. B. Briefumschläge, Druckerpapiere) 12 Kilogramm / 6 Prozent: Spezialpapier für technische Zwecke (z. B. Fotopapier, Schmirgelpapier) 10 Kilogramm / 5 Prozent: Hygienepapier (z. B. Wischtücher, Taschentücher, Toilettenpapier) 36 Kilogramm / 18 Prozent: Sonstiges (z. B. Dekorationspapier)

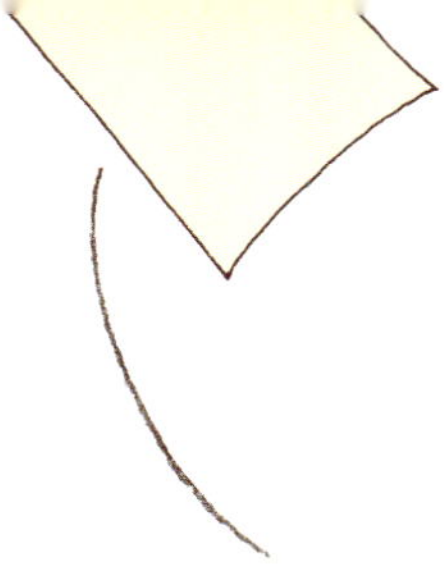

Papiersorten und ihre Eigenschaften

Aquarellpapier Zum Zeichnen. Raue Oberfläche, radierfest, holzfrei. Banknotenpapier Mit Wasserzeichen und eingelegten Metallfäden, was die Fälschungssicherheit gewährleisten soll. Hergestellt aus Baumwollfäden. Dachpappe Festes Papppapier, mit Sand versehen. Druckpapier Holzfrei oder holzhaltig. Muss in seiner Festigkeit, Steifigkeit und Glätte fürs Bedrucken geeignet sein. Karton Wiegt 150 bis 600 Gramm pro Quadratmeter. Wird durch das Aufeinanderpressen nasser Papierrollen hergestellt. Kann grob (z. B. Verpackung eines Elektrogeräts) oder fein (z. B. Milchkarton) hergestellt werden. Löschpapier Saugfähig. Grobporig. Häufig aus Baumwolle. Pappe Wiegt mehr als 600 Gramm pro Quadratmeter. Holzpappe wird aus Holzstoff hergestellt, Graupappe aus Altpapier. Pergamin Wird aus fein gemahlenem Zellstoff hergestellt. Für Briefumschläge, Schutzumschläge und Ähnliches. Teebeutelpapier Großporig. Auch bei Nässe fest. Geschmacksneutral. Gewicht zwischen 12 und 16 Gramm pro Quadratmeter. Tissue (Toilettenpapier / Hygienepapier): Besteht aus mehreren Lagen dünnem, fein gekrepptem Vlies (fester, aus Fasern bestehender Stoff, z. B. Filz). Möglichst weich und schmiegsam. Saugfähig. Hergestellt aus Zellstoff oder Altpapier.

Papiergewichte

Gramm pro Quadratmeter

5 bis 10 Gramm Seidenpapierservietten 10 bis 15 Gramm Luftpostpapier 15 bis 30 Gramm Seidenpapier 60 bis 100 Gramm Druckpapier 70 bis 150 Gramm Packpapier 120 bis 150 Gramm Halbkarton 150 bis 600 Gramm Karton

Papierverbrauch in Büros und Verwaltungen

In Deutschland (sagt die »Initiative pro Recyclingpapier«) werden pro Jahr schätzungsweise 800 000 Tonnen »Büro- und Administrationspapiere«, also weiße DIN-A4-Blätter, verbraucht. Beladen mit diesen 800 000 Tonnen Papier, wäre ein Güterzug etwa 600 Kilometer lang und bestünde aus rund 40 000 Waggons. Auf 7,5-Tonner-LKWs verteilt, würde man etwa 320 000 Fahrzeuge benötigen. Umgerechnet auf normales 80-Gramm-Papier, ergibt sich aus den 800 000 Tonnen ein Papierband von einem Meter Breite und zehn Millionen Kilometern Länge. Man könnte dieses Papierband 250-mal um den Äquator legen. Bestünde das Papierband aus aneinandergereihten DIN-A4-Blättern, wäre es 47 Millionen Kilometer lang. Dies entspricht etwa der 120-fachen Entfernung von der Erde zum Mond (384 000 km). Die 800 000 Tonnen entsprechen einer Menge von etwa 160 Milliarden DIN-A4-Blättern (80 g). Ein Turm aus diesen Blättern wäre etwa 16 000 Kilometer hoch. Zum Vergleich: Die internationale Raumstation ISS fliegt in einer Höhe von etwa 400 Kilometern.

Papierformate

In der Deutschen Industrie Norm (DIN) werden seit 1917 verbindliche Werte und Maße für industrielle Produkte festgelegt. Die DIN-A-Reihe gilt für Papier und Drucksachen.

Breite × Höhe
DIN A0 = 841 × 1189 mm
DIN A1 = 594 × 841 mm
DIN A2 = 420 × 594 mm
DIN A3 = 297 × 420 mm
DIN A4 = 210 × 297 mm
DIN A5 = 148 × 210 mm
DIN A6 = 105 × 148 mm
DIN A7 = 74 × 105 mm
DIN A8 = 52 × 74 mm
DIN A9 = 37 × 52 mm
DIN A10 = 26 × 37 mm

Warum Bücher vergilben und zerfallen

Im Lauf der Jahrhunderte hat die Menschheit Hunderte Millionen Bücher in Bibliotheken, Buchläden und Lagern gesammelt. Ein unermesslich reicher Schatz – der aber vom Zerfall bedroht ist: Viele Bücher vergilben im Lauf der Jahrzehnte und zerfallen schließlich unrettbar zu Staub. Allerdings zerfällt nicht jedes Papier in gleichem Maße. So sind viele Bücher, die erst vor 120 Jahren gedruckt wurden, in einem schlechteren Zustand als die 1455 gedruckten Gutenbergbibeln, die noch immer sehr stabil und elastisch sind. Die Ursache des Verfalls liegt im Grundstoff des Papiers: Die Zellulose ist ein beliebter Ort für Bakterien, Pilze und Insekten. Wenn die Bücher in feuchtwarmen Räumen eng gelagert werden, haben diese Lebewesen leichte Beute – und fressen die Bücher einfach auf. Generell hängt die Haltbarkeit des Papiers von klimatischen Gegebenheiten ab: Ist die Luftfeuchtigkeit höher als 65 Prozent, tummeln sich schädliche Lebewesen, ist sie geringer als 40 Prozent, verliert das Papier an lebenserhaltender Elastizität. Dass die Gutenbergbibeln in hervorragendem Zustand sind, während jüngere Bücher schnell kaputtgehen, hat aber noch einen anderen Grund: Seit ungefähr 150 Jahren wird Papier mit Hilfe säurehaltiger Substanzen hergestellt. Dieses Verfahren ist zwar weniger arbeitsintensiv, lässt die Bücher aber schneller vergilben und zerfallen. Solche vom Säurezerfall bedrohten Bücher können entsäuert und gerettet werden. Bei 174 Millionen betroffenen Werken allein in den wissenschaftlichen Bibliotheken Deutschlands ist das allerdings eine sehr aufwendige Angelegenheit. Es gibt aber Hoffnung: Heute werden immer mehr Bücher auf säurefreiem Papier gedruckt. Sie haben eine deutlich höhere Lebenserwartung.

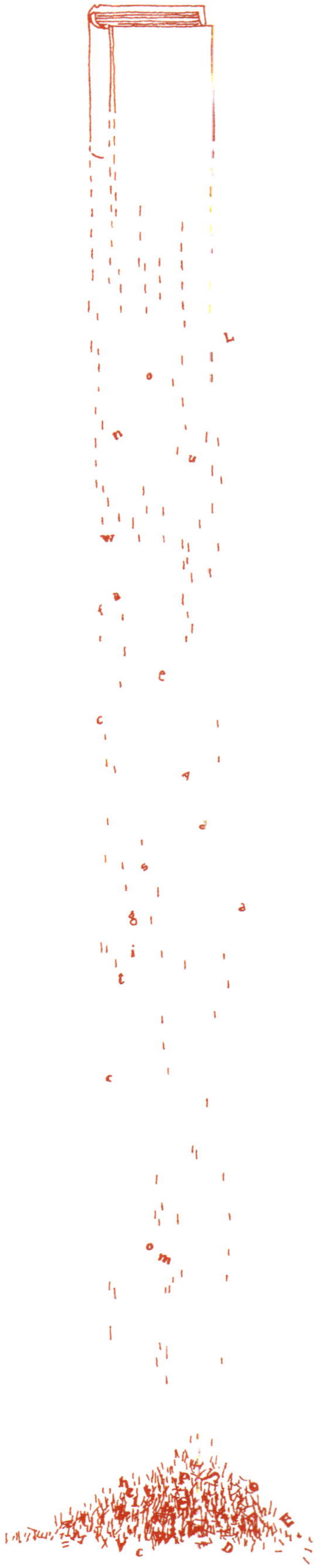

Namen, die für Buchgattungen stehen

Der »Baedeker« ist ein Synonym (= Ersatzwort) für Reiseführer, seitdem Karl Baedeker (1801–1859) den modernen Reiseführer erfand: 1835 veröffentlichte er das Werk RHEINREISE VON MAINZ BIS CÖLN, HANDBUCH FÜR SCHNELLREISENDE. Dieses Buch war so erfolgreich, dass es vom Einzeltitel zur Reihe und schließlich zum Vorbild für Tausende Reiseführer wurde. Der »Duden« ist heutzutage eine häufig benutzte Bezeichnung für Nachschlagewerke zur Rechtschreibung. Dabei stammen durchaus nicht alle dieser Bücher aus dem Duden-Verlag, dessen Gründer Konrad Duden (1829–1911) im Jahr 1880 das VOLLSTÄNDIGE ORTHOGRAPHISCHE WÖRTERBUCH DER DEUTSCHEN SPRACHE veröffentlichte. So gibt zum Beispiel auch »der Wahrig« über die deutsche Rechtschreibung Auskunft. Der »Brockhaus« ist dann angebracht, wenn man eine Information aus einem möglichst zuverlässigen Lexikon braucht. »Brockhaus« hat sich als Synonym für Lexika eingebürgert, weil das Verlagshaus F. A. Brockhaus seit den Zeiten seines Gründers Friedrich Arnold Brockhaus (1772–1823) solide und weitgehend fehlerfrei an seinem Universallexikon arbeitet. Dass sie »im Brockhaus« nachschlagen, sagen viele Menschen auch dann, wenn sie Lexika anderer Verlage benutzen.

Immer und überall: Das Internet

Das Internet ist ein weltweites System miteinander verbundener Rechner. Grundsätzlich kann jeder Computer mit jedem beliebigen anderen Computer Verbindung aufnehmen. Dieser Austausch ist nicht von einem zentralen Knotenpunkt abhängig. Eine solche dezentrale Kommunikation bedeutet auch eine geringere Angreifbarkeit. Glaubt man Gerüchten, wurde das Internet genau deshalb vom Militär der USA gegründet. Tatsächlich ging es den amerikanischen Behörden Ende der 1960er Jahre aber darum, verschiedene Großrechner zu verbinden, um die damals noch sehr knappen Speichermöglichkeiten zu erweitern. Seit Anfang der 1990er Jahre gibt es das WWW (World Wide Web), das in den Jahren 1989 bis 1991 im Kernforschungszentrum CERN in Genf/Schweiz entwickelt wurde. Mit Hilfe eines Browsers (Computerprogramm zum Ansehen von Webseiten) konnte fortan jedermann das WWW auf seinem Bildschirm sichtbar machen. Seitdem hat das Internet das Kommunikationsverhalten der Menschen radikal verändert: Man kann eine Nachricht innerhalb einer Sekunde von einem Teil des Globus in einen beliebigen anderen schicken. Es bleibt kaum mehr ein Ereignis auf der Erde unentdeckt, alles wird sofort zur Nachricht, fremde Kulturen rücken näher. Übers Netz lernen sich Menschen kennen, die einander sonst nie begegnet wären, mit dem Internet entstehen Freundschaften über alle Grenzen hinweg. Außerdem kann man Filme und Musik, aber auch alle anderen Konsumgüter 24 Stunden am Tag kaufen. All das war Anfang der 1990er Jahre noch völlig undenkbar. Sechs von zehn Deutschen gehen regelmäßig ins Internet. Insgesamt sind deutlich mehr Männer als Frauen online, bei den unter 39-Jährigen ist der Anteil jedoch ausgeglichen. 85 Prozent der deutschen Surfer nutzen das Netz, um E-Mails zu schreiben, 63 Prozent suchen aktuelle Nachrichten, 57 Prozent wollen »online« einkaufen.

Das »Project Gutenberg«

Romane, Sachbücher, Dokumente und Geschichten im Internet – Bildung für alle ohne Kosten. das ist das Motto des »Project Gutenberg«, das 1971 von Michael Hart begründet wurde. Der Mitarbeiter der Universität von Illinois/USA bekam von seinem Arbeitgeber damals noch extrem teure Rechnerzeit zur Verfügung gestellt, die er zunächst dafür nutzte, die amerikanische Unabhängigkeitserklärung einzutippen. Ein Beispiel, das Schule machte, denn es entstand die Idee, möglichst viele Texte und Dokumente vom Papier in den Rechner zu übertragen. Im Lauf der Jahre wurden von Hart und Hunderten Freiwilligen über 20000 Texte digitalisiert (Stand: 2006). Dabei handelt es sich durchweg um Texte, die entweder kein Copyright haben oder auf die es kein Copyright mehr gibt, weil der Autor seit über 70 Jahren tot ist. Zu finden ist das Projekt im Internet unter www.gutenberg.org.

Einige Schriftarten

Arial 1989

Courier 1956

♦♓■♑♎♓■♑⬧ »Wingdings«, 1990

Garamond ca. 1500

Verdana 1996

Helvetica 1957

Egyptienne 1815

Times New Roman 1931

BodoniSix Grundform 1790, überarbeitet 1994, im HAUS-BUCH verwendete Schrift

Fünf Wissenschaftsbücher, die die Welt veränderten

DIALOG ÜBER DIE BEIDEN HAUPTSÄCHLICHEN WELTSYSTEME von Galileo Galilei (1564–1642): Bahnbrechendes Buch über die Planeten, mit dem Galilei zum Begründer der modernen Naturwissenschaft wurde. PHILOSOPHIAE NATURALIS PRINCIPIA MATHEMATICA (»Mathematische Prinzipien der Naturphilosophie«) von Isaac Newton (1643–1727): Das Werk, in dem das Gesetz der Gravitation (= Schwerkraft) formuliert wurde. Grundlage der modernen Mechanik, einem Teilgebiet der Physik. Das Buch formuliert außerdem erstmals die mathematischen Grundgesetze der Bewegung. DIE ENTSTEHUNG DER ARTEN von Charles Darwin (1809–1882): Das Buch, mit dem die Evolutionstheorie begründet wurde. Sie besagt, dass sich die Lebewesen im Laufe der Jahrmillionen durch Selektion (= allmählicher Auswahlprozess) entwickelt haben, nicht durch göttliche Fügung. Darwins Forschungen beruhen vor allem auf seinen Expeditionsreisen in den 1830er Jahren nach Australien und auf die Galapagosinseln. ÜBER DIE SPEZIELLE UND ALLGEMEINE RELATIVITÄTSTHEORIE von Albert Einstein (1879–1955): Ein kleines, schmales Büchlein, mit dem der Physiker seine bahnbrechenden Überlegungen unter anderem zum Verhältnis von Raum und Zeit, zur Schwerkraft und zur Geschwindigkeit so formulierte, dass jedermann sie verstehen kann. Das Buch gilt als der Vorläufer des populärwissenschaftlichen Sachbuchs schlechthin. EINE KURZE GESCHICHTE DER ZEIT von Stephen Hawking (*1942): Bekanntestes Werk des englischen Astrophysikers, der sich unter anderem um die Erkundung der schwarzen Löcher im Weltraum und die Erforschung der Zeit verdient gemacht hat. Das Buch fand nicht nur in Fachkreisen große Anerkennung, sondern wurde auch von vielen Laien gelesen. Es hielt sich 237 Wochen auf der Bestsellerliste einer englischen Zeitung – und wurde damit zu einem der erfolgreichsten Wissenschaftsbücher überhaupt.

Drama, Epik, Lyrik

Drama Ein Schauspiel, das mit Hilfe von Darstellern auf einer Bühne vor Publikum aufgeführt wird. Ein Drama kann eine Tragödie (trauriges Stück) oder eine Komödie (lustiges Stück) sein. Epik Zur Epik gehören alle erzählenden Texte wie Romane, Kurzgeschichten, Märchen und Fabeln. Unverzichtbar für epische Literatur ist ein Erzähler, der die Geschichte den Lesern oder Hörern unterbreitet. Lyrik Unter dem Begriff »Lyrik« werden alle Gedichte zusammengefasst. Wichtig für ein Gedicht ist nicht nur der Inhalt, sondern auch der Rhythmus, der Reim sowie die Anzahl und Anordnung der Verse. Gedichte erzeugen mit Hilfe von kunstvoll gestalteter Sprache Bilder, die Stimmungen und Gefühle des Dichters ausdrücken sollen.

Harry Potter

Stand: 2007

Verkaufszahlen weltweit: ca. 300 Millionen Exemplare (Stand: Februar 2007). Die HARRY POTTER-Romane wurden in 64 Sprachen übersetzt. Autorin Joanne K. Rowling verdiente mit ihren HARRY POTTER-Büchern bislang ca. 850 Millionen Euro. Damit ist sie inzwischen reicher als die englische Königin. Mit einem Einspielergebnis von rund einer Milliarde US-Dollar ist die Verfilmung HARRY POTTER UND DER STEIN DER WEISEN aus dem Jahr 2001 einer der zehn erfolgreichsten Filme aller Zeiten. 12 410 856 Menschen haben sich in Deutschland diesen Film im Kino angesehen.

Literaturnobelpreisträger aus dem deutschen Sprachraum

Der Nobelpreis für Literatur gilt als die weltweit wichtigste Auszeichnung für Schriftsteller und wird seit 1901 vergeben. Er ist mit rund einer Million Euro dotiert. Der Preis wird jeweils am 10. Dezember vom schwedischen König in Stockholm übergeben.

Theodor Mommsen 1902
Rudolf Eucken 1908
Paul Heyse 1910
Gerhart Hauptmann 1912
Carl Spitteler 1919
Thomas Mann 1929
Hermann Hesse 1946
Nelly Sachs 1966
Heinrich Böll 1979
Elias Canetti 1981
Günter Grass 1999
Elfriede Jelinek 2004

Comicfiguren und ihre Schöpfer

Asterix und Obelix Albert Uderzo, Frankreich (*1927) und René Goscinny (1926–1977) Batman und Batgirl Bob Kane, USA (1915–1998) Captain Amerika Jack Kirby, USA (1917–1994) Flash Gordon Alex Raymond, USA (1909–1956) Kleines Arschloch Walter Moers, Deutschland (*1957) Lucky Luke Morris (Maurice de Bévère), Belgien (1923–2001) Modesty Blaise Peter O'Donnell, England (*1920) Die Peanuts Charles M. Schulz, USA (1922–2000) Popeye Elzie Crisler Segar, USA (1894 bis 1938) Prinz Eisenherz Hal Foster, USA (1892–1982) Die Schlümpfe Peyo (Pierre Culliford), Belgien (1928 bis 1992) Sigurd Hansrudi Wäscher, Schweiz (*1928) Spiderman Steve Ditko, USA (*1927) Spirou und Fantasio Rob-Vel (Robert Velter), Belgien (1909–1991) Superman Jerry Siegel, USA (1914–1996) und Joseph Shuster, USA (1914–1992) Tank Girl Jamie Hewlett, England (*1968) Tarzan Edgar Rice Burroughs, USA (1875–1950) Tim und Struppi Hergé (Georges Prosper Remi), Belgien (1907–1983)

Comics auf Japanisch: Mangas

Egal, ob sie aus dem eigenen oder aus einem anderen Land stammen – in Japan heißen alle Comics »Mangas«. In Europa ist das anders: »Mangas« sind Comics aus Japan, Comics sind Bildergeschichten aus Europa oder den USA. Der Begriff »Manga« setzt sich aus zwei japanischen Schriftzeichen zusammen: *Man* bedeutet »überfließen«, »überall« und »frei«; *Ga* heißt »Bild« oder »Zeichnung«. Die Vorläufer der Mangas sind viele hundert Jahre alt. Bereits im 11. Jahrhundert ritzten Mönche Manga-ähnliche Bilder in ihre Tempel. In gebundener Form und in großer Auflage erschienen japanische Bild-Geschichten erstmals im 19. Jahrhundert. Sie nannten sich »Kibyoshi«. In den 1920er Jahren hielt das Wort »Manga« für die erfolgreichen Geschichten Einzug in die japanische Sprache. Die Zeichner der Mangas werden als Mangaka bezeichnet. Der bedeutendste von ihnen war Osamu Tezukas (1928–1989), der die typischen Kulleraugen als Kennzeichen der Mangas einführte. Heute werden in Japan über eine Milliarde Mangas im Jahr verkauft. Jeder Japaner kauft im Durchschnitt 15 der bis zu 1000 Seiten starken Hefte/Bücher pro Jahr. Japanische Druckereien sind zu rund 40 Prozent allein mit dem Druck von Mangas ausgelastet.

Sensation Hausbuch

Dieser Kauf war eine echte Sensation: Im Juni 2007 gab die Staatsbibliothek in Berlin bekannt, dass ihr der Ankauf einer Handschrift aus dem 15. Jahrhundert gelungen ist, die der Forschung bis dahin unbekannt war. Das Besondere an dem Kauf: Die Handschrift ist ein reich bebildertes Hausbuch; bestehend aus 133 Blättern mit 58 Illustrationen; geschützt von einem kalbsledernen Einband. In dem Buch finden sich unter anderem eine kurze Geschichte der Menschheit, eine Anleitung zum Aderlass, Wettervorhersage-Tipps und Verhaltensregeln für gutbetuchte Bürger. Eine typisch »bunte« Themen-Gestaltung für ein mittelalterliches Hausbuch, das den Bewohnern eines Hauses möglichst vielfältig mit praktischem Wissen zur Seite stehen sollte. Nur sieben vergleichbare Handschriften sind erhalten; das bislang bekannteste Hausbuch aus dem Mittelalter kann im Renaissanceschloss Wolfegg/Allgäu besichtigt werden. Weil solche Hausbücher so selten sind, sind sie entsprechend wertvoll. Was die Staatsbibliothek in Berlin für das jüngst gefundene Werk bezahlt hat, ist nicht bekannt.

DAS HAUS-BUCH in Brailleschrift

Wie Blinde lesen

In Deutschland leben 155 000 Blinde und 500 000 Sehbehinderte. Als sehbehindert gilt, wer 10- bis 50-mal schlechter sieht als jemand mit normaler Sehstärke. Blind ist, wer noch schlechter sieht. Auch Sehbehinderte und Blinde können lesen, und zwar mit Hilfe ihres Tastsinns: Mit ihren Fingern tasten sie über das in Blindenschrift bedruckte Papier und entschlüsseln so die gedruckten Worte. Im Lauf der Zeit wurden verschiedene Blindenschriften entwickelt, so zum Beispiel die Brailleschrift (nach Louis Braille) und das Moonalphabet (nach Dr. William Moon). Blindenschriften beruhen in der Regel auf zwei verschiedenen Methoden: Bei Reliefschriften wie dem Moonalphabet werden ganze Buchstaben ins Papier gestanzt. Bei Punktschriften wie der Brailleschrift werden die Buchstaben des Alphabets in einen Code aus kleinen Punkten übersetzt. Die gebräuchlichste Blindenschrift ist die Brailleschrift. Lange Texte in Brailleschrift zu verfassen ist sehr aufwendig. Deshalb versuchen Blinde, Worte und Sätze zu vereinfachen und abzukürzen, um schneller lesen und schreiben zu können. Das wiederum ist auch den Sehenden bekannt: vom Stenographieren, dem Schreiben in Kurzschrift. Und vom Austausch übers Mobiltelefon mit SMS-Nachrichten.

Das Moonalphabet

Fachbegriffe aus der Welt der Bücher

Anthologie Eine Sammlung von Texten. Auflage Zahl der gedruckten Exemplare eines Buches. Backlist Ältere Bücher, die ein Verlag noch auf Lager hat. Bestseller Ein Buch, das sich hervorragend verkauft. E-Buch Ein Buch, das nicht gedruckt wird, sondern auf einem Computerbildschirm gelesen werden kann. Epilog Ein kurzes Schlusskapitel, das die Geschichte zum Abschluss bringt. Errata Die Fehler, die sich trotz aller Korrekturen in ein gedrucktes Buch eingeschlichen haben. Hardcover Fest gebundenes Buch, meist mit Schutzumschlag. Genre Art der Geschichte. Zum Beispiel »Kriminalroman« oder »Sachbuch«. Leseexemplar Vorabdruck eines wichtigen Buches für Buchhändler und Journalisten, die den Inhalt schon vor dem eigentlichen Erscheinungstermin kennenlernen sollten. Prolog Kurzer, ins Thema des Buches einführender Text. Schwarte Umgangssprachliche Bezeichnung für ein sehr dickes Buch. Alternativ wird auch der Begriff »Schinken« verwendet. Vorabdruck Wenn eine Geschichte in einer Zeitung abgedruckt wird, bevor sie als Buch erscheint. Widmung Wenn der Autor jemanden mit dem Buch ehren möchte.

Historische Buchformen

Diptychon (1), *Faltbuch, Leporello* (2), *Papyrusrolle* (3), *Pergamenturkunde* (4), *Ringbuch* (5), *Spiralbuch* (6), *Triptychon* (7)

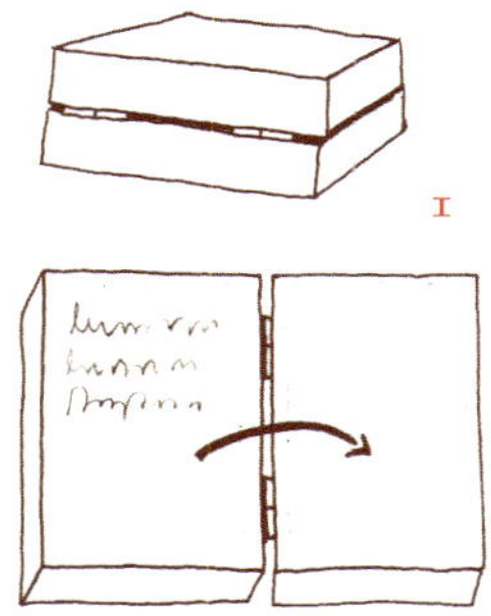

1

2

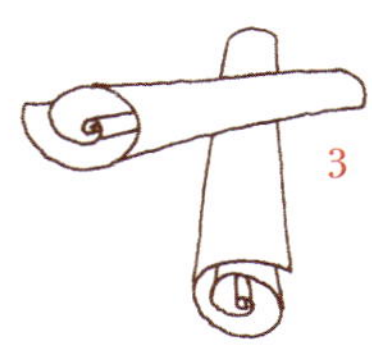

3

4

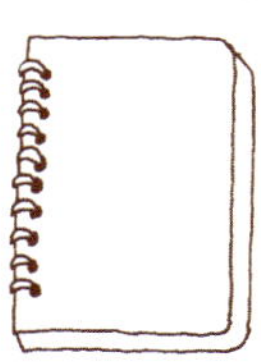

5

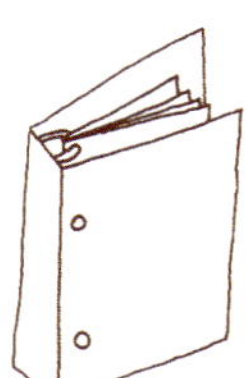

6

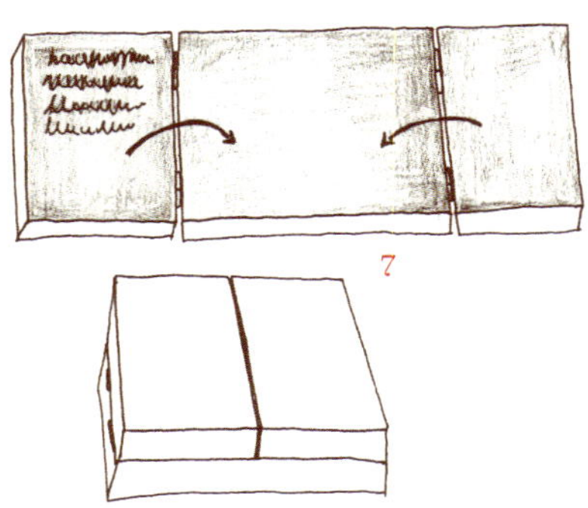

7

Papier selbst gemacht

Materialien
Jede Menge Zeitungspapier
Ein Messbecher
Ein Mixer
Eine Plastikwanne, möglichst viereckig
Ein Schöpfrahmen
Ein Rührlöffel
Mehrere Filzstücke
Ein Nudelholz

Arbeitsschritte

1. Das Zeitungspapier in kleine Schnipsel zerschneiden. Die Schnipsel im Messbecher mit warmem Wasser einweichen. Anschließend die Schnipsel mit dem Mixer zu Papierbrei verarbeiten. 2. Den Papierbrei in die Wanne geben. Reichlich Wasser hinzufügen, so dass der Brei eher flüssig als fest ist. Das Ergebnis nennt sich »Pulpe«. 3. Den Schöpfrahmen (Holzrahmen mit Drahtgeflecht, kann selbst angefertigt werden) durch das Wasser in eine waagrechte Position ziehen. Den Rahmen in der Pulpe schwebend leicht rütteln und das überflüssige Wasser ablaufen lassen. Den Rahmen vorsichtig schräg halten, so dass das restliche Wasser ablaufen kann. Schließlich den Rahmen aus der Pulpe ziehen. 4. Die Filzstücke mit Wasser befeuchten. Mit Hilfe der Filzstücke, die jeweils etwas größer sein sollten als das Papiervlies, wird das leicht klebrige Vlies vom Schöpfrahmen entfernt. Getrennt durch die Filzstücke, können dann mehrere Papiervlies-Schichten übereinander gelagert werden. 5. Mit dem Nudelholz das überflüssige Wasser aus dem Papiervliesstapel pressen. Das Papier schließlich vom Filz trennen und auf Zeitungspapier trocknen. Sollte das Papier noch uneben und »schrumpelig« sein, kann man es mit Hilfe des Bügeleisens glätten.

ad
1
2
3
4
5
6
7
8

15.000
10.000
20.000
1 Mio!
FLIPPER
LOSER
Mensch
ärg
nicht
Dich

Der Mensch und sein Schlaf

Ein Drittel seines Lebens verbringt der Mensch im Schlaf. Dabei erholt sich der gesamte Organismus und sammelt Kraft für den nächsten Tag: Knochen und Muskeln wachsen, Erlebnisse werden mit Hilfe von Träumen verarbeitet, und das am Tag erworbene Wissen wird vom Kurzzeit- ins Langzeitgedächtnis gespeichert. Obwohl der Mensch einen so großen Teil seines Lebens mit dem Schlafen verbringt, ist der Schlaf bislang nur wenig erforscht. So viel ist allerdings klar: Zu wenig Schlaf führt zu Depressionen (anhaltende Traurigkeit, negative Gefühle), zu Sinnestäuschungen (verfälschtes Sehen oder Hören) oder gar zu Halluzinationen (wenn man Dinge sieht, die nicht vorhanden sind). Der Schlaf besteht aus verschiedenen Phasen, in denen man mal tief, mal leicht schläft. Schlafen kann jeder Mensch instinktiv, ohne es gelernt zu haben. Allerdings lässt sich Schlaf nicht erzwingen: Je größer der Wunsch ist, endlich einzuschlafen, desto sicherer gelingt dem Schlafsuchenden genau das nicht.

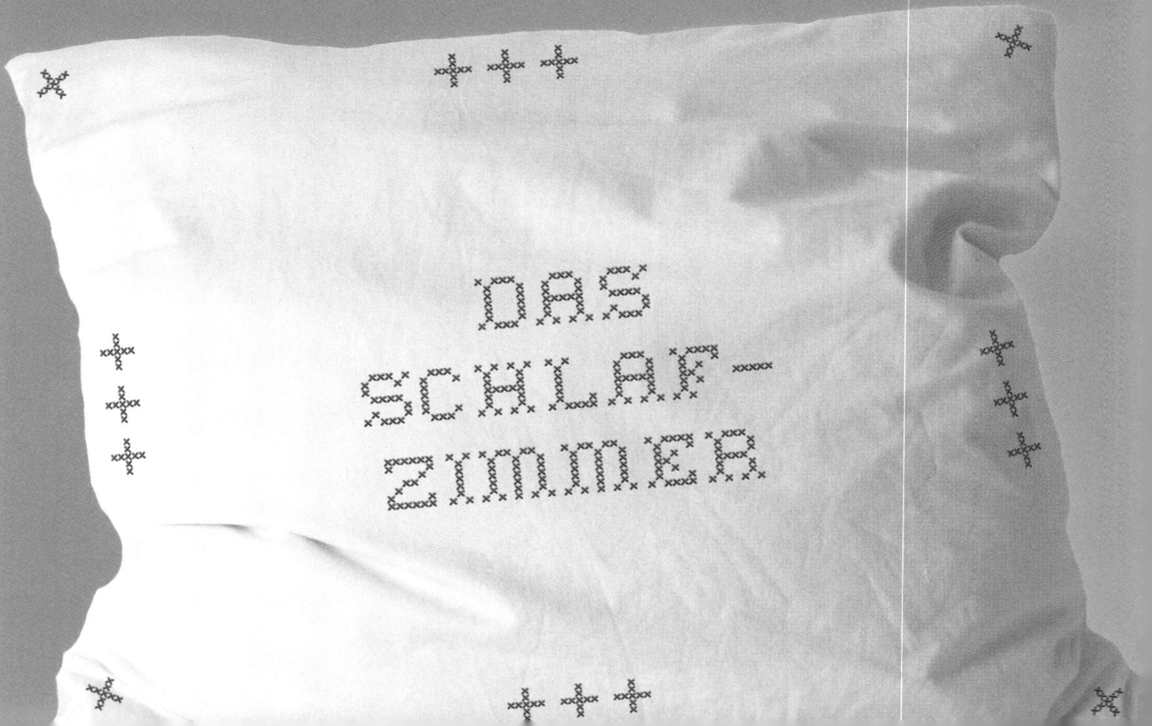

Schlafen, schlafen, schlafen

Beim Schlafen verbraucht ein Mensch pro Stunde 60 Kalorien. 95 von 100 Schichtarbeitern (arbeiten abwechselnd in Schichten, so dass die Arbeitsstelle Tag und Nacht besetzt ist) leiden unter Schlafstörungen. Pro Stunde wechselt ein Schlafender durchschnittlich zehnmal seine Position. 2,7 Millionen Deutsche schlucken regelmäßig Schlaftabletten. 15 von 100 Kindern zwischen fünf und zwölf Jahren sind Schlafwandler. Jeder dritte Deutsche träumt von seiner Arbeit. Ein Schlafender träumt pro Nacht durchschnittlich vier Träume. Jeder dritte Deutsche würde gern einen Mittagsschlaf während der Arbeitszeit halten.

Redewendungen mit Schlaf

Den Seinen gibt's der Herr im Schlaf · Der Schlaf des Gerechten · Eine Mütze voll Schlaf nehmen · Etwas wie im Schlaf beherrschen · Jemandem den Schlaf rauben · Schlafen wie ein Murmeltier · Sich den Schlaf aus den Augen reiben · Wer schläft, sündigt nicht

Das Wort »Schlaf«

Das Wort »Schlaf« gab es schon im Altgermanischen. »Schlafen« bedeutete ursprünglich »schlapp werden« und ist mit dem Eigenschaftswort »schlaff« verwandt. In einigen indogermanischen Sprachen entsteht der Begriff »Schlaf« aus dem Wort *son* oder *somn*, so zum Beispiel im italienischen Wort *sonno* oder bei der Hindi-Bezeichnung *sona*. Im Deutschen gibt es viele Wörter, die mit der Bedeutung des Begriffes spielen: Etwas »überschlafen« zu wollen drückt beispielsweise die Hoffnung aus, im Schlaf die Lösung für ein anstehendes Problem zu finden. Mit »Beischlaf« bezeichnet man den Geschlechtsverkehr zwischen zwei Menschen. »Entschlafen« ist ein anderes Wort für Sterben. Mit »Schlafmütze« ist heutzutage eine unaufmerksame Person gemeint, wohingegen die Menschen früher beim Schlafen tatsächlich Schlafmützen trugen.

Schlaf, international

Finnland *Uni*
Frankreich *Sommeil*
Griechenland *Hypnos*
Israel *Shenah*
Italien *Sonno*
Japan *Nemuri*
Rumänien *Somnul*
Türkei *Uyku*
Ungarn *Alvas*

»Schlaflos«

Aus Träumen in Ängsten bin ich erwacht;
Was singt doch die Lerche so tief in der Nacht!
Der Tag ist gegangen, der Morgen ist fern,
Aufs Kissen hernieder scheinen die Stern'.
Und immer hör ich den Lerchengesang;
O Stimme des Tages, mein Herz ist bang.

Theodor Storm, deutscher Dichter, 1817–1888

Der Krach im Bett

Schnarchen ist eine echte Lärmbelästigung. Bis zu 70 Dezibel Lautstärke (ein Mittelklassewagen verursacht durchschnittlich 78 dB) kann ein Schnarcher erreichen. Das Schnarchgeräusch entsteht, wenn die Luft durch den geöffneten Mund eingeatmet wird und dadurch ins Schwingen gerät. Beim Schlafen erschlaffen die Muskeln, so dass der Unterkiefer nach unten sinkt und der Mund offen steht. Außerdem schläft man mit offenem Mund, wenn die Nase verstopft ist oder die Mandeln geschwollen sind. Gegen das Schnarchen helfen Wangenmuskeltraining (eine Wange aufblasen, dann die Luft im Mund hin und her »schieben«) und die berühmte Schnarchbinde, die vom Scheitel zum Kinn gebunden wird und so die Wangenmuskulatur unterstützt. Manchmal reicht es aber auch schon, den Schnarcher leicht anzustupsen, damit er seine Schlafposition verändert. Gefährlich ist das Schnarchen bei der sogenannten *Schlafapnoe*, das heißt, wenn die Atmung eine zu lange Zeit aussetzt. Schnarcher mit *Schlafapnoe* bekommen zu wenig Luft. Das Schnarchen als Krankheit betrifft rund 20 Prozent der Bevölkerung, meist dicke Männer um die 45 Jahre.

Schlaf, Kindchen, schlaf

Stunden Schlaf pro Tag
1.–3. Monat 16–18 Stunden
4.–5. Monat 14–15 Stunden
6.–12. Monat 13 Stunden
1.–4. Jahr 12 Stunden
5.–6. Jahr 11,5 Stunden
7.–9. Jahr 11 Stunden
10.–11. Jahr 10,5 Stunden
12.–13. Jahr 10 Stunden
14.–16. Jahr 9 Stunden

Zum Gähnen

Das Gähnen ist das unschöne, weite Öffnen des Mundes in Begleitung eines mehr oder weniger lauten Geräuschs. Gähnen ist ein Reflex (körperliche Reaktion auf einen Reiz) und damit kaum zu beeinflussen. Wer gähnt, ist meist tatsächlich müde, fühlt sich gelangweilt oder erschöpft. Im Versuch haben Wissenschaftler allerdings festgestellt, dass Lebewesen auch dann gähnen, wenn zu wenig Sauerstoff in der Atemluft ist. Die untersuchten Personen konnten das Gähnen durch vermehrtes Atmen verhindern.

Wissenswertes übers Träumen

Beängstigende Bilder von tiefen Schluchten, endlosen Tunneln und atemloser Verfolgung – Träume zu deuten ist eine schwierige Angelegenheit. Lange Zeit galten die im Jahr 1900 von dem Arzt Sigmund Freud (1856–1939) in seinem Buch DIE TRAUMDEUTUNG niedergeschriebenen Ideen als wichtigster Beitrag zu diesem Thema. Freud glaubte, dass Träume der Schlüssel zum Unbewussten, zur Seele des Menschen sind. Die moderne Wissenschaft hat Freuds Traumdeutungen allerdings zu einem großen Teil widerlegt. Träume sind zwar noch längst nicht bis in das letzte Geheimnis erforscht, aber eines steht fest: Während des Träumens hört das Gehirn auf, logisch zu denken. Die Gebiete des Gehirns, die für die Gefühle zuständig sind, laufen dagegen auch im Schlaf auf Hochtouren. Deshalb erwachen manche Träumer vom eigenen Lachen, andere müssen sich die Tränen trocknen. Während das Gehirn sich ungehemmt den Gefühlen hingibt, sind die Skelettmuskeln wie gelähmt. Der Träumer ist deshalb zum Beispiel nicht in der Lage wegzulaufen.

Die Art der Träume

Erholungsträume »Normales« Träumen, das der Erholung von Geist und Körper dient. Prüfungsträume Häufig Angstträume, die die Befürchtungen des Träumers vor dem eigenen Versagen widerspiegeln. Albträume Beängstigende Albträume stehen häufig stellvertretend für ein Problem, für das der Träumer keine Lösung weiß. Bei wiederholten Albträumen kann es zu einer psychischen Schlafstörung kommen. Fallträume Gehören zu den Albträumen. Fallen kann die Angst vor dem Versagen in einer bestimmten Situation darstellen. Die meisten Träumenden wachen auf, bevor sie aufschlagen. Verfolgungsträume Eine Gruppe wilder Tiere oder ein Unwesen verfolgt den Träumer in atemloser Hatz. Dahinter stecken meist versteckte Ängste, die auch auf realen Erlebnissen beruhen können. Klarträume Der Träumer weiß, dass er träumt, und kann das Geschehen im Traum sogar aktiv beeinflussen.

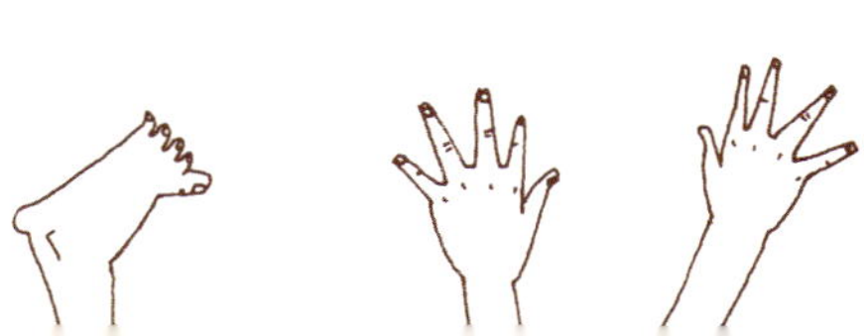

Zwei berühmte Träume

Abraham Lincoln (1809–1865, Präsident der USA und Kämpfer für die Abschaffung der Sklaverei) träumte, bei seiner eigenen Beerdigung anwesend zu sein. Da er in seinem Traum zunächst nicht wusste, wer da zu Grabe getragen wurde, fragte er einen Wachsoldaten. Der erzählte ihm, es handele sich um Abraham Lincoln, der bei einem Attentat ums Leben gekommen sei. Drei Tage nach diesem Traum wurde Lincoln tatsächlich von einem Attentäter erschossen. Albert Einstein (1879–1955, Wissenschaftler, Nobelpreisträger und Entdecker der Relativitätstheorie) träumte als junger Mann, in einem Schlitten so schnell einen Hang herabzusausen, dass er beinahe Lichtgeschwindigkeit erreichte. Plötzlich brachen die Sterne am Himmel ihr Licht in Farbspektren auf, und alles erschien in einer wunderbar erleuchteten Farbvielfalt. Einstein behauptete später, die Erinnerung an diesen Traum habe seine wissenschaftliche Arbeit sein Leben lang vorangetrieben.

Schlafwandeln

Es ist Nacht, alles schläft. Nur Luzie schreitet schwebenden Ganges über den Flur und steuert auf die Treppe zu. Gut, dass ihr Vater zufällig zur Toilette muss und seine Tochter entdeckt, bevor sie die Treppe hinunterfällt. Am nächsten Tag beim Frühstück kann Luzie sich an nichts erinnern. Schlafwandler wie Luzie wachen ganz einfach im falschen Augenblick auf: In der Phase tiefsten Schlafes wird ihr Körper wach, während ihr Geist im Tiefschlaf bleibt. Deshalb bekommen sie von ihren Spaziergängen meistens auch nichts mit. Vorwiegend sind Kinder im Vor-

Schlafähnliche Zustände: Hypnose und Scheintod

Die Hypnose (*hypnos* = griechisch für den »Gott des Schlafes«) ist ein Zustand tiefster Entspannung. Die bewussten Gedanken werden dabei ausgeschaltet. Der Hypnotisierte befindet sich in Trance, einem halbwachen Zustand, der entweder von einem Hypnotiseur oder wie bei vielen Naturvölkern (z. B. mit Hilfe von Schamanen) durch Selbstbeeinflussung herbeigeführt wird. Der Scheintod ist ein beliebtes Motiv in Sagen, Märchen und Theaterstücken. Ein tragischer Scheintod ist beispielsweise der todesähnliche Schlaf der Julia in Shakespeares Drama ROMEO UND JULIA. Schneewittchen und auch Dornröschen fallen ebenfalls in todesähnlichen Schlaf. Beim Scheintoten sind Puls, Atmung und Reflexe nicht mehr wahrnehmbar. Obwohl noch vorhanden, ist der Herzschlag selbst mit dem Stethoskop nicht mehr zu hören. Medizinische Ursache kann zum Beispiel ein Schockzustand nach einer schweren Verletzung sein.

schul- und Schulalter vom Schlafwandeln betroffen. In der Regel hören die nächtlichen Streifzüge mit dem Erwachsenwerden auf. Man kann Schlafwandler ansprechen; allerdings sollte man dabei sanft und zurückhaltend sein. Vorsicht: Somnambulisten reagieren häufig aggressiv, wenn sie tatsächlich angesprochen werden. Vorwürfe sind zwecklos: Am nächsten Tag können sie sich normalerweise an nichts erinnern. Übrigens: Ein wohlgehütetes Geheimnis verrät nicht einmal ein Schlafwandler. Geheimnisse befinden sich so tief im Innern unseres Gehirns, dass wir sie nur wissentlich abrufen und verraten können.

Tipps und Tricks zum Einschlafen

Milch mit Honig zu trinken ist ein altes Hausrezept, wenn man nicht einschlafen kann. Genauso gut helfen allerdings Bananen und Schokolade. Der Grund dafür ist der Stoff *Tryptophan*, der in vielen Milchprodukten, aber auch in Hühnerfleisch, Kartoffeln, Nüssen und Kakaobohnen vorkommt. *Tryptophan* ist eine Vorstufe des Glückshormons *Serotonin* – und wer sich glücklich fühlt, kann besser schlafen. Das berühmt-berüchtigte Schäfchenzählen hilft entgegen landläufiger Meinung nicht beim Einschlafen. Forscher haben herausgefunden, dass der Vorgang des Zählens den Wachliegenden in Stress versetzt – und gestresst kann man noch schlechter einschlafen. Statt der über einen Zaun hüpfenden Schafe sollte man sich sanft im Sommerwind wiegende Weidenbäume oder die untergehende Sonne am Meer vorstellen. Solche Bilder entspannen und bauen Stress ab. Wenn es draußen oder im Zimmer kalt ist, können dicke Wollsocken beim Einschlafen helfen: Warme Füße wirken entspannend, und entspannt schläft es sich besser ein. Wer regelmäßig Einschlafprobleme hat, kann sich mit bestimmten Kräuter- und Pflanzentees behelfen, die schlaffördernd wirken, zum Beispiel aus Baldrian, Melisse, Hopfen oder Lavendel. Hilfreich kann auch ein duftiges Schaumbad aus Lavendel- oder Melissenzusätzen sein bzw. eine Duftöllampe, die den Geruch der beruhigenden Extrakte ausstrahlt.

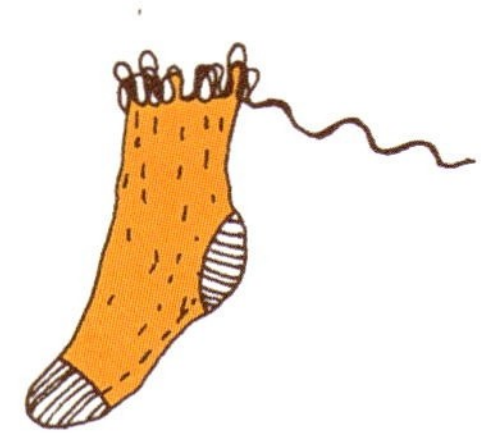

Schlafzimmergeschichten

Schlafzimmer für alle gibt es erst seit dem ausgehenden 19. Jahrhundert. Zuvor konnten sich die meisten Menschen ein eigenes Schlafgemach nicht leisten. Über Jahrhunderte mussten deutsche Bauernfamilien sich mit nur einem beheizbaren Raum begnügen. Hier spielte sich das Leben ab – und eben auch das Schlafen. Das Ehebett der Eltern war mit Vorhängen versehen, um wenigstens ein bisschen Intimsphäre zu gewährleisten, aber bei großer Kälte lag mitunter die ganze Familie darin. In den Gemächern der Mächtigen und Reichen war das anders. Hier fanden sich opulent ausgestattete Schlafzimmer. Der französische König Ludwig XIV. (1638–1715) empfing sogar Staatsbesuche von seinem Prunkbett aus.

Die eine oder andere Art zu schlafen

Ausnüchterungsschlaf, Büroschlaf, Erholungsschlaf, Entspannungsschlaf, Genesungsschlaf, Mittagsschlaf, Sekundenschlaf, Tiefschlaf, Wachschlaf, Winterschlaf

Das Zubehör der Nacht

Nachtlampe Bis zur Erfindung der Elektrizität wurden zur Beleuchtung der Schlafzimmer Talglampen (aus tierischem Fett) und Wachskerzen in feuersicheren Ständern, später Petroleumlampen benutzt. Schlafmütze Die Männer trugen früher eine Zipfelmütze, die Frauen eine Schlafhaube. Diese Kopfbedeckungen dienten dem Schutz vor Läusen und anderem Ungeziefer. Wecker Die erste Uhr, die zur gewünschten Zeit Alarm schlug, gab es im 15. Jahrhundert. Nachttopf »Seychbecken« und »Brunzkachel« waren bis zur Einführung des Wasserklosetts wichtige Möbel in den Schlafzimmern. Bereits in einer der Komödien des griechischen Dichters Aristophanes (448–385 v. Chr.) benutzt die schöne Lysistrata mit ihren Kampfgenossinnen einen Nachttopf als Waffe.

Der Schah von Persien und das Bett aus Glas

Gegen Ende des Jahres 1827 hat der Kaiser von Russland eine Bettstelle fertigen lassen und diese dem Schah von Persien als Geschenk bestimmt. Dieses Möbel ist über alle Beschreibung prachtvoll und vielleicht einzigartig auf der ganzen Erde. Es strahlt von Silber und besteht aus Krystallsäulen, man steigt auf blauen Glasstufen hinauf, auf beiden Seiten sind kleine Springbrunnen, aus denen wohlriechendes Wasser sprudelt. Man sagt sogar von einem Saitenspiel, um den Schlummer zu befördern.

Aus dem THURGAUER VOLKSFREUND (Schweizer Zeitung), 1829

Alle möglichen Matratzen

Federkernmatratze Besteht aus einem System von Stahlfedern. Die Federn sind von Polstern aus Wolle, Baumwolle und anderen Materialien umgeben. Futon Japanische Schlafmatte, die aus mehreren Baumwollschichten aufgebaut ist. Der Kern des Futons besteht aus Schafschurwolle, Latex, Rosshaar oder Kokosfasern. Futons sind für viele ungewohnt hart. Sie werden traditionsgemäß auf ein Lattengestell gelegt. Latexmatratze Naturlatex wird aus Kautschuk, der Milch des Kautschukbaumes, gewonnen. Der Kautschuk wird anschließend aufgeschäumt und vulkanisiert (chemisches Verfahren, um Kautschuk widerstandsfähig zu machen). Naturmatratze Besteht komplett aus natürlichen Materialien, beispielsweise Rosshaar, Wolle, Stroh oder Kapok (Fasern des Kakaobaumes).

Wie man sich bettet – Bettformen

Spannbett Früheste Form eines Bettes. Bestehend aus einem Holzrahmen, der mit einem Netz aus Seilen, Gurten und Lederriemen bespannt war. Himmelbetten Ab Mitte des 16. Jahrhunderts in Mode. Die Eckpfosten dienten als Trägersäulen für ein hölzernes Dach. Vorhänge machten das Bett zu einem Raum im Raum. Kastenbetten Wurden in Räume gebaut, die nicht zu heizen waren oder in denen sich viele Menschen aufhielten. Solche Betten waren wie ein Schrank gebaut: Der Schläfer lag hinter verschlossenen Türen. Wasserbetten Bereits seit 3 000 Jahren in Gebrauch. Die Perser füllten Ziegenhäute mit Wasser und verklebten die Nähte mit Teer. Im Jahr 1851 erfand dann der englische Arzt William Hopper eine Invaliden-Wassermatratze, die bei schwerkranken Menschen das Wundliegen verhinderte. Daraus entwickelte sich das moderne Wasserbett.

Warum Katzenaugen leuchten

Manche Tiere sehen nachts besser als bei Tageslicht. Das Katzenauge beispielsweise ist nachttauglicher als das Auge des Menschen; es sieht noch bei hundertmal schwächerem Licht. Die Augen nachtaktiver Tiere verfügen über eine größere Pupille, auf die mehr Lichtstrahlen einfallen können. Tagsüber dagegen verengt sich ihre Pupille zu einem Schlitz, damit das Licht nicht zu stark blendet. Neben der größeren Pupille besitzen nachtaktive Tiere in der Netzhaut wesentlich dichter angeordnete Sehstäbchen, die das eintreffende Licht in Informationen für das Gehirn umwandeln. Außerdem befindet sich hinter ihrer Netzhaut eine Schicht, in die Kristalle eingelagert sind. Diese werfen das einfallende Licht noch einmal zurück auf die Sehstäbchen. Das ist auch der Grund, weshalb Katzenaugen nachts so unheimlich leuchten.

Drei bedeutende Schläfer

Epimenides Der Philosoph, der um 600 v. Chr. auf Kreta lebte, soll als Kind in einer Höhle eingeschlafen und erst 57 Jahre später als weiser Mensch wieder erwacht sein. Merlin Der Zauberer aus der Artussage schläft angeblich in Gestalt eines Baumes, bis er eines schönen Tages erwachen wird. Barbarossa Der legendäre deutsche Kaiser Friedrich I. (1122–1190) schläft dem Volksglauben nach mit seinen sechs Rittern im Berg Kyffhäuser in Thüringen und wartet darauf, seine letzte Schlacht schlagen zu können.

Leuchtende Augen – nachtaktive Tiere

Abendpfauenauge, Ameisenigel, Dachs, Erdferkel, Fledermaus, Frosch, Glühwürmchen, Hermelin, Igel, Jaguar, Katze, Klapperschlange, Mondspinner, Ratte, Schleiereule, Silberfischchen, Tiefseeanglerfisch, Tiefseekrake, Tiger, Waldkauz, Waldohreule, Waschbär, Wüstenskorpion

Wie viel Schlaf Tiere brauchen

Tiere und ihr Schlafbedürfnis in Stunden pro Tag

Riesenfaultier 20 Stunden *Beutelratte* 19 Stunden *Koala* 18 Stunden *Löwe* 16 Stunden *Maus* 13 Stunden *Jaguar* 10 Stunden *Schwein, Hase, Nashorn* 8 Stunden *Delfin, Kegelrobbe* 6 Stunden *Kuh, Ziege, Esel, Schaf* 3 Stunden *Pferd, Elefant* 2 Stunden

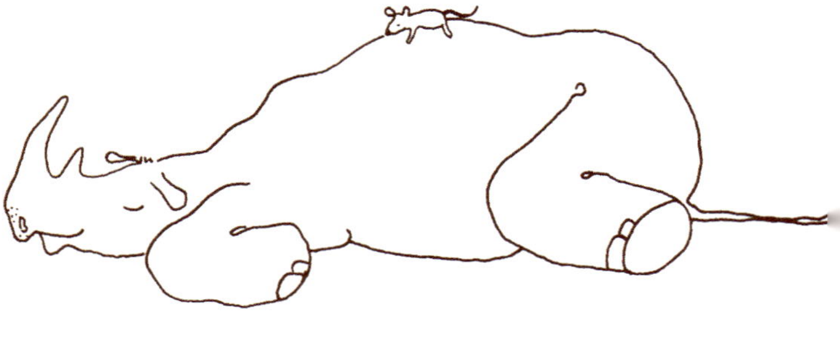

»Willst du mit mir schlafen?«

Wer diese Frage stellt, will eines sicher nicht – zumindest zunächst: schlafen. Wer mit einem anderen schlafen möchte, dem geht es um Sex. Diesen hat man meistens im Bett, und weil man danach in der Regel ganz normal einschläft, hat sich eben der Begriff »Miteinander schlafen« eingebürgert. Das Wort »Sex« stammt vom lateinischen Wort *sexus* ab und bedeutet ganz einfach »Geschlecht«. Sexualität meint streng biologisch gesehen, sich mit einem Lebewesen derselben Art fortzupflanzen. Im sozialen Sinne ist der Sex zugleich aber auch ein Ausdruck von Zuneigung, Liebe und Zärtlichkeit. Außerdem befriedigt die Sexualität die Libido (=sexuelle Lust), so dass eine erfüllte Sexualität sehr glücklich machen kann. In Deutschland haben nach neuesten Studien ein Drittel aller 14- bis 16-Jährigen schon einmal Geschlechtsverkehr gehabt. Mit 14 können Mädchen sich die Pille verschreiben lassen, wenn sie eine Einverständniserklärung der Eltern vorlegen. Ab 16 können Mädchen auch ohne Erlaubnis der Eltern die Pille nehmen.

Der Mond – der Trabant am Himmel

Die Erde hat im Verhältnis zu den anderen Planeten den größten Mond. Der Erdmond ist ein Trabant, also ein Himmelskörper, der die Erde in einer immer gleichen Umlaufbahn umkreist. Die Erde wiederum kreist gemeinsam mit ihrem Trabanten auf einer Umlaufbahn um die Sonne. Der Umlauf des Mondes um die Erde dauert genau 29,5 Tage. Dabei verändern sich die Stellung des Mondes, der Erde und der Sonne zueinander. Dadurch erscheint der Mond je nach seiner Position auf der Umlaufbahn in wechselndem Licht. Dem Erdtrabanten werden vielfältige, ja sogar magische Wirkungen auf Mensch und Tier zugesprochen. Die Wissenschaft ist sich noch nicht einig, ob solche Wirkungen tatsächlich existieren. Fest steht: Der Mond kann viel bewegen auf der Erde. Ebbe und Flut werden zum Beispiel durch die wechselnden Anziehungskräfte zwischen Erde und Mond ausgelöst.

Die Mondphasen

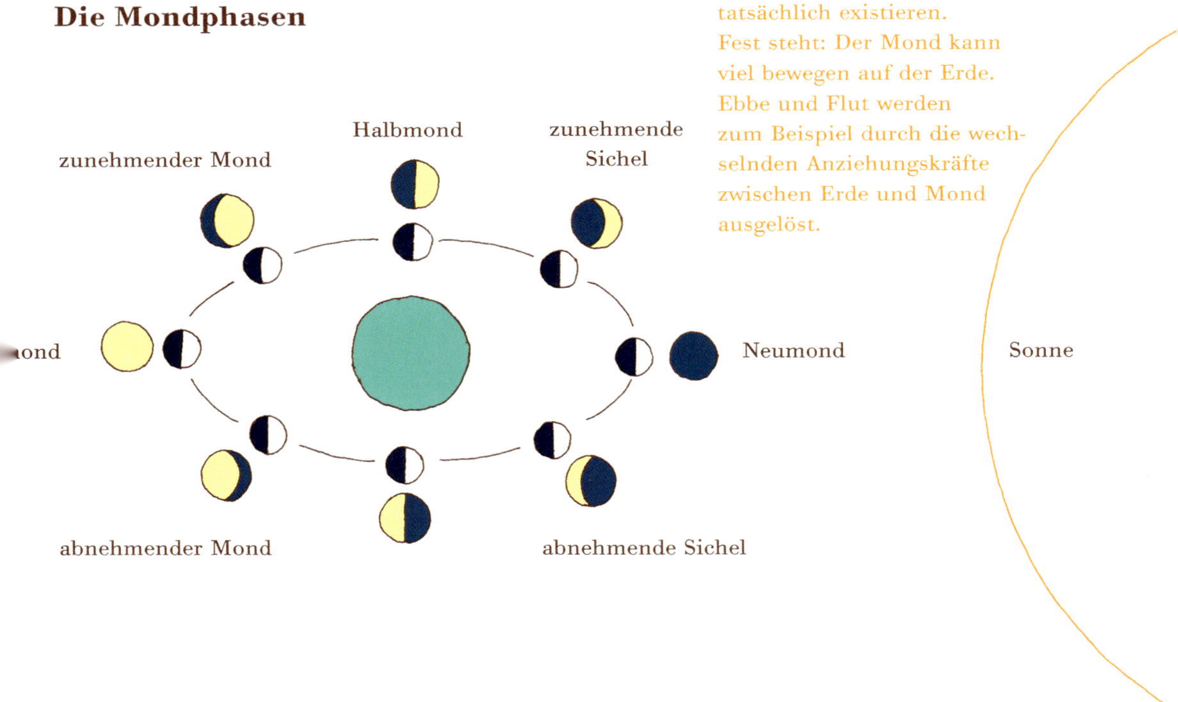

Platon über das Baden in Atlantis

Aus den Quellen floss in reichlicher Fülle warmes und kaltes Wasser von herrlichem Duft und ausgezeichneter Qualität. Überall gab es Wasserbecken, einige unter freiem Himmel, andere unter schützenden Dächern, um auch im Winter heiße Bäder bereitstellen zu können. Könige und Bürger badeten in getrennten Einrichtungen, und auch die Frauen hatten eigene Bäder. Sogar für Pferde und andere Tiere hatte man Bäder geschaffen, damit sich alle Geschöpfe von der Last der Arbeit ausruhen konnten. *Der griechische Philosoph Platon (427–347 v. Chr.) über das Baden im sagenumwobenen, versunkenen Inselstaat Atlantis.*

Die Sache mit dem Baden

Im 16. Jahrhundert war das Baden in Mitteleuropa verpönt. Mediziner glaubten damals, dass Seuchen und Krankheiten vom Badewasser in die Poren der Haut gespült werden. Die katholische Kirche verhängte aus falsch verstandener Hygiene 1563 sogar ein kirchliches Badeverbot. Viele Menschen puderten sich ein, statt sich zu waschen. In den 1770er Jahren lagen auf dem Main vor Frankfurt schwimmende Bäder: »Dr. Kohls Badeschiffe« hatten den Vorteil, dass man das Badewasser aus dem Fluss entnehmen und direkt wieder einleiten konnte. Vorbild waren ähnliche Badeschiffe auf der Seine bei Paris. Nach der Französischen Revolution (1789) wurde der Hygiene in Europa immer größere Bedeutung beigemessen. Eine Folge: 1836 besaßen in Paris 1013 Unternehmer die Lizenz zum Baden: Sie brachten Badewilligen eine Wanne samt heißem Wasser mit der Kutsche nach Hause. Ab 1843 musste jede neue Kaserne der preußischen Armee einen Baderaum haben. Die fortschreitende Industrialisierung sorgte im 19. Jahrhundert dafür, dass es in den europäischen Ländern immer schmutziger wurde, zum Beispiel durch Kohlestaub. Im Gegenzug entstanden in vielen Städten neben Abwasserkanälen und Kanalisationen auch öffentliche Badehäuser: 1844 in Liverpool, 1855 in Hamburg, 1860 in Magdeburg. 1884 wurde in Göttingen das erste Schulbrausebad errichtet. Darin sollten Schüler nicht nur Sauberkeit lernen, sondern auch Sauberkeit pflegen. Im Jahr 1900 gab es an allen deutschen Schulen ähnliche Einrichtungen. Ab 1890 wurden in Deutschland günstige Metallbadewannen mit Emailleüberzug für jedermann hergestellt. Damit war die Badekultur in den eigenen vier Wänden endgültig nicht mehr nur eine Sache der Reichen.

Bäder – 4500 Jahre alt

Die Badekultur ist vermutlich so alt wie die Menschheit. Wie Archäologen herausgefunden haben, gab es in einer Stadt namens Johenjo-Daro im Indus-Tal im heutigen Pakistan immerhin schon vor 4500 Jahren ein Badehaus. Darin befand sich ein Schwimmbecken, das zwölf Meter lang, sechs Meter breit und drei Meter tief war. Es war von einem Säulengang umgeben, in dem sich kleinere Waschbecken und Waschstellen fanden. Außerdem verfügte in Johenjo-Daro fast jedes Haus über ein kleines Badezimmer mit einer Art Ur-Dusche. Die Hausbewohner übergossen sich mit Wasser aus Eimern, das durch Löcher im Ziegelboden in die städtische Kanalisation abfloss. Ganz schön modern – vor allem, wenn man bedenkt, dass es bei uns Badezimmer, Duschkabinen und Kanalsysteme erst seit gut 150 Jahren gibt.

Emaille (auch: Glasfluss) ist eine Mischung aus chemischen Stoffen (Silikate und Oxide), die durch Schmelzen starr und haltbar gemacht werden. (Die Erdkruste enthält beispielsweise einen Silikatanteil von 90 Prozent.) Emaille schützt das Metall vor dem Verrosten.

Vielseitig einsetzbar: Die Schaukelbadewanne

Ende des 19. Jahrhunderts besaßen nur wenige Wohnungen ein Badezimmer. Da kam eine Erfindung gerade recht, die 1889 zum Patent angemeldet wurde: Die sogenannte Schaukelbadewanne. Sie war klein und kompakt, ließ sich also fast überall einsetzen. Sie war nicht von einer festen Wasserleitung abhängig, was von Vorteil war, weil man damals in den meisten Häusern sowieso das Wasser noch aus dem Brunnen im Hof holte. Vor allem aber war die Schaukelbadewanne, die wie eine Banane geformt war, vielseitig einsetzbar: als Wellenbadewanne, als Babybadewanne, als Dampfbadewanne und als Sitzbadewanne.

Wasser zählen

Wasserleitung, schön und gut – bloß: Wer soll das bezahlen? Um die verbrauchte Wassermenge messen zu können, benötigten die Behörden einen Wasserzähler, den dann schließlich Wilhelm Siemens erfand und im Jahr 1851 der Öffentlichkeit vorstellte. Das heute noch gebräuchliche Gerät funktioniert so, dass das Wasser, das durch ein Rohr fließt, im angeschlossenen Wasserzähler ein Flügelrad bewegt. Diese Bewegungen werden wiederum auf ein Zählwerk übertragen, an dem sich die Höhe des Wasserverbrauchs ablesen lässt.

Fließendes Wasser in der Wohnung

Mitte des 19. Jahrhunderts begannen deutsche Städte mit der Errichtung eines umfassenden Wasserleitungssystems. Es sollte allerdings Jahrzehnte dauern, bis wirklich alle Häuser angeschlossen waren.

1848 Hamburg (Baubeginn)
1854 Berlin
1856 Braunschweig
1861 Stuttgart
1866 Leipzig
1866 München

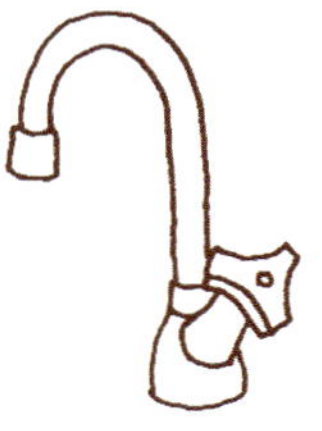

Ein Horrorstoff? – Der Biofilm im Abflussrohr

Dass Bakterien sich in Gesellschaft wohler fühlen als alleine, hat im Jahr 1978 der amerikanische Forscher Bill Costerton entdeckt, und er hat auch den entsprechenden Namen geprägt: Biofilm. Solche Biofilme sind durchsichtig und gerade mal einen hundertstel Millimeter dick. Man findet sie nicht nur im Abflussrohr, sondern fast überall, wo sich Bakterien tummeln: auf den Zähnen, an Steinen im Bach, im Duschraum beim Sportverein. Biofilme können für uns Menschen richtig gefährlich werden: Krank machende Bakterien sind im Biofilm vor Antibiotika – also Medikamenten, die ihnen eigentlich den Garaus machen sollen – geschützt. Andererseits tun Biofilme aber auch Gutes: Sie reinigen ihre Umgebung, zum Beispiel im Wasser. Das wiederum machen die Menschen sich in Kläranlagen zunutze, wo man mit Hilfe von Biofilmen Wasser aus dem Abflussrohr wieder in Trinkwasser verwandelt.

Bakterien

Bakterien siedeln sich besonders gerne dort an, wo es warm und feucht ist. Etwa im Mund, in der Toilette, unter dem Teppich, im Klo, im Bad und in der Küche. Forscher entdeckten aber sogar am Südpol Bakterien, die sich noch bei minus 17 Grad vermehren. Bakterien sind im Durchschnitt einen tausendstel Millimeter groß. In einem Eierbecher finden rund 200 000 Milliarden Bakterien Platz. Zum Vergleich: Auf der Erde wohnen ca. 6,5 Milliarden Menschen. In einem Eierbecher leben also etwa 30 000 Mal so viele Bakterien wie Menschen auf der Erde. Die ältesten Bakterien, sogenannte Cyanobakterien, hat man in 3,4 Milliarden altem Gestein in Australien gefunden. Der menschliche Körper ist für Bakterien ein Paradies. Auf unserer Haut finden sich durchschnittlich eine Billion (1 000 000 000 000) Bakterien. Die meisten dieser kleinen Wesen leben unter den Achseln und im Genitalbereich. Sie ernähren sich vor allem von den ungefähr 10 Milliarden Hautschuppen, die jeder Mensch täglich verliert. In unserem Verdauungstrakt leben ca. 400 verschiedene Arten von Bakterien.

Schrumpelfüße

Zu langes Baden lässt die Haut schrumpeln, und zwar bedenklich: Hände und Füße sehen dann ganz schön alt aus. Dabei ist es beim Baden keineswegs so, dass die Haut schrumpft. Im Gegenteil: Sie saugt sich voll. Die Haut besteht aus drei Schichten: Unterhaut, Lederhaut und Oberhaut samt Hornhaut. Die Hornhaut an Händen und Füßen ist besonders dick und besteht aus abgestorbenen Zellen. Und genau diese Hornhaut saugt sich beim Baden mit Wasser voll, so dass sie irgendwann Falten wirft.

Ein Waschbecken, das sich selber putzt

Der Bonner Botaniker Wilhelm Barthlott machte Anfang der 1990er Jahre beim Betrachten seiner Pflanzensammlung eine erstaunliche Entdeckung, die heute unter dem Namen »Lotuseffekt« bekannt ist. Hintergrund: Bei manchen Pflanzen verstauben die Blätter im Lauf der Zeit; bei anderen dagegen bleiben die Blätter sauber. Barthlott stellte fest, dass die Lotusblüte sich mit Hilfe kaum sichtbarer Noppen selbst reinigen kann. Diese Noppen sind wasserundurchlässig und schmutzabweisend. Sogar klebrige Stoffe perlen an ihrer Oberfläche einfach ab – eben der »Lotuseffekt«. Der Industrie gelang es, das Reinigungssystem der Lotusblüte technisch nachzuahmen. Seitdem gibt es Flugzeuge, Dachziegel und Waschbecken, die sich buchstäblich selber putzen.

Der Fö(h)n in der Badewanne

In Kriminalgeschichten gibt es einige besonders beliebte Mordmethoden: Tod durch Vergiften, Erwürgen und Erschießen. Und natürlich Tod durch den Fön in der Badewanne: Dabei leitet das Wasser den Strom durch den Körper. Das Herz kommt aus seinem gewohnten Rhythmus, es flimmert – und das kann tödlich sein. Meistens treten außerdem schwere innere Verbrennungen auf. Als Marke eingetragen wurde der Fön im Jahr 1908 von der Firma AEG in Nürnberg. An seiner Funktionsweise hat sich seitdem nichts Wesentliches geändert: Mit Hilfe eines kleinen Motors leitet der Haartrockner Raumluft durch sogenannte Glühwendel. Das sind geringelte Drähte, die der Strom zum Glühen bringt. Sie geben Hitze an die durchgeleitete Luft ab, so dass am anderen Ende des Föns heiße Luft

Vier von 200 000 Milliarden Bakterien

Hydrocarbonoclastic bacteria Bakterien, die gut für die Umwelt sind. Sie können ausgelaufenes Rohöl beseitigen. »Reinigungs«-Arbeiter bringen auf dem ölverseuchten Wasser einen Kunstdünger aus, der das Wachstum dieser Bakterien fördert. *Leuconostoc* Unbewegliche Lebewesen, die zu den Milchsäurebakterien gehören. Sie können bei der Lebensmittelherstellung helfen. *Oscillatoria* Fadenförmige Bakterien, die hin und her schwingen können, weshalb sie auch Schwingalgen heißen. Kommen in Baggerseen oder Teichen vor. Können Gewässer grün oder rot färben. *Pneumokokken* Bakterien, die paarweise auftreten. Können zu schweren Krankheiten führen; zum Beispiel Lungenentzündung oder Mittelohrentzündung. Weltweit sterben jährlich zwei Millionen Menschen an einer Pneumokokken-Erkrankung.

herauskommt. Den Namen Fön erhielt der elektrische Haartrockner in Anlehnung an den Föhnwind, wie er etwa in den bayerischen Alpen häufig vorkommt. Dabei handelt es sich um einen warmen, trockenen Fallwind, der in der Nähe hoher Berge für gutes Wetter sorgt – der bei manchen Leuten aber auch die Föhn-Krankheit hervorruft: Kreislaufprobleme und wetterbedingte Kopfschmerzen. In vielen Badezimmern ist heute eine Sicherung gegen den Fön-Tod in der Badewanne eingebaut: Der sogenannte FI-Schutzschalter unterbricht die Stromzufuhr blitzschnell, wenn ein Elektrogerät ins Badewasser fällt. Trotzdem sollte man den eingesteckten Fön nie in der Badewanne benutzen. Sicher ist sicher, wenn man nicht als klassische Krimi-Leiche enden will.

Beim Barte des Propheten

Die ältesten Steinklingen zum Rasieren, die Wissenschaftler bei Ausgrabungen gefunden haben, sind 30 000 Jahre alt. Im alten Ägypten war der Bartwuchs ein Vorrecht der Götter und der Pharaonen. Kein Unrasierter durfte in die Nähe des Herrschers gelangen. Bei den alten Griechen galt der Bart als Zeichen der Weisheit und des Lebens. Starb ein Mann, durfte er nicht rasiert werden. Die Griechen glaubten, dass Charon, der Führer ins Reich der Finsternis, den Bart des Mannes als Lohn für die Überfahrt mit sich nimmt. Im Judentum und in der arabischen Welt gilt der Bart als Zeichen der Männlichkeit. Bei den strenggläubigen Juden darf ein Bart unter keinen Umständen mit der Schere geschnitten werden. Er darf allenfalls – und auch nur als Zeichen der Trauer – abgeflämmt werden. Bärte waren und sind mitunter Zeichen einer persönlichen oder politischen Einstellung. Die friedensbewegten Umweltaktivisten der 1970er Jahre trugen ihre Rauschebärte zum Beispiel als Zeichen des Protestes gegen die ordnungsliebende Generation ihrer Eltern. Heutzutage ist die Frage, ob man einen Bart trägt, nur noch eine des persönlichen Geschmacks.

Berühmte Bärte

Sokrates (469–399 v. Chr.). Griechischer Philosoph, Berufsdenker und Fragensteller. Vollbartträger. Kaiser Friedrich I. (1122–1190). Wegen seines langen roten Bartes »Barbarossa« genannt. Leonardo da Vinci (1452–1519). Italienisches Universalgenie und Rauschebartträger. Albrecht Dürer (1471–1528). Maler, Graphiker und exzellenter Barthaarzeichner. Kapitän Teach, genannt Blackbeard (1680–1718). Berühmt-berüchtigter englischer Pirat. Karl Marx (1818–1883). Deutscher Philosoph und Miterfinder des Kommunismus. Der Mann mit dem »Demokratenbart«. Ernesto »Che« Guevara (1928–1967). Südamerikanischer Arzt, Politiker und Revolutionär mit lichtem Vollbart. Salvador Dalí (1904–1989). Spanischer Maler, Schriftsteller und Lebenskünstler, der sich gern den Schnauzbart zwirbelte. Justin Randall Timberlake (*1981). Popmusiker und konsequenter Dreitagebartträger.

1

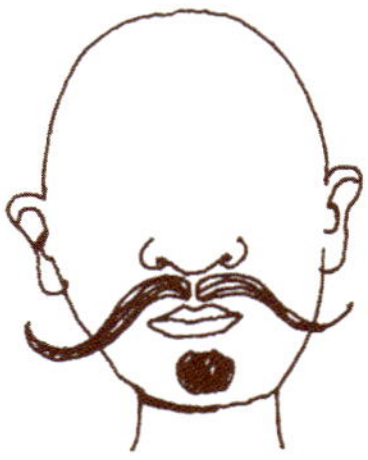
2

3

Bartformen

Backenbart (3), Dreitagebart, Kehlbart, Kinnbart, Lippenbart, Rauschebart (6), Schnauzbart, Schnurrbart (5), Stoppelbart (4), Vollbart (6), Ziegenbart (1), Zwirbelbart (2)

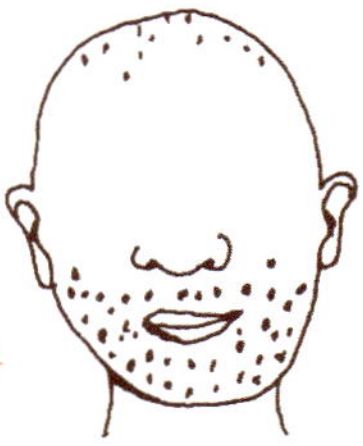
4

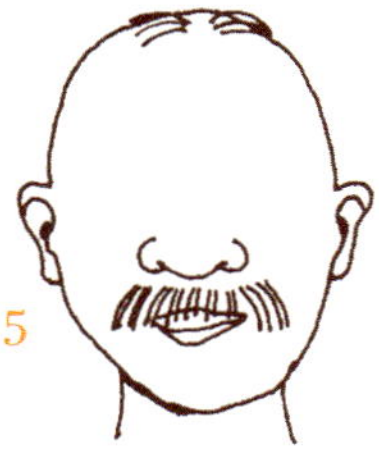
5

6

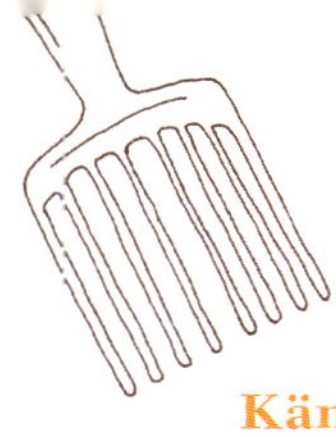

Wolfsmenschen

Keineswegs nur in der Literatur, sondern auch in historischen Dokumenten ist immer wieder von sogenannten Werwolfmenschen oder Wolfsmenschen die Rede. Diese Wesen hatten eine starke Behaarung, die in der Regel den gesamten Körper bedeckte. Verantwortlich dafür ist die *Hypertrichosis*, eine biologische Besonderheit des Haarwuchses. Die Hypertrichosis galt bis in das 19. Jahrhundert hinein als eine Strafe Gottes. Die betroffenen Frauen und Männer fristeten ihr Dasein meist in Irrenanstalten oder als Attraktion bei Schaustellern. Menschen mit Ganzkörperbehaarung gibt es auch heute noch – allerdings werden sie nicht mehr für Wolfsmenschen gehalten.

Haarige Angelegenheiten

Haare gibt es überall auf der Haut außer an den Handinnenflächen und Fußsohlen (meist Flaumhaare, ca. 1 cm lang). Auf dem Kopf befinden sich im Schnitt 100 000 Haare. Sie wachsen 0,2–0,5 mm täglich und ungefähr 15 cm im Jahr. Haare wachsen unterschiedlich schnell: Wimpern erneuern sich nach 100 bis 150 Tagen. Haupthaare wachsen bis zu fünf Jahre, bevor es zum Wachstumsstillstand kommt und sie ausfallen. Das neue Haar braucht dann etwas Zeit, bis es aus der Wurzel herauswächst.

Kämme

Afrokamm, Dauerwellenkamm, Flattopper, Einsteckkämme, Frisierkamm, Nadelstielkämme, Ondulierkämme, Stielkamm, Taschenkamm, Zick-Zack-Scheitel-Kamm

Die Moleküle der Seife

Seife ist etwas Wunderbares. Sie lässt einen gut riechen. Und sie macht sauber. Ihre reinigende Wirkung verdankt die Seife dem Aufbau ihrer Moleküle. Seifenmoleküle haben nämlich ein fettliebendes und ein wasserliebendes Ende. Das wasserliebende Ende verbindet sich mit Wasser. Das fettliebende Ende saugt den Schmutz an, umhüllt ihn und spült ihn ins Wasser. So wird der Dreck vom Körper getrennt und landet schließlich mit dem Wasser im Ausguss.

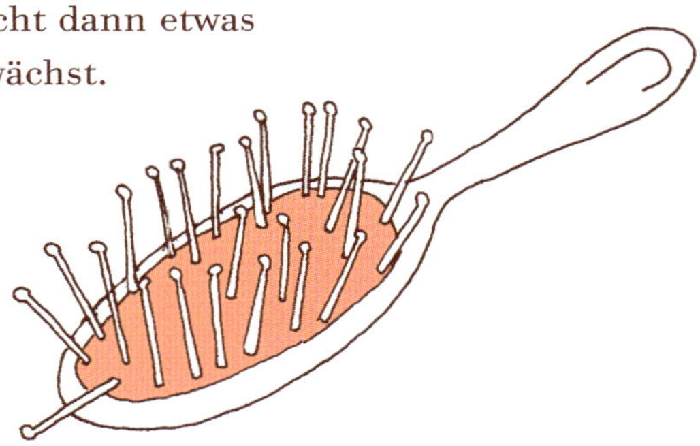

Die alten Kulturen und die Seife

Die Körperreinigung mit Seife oder ähnlichen Produkten ist ein Thema, das die Menschheit schon lange beschäftigt. Bereits vor 4000 Jahren benutzten die Sumerer, die im Gebiet des heutigen Irak lebten, Seifen. Die Phönizier, die im Gebiet des heutigen Libanon und Syrien angesiedelt waren, übernahmen diese Reinigungskultur. Die Ägypter dagegen säuberten sich mit Soda, einem Salzmineral. Die alten Griechen wiederum wuschen sich mit Kleie (gemahlene Schale des Getreidekorns), mit Sand, mit Asche und mit Bimsstein (grobes Vulkangestein). Die Römer benutzten zur Körperpflege Olivenöl, beim Haarewaschen bevorzugten sie aber Seife. Eine der ersten Seifen, die die Römer um 70 n. Chr. kannten, war eine Mischung aus Ziegentalg (beim Braten von Ziegenfleisch abgeschmolzenes Fett) und der Asche von Buchen. Im Mittelalter und noch bis ins 16. Jahrhundert hinein glaubten viele Menschen, mit Wasser und Seife würden sie tödlichen Krankheiten wie der Cholera (schwere Durchfallerkrankung) und der Pest (durch Bakterien entstehende, hochgradig ansteckende Krankheit) erst den Weg unter die Haut bereiten. Häufig bedeckten sie deshalb ihre Körper mit Puder und Parfüm, um eine Schutzschicht gegen die Ansteckung zu haben. Das Ergebnis sah zwar meist gepflegt aus, war aber ein idealer Brutplatz für Bakterien und anderes Ungeziefer, wie etwa Flöhe, Wanzen und Läuse. Erst Mitte des 19. Jahrhunderts setzte sich das gründliche Sauberkeitsbewusstsein des aufgeklärten Bürgertums durch, das wir heute noch pflegen: je sauberer, desto weniger Bakterienherde, desto weniger Angriffsfläche für Krankheiten. Gründliches Waschen, das glaubt man seitdem, ist gut für die Gesundheit. Dabei weiß die Wissenschaft längst mehr: Zu viel Sauberkeit schadet wiederum der Gesundheit, weil der zu sehr gepflegte Körper sich nicht mehr gegen Keime wehren kann.

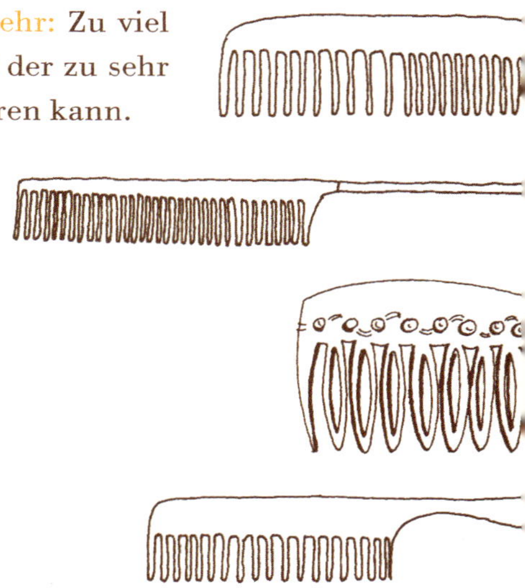

Spieglein, Spieglein an der Wand

Die bislang ältesten Spiegel haben Archäologen im Gebiet der heutigen Türkei entdeckt. In Frauengräbern fand man 8000 Jahre alte Spiegel aus einem vulkanischen Glas namens Obsidian. Die Ureinwohner Amerikas nutzten Spiegel aus vulkanischem Gestein auch zu zeremoniellen (feierlichen) Handlungen. Um die Macht der Götter zu zeigen, versahen sie die Augen ihrer Götterstatuen unter anderem mit schwarz glänzenden Obsidianen. In Ägypten wurden vor 5000 Jahren Spiegel aus polierter Bronze oder Kupfer hergestellt. Auf der Halbinsel Sinai fanden sich 3400 Jahre alte Spiegel in einem Bergwerk. Mit ihrer Hilfe erhellte man die Stollen durch die Spiegelung von Licht. Die alten Griechen und Römer hatten eine Vorliebe für Spiegel und verwendeten bereits vor 2500 Jahren kleine Handspiegel aus Metall, um ihr Aussehen zu überprüfen. Kunstvoll mit Edelsteinen verzierte Bronzespiegel wurden in China vor 2200 Jahren gefertigt. Beim Experimentieren mit Spiegeln und Wasser entdeckte ein Chinese damals auch das Periskop. Das ist ein Sehrohr, in dem die Spiegel so angeordnet sind, dass ein Bild durch das beliebig lange Rohr übertragen wird. Berühmtes Beispiel: das Periskop, mit dem U-Boot-Besatzungen die Wasseroberfläche des Meeres betrachten. Die ältesten Glasspiegel sind ungefähr 1700 Jahre alt und stammen aus Rom. Die Rückseite einer Glasscheibe wurde mit dünnen Folien aus Gold, Silber oder Kupfer überzogen. Im Mittelalter geriet die Glasspiegelherstellung in Vergessenheit. Erst im 14. Jahrhundert blühte dieses Handwerk wieder auf. Spiegel wurden damals von Glasbläsern hergestellt, die in den Glasballon eine Mischung aus flüssigen Metallen einbliesen und so konvexe, also nach außen gewölbte Spiegel herstellten. Erst im 19. Jahrhundert entwickelte sich die Herstellung von Silberspiegeln. Dabei dient eine dicke Glasplatte als Trägerfläche für einen hauchdünnen Metallfilm, der früher zu einem Großteil aus Silber bestand, heute aber meistens aus Aluminiumfolien besteht. Die Glasfläche muss sehr glatt sein, damit die Lichtstrahlen ungehindert auf den Metallfilm treffen und das exakte Bild auf den Betrachter zurückwerfen können.

Der Spiegeltest

Mitte des 20. Jahrhunderts entdeckten Wissenschaftler mit dem Spiegeltest, dass Menschenaffen sich selbst im Spiegel erkennen können. Gorillas, Schimpansen und Orang-Utans wurde ein Farbklecks auf das Fell geschmiert. Diesen Fleck entdeckten die Affen im Spiegel und rubbelten ihn am eigenen Fell, nicht an dem Fell im Spiegelbild. Das ist erstaunlich, denn normalerweise haben Tiere keine Vorstellung vom eigenen Ich und halten ihr Spiegelbild für jemand anderen: Hunde bellen den vermeintlichen Gegner im Spiegelbild an, Fische schwimmen sich selbst aus dem Weg, und Katzen wenden sich ab. Selbst Menschenbabys erkennen sich erst ab dem zweiten Lebensjahr im Spiegel. Einjährige Kinder mit einem Lippenstiftfleck auf der Nase versuchen diesen auf der Spiegelfläche wegzuwischen. Rubbeln sich die Kleinkinder dagegen die eigene Nase statt die im Spiegel, ist etwas Gravierendes passiert: Das Kind hat eine Idee von sich selbst entwickelt. Es erkennt sein ganz eigenes Äußeres als unterschiedlich von allen anderen Menschen. Der französische Psychologe Jacques Lacan (1901–1981) nannte diese Zeit, in der der Mensch sein Ich ausbildet, die »Spiegelphase«.

Spiegelkabinette, Kaleidoskope und tote Winkel

Konvexe Spiegel sind nach außen gewölbt. Sie verkleinern das Spiegelbild. Dadurch werden zum Beispiel im Verkehr große Straßen übersichtlicher. Konkave Spiegel sind nach innen gewölbt. Sie vergrößern das Spiegelbild. Dadurch sind Bartstoppeln und eklige Mitesser besser sichtbar. Einwegspiegel verbinden in der Regel zwei Räume. Im helleren Raum funktionieren sie als Spiegel; vom dunkleren Raum aus sind sie durchschaubar. Sie sind gut geeignet zum Kontrollieren und Spionieren, besonders beliebt bei Verhören in Polizeifilmen. In Spiegelkabinetten sind Wandspiegel so angeordnet, dass die Räume noch größer und prächtiger erscheinen. Ein berühmtes Beispiel findet sich im Schloss Versailles bei Paris. Kaleidoskope funktionieren, indem die im Rohr befestigten Spiegel kleine farbige Glasteile spiegeln: Durch leichtes Drehen ändern sie ihre Position, womit sich auch ihre Spiegelbilder anders darstellen. Erfunden hat dieses Spielzeug der schottische Physiker David Brewster im frühen 19. Jahrhundert. Spiegelteleskope sind Fernrohre, die der Erforschung des Universums dienen. Der Hauptspiegel bündelt dabei das aus dem Weltall einfallende Licht und wirft es auf einen Fangspiegel zurück. Dieses Licht auf dem Fangspiegel wird dann von Wissenschaftlern mit Hilfe astronomischer Geräte berechnet und verwertet. Der tote Winkel ist der Bereich, den ein Spiegelbild nicht erfasst. Autospiegel haben zum Beispiel tote Winkel. Deshalb übersehen LKW-Fahrer, die nach rechts abbiegen wollen, manchmal Kinder auf dem Fahrrad.

Der Sinn des Ohrenschmalzes und der Unsinn des Wattestäbchens

Der Ohrenschmalz soll den Gehörgang schützen. Zum einen hält er die Haut feucht und bindet Staub, Schmutz sowie abgestorbene Hautzellen. Zum anderen schützt der Stoff *Lysozym* (ein Enzym, also ein Eiweiß, das ganz bestimmte Funktionen im Körper hat) im Schmalz den Gehörgang vor dem Eindringen von Bakterien und Insekten. Die Reinigung der Gehörgänge mit Wattestäbchen führt häufig zu einem regelrechten Schmalzpfropfen, der den Gehörgang verstopft. Besser ist es, das Ohr einfach beim Duschen und Haarewaschen mit zu reinigen, so dass der Schmalz nicht verhärtet.

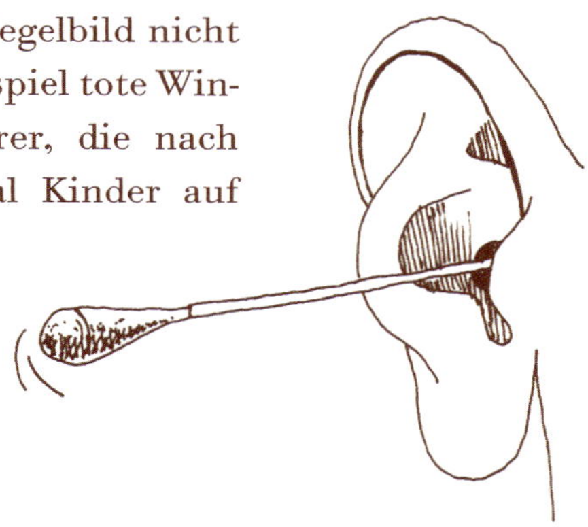

Pickel und Mitesser – Vulkane unter der Haut

Pickel und Mitesser sind nichts anderes als kleine Naturkatastrophen auf der Haut – Vulkane, die irgendwann ausbrechen. Ursache für die Hautvulkane ist eine gesteigerte Talgproduktion, die durch Sexualhormone vor allem in der Pubertät ausgelöst werden. Die Pickeldichte und -häufigkeit auf der Haut ist Veranlagungssache. Pickel entstehen durch eine Entzündung, die durch eine Verstopfung der Talgdrüse ausgelöst wurde. Gegen Pickel und Mitesser helfen Peelingmasken (engl. *to peel*: »schälen«), die mit kleinsten Tonteilchen gegen die Hautverunreinigungen vorgehen. Sie lösen die äußere Schicht der Haut ab, so dass die Talgdrüsen nicht verkleistern. So können neue Pickel gar nicht erst entstehen. Ähnlich wirken Scrubpräparate (engl. *to scrub*: »scheuern«), in denen allerdings kleinste Kunststoffpartikel in einer entfettend wirkenden Emulsion (meist Öl-Wasser-Gemisch) als Schleifmaterial arbeiten. Bei gehäuft auftretenden Pickeln und tiefergehenden, schmerzhaften Entzündungen handelt es sich um eine Akne, die ärztlich behandelt werden sollte.

Nägel? Sind auch nur Haare

Die Finger- und Fußnägel des Menschen sind genau wie die Haare ein Teil der Epidermis, also der oberen Hautschicht. Nägel und Haare heißen auch »Hautanhangsgebilde«. Nägel sind im Schnitt einen halben Millimeter dick. Sie bestehen aus drei Schichten verhornter Keratinfasern (Keratin ist ein Eiweiß, das für die Festigkeit der Zelle verantwortlich ist). Fingernägel schaffen durchschnittlich drei Millimeter im Monat, Fußnägel sind etwas langsamer.

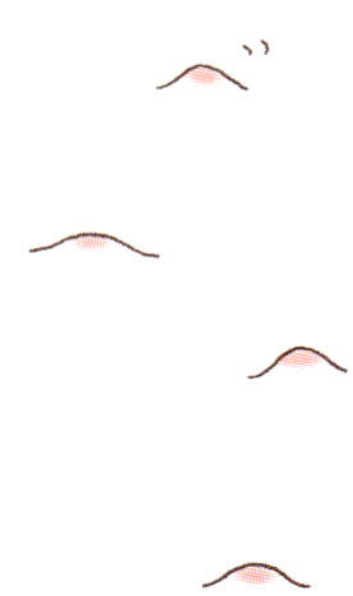

Wachsen Nägel und Haare auch nach dem Tod?

Immer wieder behaupten Gruselexperten, dass Haare und Nägel auch dann weiterwachsen, wenn ein Mensch schon tot ist. Die Frage, ob das stimmt, ist nicht einfach zu beantworten. Fest steht: Ist ein Mensch gestorben, hört grundsätzlich alles Wachstum in seinem Körper auf. Aber jeder Grundsatz hat seine Ausnahme. Und so ist es beim Menschen durchaus möglich, dass einzelne Zellen im Körper nach dem Ableben weiterarbeiten: Bindegewebszellen, zu denen auch die Haare produzierenden gehören, können noch einige Stunden nach dem Tod funktionieren. In diesem Fall wachsen die Haare (oder Nägel) nach dem Sterben weiter. Das Nachwachsen ist aber für unser Auge schwer zu überprüfen, weil es sich nur um tausendstel Millimeter handelt.

Harte Arbeit – harte Zähne

Ein Milchgebiss hat acht Schneidezähne, vier Eckzähne und acht Backenzähne. Ein bleibendes Gebiss hat acht Schneidezähne, vier Eckzähne, acht kleine Backenzähne und zwölf große Backenzähne, von denen vier Weisheitszähne sind. Zähne haben die höchste Dauerfestigkeit im menschlichen Körper. Sie sind härter als Knochen. Das Harte am Zahn ist der Schmelz. Ist dieser Schmelz einmal zerstört, kann er vom Körper nicht erneuert werden. Die Zähne des Menschen sind echt harte Brocken. Im Laufe eines durchschnittlichen Menschenlebens zermalmen unsere Zähne rund 18 Tonnen feste Nahrung.

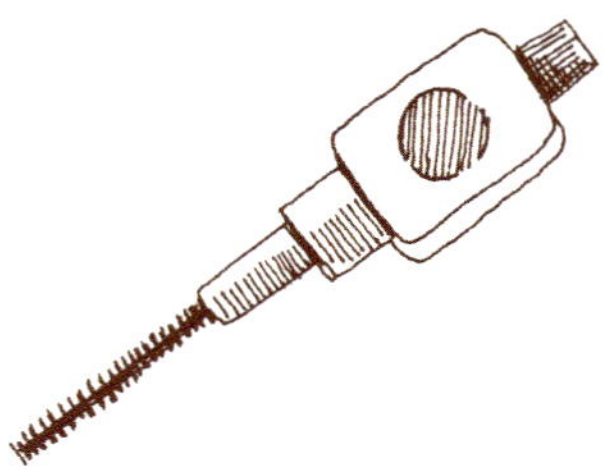

Badgrausamkeiten, Teil 1

Augenbrauenpinzette, Hornhauthobel, Hornhautmesser, Nagelclip, Nagelfeile, Nagelfräse, Nagelschere, Nagelzange, Nasenhaarschneider, Ohrhaardimmer, Rasierklinge, Wattestäbchen, Wimpernzange

Badgrausamkeiten, Teil 2

Asseln Insekten. Kommen durch löchrige Wände von draußen, weil sie sich in feuchten warmen Räumen am wohlsten fühlen. Bakterien Kleinstlebewesen, die sich überall dort ansiedeln, wo es warm und feucht ist. Berüchtigte Krankheitserreger. Schimmelpilze Oft flockiger, faseriger, grauer oder bläulich-grüner Belag, den man beispielsweise in nassen Badezimmerecken vorfinden kann. Liebt feuchte Räume. Silberfischchen Kleine lichtscheue Insekten, die sich von Haarschuppen und Hautresten ernähren.

Einmal hin und einmal her – Zähneputzen ist nicht schwer

Empfohlene Putzhäufigkeit Zwei- bis dreimal täglich. Empfohlene Putzdauer Zwei Minuten, da der bestehende Zahnbelag nach dieser Zeit nicht mehr geringer wird, aber Zahnschäden am Zahnschmelz auftreten können. Empfohlener Anpressdruck auf die Zahnbürste 150 g. Das entspricht dem Gewicht einer Orange. (Lässt sich auf der Küchenwaage testen: Mit der Zahnbürste auf die Waagschale drücken, bis 150 Gramm angezeigt werden.) Schon die alten Ägypter benutzten Zahnpasta aus gemahlenem Bimsstein und Weinessig. Die Römer verwendeten Urin zur Zahnpflege. Lange Zeit wurden Zahnpulver oder Mundwasser zur Zahnreinigung benutzt. Die erste Zahncreme hieß Chlorodont und wurde im Jahr 1907 von Ottmar Heinsius von Mayenburg entwickelt. Die Siwak-Wurzel wird seit Jahrhunderten von Menschen auf dem afrikanischen Kontinent und in Indien zum Zähneputzen verwendet. Es handelt sich dabei um Äste oder Wurzeln des Zahnbürstenbaumes oder Arakbaumes, der in Teilen Afrikas und Indiens wächst. Das Ende des Stöckchens wird angekaut und dann als Zahnbürste verwendet. Die pflanzlichen Inhaltsstoffe der Siwak-Wurzeln entsprechen denen einer guten Naturzahncreme. Zahncreme aus dem Supermarkt enthält in der Regel folgende Bestandteile: Silikatverbindungen zum Lösen von Zahnstein, Schaumbildner zur Verteilung der Creme, Feuchthaltemittel, Fluoride zur Vorbeugung gegen Karies, Mittel zur Parodontosevorbeugung, Geschmacks- und Aromastoffe, Haltbarkeitsmacher.

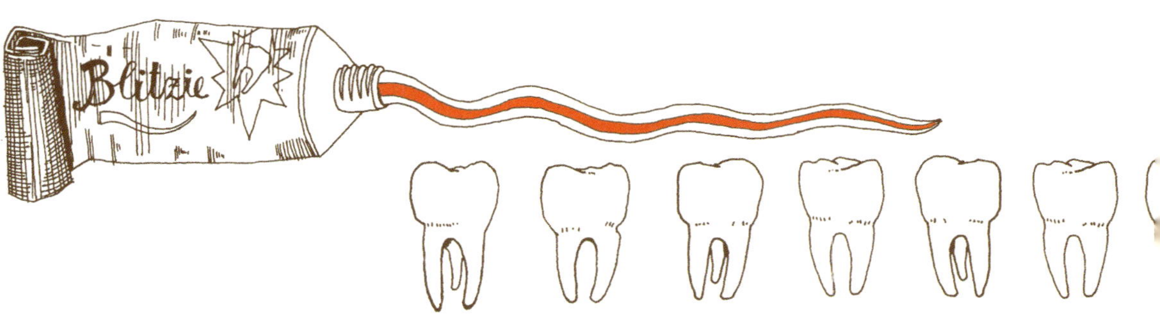

Wissenswertes über das Spielen

Jeder kennt es, jeder kann es: Spiele wie Fangen, Würfeln oder Verstecken gibt es in jeder Kultur; alle Kinder spielen sie, egal ob sie arm oder reich, hell- oder dunkelhäutig sind. Der niederländische Kulturhistoriker (beschäftigt sich mit der Geschichte der menschlichen Kultur) Johan Huizinga (1872–1945) hat für das Spielen folgende, bis heute gültige Erklärungen formuliert: Gespielt wird immer freiwillig, aber unter bindenden Regeln. Wer spielt, tut dies, um sich zu unterhalten und zu vergnügen, nicht um Gewinn zu erwirtschaften. Das Spielen führt dazu, dass man eine Zeit lang seinen Alltag vergisst. Durch das Spielen lernen kleine Kinder die Regeln der Erwachsenenwelt kennen. An den Regeln des Spielens reift ihr Gehirn. Auch Tiere haben einen natürlichen Spieltrieb, der in ihrer Ausbildung genutzt werden kann: Hunde erhalten zum Beispiel immer dann, wenn sie einen gewünschten Fund mit Bellen anzeigen, zur Belohnung Lob und eine Spielzeit mit dem Ausbilder. Auf diese Weise kann man sie zu Blindenhunden oder Rettungshunden für die Bergwacht ausbilden.

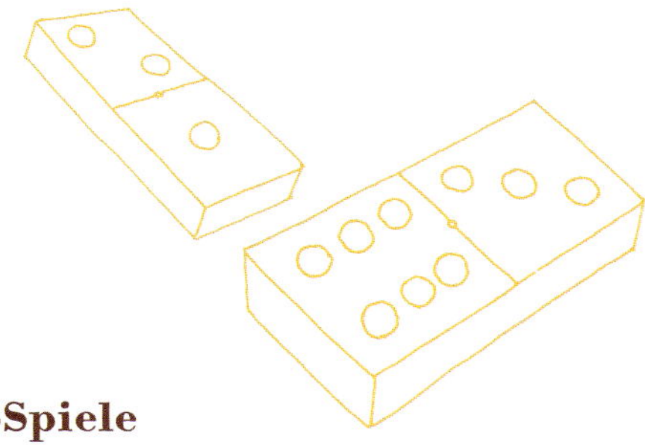

Wort-Spiele

Blaukraut bleibt Blaukraut und Brautkleid bleibt Brautkleid. Borstenbürsten mit schwarzen Borsten bürsten besser als Borstenbürsten mit weißen Borsten. Braunes Bier brauen Bierbrauerburschen. Der Cottbusser Postkutscher putzt den Cottbusser Postkutschkasten auf dem Cottbusser Postkutschenhof. Ein kranker Krebs kriecht krächzend über einen krummen Kreidefelsen. Esel essen Nesseln nicht, Nesseln essen Esel nicht. Fischers Fritze fischt frische Fische. In Ulm und um Ulm und um Ulm herum. Zwischen zwei Zwetschgenzweigen zwitschern zwei Zeisige. Zwölf zischelnde Schlangen schlängeln sich zwischen zwei spitzen Steinen.

Spiel-Wörter

Abspielen Etwas (meist einen Ball) abgeben; etwas anhören
Anspielen Etwas andeuten
Aufspielen Sich wichtig nehmen
Überspielen So tun, als wäre nichts gewesen
Verspielen Etwas verlieren
Vorspielen Jemanden täuschen
Zuspielen Jemandem etwas heimlich verschaffen

Himmel und Erde und die Soldaten

HICKELKASTEN (auch: HIMMEL UND HÖLLE, PARADIESSPIEL, HÜPFSPIEL, HÜPFEKÄSTCHEN) gilt als harmloses Kinderspiel und als Klassiker auf Schulhöfen. Das stimmt aber nur teilweise. Bereits vor 2 000 Jahren mussten die Soldaten des Römischen Reiches mit dem Hüpfspiel ihre Beine und ihre Kondition trainieren, und zwar in voller Ausrüstung! Mit anstrengendem Militärhüpftraining erklären sich auch die Hüpfspiel-Diagramme, die Archäologen auf dem Forum Romanum, dem alten Zentrum der Stadt Rom, gefunden haben.

Wie Kinder spielend das Leben lernen

Funktionsspiele nennen die Forscher die Spiele der Kinder im ersten und zweiten Lebensjahr. Das Kind spielt zunächst mit dem eigenen Körper, zum Beispiel mit den Fingern. So lernt es, wie die Finger benutzt werden können. Mit dem Informationsspiel kann ein Kind ab dem zweiten Lebensjahr seine Eltern manchmal zur Verzweiflung bringen. Das Kleinkind probiert alles immer wieder aus, baut auseinander und steckt zusammen. So bekommt es heraus, wie die Dinge beschaffen sind. Bei den Konstruktionsspielen entwickeln die Kinder ab dem dritten Lebensjahr erstmals eigene Pläne: Sie bauen mit Hilfe von Materialien wie Sand oder Knete die Welt nach. Als-ob-Spiele (auch: Symbolspiele) sind bei den meisten Kindern schon sehr früh zu beobachten. Die Kleinen spielen die Wirklichkeit nach, zum Beispiel, indem sie so tun, als ob die Puppe wirklich ein Baby wäre. So trainieren sie für das wirkliche Leben. Im Rollenspiel kommt im vierten Lebensjahr ein wichtiger Aspekt zum Spiel des Kleinkinds hinzu: Die Kinder spielen jetzt zusammen. Sie nehmen aufeinander Bezug, versuchen, ihre Meinung durchzusetzen oder gemeinsam eine Lösung zu finden.

Die Spieltheorie

Wer wissen will, wie die Wirtschaft funktioniert, muss beim MAU-MAU, beim MONOPOLY und beim MENSCH ÄRGERE DICH NICHT genau aufpassen. So wie die Spieltheoretiker. Die Wissenschaft der Spieltheorie gehört zur Mathematik. Spieltheoretiker erforschen die Strategien, die bei Gesellschaftsspielen angewendet werden. Sie versuchen, diese Strategien in mathematische Formeln zu übersetzen. Mit den Ergebnissen ihrer Untersuchungen meinen sie, gesellschaftliche Entwicklungen und Entscheidungen darstellen und voraussagen zu können. Spieltheoretiker glauben, dass die ganze Welt so ähnlich funktioniert wie ein Spiel. Zwischen 1994 und 2002 wurden insgesamt fünf Nobelpreise in der Kategorie Wirtschaftswissenschaften für spieltheoretische Forschungen vergeben.

NASENBÄLLCHEN Ein Geschicklichkeitsspiel mit Zusammengehörigkeitseffekt: Aus den Mitspielern werden zwei möglichst gleich stark besetzte Reihen gebildet. Jeder Spieler erhält einen Klecks Creme auf die Nase. Der jeweils erste und letzte Spieler in der Reihe bekommt eine Schüssel in die Hand gedrückt. In der ersten Schüssel befindet sich eine Anzahl von Wattebällchen. Diese müssen vom Vordermann nacheinander mit der Nase aufgenommen und an die Nase des Hintermannes und von diesem wiederum an den nächsten Hintermann so lange weitergegeben werden, bis alle Bällchen in der hinteren Schüssel landen. Gewonnen hat die Mannschaft, die zuerst alle Bällchen von vorne nach hinten transportiert hat.

LOSPOESIE Ein Spiel für heimliche Dichter, das ab drei Mitspielern Spaß für alle verspricht. Jeder der Mitmachenden erhält ein Blatt und einen Bleistift. Zunächst wird der Titel des entstehenden Gedichts aufgeschrieben. Der Titelschreiber faltet das Blatt danach so, dass nur das letzte Wort zu sehen ist. Sein Nachbar nimmt das Wort auf und versucht, darauf eine reimende Zeile zu verfassen. Der Dritte wiederum reimt ebenfalls weiter. Das Ganze geht so lange reihum, bis alle drei (oder mehr Mitspieler) ein volles Blatt vor sich liegen haben. Danach erhält jeder das Blatt mit seiner ursprünglichen Titelzeile und liest seine Lospoesie einfach vor. Gewonnen hat, wer die meisten Lacher auf seiner Seite versammeln kann.

Los geht's! – einige Spielideen

BALLONWORTSTREIT Ein Rollenspiel mit dramatischem Effekt. Vier Spieler sitzen in der Mitte der Gruppe mit dem Rücken aneinander, so eng, als wären sie in einen Ballonkorb eingepfercht. Jeder der vier hat sich einen Beruf ausgedacht, auf einen kleinen Klebezettel geschrieben und an die eigene Stirn geklebt. Alle zusammen stellen sich dann vor, dass der Ballon über einem Vulkan schwebt und an Höhe zu verlieren droht. Ballast muss abgeworfen werden – was heißt, dass einer der vier Ballonfahrer weichen muss. Wer als Erster zu springen hat, entscheidet das Publikum danach, wie die einzelnen Mitmacher argumentieren. Die Darstellung der Argumente kann unter verschiedenen Gesichtspunkten bewertet werden: Egal, ob sachlich, ernsthaft, witzig oder absurd argumentiert wird – das Publikum entscheidet am Schluss, wer springen muss.

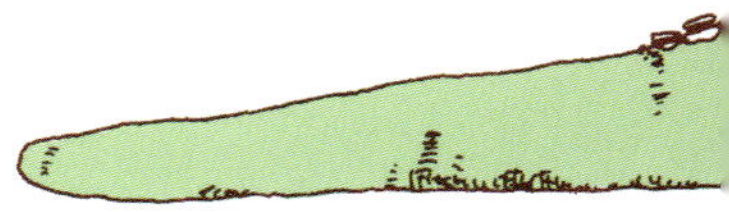

Knochen werfen, Nüsse treffen – was die Menschen in antiken Kulturen spielten

Knöchelspiele Die kleinen Fußwurzelknochen von Schafen waren die beliebtesten Spielgeräte des Altertums, das heißt im alten Ägypten, im antiken Griechenland und in Rom. Männer, Frauen und Kinder spielten gleichermaßen mit den Knöchelchen, die ähnlich wie Würfel oder als Spielsteine für Geschicklichkeitsspiele genutzt wurden. Zeitweise war das knochige Spielgerät so in Mode, dass es Nachbildungen aus Gold, Bronze, Marmor oder Terrakotta (gebrannter, unglasierter Ton) gab. Das wohl bekannteste Knöchelspiel hieß *pentelitha* (*pente* = griechisch »fünf«). Dabei wurden fünf Knöchelchen auf die Handfläche gelegt und in die Luft geworfen. Aufgabe war es, nach einer schnellen Drehung der Hand die Knöchelchen auf dem Handrücken landen zu lassen. Heruntergefallene Teile musste der Spieler aufsammeln, ohne die auf dem Handrücken liegenden Knochen zu verlieren. **Nussspiele** Die Kinder im antiken Rom spielten gerne auch mit Nüssen. Bei dem Spiel *Ludus castelorum* wurden drei Nüsse dicht nebeneinander auf den Boden gelegt, so dass sie ein Dreieck bildeten. Der erste Spieler musste versuchen, eine vierte Nuss so geschickt fallen zu lassen, dass sie auf den anderen drei Nüssen liegen blieb. Ein anderes Spiel bestand darin, eine kleine Nusspyramide aus einer bestimmten Entfernung durch einen gezielten Nusswurf zum Einsturz zu bringen. **Scheibenschießen** Darstellungen dieses Wurfspiels fanden Archäologen im Grab des ägyptischen Pharaos Menhotep (lebte um 1700 v. Chr.): Die Spieler schleuderten mit beiden Händen gleichzeitig zwei spitze Stäbe auf eine auf der Erde liegende Lehmscheibe, und zwar so, dass die Stäbe über Kreuz darin stecken blieben. **Kegelspiele** Das älteste Kegelspiel entdeckte man nördlich von Luxor am westlichen Nilufer. Es wurde zur Zeit der ägyptischen Negade-Kultur (etwa 4 500–3 000 v. Chr.) gespielt. Das Spiel besteht aus mehreren Steinkegeln, Kugeln und einem Steintor. Die Kugeln mussten zunächst durch das Tor gezielt werden, um dann die Kegel zu treffen.

Spielklassiker und ihre Geschichte

Akinetina Ähnelt dem Stopptanz. Bei dem Spiel kommt es darauf an, wer am unbeweglichsten stehen bleibt (erwähnt bei dem griechischen Gelehrten Pollux, 2. Jahrhundert n. Chr.). Blindekuh Erste Hinweise aus dem 2. Jahrhundert n. Chr.; gefunden auf römischen Fresken (Wandmalerei, bei der die Farbe direkt auf den frischen Putz aufgetragen wird). Kreisel Gehören zu den ältesten Spielgeräten überhaupt. In den Ausgrabungsstätten der ägyptischen Stadt Memphis, der Hauptstadt des »Alten Reiches« (ca. 3100 bis 2250 v. Chr.), fanden die Forscher mit Figuren verzierte Kreisel. Jo-Jo Auf der Innenfläche einer Kylix (flaches Trinkgefäß der Griechen, um 440 v. Chr.) ist ein Jüngling zu sehen, der mit ausgestrecktem Arm ein Jo-Jo in Richtung Boden fallen lässt. Der Begriff Jo-Jo stammt wahrscheinlich von den Philippinen und heißt so viel wie »Komm zurück«. Tauziehen Die ältesten Hinweise hat man im Grab von Mereruka (bedeutender Beamter des Pharao Teti; um 2350 v. Chr.) gefunden. Verstecken Darstellungen vom Versteckspielen finden sich auf Fresken aus Herculaneum (antike Stadt in der Gegend von Neapel, die 79 n. Chr. bei einem Ausbruch des Vulkans Vesuv unterging).

Spielzeug, so alt wie die Menschheit

Gespielt wurde immer und überall. Das beweisen Spielzeuge wie Rasseln, Klappern, Miniaturmöbel, Geschirr und Gefäße, die sich an den unterschiedlichsten Ausgrabungsorten aller antiken Kulturen fanden. Ungefähr 3100 Jahre alt sind Tierfiguren wie Tiger, Hennen, Mäuse, Pferde oder Wildschweine, die im Nildelta gefunden wurden. Eines der Tiere, ein Krokodil, kann sogar das Maul auf- und zuklappen, weil sein Unterkiefer eine Mechanik besitzt. Auch in den Gegenden des heutigen Irak, des Iran und der Türkei hat man Tierfigürchen für Kinder ausgegraben. Ungefähr 5000 Jahre alt ist etwa ein Löwe, der auf einer Steinplatte mit Rädern sitzt (Fundort: Susa im heutigen Iran). Die ältesten autoartigen Spielzeuge sind kleine Wägelchen aus Stein, die sich mit einem Seil ziehen ließen. Kleine Schiffe mit Rudern aus Ton zum Spielen gab es bereits 4000 Jahre v. Chr. (Fundort: Tello, heute Girsu, im Irak).

Berühmte Puppen

Das Baby Erste Charakterpuppe (mit »eigenem«, unverwechselbaren Charakter) auf dem Markt, ab 1920 hergestellt von der berühmten Puppenfabrik Johann Daniel Kestner jun. in Waltershausen / Thüringen. Schlenkerchen Käthe Kruse (1883–1968) gründete im sächsischen Bad Kösen 1904 eine Werkstatt, in der die bis heute berühmten Puppen aus Stoff handgefertigt wurden. Petitcollin Französische Puppen, die seit 1860 aus Celluloid (einem Kunststoff) hergestellt wurden. Die Erfindung des Celluloids (1856) rettete zahllosen Elefanten das Leben. Bis dahin wurden Billardkugeln, aber auch Puppenköpfe aus Elfenbein hergestellt. Lenci Puppen aus Italien mit trotzigen oder verschmitzten Gesichtern, die zwischen 1919 und 2002 aus Filz gefertigt wurden. Barbie 1959 brachte die amerikanische Firma Mattel die erste Barbie auf den Markt. Ihren Namen erhielt die Plastikpuppe nach der Tochter der Mitbegründerin der Firma: Barbara Handler. Fulla-Fulla (»Jasminblüte«) ist die arabische Version der Barbie, die 2003 von der syrischen Firma NewBoy Design Studio entwickelt wurde. Zu Fulla-Fullas Ausstattung gehören unter anderem Schleier, Kopftuch und Gebetsteppich.

Barbies, Barbies, Barbies

Im Durchschnitt besitzt jedes Mädchen in Deutschland sieben Barbiepuppen. Seit Mitte der 1980er Jahre werden auch Barbies für Erwachsene hergestellt, die Puppen sammeln. Pro Minute werden weltweit 180 Barbiepuppen verkauft. Ein Mensch mit den Körpermaßen (Brust–Taille–Hüften) der klassischen Barbiepuppe (umgerechnet 99–46–84 cm) wäre nicht überlebensfähig. Das »Barbie-Syndrom« ist eine anerkannte psychische Krankheit. Die davon Betroffenen möchten unbedingt wie eine Barbiepuppe aussehen.

Glücksspiele

Baccara, Black Jack, Glücksrad, Hütchenspiel, Lotto, Münze werfen, Pokern, Roulette, Würfeln

Das Puppenopfer im alten Rom

Rom im Jahr 70 n.Chr., ein sonniger Tag, ein prächtiger Tempelbau. Langsam geht das Mädchen in den Tempel, zögerlich legt es seine Puppe auf den Altar der Aphrodite (Göttin der Liebe). Dann murmelt es ehrfürchtig ein paar Worte, verbeugt sich vor der schönen Götterstatue und verlässt den Tempel schnell wieder. Cassia ist 14 Jahre alt, und sie wird am nächsten Tag ihre Hochzeit feiern. Ein bisschen mulmig ist ihr schon zumute, aber was soll sie machen? Im alten Rom war es üblich, so früh zu heiraten. Mit ihren Puppen durften die jungen Bräute nur bis zum Tag vor der Trauungszeremonie spielen; dann mussten sie sie den Göttern opfern. Puppen galten damals als Zeichen der Kindheit und der Unberührtheit. Die Göttin Aphrodite erhielt Cassias Puppe also als Zeichen für Cassias Bereitschaft, von ihrer Kindheit Abschied zu nehmen und fortan das Leben einer erwachsenen Frau zu führen: ohne Puppen, dafür möglichst bald mit eigenen Kindern.

Was in eine gute Spielsammlung gehört I

ADEL VERPFLICHTET, BACKGAMMON, CANASTA, DAME, DAS VERRÜCKTE LABYRINTH, DIE SIEDLER VON CATAN, DOMINO, DOPPELKOPF, FANG DEN HUT!, HALMA, HASE UND IGEL, KNIFFEL, KUHHANDEL

Was in eine gute Spielsammlung gehört II

MAH-JONGG, MALEFIZ, MEMORY, MENSCH ÄRGERE DICH NICHT, MIKADO, MONOPOLY, MÜHLE, NIAGARA, ROMMÉ, SCHACH, SCHAFKOPF, VIER GEWINNT

Traditionelle Brettspiele

BACKGAMMON trug in seiner ursprünglichsten Form den Namen *Duodecim scripta* (lat. »zwölf Linien«). TABULA, der direkte Vorgänger des Backgammon, kam im 1. Jahrhundert n. Chr. in Mode, wurde aber 306 und noch einmal 730 als Glücksspiel um Geld verboten. JAKKOLO ist ein rund 400 Jahre altes Strategiespiel. In Holland, wo es erfunden wurde, heißt es *sjoelen*. Die Spielfläche ist ein etwa zwei mal sechs Meter großes Spielbrett, auf dem die Spieler mit der Hand 30 Steine in die vier Fächer am anderen Ende des Brettes schießen müssen. MANCALA ist eine Gruppe von Spielen, die ihren Ursprung im Norden des afrikanischen Kontinents hatten. Je nach Spielart, müssen zwei Spieler die in rundlichen Mulden befindlichen Spielsteine umverteilen. Das Spiel heißt in Deutschland »Bohnenspiel« und wird in unterschiedlichsten Variationen weltweit gespielt. SENET war im alten Ägypten äußerst populär. Es ist ein dem Schach ähnliches Spiel, bei dem nach speziellen Regeln und gewürfelten Vorgaben Figuren auf einem bestimmten Weg über ein in Kästchen unterteiltes Spielbrett bewegt werden. DIE SIEDLER VON CATAN wurde 1995 von dem deutschen Spieleautor Klaus Teuber erfunden. Das Spiel, bei dem eine unbewohnte Insel besiedelt werden muss, ist eine Mischung aus verschiedenen Spielarten. Es war ein Millionenerfolg und wurde von den Lesern der Zeitschrift »Spielwiese« zum Spiel des Jahrhunderts gewählt.

Das Würfeln und die Politik

Wenn es für Besitztümer oder Ländereien mehrere Interessenten gab, wurde im alten Ägypten mitunter gewürfelt, wer den Zuschlag erhielt. Allerdings mussten die Mitspieler sich an genau festgelegte Regeln halten und vorher eine Art Mitspielsteuer bezahlen. Wer verlor, hatte also doppelt Pech. Olaf, König von Schweden, würfelte mit Olaf, König von Norwegen, im Jahr 1020 um die Provinz Hising. Nachdem zunächst beide Könige jeweils zwei Sechser gewürfelt hatten, zerbrach der Legende nach in der dritten Runde der norwegische Würfel, so dass Olaf von Norwegen zwei Sechsen und eine Eins verbuchen konnte. Er hatte damit einen Punkt mehr als Olaf von Schweden, der nur zwei Sechsen gewürfelt hatte. Die Provinz fiel damit an Norwegen. Im Jahr 1940 stritten die Länder Argentinien, Chile und Großbritannien um Ansprüche auf Gebiete der Antarktis. Es drohte ein größerer Konflikt. Die bei der Vermessung des Landstrichs beschäftigten Wissenschaftler lösten das Problem, indem sie um das Land würfelten und danach die Gebiete aufteilten. 1959 kam es zwischen den Ländern zur vertraglichen Unterzeichnung der Gebietszuteilung.

Lotto in Deutschland – Daten und Fakten

In Deutschland ist das Lotto 6 aus 49 gebräuchlich. Die Wahrscheinlichkeit, sechs Richtige zu tippen, liegt bei 1 zu 3 983 816. So viele verschiedene Kombinationen der 49 Zahlen sind möglich. Wie hoch der Gewinn ausfällt, hängt von der Anzahl der Mitspieler, der Zahl der richtigen Tipps und von der Höhe des Jackpots (Höhe der Gewinnausschüttung) ab. Der Jackpot steigt, wenn bei einer Ziehung kein Gewinner ermittelt wird. Der bislang höchste Lotto-Jackpot in Deutschland betrug im Jahr 2006 37,6 Millionen Euro. Die Lotterie wird in Deutschland vom Staat organisiert. Die Lotterieeinnahmen werden wie folgt verteilt: Ausschüttung an Gewinner (50 Prozent), Förderung von Sport, Kultur, Gesellschaft (23 Prozent), Abgaben an die Länder (16,7 Prozent), Provision für die Lottoannahmestellen (7,5 Prozent), Einnahme für die Lottogesellschaft (2,8 Prozent). Der bislang höchste Einzelgewinn in Deutschland wurde im Mai 2005 ausbezahlt: 23 919 517,10 Euro. Der bislang niedrigste Gewinn für sechs Richtige wurde am 25. April 1984 ermittelt: Er betrug umgerechnet nur 8 644,41 Euro, weil insgesamt 69 Tipper sechs Richtige hatten. Am 23. Januar 1988 fielen die Zahlen 24, 25, 26, 30, 31, 32. Diese Kombination wurde von 222 Lottospielern getippt. Jeder dieser Tipper gewann umgerechnet 43 359 Euro.

Mensch ärgere dich nicht

Vorläufer: PACHISI, ein indisches Spiel, das seit 1400 Jahren bekannt ist. In früheren Zeiten wurde es mit lebendigen Menschen statt mit Spielsteinen gespielt. MENSCH ÄRGERE DICH NICHT in anderen Ländern: T'EN FAIS PAS (Frankreich), NON TARRABIARE? (Italien), PARCHIS (Spanien), LUDO (England), FRUSTRATION (USA), MENS ERGER JE NIET (Holland) Bezeichnung der Spielfiguren: Pöppel Rekord im Dauerspielen: 121 Stunden Rekord im Dauerspielen unter Wasser: 36 Stunden Das größte Spielbrett misst 6 × 6 m. Das kleinste Spielbrett misst 2 × 2 cm. Bekannt wurde das Spiel, als sein Erfinder Josef Friedrich Schmidt im Ersten Weltkrieg 3000 Exemplare an Feldlazarette verteilte, wo es die verwundeten Soldaten spielen konnten. Seit 1907 wurden rund 60 Millionen Spiele verkauft.

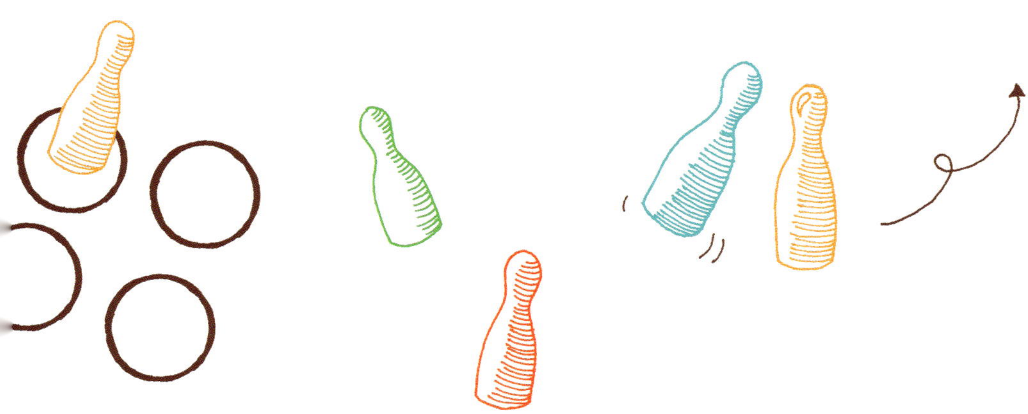

Spiele des Jahres

Jahr	Kinder	Erwachsene
1999	KAYANAK	TIKAL
2000	ARBOS	TORRES
2001	KLONDIKE	CARCASSONNE
2002	MASKENBALL DER KÄFER	VILLA PALETTI
2003	VIVA TOPO	ZUG UM ZUG
2004	GEISTERTREPPE	ALHAMBRA
2005	DAS KLEINE GESPENST	NIAGARA
2006	DER SCHWARZE PIRAT	THURN UND TAXIS

Playmobil

Manche Ölkrisen haben auch ihr Gutes. So hat zum Beispiel die des Jahres 1974 den Kinderzimmern einen der beliebtesten Spielklassiker beschert: Weil große Plastikprodukte in Folge des hohen Ölpreises nicht mehr kostendeckend hergestellt werden konnten, wagte die deutsche Firma geobra Brandstätter die Einführung des Playmobil Spielsystems. Zunächst tummelten sich in den ersten Playmobil-Welten (Baustelle, Wilder Westen, Ritterburg) ausschließlich Männer, aber im Jahr 1976 kamen auch Frauen hinzu und 1981 Kinder. Obwohl aus der Not geboren, war Playmobil von Beginn an ein Riesenerfolg. Heute sind fast 3000 Arbeiter und Angestellte an der Herstellung von Playmobil-Spielzeug beteiligt.

Der Dominoeffekt am Domino Day

Vom »Dominoeffekt« (oder Kettenreaktion) spricht man dann, wenn ein Ereignis ein anderes Ereignis verursacht, das wiederum zu einem nächsten Ereignis führt und so weiter. Am Domino Day versuchen leidenschaftliche Dominospieler seit 1998 jedes Jahr (außer 2003) aufs Neue, mit möglichst vielen Dominosteinen einen Dominoeffekt zu erzielen.

Jahr	aufgebaute Steine	gefallene Steine	Ergebnis in %
1998	2 250 000	1 605 757	71,37
1999	2 500 000	2 472 480	98,90
2000	3 112 000	2 977 678	95,58
2001	3 750 000	3 540 562	94,41
2002	4 000 000	3 847 295	96,18
2004	4 250 000	3 992 397	93,94
2005	4 321 000	4 002 136	92,62
2006	4 400 000	4 079 381	92,71

Der schwarze Peter, ein echter Räuber

So einfach kann verlieren sein: Wer am Schluss des Kartenspiels eine schwarz markierte Karte, den Schwarzen Peter, in den Händen hält, der hat diese Spielrunde verloren. Erfunden hat das Spiel der berühmt-berüchtigte Räuber Peter Petri, der im Hunsrück und im Odenwald sein Unwesen trieb. Mit 40 Jahren wurde der 1752 geborene schwarzhaarige Köhler und Holzfäller zum Räuber, nachdem französische Soldaten auf ihrem kriegerischen Beutezug all sein Hab und Gut verbrannt hatten. Fast 20 Jahre lang hielt Petri die Behörden in Atem, bis die Franzosen ihn festnehmen und 1812 zu einer lebenslangen Freiheitsstrafe verurteilen konnten. Diese Strafe musste Petri in einem Gefängnis bei Paris absitzen, wo er aus purer Langeweile das Kartenspiel mit dem Schwarzen Peter erfand. Ein Spiel, bei dem Parallelen zum Leben des Erfinders nicht zu übersehen sind.

Vom Flippern

Der Flipperautomat ist eine Weiterentwicklung von Kinderspielen aus dem 19. Jahrhundert, bei denen es darum ging, eine Kugel auf einer abschüssigen Bahn so abzulegen, dass sie auf ein bestimmtes Ziel zurollte. Heutzutage spielt man die moderne Variante dieses Spiels: das Game PINBALL, das sowohl für den PC wie auch für die wichtigsten Spielkonsolen in vielen verschiedenen Varianten zu bekommen ist. »Richtige« Flipperautomaten gibt es seit den 1940er Jahren; ihren Höhepunkt erreichte die Entwicklung der Technologie in den 1990er Jahren. Manche Spiele waren schließlich so kompliziert, dass das Flippern extrem schwierig, aber auch sehr aufregend wurde. Beim Flippern geht es vor allem darum, die Kugel möglichst lange im Spiel zu halten – und so Punkte zu sammeln. Heute droht das mechanische Flippern von entsprechenden Computerspielen verdrängt zu werden. Das Flippern war in den 1970er und 1980er Jahren ein wichtiger Bestandteil der Jugendkultur. Das merkt man auch daran, dass viele Begriffe aus dem Flipper-Bereich in den allgemeinen Sprachgebrauch übernommen wurden: »Tilt!«, »Ausflippen«, »Game over«.

Queues, Kugeln und Konsorten

Billard ist ein beliebter Freizeitsport, wird aber auch professionell gespielt. In der heutigen Form gibt es das Tischbillard vermutlich seit ungefähr 300 Jahren. Schon seit über 4 000 Jahren werden Billardvorläufer gespielt. Es gibt Dutzende Billardvarianten. Am gebräuchlichsten ist das Pool Billard. Es wird mit neun oder 15 farbigen sowie einer weißen Kugel gespielt. Nur die weiße Kugel darf direkt angestoßen werden, so dass sie die farbigen Kugeln in die sechs Löcher des Billardtisches versenkt. Bei anderen Arten des Billardspiels geht es nicht darum, die Kugeln zu versenken, sondern bestimmte Karambolagearten (Art und Weise, wie die Kugeln zusammenprallen) zu erreichen. Wichtig: Nach jedem Stoß sollte der Queue (Stock zum Stoßen, Aussprache: »Kö«) mit

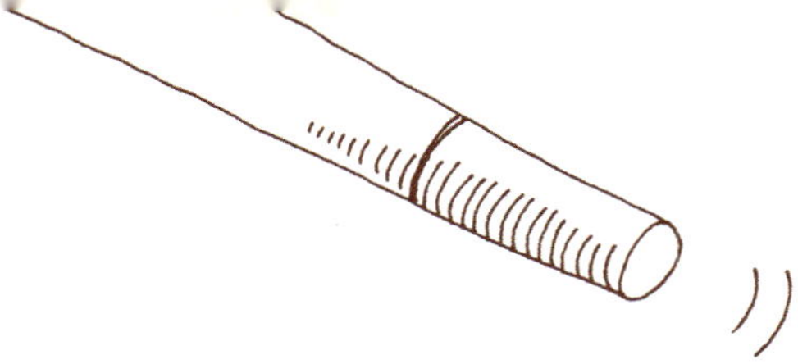

Billardkreide eingerieben werden. So kann man genauer stoßen. Für Billardeinsteiger: Wichtig ist am Rand des Billardtisches ein möglichst professionelles Verhalten. Wer fachmännisch wirkt, wenn er den Queue einkreidet, wer den Stoß mehrfach elegant ansetzt, bevor er ihn ausführt, wer selbstkritisch-genervt stöhnt, wenn ein Stoß mal misslingt – der ist am Tisch schon bald als echter Billardspieler anerkannt.

LEg GOdt – Spielzeug aus Dänemark

Der dänische Tischler Ole Kirk Christiansen hat die Firma Lego im Jahr 1932 gegründet. Christiansen wollte eigentlich Holzspielzeug herstellen, verlegte sich aber ab 1949 auf Kunststoffe. »Lego« ist die Abkürzung von *leg godt* (dän. »spiel gut«). Im Laufe der Zeit hat Lego zwar sehr viele verschiedene Themenideen aufgegriffen, doch das Lego-System blieb nahezu unverändert. Deshalb lassen sich viele Steine von heute noch mit denen aus den 1960er und 1970er Jahren kombinieren.

Einige Lego-Rekorde

Höchster Lego-Turm 28,21 m, 500 000 Steine, Legoland Carlsbad, USA, 2005 Längste Lego-Konstruktion 1 410 m, ca. 3 Millionen Steine, Singapur, 2004 Größtes Lego-Auto über 1 000 kg, 4,72 m lang, 2,28 m breit und 1,24 m hoch, 650 000 Steine, 1 500 Stunden Planung und 4 000 Stunden bauen, Chicago, USA Größte Lego-Burg 4,45 m × 5,22 m groß, Schweden, 1992 Lego-Modell des DNA-Moleküls (menschliches Erbgut) 12 m hoch, Wissenschaftszentrum »Experimentarium« Kopenhagen, 2003 Modell der Münchner Allianz Arena 5 m × 4,5 m × 1 m, 400 000 Steine, 4 209 Arbeitsstunden, Legoland Deutschland, 2005

Die Geschichte der Spielkonsolen

Magnavox Odyssey (1972): Bereits 1968 hatte der deutsche Ingenieur Ralph Baer einen Prototyp für das erste Telespiel der Welt entwickelt. Die amerikanische Firma Magnavox brachte das Spielsystem nach langem Zögern 1972 auf den Markt. Leider wurde das Gerät sehr schlecht vermarktet; viele Konsumenten glaubten, die Baer-Konsole funktioniere nur im Zusammenspiel mit dem Magnavox-Fernseher. Deshalb konnte sie sich nicht durchsetzen. Atari VCS 2600 (1977): Mit dieser Spielkonsole schaffte die Firma Atari den Durchbruch in der Geschichte der Videospiele. Der Erfolg gründet auf der Technik des Geräts: Das Video Computer System (VCS) funktionierte für 500 Spiele. Es verkaufte sich 30 Millionen Mal und wurde so zum Konsolenklassiker. Legendär ist vor allem der Atari-Joystick, der den Geräten bis 1986 beilag. Mattel Intellivision (1979): Die Blue Sky Rangers, ein geheimes Team aus Software-Entwicklern, arbeitete jahrelang an dieser neuen Spielegeneration. Durch die Geheimhaltung wollte der Hersteller vermeiden, dass Atari die Ingenieure abwirbt. Mattel wurde mit seinem 16-Bit-Hauptprozessor in der Konsole ein ernster Konkurrent für Atari. Die Stärke der Serie zeigte sich vor allem durch die recht wirklichkeitsgetreuen Bilder der Sportspiele. Nintendo Game & Watch (1980): Nintendo nahm mit diesem Spiel vorweg, was zehn Jahre später als Gameboy zum großen Welterfolg wurde: die erste tragbare Konsole. Die von dem japanischen Ingenieur Gunpie Yokoi entwickelten Geräte hatten die Maße eines handelsüblichen Taschenrechners. Sony-Playstation (1994): Mit der ersten Generation der Playstation, die von 1994 bis 2006 verkauft wurde, erzielte das japanische Unternehmen Sony Entertainment einen immensen Erfolg: Die technisch hochwertige Spielkonsole verkaufte sich über 100 Millionen Mal. Das Nachfolgemodell PS2 kam am 24. November 2000 auf den Markt; über 110 Millionen Konsumenten kauften diese Konsole. Seit November 2006 konkurrieren drei herausragende Systeme mit interaktiven Spielen, Internetzugang, Lan-Spielmöglichkeiten und virtuellen Realitäten um die Gunst der Spieler: Nintendo Wii, Sonys Playstation 3 und Microsoft Xbox 360.

Kinderfernsehen

Kinderfernsehen ist, wenn Kinder fernsehen, hat der Erfinder der SENDUNG MIT DER MAUS, Gert K. Müntefering, einmal gesagt. Recht hat er! Denn nicht alles, was Kinder im Fernsehen mögen, ist eigens für sie gemacht. Sie sehen auch gern Sportsendungen, Filme, Soap Operas, Shows oder Wissensmagazine. Die erste Sendung im deutschen Fernsehen, die eigens für Kinder produziert war, startete 1951 und hieß KINDERSTUNDE. Darin regte die Moderatorin Ilse Obrig vor allem zum Basteln und Singen an. DIE SENDUNG MIT DER MAUS gibt es seit 1971, die SESAMSTRASSE seit 1972. Damals dachte man, dass Fernsehen vor allem zum Lernen anregen sollte. So konnte man in der MAUS erfahren, wie die Löcher in den Käse kommen, und in der SESAMSTRASSE das Zählen lernen. Schon bald merkten die Fernsehmacher aber, dass Kinder auch im Fernsehen vor allem gute Geschichten lieben. Und weil Kinder außerdem Zeichentrickfilme mögen, gab es dann auch Zeichentrickserien wie TOM & JERRY, HEIDI und WICKIE im deutschen Programm zu sehen.

Computerspielklassiker

1958 TENNIS FOR TWO
1962 SPACEWAR
1972 PONG
1975 ADVENTURE
1978 SPACE INVADERS
1980 PAC MAN
1981 DONKEY KONG
1985 SUPER MARIO
1987 MANIAC MANSION
1989 SIMCITY
1990 WING COMMANDER
1991 LEMMINGS
1992 WOLFENSTEIN
1993 DOOM
1995 COMMAND & CONQUER

Kinderfernsehhelden mit seltsamen Namen

Die Backyardigans, Bernd das Brot, Barbapapa, Der rosarote Panther, Die Trollz, Emily Erdbeer, Pinky, Die Powerpuff Girls, Herr Rossi, Ren & Stimpy, SpongeBob, Teletubbies, Tex Avery, Yakkiti Yak, Zini

Heidi, SpongeBob & Co.

Eine Zeichentrickserie herzustellen ist richtig teuer. Eine Episode von einer halben Stunde Länge kostet mit 500 000 Euro in etwa so viel wie ein Einfamilienhaus. Deshalb werden viele Serien aus dem Ausland gekauft beziehungsweise gemeinsam mit anderen Ländern hergestellt. So etwas nennt man Koproduktion, also gemeinsame Produktion. Dass viele Serien im Ausland gedreht werden, erklärt auch, warum zum Beispiel SpongeBob in »Bikini Bottom« wohnt (das Bikini-Atoll liegt im Pazifischen Ozean, *Bottom* heißt auf Englisch so viel wie Meeresboden) und nicht in Kiel an der Ostsee.

Musik ist …

Töne, Rhythmen, Schallwellen und Schwingungen – alles zusammen macht die Musik. Hörbar wird sie durch das Zusammenwirken der Schallwellen mit unserem Gehörapparat. Das Wort Musik stammt vom altgriechischen mousiké *ab, womit die Kunst der Musen gemeint war. Die Römer machten daraus im Lateinischen* ars musica *(»Tonkunst«), bevor schließlich im 9. Jahrhundert n. Chr. das althochdeutsche Wort Musik entstand. Das Musikhören regt – wie auch das Schokoladeessen und das Verliebtsein – das limbische System im Gehirn an, das für die menschlichen Gefühle zuständig ist. Als schön wird eine Musik dann empfunden, wenn die Tonhöhe, der Rhythmus, die Lautstärke und der Klang in einem bestimmten Verhältnis zueinander stehen. »Verrückte« moderne Musik wird deshalb als »schräg« empfunden, weil dieses Verhältnis von den Komponisten ver-rückt wurde – und weil wir an diese Art von Musik nicht gewöhnt sind.*

Der Ton macht die Musik

Schall entsteht durch kleinste Druck- und Dichteschwankungen, die in Form von Wellen durch Luft weitergegeben werden. Der Klang ist eine akustische Botschaft, die durch den Schall an unser Ohr gelangt und dort vom Gehirn als Sprache, Geräusch oder Musik erkannt wird. Der Ton (auch: die Note) ist das einzelne Element eines Musikstückes. Der Takt besteht aus einer Gruppe von Grundschlägen gleicher Tondauer. Der Rhythmus ist die Zeitstruktur der Musik, genauer die Tondauer sowie die Abstände, in denen die Töne einsetzen. »Notationen«, also Systeme zum Aufschreiben von Musik mit Hilfe von Noten, gibt es seit der Zeit der alten Ägypter vor 5000 Jahren. Sie dienen als Erinnerungsstütze, und sie erlauben es, ein Musikstück auch dann nachzuspielen, wenn man es vorher noch nicht gehört hat.

Der Gewinner mit dem Alphorn

Da staunte der Paketbote nicht schlecht: Drei Meter lang war das Ungetüm, das er dem Hamburger Abiturienten Benjamin Scheuer Ende 2006 zu liefern hatte: ein Alphorn. Auch Benjamin selbst war ziemlich überrascht: Ohne jemals ein Alphorn gesehen oder gespielt zu haben, hatte sich der damals 19-Jährige an einem Schweizer Kompositionswettbewerb für Alphornmusik beteiligt – und mit seiner »Kleinen Alphornsuite« glatt den ersten Preis gewonnen: sein Alphorn. Komponiert hat Benjamin Scheuer schon in der Grundschule. Weil ihm der Blockflötenunterricht zu langweilig war, schrieb er bereits mit sechs Jahren eigene, spannendere Stücke. Mittlerweile studiert Benjamin Scheuer an der Hamburger Musikhochschule Komposition. Eines kann er dabei aber kaum gebrauchen: sein Alphorn.

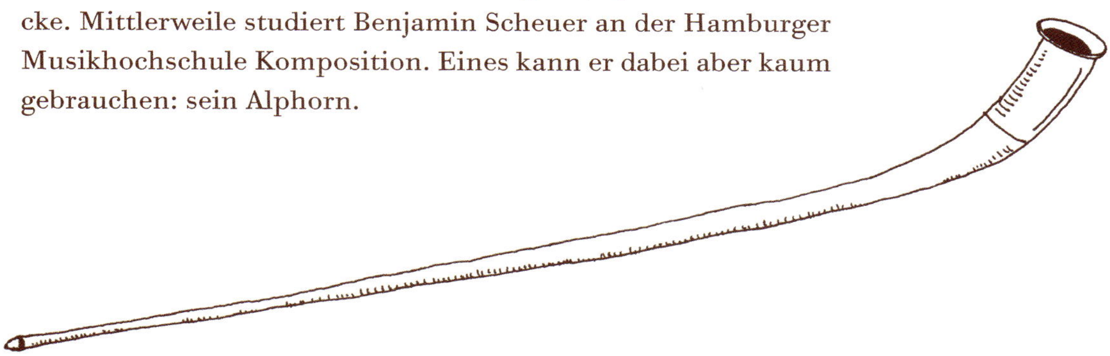

Das älteste Lied der Welt

Das nachweislich älteste komponierte Lied stammt aus Babylon zur Zeit um 1400 v. Chr. Archäologen fanden bei Ausgrabungen einige Tontafeln, die sie stutzig machten: Die schwer zu entziffernde Keilschrift stellte keinen mathematischen Text dar wie auf vielen anderen Tontafeln, sondern die Anleitung zum Spielen der Saiten einer Lyra (Musikinstrument der Babylonier). Auf einer der Tafeln konnte sogar ein richtiges Lied entziffert werden, eine Hymne an die Gemahlin des Mondgottes. Den Forschern gelang es, die Melodie zu rekonstruieren – und dabei erlebten sie die größte Überraschung: Die Melodie des Liedes folgt den Gesetzen der Harmonielehre (musikwissenschaftlicher Begriff, der das harmonische Zusammenspiel der Töne erklärt). Bis zu diesem Zeitpunkt ging die Wissenschaft davon aus, die Harmonielehre sei das Werk des Pythagoras, der erst 570 v. Chr. geboren wurde. Die Hymne an die Gemahlin des Mondgottes wurde unter dem Titel »Melodie der Stille« veröffentlicht und gilt heute als das älteste Lied der Welt.

Das ABC der Musikinstrumente

Alphorn Blasinstrument, Schweiz, seit 1527 Basing-Bugisi Trommel, Simbabwe Chalumeau Holzblasinstrument, Europa, seit dem Mittelalter Daumenklavier Afrika, seit 1000 n. Chr. Euphonium Blasinstrument, seit 1825, Frankreich Fagott Blasinstrument, seit dem 17. Jahrhundert, Europa Gamelan Musikinstrument aus Indonesien, das für eine gleichnamige Musikart verwendet wird Hackbrett Saiteninstrument mit Klöppeln, seit etwa 1370, Mitteleuropa Inzad Traditionelles Streichinstrument der Tuareg-Nomaden, das nur von Frauen gespielt wird, Afrika Jaltarang Indisches Musikinstrument, das aus zwei Wasserschüsseln besteht, die mit Stöckchen zum Klingen gebracht werden Kabak-Kemane Türkisches Streichinstrument Lyricon Elektronisches Musikinstrument, das wie eine Flöte oder Klarinette klingen kann Mazhar Mit Fell bespannter Rahmen, seit 9000 Jahren im Orient gebräuchlich Nasenflöte Traditionelles Blasinstrument in Südamerika, Südostasien, Ozeanien und Irland Oboe Holzblasinstrument, das der Klarinette ähnlich ist Pi Anggong Zungeninstrument, das in Thailand gebräuchlich ist Quena Auch: Andenflöte, ist in Südamerika, insbesondere in Bolivien und Peru heimisch Ryuteki Auch: Drachenflöte, Querflöte aus Bambus, die in Japan gespielt wird Snb Aussprache: »Scheneb«, Blechblasinstrument, das im Grab des ägyptischen Pharaos Tutenchamun gefunden wurde Tuba Das tiefste der Blasinstrumente, seit 1830, Deutschland Ukulele Ein kleines, gitarrenähnliches Instrument, das von der portugiesischen Insel Madeira über Hawaii in die USA wanderte Veena Saiteninstrument, das seit Jahrtausenden in Indien gespielt wird Waterphone Mischinstrument aus einer tibetanischen Wassertrommel, einem Daumenklavier und einer Nagelvioline, 1967, USA Xylophon Schlaginstrument, wurde vor 500 Jahren aus Asien nach Europa importiert, hatte im 16. Jahrhundert in Deutschland den Spitznamen »Hölzernes Gelächter« Yidaki Auch: Didgeridoo, traditionelles Blasinstrument der australischen Ureinwohner Zheng Auch: Guzheng, chinesische Zither, belegt seit 481 v. Chr.

Jaltarang

Hackbrett

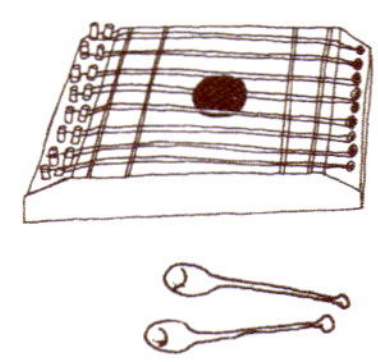

Daumenklavier

Chalumeau

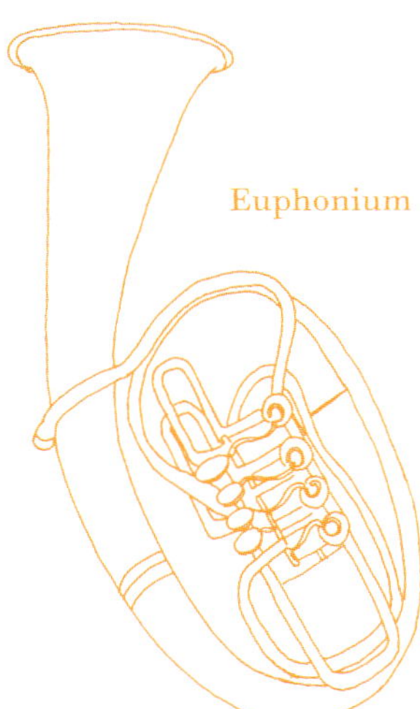

Euphonium

Fagott

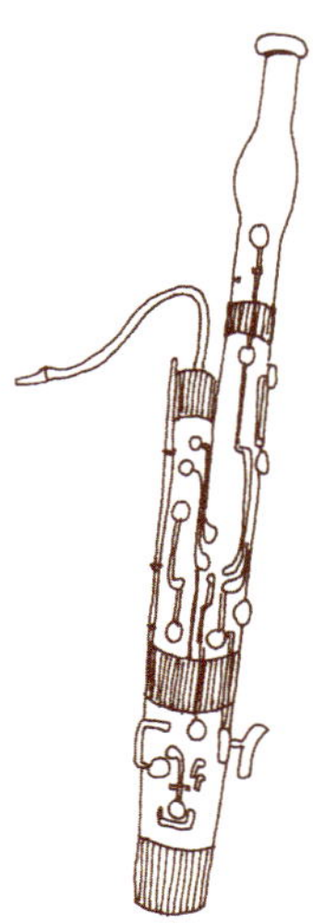

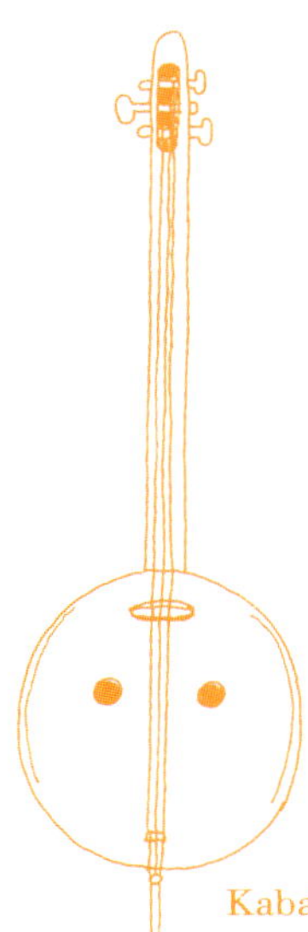

Kabak-Kemane

Snb

Das älteste Instrument der Welt stammt aus Baden-Württemberg

In einer Höhle auf der Schwäbischen Alb fanden Forscher eine sorgfältig gearbeitete Flöte. Das feine Material des Instruments stellte sich als Schwanenbein (Schienbeinknochen eines Schwans) heraus. Die Flöte ist bereits 30 000 Jahre alt. Einfache Röhrenknochen mit drei oder vier Löchern, die als Pfeifen dienten, entdeckten Archäologen auch in Frankreich und Russland. Diese Pfeifen stammen aus der Zeit um 25 000 v. Chr. Ähnlich alt sind auch die sogenannten Schwirrhölzer, die seit über 25 000 Jahren bei den Ureinwohnern Australiens und bei anderen Naturvölkern gespielt werden. Das Schwirrholz funktioniert denkbar einfach: Durch ein Loch an dem einen Ende einer Holzscheibe wird eine Schnur gezogen. Mit Hilfe dieser Schnur wird das Brettchen umhergeschwungen, so dass ein eigenartiger, leicht gespenstisch anmutender Ton erklingt. Nach einem Schwirrholzkonzert 1885 in London gab ein Zuhörer folgende Beschreibung des Geräusches: *Als dann das Schwirrholz richtig in Schwung kam, entstand plötzlich ein mächtiges Brausen, als würde ein übernatürliches Wesen mit schwirrenden, furchterregenden Flügelschlägen auffliegen.*

Oboe

Abkürzungen für Instrumente

acc Akkordeon
as Altsaxophon
b Bass
bcl Bassklarinette
bj Banjo
bars Baritonsaxophon
bss Basssaxophon
btb Basstrompete
c Kornett
cd Klarinette
dr Schlagzeug
eb Elektrischer Bass
ep Elektrisches Piano
fl Flöte
flh Flügelhorn
frh Waldhorn
g Gitarre
harm Mundharmonika
harp Harfe
keyb Keyboard
mand Mandoline
ob Oboe
org Orgel
p Piano / Klavier
sax Saxophon
synth Synthesizer
tb Posaune
tp Trompete
ts Tenorsaxophon
tu Tuba
v Violine / Geige
va Viola / Bratsche
vb Vibraphon
vc Cello

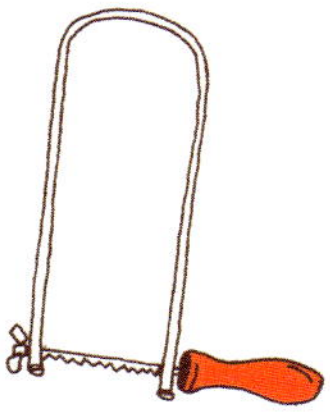

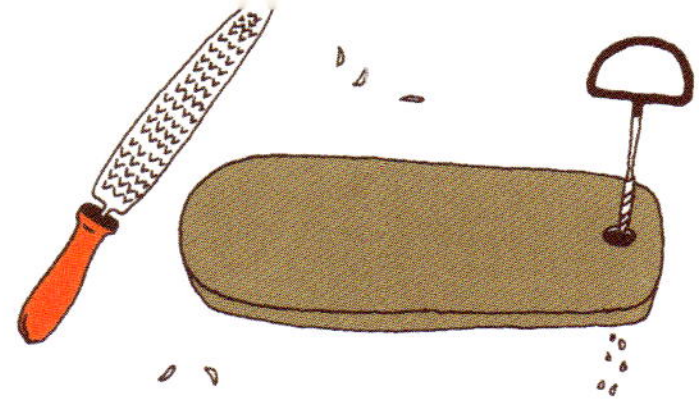

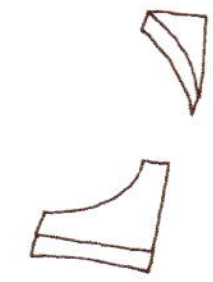

Ein Schwirrholz selber machen

Ein flaches Stück Holz (etwa 25 cm lang, 5 cm breit und 0,5 bis 1 cm dick) besorgen, eine lanzenförmige Form aufzeichnen und mit einer Laub- oder Pucksäge aussägen. Die gesägten Kanten zuerst mit einer Holzfeile grob, dann mit Schmirgelpapier fein nachglätten. Mit einem Holzbohrer (etwa 5 mm) ein Loch an einem beliebigen Ende des Holzes bohren. Die feste Schnur (etwa 1 m) durch das Loch fädeln und das Ende fest verknoten. Auf einem freien Platz (Wiese oder Park) das Schwirrholz fest an der Schnur halten und über dem eigenen Kopf schnell kreisen lassen.

Berufe mit Musik

Arrangeur Ist für die Umsetzung eines Musikstückes verantwortlich. Audio-Designer Entwickelt Musik, zum Beispiel für Werbespots, Fernsehfilme oder Veranstaltungen. Dirigent Leiter eines Chors oder Orchesters. DJ (= Discjockey) Sorgt in Clubs und auf Partys für die richtige Musik. Filmkomponist Macht Musik für Filme und TV-Produktionen. Instrumentenbauer Baut Instrumente. Komponist Schafft ein musikalisches Werk. Librettist Entwickelt einen Text / eine Geschichte zur Musik. Roadie Hilft beim Auf- und Abbau der Bühne sowie beim Transport der Ausrüstung einer Musikband auf Tour. Musikjournalist Berichtet für eine Zeitung, ein Magazin, einen Radio- oder Fernsehsender über Musik. Musikredakteur Sorgt bei einem Radiosender dafür, dass die richtige Musik gespielt wird. Musikwissenschaftler Beschäftigt sich mit der Theorie und Geschichte der Musik. Produzent Leitet und verantwortet eine Musikaufnahme. VJ (= Videojockey) Moderiert bei einem TV-Musiksender.

Hauchen, Blasen, Pressen, Pusten

Didgeridoo Das Instrument der australischen Ureinwohner. Ein Eukalyptusstab wird so lange in der Erde vergraben, bis Termiten ihn völlig ausgehöhlt haben. Die so entstandene Holzröhre wird verziert und als Blasinstrument genutzt. Fagott Etwas unhandliches Holzblasinstrument mit tiefem, dunklem Klang. Flageolett Aus Stein geschnitzte Flöte der Haida-Indianer, die an der kanadischen Küste leben, ähnlich der Blockflöte, nur kleiner. Klarinette Im 18. Jahrhundert entwickelt, kann lieblich bis schrill klingen. Lieblingsinstrument des amerikanischen Schauspielers und Regisseurs Woody Allen, dessen Spiel man jeden Montag im »Michael's Pub« in New York bewundern kann. Nasenflöten werden mit der Nase geblasen, sind hauptsächlich im Pazifikraum anzutreffen. Querflöte Flöte mit seitlichem Mundloch, wird quer zum Körper gehalten. Shakuhachi In Japan gebräuchliche Flöte, die mit Hilfe einer Kerbe am oberen Ende gespielt wird. Tiktiri Doppelklarinette aus Indien, bestehend aus zwei Schilfhalmen in einer Kürbisschale.

Fünf weltbekannte Jugendchöre aus Deutschland

Dresdner Kapellknaben gegründet 1548, 70 Singstimmen Kölner Domchor gegründet 1863, 143 Singstimmen Regensburger Domspatzen gegründet 1975, 60 Singstimmen Tölzer Knabenchor gegründet 1956, 200 Singstimmen Windsbacher Knabenchor gegründet 1946, 100 Singstimmen

Warum Flöten, Klarinetten und Tubas klingen

Egal, ob Holz oder Blech – Blasinstrumente bestehen immer aus einer Röhre, in die der Musiker Luft hineinbläst. Im Innern der Röhre gerät die Luft in Schwingungen, die sich auf den Körper des Instruments übertragen, so dass Schallwellen entstehen. Die Luft in der Röhre heißt auch Luftsäule. Ist die Luftsäule kurz, entsteht ein hoher Ton, ist die Luftsäule lang, entsteht ein tiefer Ton. Holzblasinstrumente können aus Blech und Blechblasinstrumente aus Holz sein. Das Mundstück macht den Unterschied aus: Blechblasinstrumente haben Mundstücke, an die der Spieler seine Lippen setzt, um Luft ins Instrument zu blasen. Holzblasinstrumente dagegen haben meist einfach nur ein Loch ohne Mundstück beziehungsweise ein Mundstück mit einem sogenannten Rohrblatt (ein Plättchen aus beweglichem Material, das vom Luftstrom in Schwingungen versetzt wird). Das Saxophon, das 1846 von dem Belgier Adolph Sax erfunden wurde, ist ein Zwitterinstrument: Es ist aus Metall, hat aber ein Rohrblattmundstück.

Sieben berühmte Trompeter

Louis Armstrong (1901–1971): Der berühmteste Vertreter des Swing, des New-Orleans-Jazz und des Bigband-Jazz. Lernte das Trompetenspiel in einer Besserungsanstalt für Jugendliche, perfektionierte seine Kunst als Band-Trompeter eines Mississippi-Dampfers. Sein bekanntestes Lied: »What a wonderful world«. Miles Davis (1926–1991): Der bekannteste und bedeutendste Jazztrompeter des 20. Jahrhunderts. Engagierte sich für die Rechte der farbigen Amerikaner. Arbeitete in seinen letzten Lebensjahren auch mit jungen Rappern und Hip-Hoppern zusammen. Fünf seiner bekanntesten Alben: BIRTH OF THE COOL (1949), Soundtrack für den Film FAHRSTUHL ZUM SCHAFOTT von Louis Malle (1958), KIND OF BLUE (1959), DECOY (1984), DOO-BOP (1991). Chet Baker (1929–1988): Gilt mit seinem gefühlvollen Spiel als einer der begabtesten Trompeter der Jazz-Geschichte. Mitte der 1960er Jahre wurden ihm bei einer Schlägerei mehrere Zähne ausgeschlagen, so dass er das Trompeten mit einer Zahnprothese mühsam neu erlernen musste. Stürzte 1988 aus einem Hotelfenster in Amsterdam zu Tode. Herp Alpert (* 1935): Gilt als Erfinder des Tijuana-Brass-Stils, bei dem Elemente mexikanischer Musik mit Jazz- und Funkmusik kombiniert werden. Hat ca. 70 Millionen Tonträger verkauft. Nils Petter Molvaer (* 1960): Norwegischer Trompeter, der als Vorreiter der Verbindung von Jazzmusik mit elektronischer Musik gilt. Stammt von der entlegenen Insel Sula, nach der er auch seine eigene Schallplattenfirma benannt hat. Wynton Marsalis (* 1961): Amerikanischer Trompeter, einer der einflussreichsten lebenden Jazzmusiker. Legt sehr viel Wert auf die Traditionen der Jazz-Musik. Hat oft afrikanische Rhythmen und Melodien in seine Stücke eingebaut. Gilt deshalb als einer der Mitbegründer der Weltmusik. Till Brönner (* 1971): Bekanntester deutscher Trompeter, der sowohl als Jazzmusiker als auch als Komponist von Filmmusik auftritt. 2007 gewann er den Echo-Preis als bester Jazzmusiker.

Musikvideos mal anders – das Scopitone

Musikvideos, das kannten schon die Eltern und Großeltern, zumindest in Frankreich. Da gab es nämlich in den 1960er Jahren in vielen Kneipen und Cafés sogenannte Scopitone-Maschinen. Das waren Geräte, die Musik abspielen konnten und auf denen oben ein kleiner Bildschirm angebracht war. Wählte man ein Lied, konnte man zur Musik den entsprechenden Film bewundern. Bekannte Sänger waren damals zum Beispiel Johnny Hallyday, Petula Clark und Eddy Mitchell. Fast 2 000 meist sehr kitschige Musik-Filme sind so zu einer Zeit entstanden, in der von den Musikvideos im Fernsehen noch niemand etwas ahnte. Schon in den 1970er Jahren waren die Scopitones bei den Musikfans allerdings nicht mehr so beliebt, weil die jungen Leute sich für andere Musik und für andere Bilder interessierten. Im Jahr 1978 wurde die letzte Scopitone-Maschine hergestellt, und dann war mit dieser Art des Musikfernsehens Schluss.

Die erfolgreichsten (Pop-)Musiker aller Zeiten

1. The Beatles (450) 2. Michael Jackson (350) 3. Elvis Presley (300) 4. Madonna (275) 5. Nana Mouskouri (250) 6. Cliff Richard (250) 7. The Rolling Stones (250) 8. Mariah Carey (230) 9. Elton John (220) 10. Celine Dion (220)

Stand 2006, verkaufte Tonträger in Millionen

Noch zu erfinden: eine Musik mit Y

Avantgardemusik
Barockmusik
Chormusik
Diskomusik
Elektronische Musik
Fahrstuhlmusik
Gebrauchsmusik
Hausmusik
Intellektuellenmusik
Jazzmusik
Kammermusik
Livemusik
Militärmusik
Nachtmusik
Opernmusik
Punkmusik
Quatschmusik
Rockmusik
Stimmungsmusik
Tanzmusik
Untergrundmusik
Volksmusik
Weltmusik
Xylophonmusik
Y…musik
Zigeunermusik

Grandmaster Flash, die Bronx und der Rap

Die Geschichte des Rap begann Mitte der 1960er Jahre im New Yorker Stadtteil Bronx: Das Viertel wurde verplant und zerbaut, monströse Autobahnen führen durch die einst wenigstens halbwegs attraktive Wohngegend. Die Folge: verlassene Fabriken, leerstehende Geschäfte, unsanierte Wohnhäuser aus dreckgeschwärzten Backsteinen. Keine lebenswerte Gegend. Und doch liebten viele Jugendliche, die hier aufwuchsen, »ihr« Viertel so, wie es war. Sie trotzten den randalierenden Gangs, der Armut, der Hoffnungslosigkeit, dem schlechten Ruf ihrer Bronx – und entwickelten Partys in ganz eigenem Stil; Feten, die anders waren als die der Reichen in Manhattan. Eine coole Party in der Bronx – dazu brauchte es nur eine alte Fabrikhalle, einen funktionierenden Plattenspieler, ein paar heiße Scheiben und einen DJ, der den Laden durch »Scratchen« (dabei erzeugt man Töne, indem Schallplatten bei aufliegender Nadel rhythmisch hin- und herbewegt werden) zum Kochen brachte. Stürmte die Polizei die Party wegen zu lauter Musik, ging die Sause andernorts weiter. Auf diese Weise entstand nach und nach eine ganz eigene Jugendkultur: mit Graffiti-Sprayen, B-Boying (ursprüngliche Bezeichnung für Breakdance) und lässigen Klamotten im Schlabberlook. Grandmaster Flash, einer der angesagtesten DJs der Zeit, war ein echter Breakbeat-Akrobat. Mit allen Fingern, mit dem Ellenbogen und sogar mit der Stirn scratchte er die Platten, bis die Tanzfläche brodelte. An besonders guten Tagen war seine Platten-Akrobatik so beeindruckend, dass keiner mehr tanzte, dass alle in der Bewegung verharrten und seine Kunst bestaunten. Die Musik der DJs war anfangs instrumental, aber Grandmaster Flash engagierte eines Tages ein paar Jungs, die im Takt seiner Musik lockere, freche und kritische Sprüche aneinanderreihten. Damit war der Rap geboren, eine Jugendbewegung nahm ihren Lauf – und das Publikum tanzt bis heute danach.

Einen Rap dichten

Wichtig bei einem Rapsong ist vor allem das rhythmische Zusammenspiel von Musik und Text. Rapstücke sind gesprochene Texte, bei denen sich oft mehrere Rapper abwechseln, die gemeinsam sprechen, sich gegenseitig ins Wort fallen oder ein regelrechtes Wortgefecht führen. Die Musik ist meist ein 4/4 Takt, im Musikjargon auch »four to the floor« genannt. Die Verse werden nach der von der Musik vorgegebenen Takteinheit geformt. Wer keine Lust hat, selbst einen Rap zu texten, kann sich zum Beispiel auch bei anderen Gedichten bedienen.

ZAUBER DER JUGEND

DIE UNENDLICHE KRAFT DER JUGEND,
GEPAART MIT SCHÖNHEIT UND TUGEND.
EDEL WIE EINE ROSE,
EIN QUELL AUS ANMUT UND REIZ.
ZART WIE EINE MIMOSE,
GEFÜLLT MIT UNENDLICHER SINNLICHKEIT.

ZAUBER DER JUGEND

GEFANGEN VON GEFÜHLEN,
UNERGRÜNDLICH UND GEHEIMNISVOLL.
UMGEBEN VON VERTRÄUMTER HEIMLICHKEIT
UND UNENDLICH HINGEBUNGSVOLL.
BEHERRSCHT VON LEIDENSCHAFT DER GEGENWART
OFT UNGLAUBLICH SANFT UND ZART.

ZAUBER DER JUGEND

Originalgedicht
(erster Rapper)
Zauber der Jugend
von Bernd Richter

Hip-Hopper mit seltsamen Namen

Afrika Bambaataa, Anybody Killa, Blumentopf, Bubba Sparxxx, Cannibal Ox, Da Beatminerz, Del Tha Funkee Homosapien, Fettes Brot, Feinkost Paranoia, Funkmaster Flex, Kinderzimmer Productions, Mausberg, Missy Elliott, Originoo Gun Clappaz, Peanut Butter Wolf, Pharoahe Monch, Rödelheim Hartreim Projekt, Queen Latifah, Salt'N'Pepa, Shifty Shellshock, Smif-N-Wessum, Sugarhill Gang, Terror Squad

VERFECHTER NEUER TUGEND

UNENDLICH DIE JUGEND KRAFT IHRER TUGEND
ENDLOSE SCHÖNHEIT UND TUGEND
VIELES GEHT UNENDLICH IN DIE HOSE
REIZT UNS DIE ARMUT, WELTWEITE ARMUT
ABER HART IST DER BLICK AUF DIE GANZE SCHOSE
ABGELOOST AN DER EWIGEN WIRKLICHKEIT

VERFECHTER DER TUGEND, FRECHERER TUGEND
VERGEBENER JUGEND

GEFÜHLTEN GEFÜHLEN IN DEN KERKERN DER MACHT
WERBEWIRKSAM, VERMARKTET AN DEN MANN GEBRACHT
N DER WEICHGESPÜLTEN FERNSEHWELT DER UNWIRKLICHKEIT
POMMESVERFRITTET UND SESSELFEST
EGREENPEACT VON ATTAC UND UMWELTBERICHT
EWAPPNET FÜR UMWELT, NATUR UND TIER.

ERFECHTER DES LEBENS, UMWELTGERECHTER
ERFECHTER DER JUGEND

Raptext
(zweiter Rapper)
Verfechter neuer Tugend
von Stephanie Busch
und Ulrich Noller

Populäre Musik aus Deutschland

Krautrock Experimentelle Rockmusik aus Deutschland, die Ende der 1960er und Anfang der 1970er Jahre international erfolgreich war. Bekannte Bands: Can, Amon Düül, Eloy, Embryo, Grobschnitt, Guru Guru. Deutschrock Kommerziell erfolgreiche Rockmusik mit deutschen Texten. Wurde in den 1970er Jahren viel gehört (Udo Lindenberg, Klaus Lage, Ton Steine Scherben). Erlebt seit Anfang der 2000er Jahre einen neuen Aufschwung mit Christina Stürmer, Silbermond, Juli, Sportfreunde Stiller und Wir sind Helden. Elektro/Techno Die Pioniere der elektronischen Musik Oskar Sala und Karl-Heinz Stockhausen stammen ebenso aus Deutschland wie die Vorreiter-Bands Einstürzende Neubauten und Kraftwerk. In einem Frankfurter Schallplattenladen wurde in den 1980er Jahren der Begriff Techno geprägt. In Berlin lockte die Love-Parade ab 1989 bis zu 10 Millionen Besucher. Bekannte elektronische Acts (oder Bands) aus Deutschland: DJ Hell, Sven Väth, Wolfgang Voigt, WestBam. Neue Deutsche Welle Mal lustige, mal provozierende Punk-, New-Wave- und Popmusik mit deutschen Texten. Zum Beispiel von Abwärts, Ideal, Nena, Trio. Besonders angesagt von 1976 bis 1985. Hamburger Schule Weiterentwicklung der Musik der Neuen Deutschen Welle. Unangepasste Rockmusik mit intelligenten, gesellschaftskritischen Texten. Wurde (seit Ende der 1980er Jahre) und wird vor allem von Bands aus Hamburg gepflegt: Blumfeld, Tocotronic, Die goldenen Zitronen, Die Sterne. Deutscher Sprechgesang Seit Anfang der 1990er Jahre setzte sich – vor allem von Baden-Württemberg aus – die deutsche Variante des Hip-Hop durch: Statt auf düstere Gangsta-Attitüden nach US-Vorbild bauten die deutschen Rapper auf lebenslustige, originelle Stücke und Ideen. Bekannte Vertreter: Fanta4, Fettes Brot, Rödelheim Hartreim Projekt. Neue Deutsche Härte Harte, schnelle, düstere Rockmusik mit deutschen Texten und elektronischen Einflüssen. Ein Trend seit dem Ende der 1990er Jahre, erfolgreich vor allem in Deutschland und den USA. Bekannte Bands: Oomph!, Rammstein, Joachim Witt. VolXmusik (auch: Neue Volksmusik) Musiker aus Süddeutschland und Österreich verbinden traditionelle Volksmusik mit Jazz-, Weltmusik- und Pop-Elementen. Ein Trend seit Mitte der 1990er Jahre. Bekannte Bands: Attwenger, Biermösl Blosn, Haindling, Hubert von Goisern, Ringsgwandl.

Weltmusik

Wer von Weltmusik spricht, kann damit zweierlei meinen: Entweder traditionelle Musik aus aller Welt, also zum Beispiel Folk aus Irland, Gospel aus den USA, Salsa aus Lateinamerika, jüdische Klezmermusik aus Osteuropa. Oder aber moderne Jazz- und Popmusik, die Elemente traditioneller (Volks-)Musik aufnimmt. Die Anfänge dieser neuen Weltmusik machten Popbands wie die Beatles und Rolling Stones in den 1960er Jahren, indem sie traditionelle indische, afrikanische und orientalische Melodien in ihre Songs und Stücke einbauten. In den 1990er Jahren erlebte die Weltmusik im Zuge der fortschreitenden Globalisierung einen weiteren Boom. Die kubanische Combo Buena Vista Social Club oder der senegalesische Musiker Youssou N'Dour wurden plötzlich hitparadentauglich. Die Musikkonzerne erkannten den wachsenden Markt und förderten gezielt weitere Projekte. Heutzutage hat sich die Weltmusik längst einen festen Platz in der Musikszene erobert. In Deutschland gibt es drei Radiosender, die sich auf Weltmusik spezialisiert haben: Radio Multikulti aus Berlin, Funkhaus Europa von Radio Bremen und Funkhaus Europa vom WDR in Köln.

Weltmusikreisende: Die Dissidenten

Die Godfathers of Worldbeat (»Könige der Weltmusik«), so hat sie eine berühmte amerikanische Musikzeitschrift einmal genannt: Seit 1980 reisen die »Dissidenten« aus München um die Welt, um Weltmusikanteile in ihre Musik nicht nur aufzunehmen, sondern sie mit Musikern der Welt direkt einzuspielen – und so die wirklichen, wahren, echten Wurzeln indischer, marokkanischer, indianischer Musik zu erfassen. Die Dissidenten reisen zwar auch per Bus, Zug und Flugzeug. Häufig waren sie aber ganz einfach in einem alten VW-Bus unterwegs. Sie fuhren, so weit sie konnten, und wo sie anhielten, machten sie zusammen mit Einheimischen Musik. Das Ergebnis sind sechs Filmsoundtracks und mindestens ein Dutzend CDs. Die Produktion THE JUNGLE BOOK (1993) wurde im Rahmen der World Music Charts Europe zum zweitbesten von 6 500 Weltmusikalben gewählt.

Varianten klassischer Musik

Chormusik Musik, bei der der Gesang im Vordergrund steht. Kammermusik Instrumentalmusik in kleiner Besetzung. Kantate Mehrsätziges Werk für Gesangstimmen und Instrumentalbegleitung. Konzert Eines oder mehrere Musikstücke, die von einem Orchester oder nur einem Instrument (Soloinstrument) aufgeführt werden. Lied Gesungenes Musikstück. Musical Theaterstück mit einer Mischung aus Schauspiel, Gesang, Tanz und Musik. Oper Dramatisches Bühnenwerk mit gesungenen Texten. Operette Musikstück, bei dem auch Schauspieler Gesangstücke übernehmen können, weil die Anforderung an die Stimme nicht so hoch ist wie bei der Oper. Sinfonie Instrumentalstück für ein Orchester. Singspiel Schauspiel mit Gesangs- und Instrumentalstücken. Sonate Mehrsätziges Instrumentalstück für ein (Solosonate), zwei (Duosonate), drei (Triosonate) oder mehr Instrumente.

Das Klavier der Antike

Die Geschichte des Klaviers begann im 3. Jahrhundert v. Chr. in Alexandria. Dort entwickelte der Ingenieur Ktesibios eine Orgel, die mit Hilfe einer Luftpumpe Töne erzeugen konnte. Diese Orgel war das erste Tasteninstrument der Welt. Wenige Jahre vor Christi Geburt perfektionierte Heron aus Alexandria die Erfindung Ktesibios, indem er den Luftstrom durch einen Wasserkessel führte, was einen regelmäßigen Ton ermöglichte. Der römische Erfinder Vitruv ergänzte wenige Jahre später das Instrument durch Tasten, mit deren Hilfe Klappen an den Orgelpfeifen geöffnet beziehungsweise geschlossen werden konnten. Verschiedene Töne ließen sich durch unterschiedlich lange Pfeifen erzeugen. Im antiken Rom war diese perfektionierte Wasserorgel so beliebt, dass sie bei allen wichtigen Gelegenheiten gespielt wurde, etwa bei Gladiatorenkämpfen. Nachdem das Römische Reich untergegangen war, entdeckten Musikliebhaber in Bagdad und Byzanz die Wasserorgel im 8. Jahrhundert wieder. Im Jahr 757 schenkte der König von Byzanz dem fränkischen Herrscher Pippin eine Wasserorgel, was dieses Instrument auch im heutigen Deutschland bekannt machte. Seit dem Mittelalter setzten sich Orgeln mehr und mehr in europäischen Kirchen durch.

Würfeln wie Mozart

Richtig komponieren können nur Genies wie Wolfgang Amadeus Mozart? Irrtum: Komponieren kann jeder. Das glaubten zumindest Pariser Bürger im Jahr 1787: Da feierten die Zeitungen nämlich das Gesellschaftsspiel des Komponierens mit Würfeln, das in diesem Jahr nicht nur in der französischen Hauptstadt, sondern in ganz Europa eine große Mode war. Die Würfelkompositionen funktionierten so: Jeder Mitspieler brauchte zwei Würfel, eine Tabelle sowie ein Notenblatt. Die Tabelle war so aufgebaut, dass mit ihrer Hilfe jeder gewürfelten Augenzahl ein bestimmter Takt inklusive Noten zugewiesen werden konnte. Das System war so ausgeklügelt, dass mehrere solcher Takte nacheinander ein ganzes Musikstück ergaben. Einige Dutzend Mal gewürfelt – und fertig war die neue Komposition. Möglich war das natürlich nur bei relativ gleichförmig aufgebauten Stücken wie Walzern oder Polonaisen. In Deutschland waren Ende des 18. Jahrhunderts ungefähr zwei Dutzend Spielvarianten bekannt. Und sogar Mozart ließ sich zum Komponieren nach Würfeln verleiten: »Anleitung zum Componiren von Walzern so viele man will vermittels zweier Würfel ohne etwas von Musik oder Composition zu verstehen«, notierte er im Jahr 1793.

Unter den Linden

Von Walther von der Vogelweide, Strophe 1 und 2.
Das Lied beschreibt die Liebe zwischen einem Ritter und einem Mädchen.

Under der linden
an der heide,
dâ unser zweier bette was,
Dâ mugt ir vinden
schône beide
gebrochen bluomen unde gras.
Vor dem walde in einem tal,
tandaradei,
schône sanc diu nahtegal.

Ich kam gegangen
zuo der ouwe:
dô was mîn friedel komen ê.
Dâ wart ich enpfangen
hêre frouwe,
daz ich bin sælic iemer mê.
Kuste er mich? wol tûsentstunt:
tandaradei,
seht wie rôt mir ist der munt.

Mittelhochdeutsch

Unter der Linde
auf der Heide,
Wo unser beider Lager war,
Da kann man sehn
liebevoll gebrochen
Blumen und Gras.
Vor dem Wald, in einem Tal
tandaradei
sang schön die Nachtigall.

Ich kam gegangen
zu der Wiese,
da war mein Liebster schon
vor mir gekommen.
Da wurde ich empfangen
– Heilige Jungfrau! –
daß es mich immer glücklich
machen wird.
Ob er mich küsste? Wohl tausend
tandaradei,
seht wie rot mein Mund ist.

Übersetzung

Walther von der Vogelweide und die Liebeslieder

Ein richtiger Mann muss – singen können. Das dachten zumindest die Ritter des Hochmittelalters um 1150. Sie maßen sich nicht nur in Turnieren und auf der Jagd, sondern auch beim Minnesang. Minnelieder richteten sich an die Dame der Gesellschaft, die der jeweilige Ritter verehrte. Alle Ritter bis hin zum Kaiser versuchten sich als Minnesänger. Die Minnesänger trugen bald nicht mehr nur Liebeslieder, sondern auch sogenannte Spruchdichtungen vor, also Lieder mit politischen, gesellschaftlichen oder den Alltag betreffenden Inhalten. Der berühmteste und einflussreichste Minnesänger war Walther von der Vogelweide, der von 1170 bis 1230 im Gebiet des heutigen Süddeutschland/Österreich lebte. Obwohl Walther von der Vogelweide damals so berühmt war wie heute vielleicht Robbie Williams, ist außer den Liedern nur ein einziges Zeugnis seines Lebens erhalten: eine Aktennotiz des Passauer Bischofs, der dem Sänger fünf Schilling für einen Pelzmantel auszahlen ließ.

Italienisch für Musiker

accelerando (acc.) beschleunigen, *adagio* langsam, *affetuoso* ergriffen, *allegretto* ein wenig munter, *animoso* beherzt, *capriccioso* launenhaft, *con abbandono* nachlassend, *con amore* mit Hingebung, *crescendo* (cresc.) lauter werdend, *da capo* noch einmal, *delectissimente* zärtlich, *energico* nachdrücklich, *fortepiano* laut, dann leise, *giocoso* tändelnd, *glissando* gleitend, *grandioso* prächtig, *lamentoso* jammernd, *martellato* hämmernd, *morendo* (mor.) absterbend, *marmorendo* murmelnd, *pesante* wuchtig, *piano* (p) leise, *pizzicato* gezupft, *presto* schnell, *semplice* einfach, *sforzato* (sf., sfz.) plötzlich betonend, *stretto* zum Schluss drängend

Gebräuchliche Anweisungen an Musiker

Atomik
Atomik

DER DACHBODEN

Die Treppe zu den Geheimnissen des Hauses

Wäschetrockenraum, Brieftaubenhort oder in früheren Zeiten Dienstmädchentrakt – unterm Dach ist alles möglich. Meist aber ist der oberste Raum eines Hauses vor allem eines: eine wunderbare Rumpelkammer. Nur eine schmale, knarzende Holztreppe führt hinauf, an deren Ende eine dicke Holzklappe die Geheimnisse des Dachbodens verbirgt. Ganze Generationen von Möbelstücken verschwinden hier unter zentimeterdicken Schichten von Staub und Spinnweben. In Truhen, Kisten und Kartons lagern die Erinnerungen der Hausbewohner – Briefe, Bücher, Zeitschriften, Kleider, Hüte und ganze Sammlungen von Briefmarken, Münzen, Postkarten … Wer in den Dingen zu wühlen beginnt, vergisst die Zeit. Eine Dachluke öffnet den Blick nach draußen, über die Dächer der Stadt. Dächer mit Dachböden, die vielleicht genauso viele Geheimnisse bergen wie dieser.

Geschichten vom Dachboden

Die drei hexenden Schwestern in der Fernsehserie CHARMED – ZAUBERHAFTE HEXEN (1998–2006) finden auf dem Dachboden das BUCH DER SCHATTEN. Dieses Buch beinhaltet das Geheimnis der Familie: Die Zauberkraft gegen das Böse und die Dämonen. Dieses Geheimnis der Familie vergammelte zuvor jahrzehntelang unentdeckt auf dem Speicher. In der Zeichentrickserie THE REAL GHOSTBUSTERS (1986–1991) wird die alte Mrs Faversham von merkwürdigen Geräuschen auf ihrem Dachboden gestört. Sie beauftragt Geisterjäger, der Sache nachzuspüren. Die Ghostbuster finden auf dem Dachboden einen Dämon, der vor langer Zeit dort eingesperrt wurde und jetzt mit aller Macht befreit werden will. In DAS STRENG GEHEIME SPUK- UND GRUSELBUCH (2000) von Thomas Brezina findet die Hauptperson Max auf dem Dachboden einen alten Füllfederhalter. Entsetzt stellt Max fest: Das unheimliche Ding schreibt nicht nur einfach, sondern lässt alles, was Max auf das Papier bringt, wirklich geschehen. In dem Roman DIE ZWÖLF VOM DACHBODEN von Pauline Clarke (* 1921) entdeckt ein Junge auf dem Speicher ein Dutzend uralter Holzsoldaten, die – als er mit ihnen zu spielen beginnt – plötzlich lebendig werden … KARLSSON VOM DACH ist ein kleiner Mann mit Propeller auf dem Rücken, der ein eigenes Häuschen auf dem Dach des Hauses bewohnt, in dem der siebenjährige Svante Svantesson samt Familie lebt. Die schwedische Kinderbuchautorin Astrid Lindgren hat sich Karlsson und Lillebror (wie Svante auch genannt wird) Anfang der 1950er Jahre ausgedacht. DIE GESELLSCHAFT VOM DACHBODEN (1946) ist ein Roman des deutschen Autors Ernst Kreuder, in dem sechs Männer genug von ihrem Leben haben und sich im Dachboden eines Kleinstadthauses einnisten. Dort leben sie getreu den Grundsätzen »Aufrichtigkeit, Anhänglichkeit, Beharrlichkeit, Barmherzigkeit. Überschwenglichkeit, Friedfertigkeit, Wandelbarkeit«.

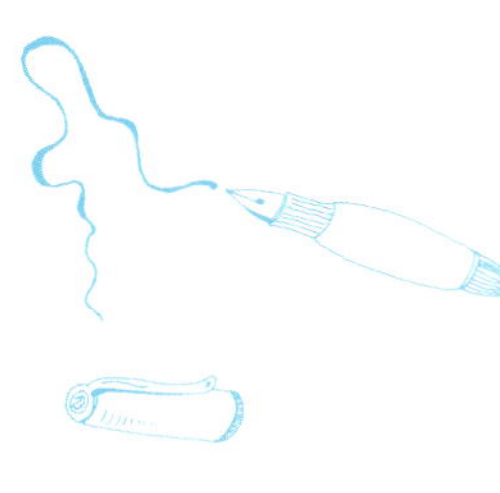

Ein Einstein auf dem Dachboden

Verschollen, verbrannt, verschwunden – Tausende Dokumente, Briefe, Originalschriftstücke, Bücher und Kunstgegenstände gelten seit dem Zweiten Weltkrieg als unauffindbar. Umso mehr erfreuen die Öffentlichkeit Dachbodenfunde wie der im Jahr 2002: In einem Privathaus in Göttingen wurden 132 Briefe und Schriftstücke aus den Jahren 1892 bis 1932 entdeckt. Diese Sammlung hatte die Witwe des 1955 verstorbenen Mathematikers Franz Rellich auf dem Dachboden des Hauses verwahrt und vergessen. Unter den Schriftstücken befanden sich Briefe der Nobelpreisträger Max Planck, Walther Nernst, Albert Einstein, Peter Debye und Max Born. Diese Zeitdokumente werden jetzt von Wissenschaftshistorikern ausgewertet.

Mollusken sammeln

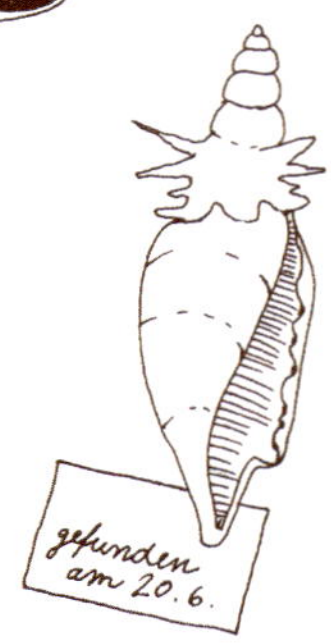

Ein etwas ungewöhnliches Sammlungsobjekt sind die Schalen von Mollusken, also von Weichtieren wie Schnecken und Muscheln. Auf der Erde existieren 50 000 verschiedene Mollusken. Muscheln und Kopffüßler (Kraken) leben im Meer; Schnecken leben sowohl im Meer als auch an Land. Sammlerausrüstung: Gefrierbeutel oder Filmdosen zum Transport und Verwahren der Schalen. Eine Plastikpinzette, um die Muscheln oder Schnecken eventuell aus den Felsspalten ziehen zu können. Eine hartborstige Zahnbürste zum Abbürsten des Sandes. Eine Handlupe. Ein Notizbuch, um wichtige Informationen vor Ort oder eine Lebendbeobachtung festzuhalten. Säuberung der Fundstücke: Gehäuse gut ausspülen, mit einem Papierhandtuch und Wattestäbchen gründlich reinigen. Die Gehäusemündung kann mit dem Papiertuch ausgewischt werden. Verkrustungen lassen sich mit Nadeln oder einer kleinen Pinzette lösen. Um zu bestimmen, zu welcher Art oder Gattung das Gehäuse gehört, müssen Form, Umrisslinie, Farbe und Muster genau beschrieben werden. Die vorsortierten und gereinigten Gehäuse werden mit den Abbildungen und Beschreibungen in einem Fachbuch verglichen und mit Etiketten beschriftet.

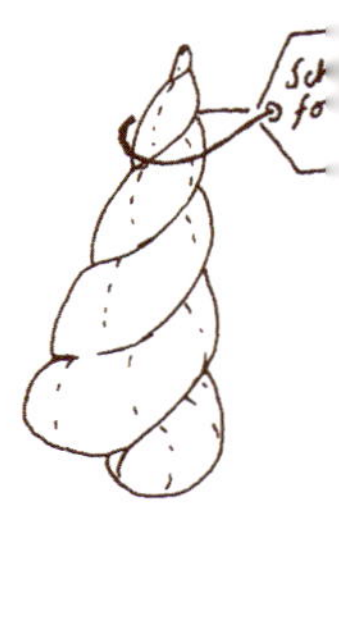

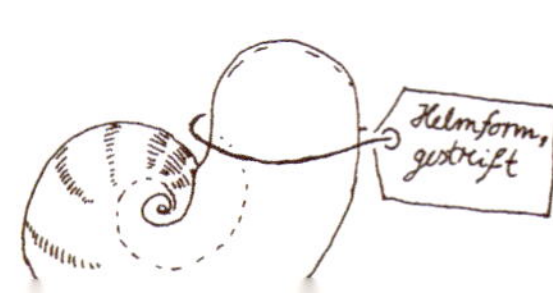

Korallen, Einhörner, Dinosaurierknochen – was man früher so sammelte …

Das Sammeln ist eine sehr alte menschliche Leidenschaft, aber im 16. Jahrhundert war es besonders beliebt: Wohlhabende Adlige sammelten Dinge, die der wachsende Schiffs- und Handelsverkehr aus den entferntesten Gegenden der Welt nach Europa brachte. Weil die Sammlungen immer prunkvoller und umfangreicher wurden, richteten die Sammler sogenannte Wunderkammern, Naturalienkabinette oder Kunstkammern ein. In den Kunstkammern wurden wertvoller Schmuck, alte Schriften, berühmte Gemälde, antike Gold- und Silbergefäße, kostbare Marmorbüsten oder berühmte Waffen ausgestellt. In Naturalienkabinetten fanden sich allerlei Steine, Fossilien, Korallen, Muscheln und Schneckengehäuse aus fernen Ländern. Wunderkammern dagegen enthielten Dinge, die die Menschen faszinierten, weil sie keine Erklärung für sie hatten: Basilisken (schlangenhafte Wesen), Drachen oder Einhörner. Heute weiß man, dass es zu diesen Kuriositäten meist einfache Erklärungen gibt: Die Einhörner zum Beispiel waren die Stoßzähne von Schwertwalen. Die Drachen waren Dinosaurier-Skelette. Viele private Sammlungen wurden Mitte des 19. Jahrhunderts zu Museen und damit der Öffentlichkeit zugänglich gemacht.

Was man heute so sammelt

Ansichtskarten, Autogramme, Autos, Bilder, Briefmarken, Bücher, Fotografien, Geräusche, Hüte, Kunstwerke, Liebesbriefe, Münzen, Perlen, Porzellan, Schallplatten, Schmetterlinge, Schuhe, Uhren, Werkzeuge, Zinnteller

Das Glück vom Dach: Schornsteinfeger

Schornsteinfeger bringen Glück – diesen Spruch kennt fast jedes Kind. Die Erklärung, warum die rußgefärbten, nach Qualm müffelnden Dacharbeiter zu Glücksbringern wurden, ist eigentlich ganz einfach: Der reibungslose Rauchabzug war früher ein Glück für das ganze Haus, der Schornsteinfeger sorgte letztlich dafür, dass der Herd funktionierte, dass das Essen gekocht und der Raum gemütlich warm werden konnte. So tat er einfach nur seine Arbeit – und erwarb sich nebenbei den Ruf, ein Glücksbringer zu sein.

Dachgeschichte(n)

Das berühmte »Dach über dem Kopf« hat eine lange Geschichte: Die ersten von den Menschen selbst gefertigten Behausungen waren sogenannte Dachhäuser, also wandlose Dächer aus Naturmaterialien wie Stroh oder Schilf. Später wurden diese Häuser als »Rundhäuser« kreisförmig um das Lagerfeuer herum gebaut. In Jericho (Stadt im Nahen Osten) fand man Spuren solcher Häuser, die bereits vor 8000 Jahren errichtet wurden. Das Haus mit Wänden und einem rechteckigen Grundriss setzte sich letztlich gegenüber den anderen Hausformen durch. Typische Dachformen sind das Sattel-, Pult-, Zelt- und Pyramidendach. Moderne Dachkonstruktionen ermöglichen es, riesige freitragende, spinnennetzartige Flächen zu bauen, die den Blick in den offenen Himmel erlauben. Solche Dächer aus Glas, Beton und Stahl heißen Skelett- oder Seilnetzkonstruktionen.

Berühmte Dächer

Kuppel des Deutschen Reichstages in Berlin, 1999 erbaut von dem britischen Architekten Sir Norman Foster, der auch das größte Dach der Welt am Flughafen von Peking entworfen hat. Dachkonstruktion der Oper von Sydney, die wie die riesigen Segel eines Schiffes wirkt, geplant und erbaut ab 1959 von dem dänischen Architekten Jörn Utzon, unter Verwendung von 1056000 Keramikfliesen. Der Flughafenterminal von Gardermoen (Flughafen Oslo / Norwegen) sieht aus wie ein hölzerner Himmel, 1998 erbaut von der Architektengemeinschaft Aviaplan AS. Mit seinem von 18 Meter hohen Stützen getragenen Holzdach ist dieser Flughafen einer der modernsten der Welt, unter anderem verfügt er über Zollautomaten, die die Zollbeamten ersetzt haben. Die Seilnetzkonstruktion des Münchener Olympiastadions, geplant und errichtet ab 1968 von dem Architekten Frei Paul Otto. Das Münchener Olympia-Areal wurde 2003 von einem Architektur-Fachmagazin zum wichtigsten deutschen Gebäude aller Zeiten gewählt, nicht zuletzt wegen der legendären Dachkonstruktion.

Der Tierpark auf dem Dachboden

In richtig alten Häusern gibt es auf den Dachböden neben dem ganzen abgestellten Krempel jede Menge Leben zu entdecken: In vielen Häusern hatte man nämlich vor der Einführung des Schornsteins ein sogenanntes Eulenloch oder auch Uhlenloch. Dieses kleine Türchen zum Himmel diente dem Rauchabzug, war zugleich aber auch Einflugschneise für verschiedene Vögel. Auf dem Dachboden nisten sonst vor allem Mäuse und Ratten. Das Herumtapsen dieser Kleintiere kann in düsteren Nächten in den darunterliegenden Zimmern durchaus als höchst gruselig wahrgenommen werden. Aber keine Sorge: Wer sich auf dem Dachboden versteckt, ist meist viel harmloser, als er sich anhört.

Dachkauderwelsch

Dachreiter Ein kleiner Turm, der ohne eigenes Fundament auf dem Dach aufsitzt. Dachstuhl Die tragende Konstruktion des Daches. Dachhaut Der Teil des Daches, der das Haus vor Regen schützt. First Die höchste Kante eines geneigten Daches. Haube Ein Dach, das aussieht wie eine Kopfbedeckung. Kehle Die Stelle, an der zwei Dachflächen eine Kante bilden. Mansarde Ein Zimmer oder eine kleine Wohnung in einem ausgebauten Dachgeschoss. Pfette Ein parallel zum Dachfirst verlaufender Holzbalken, auf dem die geneigten Hölzer des Dachstuhls aufliegen. Traufe Die Dachkante eines Hauses und damit die Stelle, an der das Regenwasser abtropft. Dort sollte sich keiner unterstellen, denn sonst kommt er »vom Regen in die Traufe«. Zwerghaus Ein Aufbau am Dach, der wiederum ein eigenes Dach hat.

Sprüche mit Dach

... und eine nörgelnde Frau ist wie ein ständig tropfendes Loch im Dach. Aus der Bibel, Altes Testament *Ein Spatz in der Hand ist besser als eine Taube auf dem Dach.* Sprichwort *Etwas unter Dach und Fach bringen.* Redewendung *Der dicke Dachdecker deckt Dir dein Dach, drum dank dem dicken Dachdecker, dass der dicke Dachdecker Dir Dein Dach deckte.* Zungenbrecher *Eins aufs Dach bekommen.* Redewendung *Kräht der Maulwurf auf dem Dach, liegt der Hahn vor Lachen flach.* Sprichwort *Fällt der Vollmond auf das Dach, werden alle Leute wach.* Sprichwort *Das pfeifen die Spatzen von den Dächern.* Redewendung

Die seltsamen Wesen auf dem Dach

Zwei in Holzbretter geschnitzte sich kreuzende Pferdeköpfe zieren das Dach vieler mit Schilfrohr bedeckter Häuser im Norden Europas. Die Pferdeköpfe sollen vor schlechtem Wetter schützen. Die Frage, ob sie Glücksbringer waren oder ob sie böse Geister fernhalten sollten, konnten die Volkskundler bislang nicht beantworten. An älteren Gebäuden befinden sich an Mauervorsprüngen, an der Giebelseite oder über Türen und Fenstern Monsterköpfe und übel dreinblickende Fratzen. Diese Figuren heißen Neidköpfe und sollen das Haus vor dem Neid von Dämonen und bösen Geistern schützen. Es hat nur drei Fingerglieder an den riesigen Pranken, es verzieht sein grinsendes Maul, es droht mit riesigen Schwingen – und es speit nicht Feuer, sondern Regenwasser … Die Wasserspeier, die früher häufig das Ende einer Regenrinne verzierten, dienten einzig dazu, das Regenwasser möglichst weit von den Mauern des Gebäudes wegzuspucken. Ihr Aussehen war ein Nebeneffekt: Sie sollten dem Teufel und seinen Helfershelfern das Fürchten lehren und so die Hausbewohner schützen. Wetterhähne sind auf einer drehbaren Achse angebracht und zeigen die Windrichtung an. Dass der Hahn diese Aufgabe übernommen hat, liegt wahrscheinlich an einer Szene aus der Bibel. Christus sagt vor der Kreuzigung zu Petrus, dass dieser ihn dreimal verleugnet haben werde, noch bevor der Hahn dreimal gekräht habe. Der Hahn auf dem Dach soll die Menschen deshalb auch ermahnen, ihre Meinung nicht so schnell zu ändern, wie der Wind sich dreht.

Dachgaubensprache

Dachgauben sind mit Fenstern versehene, kleine Dachaufbauten. Je nach Form haben diese Zwergenhäuser lustige Namen:

Dreiecksgaube
Fledermausgaube
Froschmaulgaube
Hechtfenster
Schleppgaube
Zwerchhaus

»Dachbodenfunde«

Bibliotheksleiter, Alter unbekannt Gasmaske aus dem Zweiten Weltkrieg Geldscheine aus dem Jahr 1923 mit dem Wert 100 000 Mark Kaffeekanne aus Silber Landschaftsbilder mit Blechrahmen Märklin TM Tenderlokomotive Marine-Spielzeugfiguren aus der DDR Modellbau-Krabbenkutter aus Holz Münzkassette aus Holz, etwa 80 Jahre alt Sattlerei-Handwerkszeug, 15 Teile

Quelle: Ebay, 10. April 2007

Dachpartys

Mit dem Richtfest wird die Fertigstellung des Rohbaus eines Hauses gefeiert. Dazu wird das Dach mit einem Richtkranz oder einem Richtbaum geschmückt. Der Zimmermann oder der Maurerpolier spricht einen Richtspruch und bedankt sich beim Architekten sowie beim Bauherrn. Der Redner erbittet außerdem den göttlichen Segen für das Haus. Anschließend muss er ein Glas mit Wein oder Schnaps vom Dach werfen. Bleibt das Glas heil, bedeutet das ein schlechtes Vorzeichen für das neue Haus, deshalb pfeffern viele Richtfestredner das Glas richtig nach unten. Den letzten Nagel, so will es der Brauch, muss übrigens der Hausherr in den Dachstuhl hämmern. Das ist für die Handwerker oft ein Anlass, ihren Auftraggeber mal so richtig auf den Arm zu nehmen: Für jeden Schlag, der danebengeht, muss er ihnen eine Kiste Bier oder eine Flasche Schnaps ausgeben.

Dachpfannenkultur

Dachziegel werden auch Dachpfannen genannt. Die Geschichte der – meist aus Lehm und Ton bestehenden – Ziegel reicht bis in die Zeit um 5 000 v. Chr. zurück. Dachziegel können unterschiedlichste Formen und Farben haben. Das typische Ziegelrot entsteht durch einen hohen Eisengehalt im Ton. Die Farbabstufungen werden dann durch den Brennvorgang festgelegt. Ein »Biberschwanz« auf dem Dach ist kein Dachziegel aus dem Schwanz eines Bibers, sondern ein oben rechteckiger Ziegel, dessen untere Seite mit einer halbrunden Form abschließt, vergleichbar mit dem Biberschwanz. Wird ein Dach mit solchen Ziegeln eingedeckt, ergibt sich ein Fischgrätenmuster. »Mönch« und »Nonne« sind halbrund gewölbte Dachziegel, die zuerst mit der Rundung nach unten auf dem Dach verlegt werden. Die zweite Schichtung wird dann mit der Rundung nach oben auf die erste Schicht aufgebracht.

Höhlenmalerei im ältesten Atelier der Welt

Kunst ist so alt wie die Menschheit, und die ältesten erhaltenen Bilder wurden vor rund 30 000 Jahren erstellt: Jäger verzierten die Wände von Höhlen mit Pferden, Büffeln und jagenden Menschen, um den Göttern für gute Jagdergebnisse zu danken. Mit den Fingerspitzen oder mit Pinseln aus Tierhaaren malten sie zunächst Umrisse der Figuren, bevor sie mit einem Röhrchen farbige Pigmente (Farbmittel) an die Wand pusteten. Die Höhlenmenschen nahmen natürliche Risse und Unregelmäßigkeiten in den Felswänden in ihre Zeichnungen auf und erzielten damit einen beeindruckenden Effekt: Die Bilder wirken dreidimensional (= räumlich). Wissenschaftler fanden heraus, dass die 400 Tierbilder (Wildpferde, Löwen, Wollnashörner) in der französischen Chauvet-Höhle vor 32 000 Jahren entstanden sind. Damit ist diese Höhle das älteste Atelier der Welt.

Ateliergeschichten

Kurz vor der Fertigstellung seines Gemäldes LE JEU LUGUBRE (»Das unheilvolle Spiel«, 1930) empfing der spanische Künstler Salvador Dalí (1904–1989) einige Besucher in seinem Atelier. Dalí war Surrealist, also einer der Künstler, die sich der Darstellung des Traumhaften, Unterbewussten, Untergründigen verschrieben haben. Unter den Atelierbesuchern befand sich auch Dalís berühmter Kollege René Magritte – der sich über das neue Bild fast kaputtlachte. Dalí amüsierte sich mit: *Wenn Ihr sehen könntet, was ich mir vorstelle*, sagte er zu Magritte, *dann würdet Ihr noch mehr lachen!* Die Frage, was er denn nun in dem Bild sah, hat der Surrealist später beantwortet: *Eine kleine Eule unter einem Haufen Scheiße.* Das wohl berühmteste Atelier ist die »Factory« des amerikanischen Pop-Art-Künstlers Andy Warhol (1928–1987): Hier gingen Prominente ein und aus, wurden wilde Partys gefeiert und arbeiteten ganze Teams an Warhols Werken. Weltberühmt sind seine bunten Porträts von Berühmtheiten wie Elvis Presley, Marilyn Monroe, Ludwig van Beethoven und Albert Einstein. Kunst und Geschäft, so ein Grundsatz Warhols, schließen einander nicht aus, und so ließ er seine Werke in der Factory (»Fabrik«) in Serie herstellen. Die französische Künstlerin Sophie Calle (*1953) machte ein Hotel in Venedig zu ihrem Atelier: Drei Wochen arbeitete sie im Jahr 1983 als Zimmermädchen, um die Gegenstände der Hotelgäste genau zu untersuchen, zu fotografieren und daraus ein Kunstwerk zu machen. Sophie Calle ist Konzeptkünstlerin; das heißt, sie denkt sich Kunst-Aktionen aus, die man nicht während der Entstehung, sondern später in Büchern oder Videos ansehen kann.

Das Atelier, ein Raum (nicht nur) für Künstler

Das Wort »Atelier« stammt aus dem Französischen, bedeutet »Werkstatt« und wird im Sinne von »Kunstwerkstatt« benutzt. Ursprünglich bedeutete es »Haufen von Holzspänen« und bezeichnete den Arbeitsraum eines Zimmermannes. Im heutigen Sprachgebrauch ist das Atelier der Arbeitsraum eines Künstlers, Kunsthandwerkers, Modeschneiders oder Fotografen. Das Lehnwort (Wort, das man aus einer anderen Sprache »entliehen« hat) »Atelier« ist – wie zum Beispiel auch Boutique, Debüt, Dame und Kommode – längst aus dem Französischen ins Deutsche übergegangen. Hier haben es mittlerweile auch die Immobilienmakler für sich entdeckt: »Atelierwohnungen« sind der letzte Schrei bei Wohungssuchenden, die sich durch ihre Wohnstatt einen künstlerischen Anstrich geben wollen.

Was ist Kunst?

Kunst kommt von »Können«, und zwar im wahrsten Sinne des Wortes: Im Althochdeutschen (750–1000) bedeutete das Wort Chunst/Kunst so viel wie »Wissen, Weisheit, Kenntnis«. Es leitete sich von dem Verb »kunnan« ab, das eine Fähigkeit ausdrückte: Jemand kann lesen, schreiben, tanzen, singen. Schon tausend Jahre zuvor wurden im antiken Rom die »sieben freien Künste« (*septem artes liberales*) als Studienfächer empfohlen, wenn jemand ein Gelehrter werden wollte. Diese Fächer waren: Grammatik, Rhetorik, Logik, Arithmetik, Geometrie, Musik und Astronomie. Ihnen standen die *artes mechanicae*, also die handwerklichen Berufe, entgegen. Im Mittelalter entwickelte sich aus den *septem artes liberales* das Studium der Philosophie. Das Wort Kunst wurde im Lauf der Zeit immer mehr mit einer besonderen Geschicklichkeit oder Fertigkeit in Verbindung gebracht: Kochkunst, Fechtkunst, Handwerkskunst oder Staatskunst. Erst seit dem 18. Jahrhundert wird »Kunst« im heutigen Sinn verwendet: als Bezeichnung für die durch menschlichen Ideenreichtum geschaffenen Werke in Malerei, Musik, Dichtung, Film, Theater und Bildhauerei.

Kunst ist …

Kunst ist Können. Boris Arvatov, russischer Kunstkritiker (1896–1940) *Kunst ist die höchste Form des Handwerks.* Max Liebermann, deutscher Maler und Graphiker (1847–1935) *Sie erwarten von mir, dass ich Ihnen sage, dass ich Ihnen definiere, was Kunst ist? Wenn ich es wüsste, würde ich es für mich behalten.* Pablo Picasso, spanischer Maler (1881–1973) *Aufgabe von Kunst ist es heute, Chaos in die Ordnung zu bringen.* Theodor W. Adorno, deutscher Philosoph (1903–1969) *Jeder Mensch ist ein Künstler.* Joseph Beuys, deutscher Maler (1921 bis 1986) *Der wahre Sinn der Kunst liegt nicht darin, schöne Objekte zu schaffen. Es ist vielmehr eine Methode, um zu verstehen. Ein Weg, die Welt zu durchdringen und den eigenen Platz zu finden.* Paul Auster, amerikanischer Autor (* 1947)

»Kunst« ist ein Drama, und das ist Kunst

Stolz präsentiert der junge Mann seiner Freundin seinen neuesten Kauf: ein weißes Bild mit weißen Streifen. Was er dafür bezahlt habe, will sie wissen. 200 000, antwortet er. 200 000 für ein weißes Bild mit weißen Streifen? Die Frau bekommt einen Lachanfall. Und der Mann? Er schaut kurz verdutzt drein – und lacht dann mit. Dieses Erlebnis verarbeitete die französische Schriftstellerin Yasmina Reza (* 1959) zu einem Theaterstück namens KUNST, in dem drei langjährige Freunde über das weiße Bild mit den weißen Streifen in Streit geraten: Marc kann nicht verstehen, warum Serge sich ein weißes Bild für so viel Geld kauft (»weiße Scheiße«); Yvan versucht zwischen den Freunden und ihren unterschiedlichen Meinungen über Kunst zu vermitteln. Die drei steigern sich so in die Diskussion hinein, dass ihre Freundschaft ins Wanken gerät. Der Streit über Kunst wird zum Streit über die Welt und letztlich über die Freundschaft an sich. Die Kunst wird in KUNST auf kunstvolle Weise durchdacht und hinterfragt, und das wiederum ist nichts anderes als Kunst. Mit dem Freund, der das weiße Bild mit weißen Streifen tatsächlich gekauft hat, ist Yasmina Reza übrigens immer noch befreundet. Er hat ihr nicht übel genommen, dass sie sich über ihn lustig gemacht hat – und einfach mitgelacht.

Die gefragtesten Künstler unserer Zeit

1. Gerhard Richter Deutschland 2. Bruce Nauman USA 3. Sigmar Polke Deutschland 4. Rosemarie Trockel Deutschland 5. Louise Bourgeois USA 6. Georg Baselitz Deutschland 7. Cindy Sherman USA 8. William Kentridge Südafrika 9. Olafur Eliasson Dänemark 10. Mike Kelley USA

Stand: 2006. Quelle: »Kunstkompass« der Zeitschrift CAPITAL. Folgende Kriterien liegen der Bewertung zugrunde: Wen die wichtigsten Museumsdirektoren für bedeutend halten. Wer in vielen Ausstellungen zu sehen ist. Wer oft von Kritikern besprochen wird. Wessen Kunstwerke gute Preise erzielen.

Kunst?

Kunstblume Kunstdünger Kunstkaufhaus Kunstlederjacke Kunstmarkt Kunsthochschule Kunstpause Kunstspringen Kunststoff Kunstturnen

Pinsel, Pinsel, Pinsel

Ein Pinsel besteht aus Haaren, Griff und Zwinge. Die Zwinge verbindet die Haare mit dem Griff. Die Pinsel für Aquarellmalerei (Wasserfarben) bestehen hauptsächlich aus Rotmarderhaar. Diese sind sehr teuer, deshalb werden sie mit Wiesel- oder Ochsenohrhaaren gemischt. Ein Aquarellmaler benötigt nur wenige Pinsel unterschiedlicher Größe, da die Pinsel ständig ins Wasser getaucht und gereinigt werden. Maler, die mit Ölfarben arbeiten, verfügen dagegen meist über ein riesiges Sortiment an Pinseln, die sie jeweils für bestimmte Farbsegmente verwenden. Zum Ölmalen benutzt man flache, runde, breite, dünne Haar- oder Borstenpinsel. Mit den flachen Pinseln werden beispielsweise Flächen angelegt, die rund geformten Pinsel eignen sich zum Ausmalen. Ein Ölmaler arbeitet meist im Stehen, wobei er in der einen Hand die Palette mit den angemischten Ölfarben hält und in der anderen den Pinsel. Zur Reinigung der Pinsel von Ölfarben benötigt ein Künstler Terpentin (Balsam- bzw. Kiefernöl), da diese Farben nicht wasserlöslich sind. Pinsel für Ölfarben bestehen ebenfalls aus Rotmarderhaar, werden aber auch mit Wiesel- oder Iltishaar gemischt. Pinsel für den Schulbedarf werden meistens aus Ponyhaaren hergestellt. Diese fallen aber oft schnell aus. Chinesische Kalligraphiepinsel (= Pinsel für die Kunst des Schönschreibens) bestehen oft aus Schaf- oder Hasenhaar. Für das Zeichnen von bewegtem Wasser, Wirbeln oder Federwolken benutzen chinesische Künstler Pinsel aus den Schwanzfedern von Hähnen.

Die teuersten Gemälde der Welt

1. GARÇON À LA PIPE (Junge mit Pfeife) von Pablo Picasso, versteigert am 5. Mai 2004 in New York für 104,2 Millionen US-Dollar.
2. PORTRÄT DES D. GACHET von Vincent van Gogh, versteigert am 15. Mai 1990 in New York für 82,5 Millionen US-Dollar.
3. BAL AU MOULIN DE LA GALETTE (Ball im Restaurant Moulin de la Galette) von Auguste Renoir, versteigert am 17. Mai 1990 in New York für 78,1 Millionen US-Dollar.
4. DAS MASSAKER DER UNSCHULDIGEN von Peter Paul Rubens, versteigert im Juli 2002 in London für 76,7 Millionen US-Dollar.
5. PORTRÄT DES KÜNSTLERS OHNE BART von Vincent van Gogh, versteigert am 20. November 1998 im Auktionshaus Christie's in New York für 71,5 Millionen US-Dollar

Stand: Mai 2007. Dieser Liste liegen bestätigte Preise zugrunde. Glaubt man Gerüchten, wurden auch schon bis zu 140 Millionen Euro für Kunstwerke bezahlt, etwa für das GEMÄLDE NO. 5, 1948 von Jackson Pollock.

Verhüllt, verpackt, verschwunden: Die Kunstwerke von Christo und Jeanne-Claude

Christo und Jeanne-Claude (beide * 13. Juni 1935) sind das bekannteste Künstlerehepaar der Gegenwart. Sie haben sich darauf spezialisiert, Gegenstände und Gebäude einzupacken. Die beiden verkaufen Entwürfe, Planungsskizzen sowie Bilder der fertigen Projekte und finanzieren so die Aktionen. Mit ihren Kunstwerken erlauben sie einen ganz neuen Blick auf das Altvertraute. Alle Materialien werden nach dem Abbau wiederverwertet.

WRAPPED COAST, 1969, Australien: Verhüllte Felsenküste in der Nähe von Sydney. 2,4 km lang und zwischen 46 und 244 m breit, umhüllt von 92 900 m² synthetischem Erosionsschutzgewebe (heller Stoff aus der Landwirtschaft, der verhindert, dass Erde von Wasser weggespült wird), das mit 56 km Seil und 25 000 Bolzen an den Küstenfelsen befestigt wurde. Aufbauzeit: vier Wochen. Umsetzung: 1700 Arbeitsstunden durch 15 Profibergsteiger und 110 Hilfsarbeiter. DIE SCHIRME, 1991, Kalifornien / USA und Ibaraki / Japan: An beiden in Tälern gelegenen Orten wurden Schirme aufgestellt. Die 1760 (USA) und 1340 Schirme (Japan) hatten jeweils 8,66 m Durchmesser und waren 6 m hoch. Sie wurden von jeweils 1 500 Menschen aufgebaut. Die Ausstellung dauerte 14 Tage und hatte eine Vorbereitungszeit von sieben Jahren. VERHÜLLTER REICHSTAG, 1995, Deutschland: Nach 23 Jahren Vorbereitungszeit und einer hitzigen Debatte im ganzen Land konnten Christo und Jeanne-Claude im Juni 1995 endlich den Berliner Reichstag verhüllen: mit 100 000 m² Kunststoffgewebe und 15 600 m Seil. Über fünf Millionen Besucher sahen sich das Kunstwerk an.

Bäume oder nicht?

Es scheint überflüssig, Bäume zu malen, wenn die Leute auf dem Weg zur Ausstellung viel schönere sehen. František Kupka (1871–1957), tschechischer Maler, gilt als Mitbegründer der abstrakten Malerei

Ich sehe was, was du nicht siehst, und das ist …

Schneeweiß, Porzellanweiß, Cremeweiß, Sonnengelb, Kanariengelb, Honiggelb, Orange, Korallenrot, Kirschrot, Lavendelfarben, Lila, Himmelblau, Indigo, Lindgrün, Kaki, Tannengrün, Mausgrau, Silbergrau, Schwarz, Pechschwarz

Eine kleine Geschichte des Farbensehens

Das Sehen, die Welt, die Kunst ohne Farben? Eigentlich kaum vorstellbar, aber wahr: Die Welt ist nicht bunt, wir sehen sie nur so. Verantwortlich dafür ist eine ganz besondere Leistung unserer Sinneszellen im Auge, die Tiere und Menschen im Lauf der Geschichte erst mühsam erlernen mussten. Sinnesphysiologen, die sich mit den Funktionen der Sinnesorgane befassen, nehmen an, dass die ersten Tiere vor 1,5 Milliarden Jahren bereits Sinneszellen zur Wahrnehmung von Hell und Dunkel besaßen und dass sich daraus allmählich die Augen entwickelten. Farben konnten sie aber nicht erkennen. Vor 500 Millionen Jahren lernten die Augen, langwelliges und kurzwelliges Licht zu unterscheiden, was eine wichtige Voraussetzung für die Wahrnehmung von Farben ist. Zunächst waren so aber nur ein gelblicher und ein bläulicher Farbton wahrnehmbar. Auf dem Weg der Primaten zum Menschen dauerte es noch mal 265 Millionen Jahre, bis weitere Farben empfunden werden konnten. Die Farben »Ur-Rot« und »Ur-Grün« kamen hinzu, so dass schließlich das ganze Farbspektrum sichtbar wurde. Für die Primaten war das Erkennen und Unterscheiden der farbigen Früchte und Obstsorten überlebenswichtig. Farben sehen können außer den Menschen Fische, Reptilien, Vögel, Bienen sowie einige Insekten. Die meisten Säugetiere sehen nur schwarz-weiß. Stiere reagieren beim Stierkampf nicht auf die rote Farbe des Tuches, das der Stierkämpfer schwingt, sondern auf die Bewegung. Heute ist die Farbigkeit aus unserem Leben nicht mehr wegzudenken. Dabei ist die Farbwahrnehmung letztlich nur ein Sinneseindruck, der entsteht, wenn das Gehirn Licht, das im Auge einfällt, auf eine bestimmte Weise verarbeitet. Ob die Gegenstände der Welt wirklich farbig sind, ist bislang wissenschaftlich nicht geklärt.

Das Wesen der Farben

Wie und warum Farben zusammenwirken, ist in einer Fülle von Farbtheorien erörtert worden. Der englische Physiker, Mathematiker, Alchemist und Philosoph Isaac Newton (1643–1727) zerlegte das weiße Licht der Sonnenstrahlen mit Hilfe eines Glasprismas in seine einzelnen Farbkomponenten. Er fand heraus, dass Licht aus einer Vielzahl von verschiedenen Farben besteht. Am Glasprisma werden die Lichtstrahlen gebrochen. Blaues Licht wird stark gebrochen, rotes weniger stark, dazwischen erstrahlen die Farbabstufungen wie Violett, Grün, Gelb und Orange. Der französische Chemiker Eugène Chevreul (1786–1889) stellte 1864 einen Katalog der Farben und des Färbens zusammen. Insgesamt kam er auf 14 000 Töne natürlicher Farbmaterialien. Forscher gehen heute davon aus, dass das menschliche Auge zwischen 20 000 und 500 000 Farben unterscheiden kann. Die Physiker James Maxwell (1831–1879) und Heinrich Hertz (1857–1894) fanden heraus, dass Licht aus elektromagnetischen Wellen besteht. Diese Wellen brauchen im Gegensatz zu Schall- und Wasserwellen keine Trägersubstanz. Sie breiten sich im luftleeren Raum mit einer Geschwindigkeit von ca. 300 000 Kilometer pro Sekunde (Lichtgeschwindigkeit) aus.

Die älteste Skulptur der Welt: ein Mammut

Da staunte der in Deutschland lebende, amerikanische Archäologe Nicholas Conard nicht schlecht: Bei Grabungen in der Vogelherd-Höhle im Lonetal auf der Schwäbischen Alb stieß er im Jahr 2006 auf fünf kleine Kunstwerke aus Elfenbein, die offenbar sehr alt waren. Conard wusste sofort, dass er mit seinem Team einen besonderen Fund gemacht hatte. Wie besonders die Schnitzereien waren, das wurde ihm und der Öffentlichkeit allerdings erst 2007 klar: Einer der Funde, ein gut sieben Gramm schweres, vier Zentimeter großes, lebensecht aussehendes Mammut, ist mindestens 35 000 Jahre alt – und damit die älteste bislang entdeckte Skulptur der Welt.

Abstrakte Malerei, Krickelkrakel oder große Kunst?

Das hätte mein Enkel auch hinbekommen, hört man ältere Menschen mitunter vor abstrakten Bildern sagen. Und tatsächlich: Eines der ersten abstrakten Gemälde, IMPROVISATION 20, 1911 gemalt von Wassily Kandinsky (1866–1944), wirkt auf den ersten Blick wie ein sinnloses Wirrwarr aus Farbklecksen und schwarzen Strichen, ohne dass irgendein Gegenstand erkennbar wäre.

Abstrakte Kunst gibt es seit den 1910er Jahren. Sie bildet die Wirklichkeit mit ihren Gegenständen, Bewegungen, Lichtverhältnissen und Personen nicht genau so ab, wie sie sich darstellt, sondern vielmehr so, wie der Künstler sie empfindet. Und das hätte niemand jemals so exakt hinbekommen wie der Künstler selbst.

Ein abstraktes Bild zum Selbermachen

Viele abstrakte Künstler lassen sich von einem Foto, einem Gedicht, einem Zitat – oder von Musik beeinflussen. Wassily Kandinskys Bild DER GELBE KLANG ist zum Beispiel nach einer Sinfonie des österreichischen Komponisten Arnold Schönberg (1874–1951) entstanden. Es muss aber nicht immer ernste Klassikmusik sein! Ein abstraktes Gemälde kann auch von der Musik von 50 Cent, Tokio Hotel, Robbie Williams, Madonna oder den Red Hot Chili Peppers inspiriert sein. Die Sache geht eigentlich ganz einfach: Musik aufdrehen, Augen schließen, die Musik wirken lassen, Farben auswählen – und schließlich so losmalen, dass der Rhythmus, der Sound, die Melodie mit Hilfe der Farben irgendwie auf dem Blatt sichtbar werden. Fertig ist das Bild dann, wenn es eben fertig ist.

Sieben seltsam klingende Künste

Assemblage Collage aus Objekten, die auf eine Platte montiert sind

Combine Painting Wenn Künstler Gegenstände auf Gemälden anbringen

Dadaismus In den 1910er Jahren in Zürich begründete Kunstrichtung, deren Vertreter mit Witz und parodistischen Elementen die Ernsthaftigkeit der anerkannten Kunst hinterfragten.

Expressionismus Ausdrucksstarke, bildmächtige Darstellung von Themen, vor allem von Gefühlen. Kunstrichtung aus den 1920er Jahren.

Fluxus Aktionskunstrichtung aus den 1960er Jahren, bei der mit Schauspiel, Video, Musik und anderen Elementen gearbeitet wird. Der Begriff »Fluxus« stammt aus der Medizin und bedeutet »fließende Darmentleerung«.

Netzkunst Gemeinsame Arbeit mehrerer Künstler in Netzwerken

Recyclingkunst Kunst aus Abfallmaterialien

Stil? Im Glücksfall epochal

Rokoko, Neue Sachlichkeit, Dadaismus – wer von Kunst spricht, kann von Stil und Epochen nicht schweigen. Stilepochen teilen die Kunst nach Zeiten und Formen ein. Stil ist ein deutsches Wort; es bezeichnet die Art der Darstellung eines Bildes, eines Textes, eines Musikstücks. Epoche stammt aus dem Griechischen und bedeutet »Haltepunkt«. Eine Stilepoche ist demnach eine Zeitspanne, innerhalb derer eine bestimmte Darstellungsart gepflegt wurde. Epochale Kunstwerke markieren den Beginn, den Höhepunkt oder das Ende der Epoche, für die sie stehen. Stilepochen können auch gleichzeitig stattfinden oder einander überlappen. Doch warum eine solche Einteilung? Bilder und Skulpturen werden seit Beginn der Menschheit (Höhlenmalereien in der Steinzeit) erstellt, was zur Folge hat, dass es mittlerweile Millionen Kunstwerke gibt. Um dieser Kunstflut Herr zu werden und sie verstehen zu können, muss man verschiedene Arten von Kunstwerken irgendwie unterscheiden können, und dazu eignen sich eben am besten die Stilepochen.

Stilepochen seit dem Mittelalter

Ab 1420	Renaissance
Ab 1590	Barock
Ab 1730	Rokoko
Ab 1760	Klassizismus
Ab 1800	Romantik
Ab 1815	Biedermeier
Ab 1840	Realismus
Ab 1865	Impressionismus
Ab 1890	Symbolismus
Ab 1890	Jugendstil
Ab 1890	Expressionismus
Ab 1905	Kubismus
Ab 1910	Futurismus
Ab 1910	Abstrakte Kunst
Ab 1915	Dadaismus
Ab 1920	Surrealismus
Ab 1920	Neue Sachlichkeit
Ab 1945	Abstrakter Expressionismus
Ab 1960	Pop-Art
Ab 1960	Fluxus
Ab 1970	Minimal-Art
Ab 1980	Postmoderne

Vier häufig gebrauchte Kunst-Begriffe

Artnapping Ein Kunstwerk wird gestohlen und der Besitzer um das Geld erpresst. Art-Loss-Register Weltweit größte Datenbank für verloren gegangene oder geraubte Kunst. Wurde 1991 gegründet, arbeitet mit Kunstverbänden und Versicherungen zusammen. Beutekunst Kunst oder Kunstgegenstände, die im Krieg oder unter kriegsähnlichen Zuständen geraubt wurden. Entartete Kunst Ein von den deutschen Nationalsozialisten geprägter Ausdruck für Kunst, die nicht der nationalsozialistischen Ideologie entsprach und deshalb vernichtet wurde.

Drei berühmte Kunst-Gebäude

Auf der Museumsinsel Berlin werden auf einer rund einen Quadratkilometer großen Insel in der Spree in sechs Museen 6 000 Jahre Menschheits- und Kunstgeschichte gezeigt. Die Berliner nennen sie wegen ihrer monumentalen Architektur auch »Tempelstadt«. Im Alten Museum auf der Museumsinsel kann man zum Beispiel die weltberühmte Statue der Nofretete (Hauptgemahlin des Pharao Echnaton aus dem 14. Jahrhundert v. Chr., gilt als Schönheitsideal) bewundern. Die Museumsinsel ist seit 1999 Weltkulturerbe der UNESCO. Das Guggenheim-Museum auf der 5th Avenue in New York / USA wurde 1956 bis 1959 nach Plänen des Architekten Frank Lloyd Wright gebaut. Die spektakuläre Spiralkonstruktion (windet sich wie eine Spiralfeder nach oben) des Gebäudes gilt als ein Meisterwerk der Architektur des 20. Jahrhunderts. Das Museum beherbergt Werke fast aller bedeutenden Künstler des späten 19. und frühen 20. Jahrhunderts, die der amerikanische Industrielle und Kunstsammler Solomon R. Guggenheim gestiftet hat. Das »Museum Insel Hombroich« ist ein Sonderfall der Museumsarchitektur. Nach dem Motto »Kunst parallel zur Natur« hat der Bildhauer Erwin Heerich in den 1990er Jahren neun verschiedene Bauten in die ländliche Landschaft an der Erft (einem Fluss bei Neuss am Rhein) eingepasst. Inzwischen ist auf dem angrenzenden Gelände einer ehemaligen Raketenstation ein zusätzlicher Museumsbau des japanischen Architekten Tadao Ando entstanden, das die Langen Foundation (japanische und moderne Kunst aus der Stiftung der Familie Langen) beherbergt. Auf der Insel Hombroich kann – nein, muss – man den Museumsbesuch mit einem Spaziergang durch die freie Natur kombinieren.

Verrückte Skulpturen

WOLKENHIRT: Bronzestatue von Hans Arp (1887–1966, Deutscher): Riesiger Wassertropfen mit Beinen. Gelände der Universität von Caracas, Hauptstadt von Venezuela. PUPPY: Großskulptur von Jeff Koons (*1955, Amerikaner): Blumenbewachsener Hund. Steht vor dem Guggenheim-Museum in Bilbao, Spanien. FRAU MIT UMHÄNGETASCHE von Duane Hanson (1925–1996, Amerikaner): Lebensecht wirkende Frau, die 1977 im Kölner Museum Ludwig entstand. Die Figur ist so realistisch, dass sie zweimal von Besuchern umgerempelt wurde. Duane Hanson restaurierte die Figur nicht nur, er ließ sie auch jedes Mal (1987 und 1990) um die vergangene Zeit altern. KEEP A COOL HEAD von Erwin Wurm (*1954, Österreicher): Ein Kasten, in den der Besucher einer Ausstellung für kurze Zeit seinen Kopf verschwinden lässt, so dass er selbst zur Skulptur wird. Eine Idee, die sich die Red Hot Chili Peppers für ihr Video zum Song »Can't Stop« zu eigen machten, wodurch Kunstprofessor Wurm mit seinen »One Minute Sculptures« weltberühmt wurde.

Spektakuläre Kunstdiebstähle

Kunstmuseum Nivaagaard in Kopenhagen Diebe stehlen 1999 neben Werken von Gentile Bellini (1429–1507, venezianischer Maler) auch das einzige Rembrandt-Original, das sich im Besitz Dänemarks befindet. Berliner Brücke-Museum Drei Diebe dringen 2002 in das Museum ein und stehlen Bilder der Expressionisten Emil Nolde, Erich Heckel, Ernst-Ludwig Kirchner und Max Pechstein (alle Mitglieder der Künstlergruppe »Die Brücke«, gegründet 1905). Schloss Drumlanrig in Südschottland Diebe geben sich als Besucher aus und stehlen das Gemälde MADONNA MIT DER SPINDEL von Leonardo da Vinci. Geschätzter Wert des Bildes: 56 Millionen Euro. Nationalgalerie Oslo Im Februar 2004 wird eine Version des Gemäldes DER SCHREI von Edvard Munch (1863–1944, norwegischer Maler und Graphiker) gestohlen. 2006 wird das Bild schwer beschädigt gefunden. Im Dezember 2005 wird aus den Räumen der Henry-Moore-Stiftung in Perry Green/England die 2100 Kilogramm schwere Skulptur RECLINING FIGURE gestohlen. Die Diebe verluden die Skulptur trotz funktionsfähiger Überwachungskameras auf einen ebenfalls gestohlenen Transporter. Die Polizei vermutet, dass das Kunstwerk aus Bronze wegen seines Materialwertes gestohlen und eingeschmolzen wurde. Die Diebe dürften für die Bronze höchstens 7500 Euro bekommen haben. Auf dem Kunstmarkt wäre die RECLINING FIGURE über vier Millionen Euro wert gewesen.

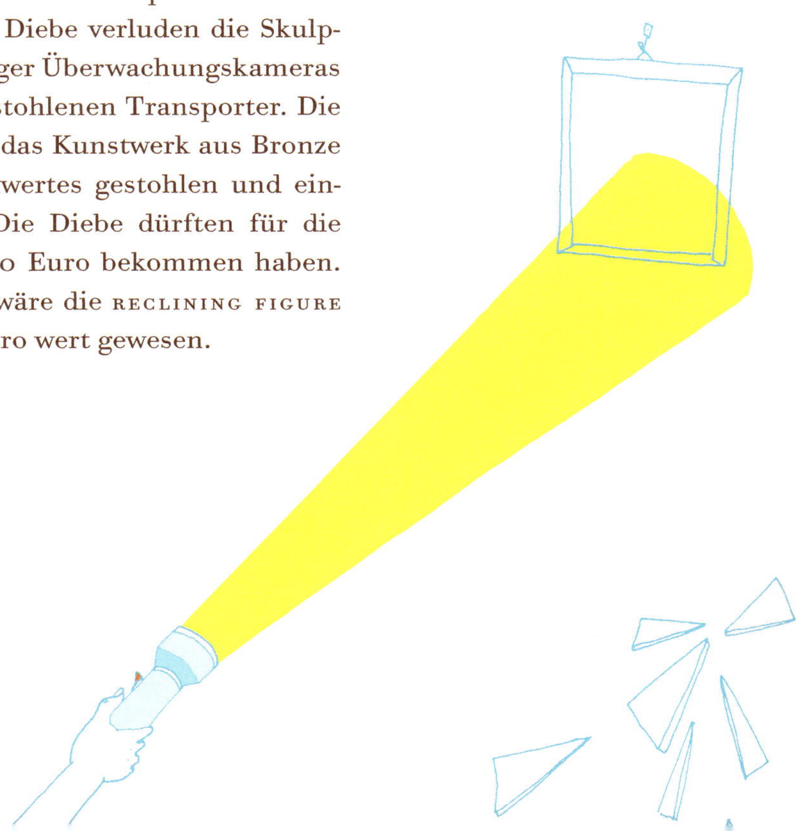

DER VERBOTENE RAUM

Der graue Mann aus der geheimen Kammer

Räume, die kein Mensch betreten darf? Zimmer, von deren Existenz kein Hausbewohner weiß? Gibt es nicht? Gibt es doch! Im Londoner Royal Theatre beispielsweise lebt ein »Mann in Grau«, der in den vergangenen 300 Jahren mehrfach von Gästen gesehen worden sein soll. Man behauptet, er sei immer aus einer Wand an der linken Seite des oberen Ranges getreten, habe den Raum durchquert und sei dann in der gegenüberliegenden Wand wieder verschwunden. Bei Renovierungsarbeiten im Jahr 1850 hatten Arbeiter hinter jener Wand tatsächlich einen geheimen Raum entdeckt und darin eine grausige Entdeckung gemacht: Ein fast vollständig erhaltenes Skelett, das von einem rostigen Dolch durchbohrt war. Die Ermittler von Scotland Yard vermuteten, es handle sich um ein Opfer des vormaligen Theaterdirektors Christopher Ricks, der Anfang des 18. Jahrhunderts das Theater mit brutalen Methoden geleitet hatte. Doch auch nach der Beerdigung des Unbekannten auf einem Londoner Friedhof wurde der »Mann in Grau« von mehreren Zeugen gesichtet. Seitdem sind sich viele Besucher des Hauses sicher, dass es in ihrem Theater spukt.

Luzifer: Wie ein Engel zum Teufel wurde

In fast allen Religionen der Welt gibt es unterschiedliche Teufel und Dämonen (Fabelwesen, Geister). Nur im Christentum existiert der Glaube an einen einzigen, allmächtigen Teufel, der das absolut Böse verkörpert. Im Alten Testament (erster und älterer Teil der Bibel) ist der Teufel noch eine Nebenfigur. Unter dem hebräischen Namen Satana ist er dort der Ankläger unter den Söhnen Gottes. Er überprüft in Gottes Auftrag den Glauben und die Tugendhaftigkeit der Menschen. Deshalb bringt er Eva im Paradies mit Hilfe einer Schlange (ein Symbol für den Teufel) in Versuchung, um den Gehorsam Adams auf die Probe zu stellen. Adam ist nicht gehorsam, und die Menschen werden aus dem Paradies vertrieben. Im Neuen Testament (zweiter Teil der Bibel, Geschichte von Jesus Christus) ist der Teufel der erbittertste Widersacher von Jesus, der auf die Welt gekommen ist, um die Menschen von ihrer Schuld zu erlösen und ihnen das »Ewige Leben« zurückzugeben. Der Teufel, jetzt Luzifer (lat. »Lichtbringer«) genannt, ist hier ein gefallener (zum Teufel gewordener) Engel. Luzifer war ursprünglich sogar der bevorzugte Engel Gottes, der schönste von allen. Er wurde übermütig, wollte Gott ebenbürtig sein und dessen Thron besteigen. Dabei wurde er jedoch vom Erzengel Michael zurückgeschlagen – und zum Sturz in das dunkle Reich, das Reich des Untergangs gezwungen.

Tausend Teufel – Teufelszähler

Salomon, der König Israels (965–926 v. Chr.), war der erste schriftlich erwähnte Teufelszähler. Nach der Legende lockte er alle Teufel in eine Flasche – und zählte schließlich 6 666 Vertreter des Bösen. Der Bischof von Tuscolo / Italien errechnete im 12. Jahrhundert, dass es 133 306 688 Teufel geben müsste. Wie der Bischof auf diese Zahl kam, ist nicht bekannt. Johann Weyer (1515–1588), Arzt und Gegner der Hexenverfolgung, veröffentlichte in seiner 1568 erschienenen Schrift VOM BLENDWERK DER DÄMONEN die Zahl von 7 409 127 Teufeln, die angeblich auf 79 Fürstentümer verteilt ihr Unwesen trieben. Der Franzose Collin de Plancy (1793–1887) beschreibt in seinem INFERNALISCHEN LEXIKON den gesamten teuflischen Hofstaat. Allen 64 Dämonen wird dabei ihre Stellung und Aufgabe in der höllischen Hierarchie (Rangfolge) zugeschrieben.

Im Namen des Bösen – Teufelsnamen

Abaddon König der Hölle in der Apokalypse Abigor Hochgestellter Dämon und Spezialist in Sachen Kriegsführung Behemoth Ein grobschlächtiger, dummer Dämon, eine Bestie, die in der Gestalt fast jeden großen Tieres in Aktion treten kann Beelzebub Der Fürst der Dämonen, Erster in der Machthierarchie nach Satan und Einziger, der sich Satan widersetzen kann Chih-yu Einer der machtvollsten Teufel Chinas, Herr der Krieger und Waffenerfinder Iblis Aus Licht beschaffener, stolzer Teufel, der in der Wüste lebt; verbeugte sich nicht vor Adam, als Allah dies von ihm verlangte, fiel deshalb in Ungnade Leviathan Drachenartiges Seeungeheuer, taucht mitunter auch in Gestalt eines Krokodils auf, wurde von Gott als Spielzeug zum Zeitvertreib geschaffen Loki Dämon der germanischen Mythologie (Sagenwelt), ist absolut boshaft und soll den Mord an dem Helden Baldur (Gott der Sonne, des Lichtes und der reinen Gerechtigkeit) zu verantworten haben Mephistopheles Eine weitere Bezeichnung für den Satan, findet sich in verschiedenen literarischen Werken, wie etwa Goethes FAUST Seth Gottheit der alten Ägypter, Dämon des Gewitters und der Verstörung, hält sich bevorzugt in der Wüste Sahara auf Supay Dämon der Inkas, strafende Gewalt der Unterwelt, quält die Seelen der Toten für ihre Schandtaten

Vorhergesagte Weltuntergänge

Hippolytus (170–235), römischer Kirchenschriftsteller, ging davon aus, dass die Erde insgesamt 6 000 Jahre existiert. Er datierte den Weltuntergang auf 500 n. Chr. Papst Sylvester II. verkündete 999, dass am 31. Dezember desselben Jahres die Welt untergehen würde. Eine Massenhysterie folgte, aber die Welt existierte weiter. Der Papst behauptete daraufhin, seine Gebete seien von Gott erhört worden. Am 1. Februar 1524 prophezeiten Astrologen den Weltuntergang: Die Planeten Jupiter, Saturn und Mars trafen sich an diesem Tag im Sternbild der Fische. Viele Astrologen deuteten dies als Anzeichen einer nahenden Sintflut. Für die Jahre 1532, 1536 und 1541 verkündete Martin Luther den Untergang der Welt. Er irrte sich. 1666 wurde von verschiedenen Astronomen und Zahlenmystikern als Weltuntergangsdatum angesehen: 1 000 galt als Jahr der Apokalypse und 666 als Zahl des Teufels. Das Jahr 1999 erlebte wegen des anstehenden Jahrtausendwechsels eine wahre Flut an apokalyptischen Vorhersagen.

Kleines Wörterbuch des Unheimlichen

Apokalypse Apokalyptische Schriften kündigen das Ende der Welt an. Die bekannteste Verkündung eines solchen Weltunterganges ist die »Offenbarung des Johannes« aus dem Neuen Testament, auch »Johannes-Apokalypse« genannt. Apokalyptische Reiter Die vier Reiter sind ein berühmt-berüchtigtes Bild aus der »Offenbarung des Johannes«. Sie bringen am Ende der Zeit (Untergang der Welt) Krieg, Hungersnot und Tod über die Menschheit, bevor das Reich Gottes entstehen kann. Antichrist Ein Sohn des Satans und einer Jungfrau. Er ist mit denselben Fähigkeiten ausgestattet wie Jesus Christus, der ebenfalls von einer Jungfrau geboren wurde. Der Antichrist aber stellt seine Kraft in den Dienst des Teufels, um eine Schreckensherrschaft des Bösen auf Erden zu errichten. Inquisition Die Inquisition wurde im Mittelalter von Vertretern der katholischen Kirche durchgeführt. Diese Befragung von Beschuldigten und Zeugen, teils mit den Mitteln der Folter, sollte beweisen, dass der Angeklagte vom Teufel besessen war, mit dunklen Mächten im Bund stand oder auf andere Weise gegen die Gesetze der Kirche verstoßen hat. Auf derartige Anschuldigungen folgte meist der grausame Tod auf dem Scheiterhaufen. Hexensabbat Auf einem Hexentanzplatz treffen sich Hexen und Hexer, um ihren Pakt mit dem Teufel zu erneuern und ein Fest mit ihm zu feiern. (Der Begriff stammt aus den Jahren der Hexenverfolgung im 15. Jahrhundert, während der Tausende Frauen und Mädchen auf dem Scheiterhaufen verbrannt wurden.) Exorzismus Teufelsaustreibung. Der Glaube, dass psychisch (= seelisch) kranke Menschen von einem Teufel oder Dämon besessen sind, ist so alt wie das Christentum. Exorzisten sind Priester, die versuchen, einem Betroffenen den vermeintlichen Teufel im Leib auszutreiben. Okkultismus Okkultisten glauben, dass man durch Rituale Kontakt mit den Seelen Verstorbener aufnehmen kann. Okkultisten arbeiten mit verschiedenen Mitteln, so zum Beispiel mit Geisterbeschwörungen, mit satanistischen Formeln und mit der Hilfe von Tarotkarten.

Geister-Glauben

Schamanen gibt es in verschiedenen Religionen und Glaubensgruppen, insbesondere aber bei indianischen, zentralasiatischen oder afrikanischen Kulturen. Schamanen nehmen mittels Trance (halbwacher Zustand) und Ekstase (rauschhafter Zustand) Verbindung zum Jenseits auf. Mit Hilfe von Tanz, Gesang oder Drogen versetzen sie sich in einen anderen Seinszustand, der auch als Seelenwanderung (nach dem Tod wird die Seele in einem neuen Körper wiedergeboren) wahrgenommen wird. Voodoo ist eine ursprünglich westafrikanische Religion, die sich durch den Sklavenhandel in vielen Teilen der Welt verbreitet und zum Teil mit anderen Religionen vermischt hat. Der Voodookult ist sehr vielseitig, Voodooisten kennen Hunderte verschiedener Gottheiten. Am bekanntesten ist der Opferkult, bei dem die Gläubigen den Voodoogöttern Opfer (Tiere, Zigaretten, Schnaps, Lebensmittel) darbringen. Dabei kann es geschehen, dass die Götter sich manchmal der Tanzenden bemächtigen, die daraufhin in Trance fallen. Anhänger des Ahnenkults verehren die Geister der Verstorbenen. Viele Chinesen gehen zum Beispiel davon aus, dass die Toten nicht gestorben sind, sondern nur friedlich schlafen und bei Bedarf zurückkommen können. Geschieht einer Familie auf Madagaskar ein Unglück, versuchen die Familienmitglieder, ihre Ahnen mit einem Fest zu besänftigen: Sie holen einen Toten aus dem Grab, wenden seinen Leichnam und hoffen, dass er ihnen anschließend wohler gesonnen ist.

Geheimbotschaften schreiben

Der Tag der Schlacht, der Moment des Gefängnisausbruchs – ein großes Geheimnis, keiner darf davon wissen! Trotzdem soll der General die Pläne des Königs oder sollen die Gefangenen den Tag der Flucht erfahren. Nur: Wie kann man ihnen die Nachricht zukommen lassen, ohne dass es die feindlichen Agenten oder die Gefängniswärter spitzkriegen? In einem Brot versteckt, könnte ein kleingerolltes Schriftstück zum General gelangen. Ein verbündeter Mönch könnte die Nachricht in den Kerker schmuggeln. Aber beides ist gefährlich, Entdeckung droht. Eine andere Möglichkeit wäre, mit unsichtbarer Tinte zu schreiben. Und das geht eigentlich ganz einfach: Eine Zitrone auspressen; einen spitzen Gegenstand in den Saft tauchen und die geheimnisvollen Worte auf ein weißes Blatt Papier schreiben. Das Geschriebene trocknet und verschwindet, es wird unsichtbar. Wer die geheime Nachricht lesen will, muss das Blatt so über eine Kerzenflamme halten, dass es zwar erhitzt wird, aber nicht entflammt. Nach einigen Sekunden erscheinen die Buchstaben, das Geheimnis wird gelüftet. Jetzt muss man sich das Ganze schnell einprägen und dann den Zettel verbrennen. So sind die Botschaften an den General, an die Gefangenen vor Entdeckung durch feindliche Agenten und die Gefängniswärter gefeit.

1

2

3

4

Rettung: Die Engel

Das kennt man nicht nur aus dem Mund des Pfarrers, sondern auch aus Filmen und der Fernsehwerbung: Engel sind die guten Geister an der Seite aller Lebewesen. In der Bibel werden Engel als sehr intelligente, lebenstüchtige Wesen dargestellt. Jeder Engel verfügt über eine eigene Persönlichkeit. Da Engel keinen Körper haben, kennen sie keine Krankheiten oder andere Gebrechen. Das hilft ihnen dabei, sich nicht von ihren Aufgaben ablenken zu lassen. Die fast unwirkliche Schönheit, die Engel ausstrahlen, wenn sie menschliche Gestalt annehmen, ist ein Ausdruck ihrer geistigen Vollkommenheit. Engel beschützen ihnen anvertraute Menschen immer und überall. Auch dann, wenn diese sich vom Glauben abgewendet haben.

Voodoo in Deutschland

Ein riesiger Mami-Vata-Altar, geschnitzte Götzenfiguren, hypnotische Musik, der Geruch von Räucherstäbchen – Voodoo gibt es auch in Deutschland, und zwar auf der Rüttenscheider Straße in Essen. Dort hat der Fotograf Henning Christoph Mitte der 1990er Jahre in einer ehemaligen Zahnarztpraxis sein »Voodoo Museum« eröffnet. Im Auftrag der Zeitschrift GEO war Henning Christoph in vielen Ländern der Welt unterwegs. Eines Tages kam er nach Benin / Afrika und lernte dort den obersten Voodoopriester kennen. Henning Christoph war seitdem so fasziniert vom Voodoo, dass er alles über den Kult herauszufinden versuchte und später das »Voodoo Museum« eröffnete. Außerdem betreibt er mit Unterstützung der Vereinten Nationen eine Farm in Benin, auf der alte Naturheilrezepte der Voodooisten erforscht und gesammelt werden. Das wahre Voodoo, so betont Henning Christoph, hat nicht viel mit dem Voodoo zu tun, wie es in alten Hollywoodfilmen dargestellt wird. Wahres Voodoo hilft den Menschen, statt sie zu verhexen, zum Beispiel mit Naturheilmedizin.

Lebendig begraben – lebende Tote

Im Jahr 1357 soll auf dem Kölner Friedhof Melaten eine Frau lebendig ihrem Grab entstiegen sein, als Räuber es plündern wollten. Da immer wieder einmal von solchen Vorfällen berichtet wurde, trafen die Angehörigen von Gestorbenen Vorkehrungen: Man band kleine Klingeln an die Finger der Toten, man ließ Luftröhrchen zum Atmen im Sargdeckel, man stellte eine Leiter in das offene Grab. 1792 wurde in Weimar das erste Leichenhaus eröffnet. Es bot den Angehörigen die Möglichkeit, den Verstorbenen zu beobachten und auf eventuelle Lebenszeichen zu reagieren. Noch 1905 veröffentlichte die »Englische Gesellschaft zur Verhinderung der voreiligen Begräbnisse« eine Liste mit 384 Scheintodfällen. Bei dem Stand der heutigen Medizin ist es nahezu unmöglich, dass ein Mensch lebendig begraben wird.

Vampire – ein Fall für die Kryptozoologen

Im Jahr 1924 wurde in Transsylvanien / Rumänien eine Frau mit einem Hufeisen in den Händen, einem hölzernen Pfahl mitten durch die Brust und zentnerschweren Steinen auf dem Sargdeckel beerdigt. Die Menschen in ihrem Dorf waren davon überzeugt, dass sie eine Vampirin sei und deshalb aus dem Grab steigen, sich vom Blut der Leute ernähren und Unglück über alle bringen würde. Das war ein Fall für die Kryptozoologische Gesellschaft London, die seit mittlerweile 150 Jahren über Vampire forscht. Die Kryptozoologen betrachten sich als einen wichtigen Zweig der Zoologie und haben es sich zur Aufgabe gemacht, unbekannte, fremdartige Tiere, Fabelwesen und ungewöhnliche, natürliche Phänomene mit wissenschaftlichen Mitteln zu erforschen. Den Vampirglauben haben die Forscher eingehend untersucht. Sie fanden zwar viele Hinweise, aber keine stichhaltigen Beweise für die Existenz von Vampiren. Der Glaube an Vampire ist auf der ganzen Welt zu finden: Die portugiesischen »Bruxa«, die indischen »Vetala« oder die südamerikanischen »Azeman« haben alle eines gemeinsam – diese Fabelwesen ernähren sich von Blut und können ihr Aussehen verändern.

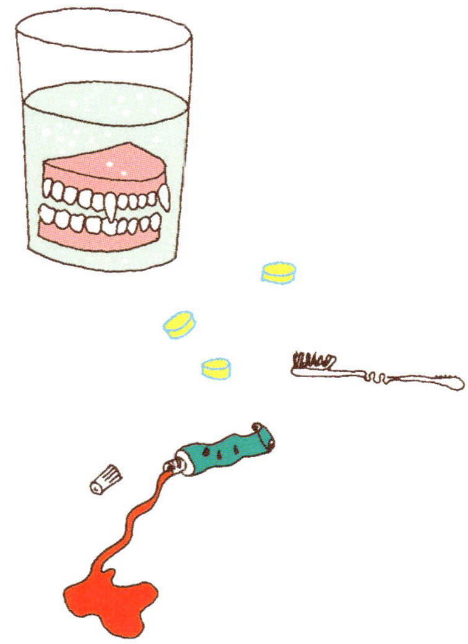

Feenzauber – wie man Feen sichtbar macht

Viermal täglich fünf Minuten lang schnell zwinkern und danach in den Wald schauen. Bei Vollmond in der Mittsommernacht in einem klaren Gewässer stehend durch das Loch in einem Stein schauen. Ein vierblättriges Kleeblatt mit jeweils einem Weizenkorn pro Blatt bestücken und ins Fenster legen. Die Augen schließen und die eigene Vorstellungskraft entfalten

Meerungeheuer, Einhörner und Drachen

Art	Vorkommen	Größe
Riesenpolyp (auch Octopus)	Meere weltweit	bis zu 18 m
Kalmare	Meere weltweit	bis zu 15 m
Kelpie Wasserpferde	schottische und irische Seen, Teiche oder Flussoberläufe	Pferdegröße
Drachen	Berge, Höhlen, Wasser in Europa, Klein- und Südostasien, Indien	vergleichbar mit einem Afrikanischen Elefanten
Seeschlangen	Meere weltweit, tiefes und flaches Wasser	bis zu 61 m lang und 6 m dick
Phönix oder Feuervogel	lichte Wälder Indiens, wandert über den Mittleren Osten nach Ägypten	Flügelspannweite 2,50 bis 3,50 m
Donnervögel (Riesenvogel)	gesehen in der Huachuca-Wüste in Nordamerika	Flügelspannweite 7,5 bis 9 m
Pegasus (Pferd mit Flügeln)	Atlasgebirge (Marokko)	etwa 1,80 m Schulterhöhe, Flügelspannweite 5,50 m
Chupacabras (känguruartiges Tier mit Dornen und Draculazähnen)	Höhlen in Florida, Texas (USA), Mexiko	1,20 bis 1,50 m
Einhorn	in Wäldern und Auen Europas und Asiens	wie ein Pferd
Ki-lin (regenbogenfarbiges, hirschartiges Tier mit einem langen, fleischigen Horn)	Wildnis in China und Japan	etwa 1,50 m

Daten:
Kryptozoologisches Institut, London

Kleines Lexikon kryptozoologischer Forschungsobjekte

Elfen leben in den Wäldern und unter der Erde, vermutlich weltweit. Sie werden bis 1,80 Meter groß, können aber auch sehr klein sein. Der männliche Elf trägt häufig kriegerische Kleidung und führt Kriegsgerät wie Speere und Pfeile mit sich. Die weiblichen Elfen sind meist opulent geschmückt. Elfen unterscheiden sich von Menschen durch ihren zarten Körperbau, ihre ausgeprägten Gesichtszüge und die spitz zulaufenden Ohren. Kobolde sind bekannt für ihren schlechten Charakter, ihre Skrupellosigkeit und ihren unstillbaren, abartigen Appetit. Sie sind extrem hässlich, haben unreine, behaarte Haut und einen ekligen Körpergeruch. Kobolde leben in Horden in Kellern und Höhlen und werden bis zu 30 Jahre alt. Kobolde im Haus verursachen Ärger: Sie verstecken Dinge, zerbrechen Geschirr, foppen die Hauskatze oder die Kinder. Am schlimmsten aber sind die Albträume, die sie den Hausbewohnern nachts ins Ohr flüstern. Gremlins finden sich praktisch überall, aber besonders gern halten sie sich in Maschinen auf. Eine spezielle Vorliebe dieser Miniaturwesen (10–15 cm) mit den extrem langen, spitzen Ohren sind Flugzeuge. Gremlins verfügen über ein gutes technisches Wissen. Sie lockern Kabel oder hacken sich in Computer ein. Orks sind Verwandte der Kobolde, allerdings sind sie größer (bis zu 1,50 m) und noch hässlicher: Sie haben eine grünbraune, ledrige Haut, Schweineschnauzen, lange hervorstehende Hauer. Außerdem sind sie meist gut bewaffnet. Orks nerven die Menschen und sind in Banden organisiert. Trolle leben in Höhlen Skandinaviens, auf den Shetland- oder Orkneyinseln. Ihre Größe variiert zwischen 1,20 Meter und 3,30 Meter. Es heißt, Trolle seien immer gefährlich, sie würden mitunter sogar Menschen fressen. Wenn Trolle gut gelaunt sind, tun sie Menschen aber auch einmal einen Gefallen. Trolle sind sehr schmutzig und bekannt für die Scheußlichkeit ihrer Wohnungen. Zwerge und Wichtel haben ähnliche Lebensweisen. Sie sind sehr erdverbunden, treiben Bergbau, Schmiedekunst und sammeln Unmengen von Schätzen. Sie sind kleiner als ein Meter und leben in unterirdischen Minen und Höhlen in Nordeuropa.

Die Methoden der Geisterjäger

Gespensterjäger, Geisterforscher und Parapsychologen (beschäftigen sich mit außersinnlichen, nicht die Sinnesfunktionen des Menschen betreffenden Wahrnehmungen und Erscheinungen) arbeiten mit technisch ausgereiften Methoden, um Spukerscheinungen wie Klopfen, Schritte, Schattengeister zu erklären. Im Jahr 2001 untersuchte zum Beispiel ein Team um Prof. Richard Wiseman, Psychologe an der Universität Hertfordshire, die Gewölbe unter der South Bridge in Edinburgh in Schottland, weil sehr viele Besucher der Brücke seit Jahren von merkwürdigen Geräuschen berichtet hatten. Bei ihren Untersuchungen stellten die Forscher fest, dass in den Gewölben ein verändertes Magnetfeld herrschte, und damit hatten sie die Erklärung für den Spuk gefunden. Magnetismus wirkt sich auf das menschliche Hirn nämlich ausgesprochen gespenstisch aus, das wiederum haben kanadische Forscher herausgefunden. Ein im Labor künstlich erzeugtes Magnetfeld stimulierte bei den Testpersonen genau die Hirnregionen, die zu dem Gefühl führen, nicht allein im Raum zu sein, berührt zu werden oder Schatten zu sehen.

Yeti und Kobold – Hominiden wie du und ich

Eine der wichtigsten Fragen, die sich die Forscher der Kryptozoologischen Gesellschaft stellen, lautet: Ist der *Homo sapiens* (also der heutige Mensch) wirklich die einzige Art Mensch auf der Erde? Die gewöhnliche Wissenschaft beantwortet diese Frage mit Ja. Die Kryptozoologen sehen das anders. Robert Foley, ein englischer Bioanthropologe von der Universität Cambridge, hat die Entwicklungen, Zahlen und Charaktere anderer Säugetiere mit denen der menschlichen Entwicklung verglichen und ist zu einem überraschenden Schluss gekommen: Es gibt mindestens sechs Spezies von Hominiden (biologische Familie der Affen) auf der Erde: Menschen (*Homos sapiens*), Affenmenschen (auch: Yeti), Riesen, Zwerge, Elfen und Kobolde.

Überall Gespenster

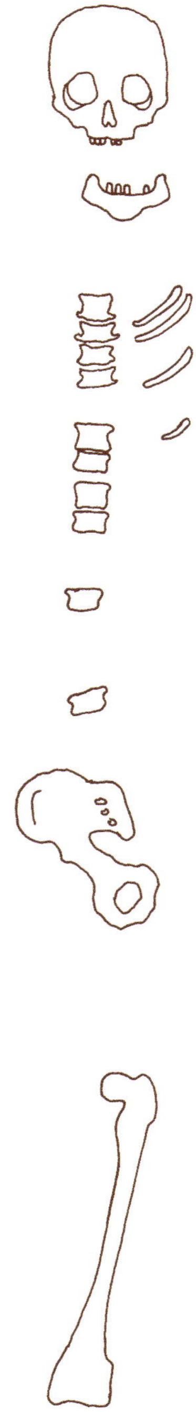

Im Windsor Hotel Americus in Georgia/USA spukt es ungeheuerlich. Von Hotelgästen wie auch vom Besitzer wurden wiederholt rätselhafte Erscheinungen berichtet. So soll der Geist eines kleinen Mädchens nachts lachend und tanzend durch die Flure und Zimmer des Hotels gewandelt sein. Im Jahr 2005 wurde das Hotel von den Geisterforschern »Big Ben Ghost Trackers« genauestens untersucht – ohne Ergebnis. Im April 2007 soll in einer Mädchenschule in Indien ein Geist in einem roten Gewand gespukt haben. In der Klasse brach eine Panik aus. Drei Kinder fielen beim Anblick des Geistes in Ohnmacht, mehrere Kinder wurden bei der Flucht aus der Klasse verletzt. Zwei Lehrerinnen haben die Erscheinung zwar nicht gesehen, hörten aber merkwürdige, unerklärliche Geräusche aus der Klasse, bevor die Panik ausbrach. Im Weißen Haus in Washington sind es die Geister ehemaliger Bewohner, die nach Aussage sehr integerer Mitarbeiter dort immer wieder gesehen werden. Der Geist von Mrs Abigail Adams, Gattin des zweiten Präsidenten der USA (John Adams, 1735–1826), soll immer wieder die Waschküche des Weißen Hauses aufsuchen. Und Mrs Dolley Madison, Gattin des US-Präsidenten James Madison (1751–1836), soll etwas unfreundlich über den von ihr angelegten Rosengarten wachen und dabei schon so manchen Gärtner übel erschreckt haben. In Belmez im südlichen Spanien spukt es dauerhaft seit 1977. In der Küche von Maria Gomez erschien plötzlich ein menschliches Antlitz im Küchenboden. Alle Versuche, das Bildnis wegzuwischen, nutzten nichts. Selbst als der Fußboden erneuert wurde, erschienen wieder neue Gesichter auf dem Belag. Untersuchungen der Erscheinungen durch Wissenschaftler und die Polizei führten zu nichts. Der Fußboden zeigt weiterhin Gesichter und ist eine Attraktion für Besucher aus aller Welt.

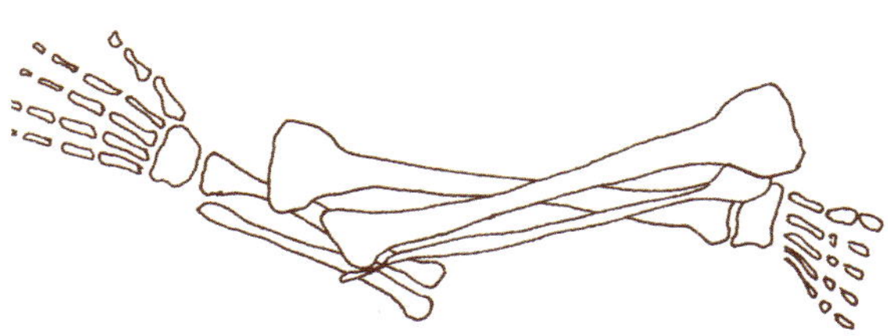

13
95
60°C
40°C

F
H_2
SO_2

Der Waschfrauensong

Zeigt her eure Füße, zeigt her eure Schuh
und sehet den fleißigen Waschfrauen zu!
Sie waschen, sie waschen,
sie waschen den ganzen Tag.
Zeigt her eure Füße, zeigt her eure Schuh
und sehet den fleißigen Waschfrauen zu!

Volkslied

Waschen in der Küche?

Neben der Küche gab es bis weit in das letzte Jahrhundert hinein in den meisten Häusern eine Waschküche. Der Raum befand sich meist im Keller, hatte ein Fenster und häufig einen direkten Zugang zum Hof oder Garten, in dem die Wäsche zum Trocknen aufgehängt wurde. Damals wurde die Wäsche in der Regel nicht einfach gewaschen, sondern bei hoher Temperatur richtiggehend gekocht. Das alleinige Kochen der Textilien reichte allerdings oft noch nicht aus, um die Wäsche sauber zu bekommen. Bei besonders verschmutzter Wäsche benutzte die Wäscherin ein mit gewelltem Zinkblech beschlagenes Waschbrett. Dieses Brett wurde in eine Waschschüssel gestellt und die Wäsche daran kräftig gerubbelt und geschrubbt. Für die kleine Wäsche zwischendurch gab es ein kleineres Eimerwaschbrett. Diese Waschmethode war recht anstrengend, die Hände weichten auf, und die Knöchel wurden wundgerieben. Dennoch war das Waschbrett vielerorts noch bis in die 1950er Jahre im Einsatz. Seit den 1930er Jahren haben Musiker das Waschbrett immer wieder als Instrument zweckentfremdet. Der bekannteste Waschbrettler: »Washboard Sam« (Robert Brown, 1911–1966), der seine Karriere als Straßenmusiker in Memphis / USA begann und in den 1930er und 1940er Jahren in Chicago ein sehr bekannter Bluesmusiker war.

Waschküchenberühmtheiten

Der Kernphysiker und Nobelpreisträger Otto Hahn (1879–1968) führte seine ersten Experimente in der Waschküche der Eltern durch. So begann eine bahnbrechende Karriere: Otto Hahn entdeckte später die berühmten Kernspaltungsprozesse beim Uran. Adolf Dassler verwirklichte sich in der Waschküche seiner Mutter einen Traum: Er fertigte mit Hilfe seines Vaters und seines Bruders Rudolf sein erstes Paar Leinenturnschuhe an. Die Brüder gründeten später in ihrer fränkischen Heimatstadt Herzogenaurach eine gemeinsame Firma, und als sie sich Ende der 1940er Jahren zerstritten, begann die Geschichte zweier Weltkonzerne: Rudolf gründete »Puma«, Adolf startete mit »Adidas«. In Seesen, einem kleinen Ort im Harz, baute Heinrich Steinweg 1836 in einer Waschküche sein erstes Klavier. 1853 gründete er in New York unter dem Namen Henry Steinway gemeinsam mit seinen Söhnen die Firma »Steinway & Sons«, die auch heute noch hochwertige Klaviere und Flügel baut.

Wäschetreten

Die Kleidung mit den Füßen zu treten ist seit 5 000 Jahren eine gängige Methode des Wäschewaschens. Die ägyptischen Hieroglyphen für das Wort »waschen« zeigen zwei Füße im Wasser. Homer beschreibt in der ODYSSEE, wie die Sklaven der Königstochter Nausikaa die Wäsche mit den Füßen reinigen. Auf Wandmalereien, die in den Ruinen der römischen Stadt Pompeji gefunden wurden, sind Männer zu sehen, die mit den Füßen Wäsche treten. Die Reinigung der Wäsche erfolgte früher meist an den Ufern von Bächen und Flüssen. Die Wäsche wurde dabei nicht nur sauber getreten, sondern auch mit Wucht auf große glatte Steine geschlagen. Durch das Treten, Wringen, Schlagen, Rubbeln der Wäsche wurde der Schmutz aus dem Gewebe herausgelöst. Das Flusswasser spülte dann den gelockerten Dreck einfach heraus. Was sich so leicht anhört, war für die Frauen (selten Männer) eine kräftezehrende Knochenarbeit. In vielen ärmeren Ländern waschen die meisten Menschen ihre Wäsche heute noch von Hand.

Ein richtiger Vulkan: der Mount Waesche

Mount Waesche? Hört sich an wie eine nette Umschreibung für den Berg dreckiger Wäsche, der sich in den meisten Teenagerzimmern findet. Irrtum. Der Mount Waesche hat nichts mit hippen Klamotten und möglichen Wutausbrüchen aufräumender Eltern zu tun: Er ist ein Vulkan im Marie-Byrd-Land, einem vulkanreichen Gebiet an der Nordseite der westlichen Antarktis.

Was Wäsche (leider) alles kann

ausleiern, bleich werden, einlaufen, knittern, schrumpfen, verfärben, verfusseln

Waschen mit einem ganz besonderen Saft

Ägypter, Griechen und Römer – sie alle sammelten ihren Urin in Töpfen und ließen die Flüssigkeit eine Weile stehen. Der faulige Harn bildete dabei Ammoniak, das in Wasser gelöst Salmiakgeist ergibt und eine sehr stark reinigende Wirkung hat. Der Salmiakgeist verbindet sich mit dem in der Schmutzwäsche enthaltenen Fett zu einer Seifenlösung und löst so den Schmutz aus dem Gewebe. Kaum jemand hat große Lust, Urin zu sammeln, deshalb übernahmen im antiken Rom findige Geschäftsleute diesen Job. Der römische Kaiser Vespasian (9 bis 79 n. Chr.) erhob eine Steuer auf Urin. Der Legende nach fragte ihn sein Sohn Titus einmal, ob eine derartige Steuer auch moralisch gerechtfertigt sei. Der Kaiser soll geantwortet haben: *»Pecunia non olet!«* – »Geld stinkt nicht.«

Asche auf meine Wäsche – von Aschesammlern und Seifensiedern

Waschmittel gab es schon vor 6000 Jahren, als die Sumerer im Süden Mesopotamiens (im heutigen Irak) Holzasche und Öl zu einer seifenartigen Substanz vermischten. Bis ins 20. Jahrhundert reinigte man in ganz Europa mit dieser Lauge aus Holzasche seine Wäsche. Aschesammler sammelten Holzasche, die möglichst nicht mit Asche von anderen Brennstoffen vermengt sein sollte. Sie verkauften die Holzasche an Seifensieder oder Wäschereien, die daraus Waschlaugen zubereiteten. Häufig streuten Frauen die Asche direkt auf die Textilien, die sie dann in Schichten in einen hölzernen Bottich (Pott) legten, bevor sie diesen mit heißem Wasser übergossen. So entstand der Name »Pottasche«.

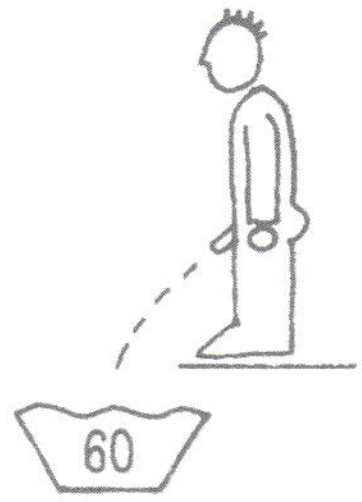

Ein Waschgang vor 100 Jahren

Die Waschlauge herstellen Den Ofen einheizen Die Wäsche sortieren (nach Weiß- und Buntwäsche) Die Wäsche über Nacht einweichen Mögliche Flecken behandeln, zum Beispiel mit Kernseife Die Wäsche in Waschlauge auskochen Die heiße Wäsche gegebenenfalls am Waschbrett bearbeiten Die Wäsche auswringen Die Wäsche bis zu dreimal spülen und auswringen Bettwäsche, Schürzen, Hemden usw. stärken (Behandlung der Wäsche, um sie in Form zu bringen) Die Wäsche aufhängen Die Wäsche bügeln

Nicht nur sauber, sondern rein!

Erste moderne Waschmittel wurden Ende des 19. Jahrhunderts entwickelt. 1878 kam »Henkels Bleichsoda« in Deutschland auf den Markt, 1907 wurde das »erste selbsttätige Waschmittel« angeboten. Es enthielt neben Soda und Seife als Bestandteile *Perborat* zum Bleichen und *Silikat*, das alle Einflüsse abtötete, die die Bleichwirkung störten. Aus den Silben Per(borat) und Sil(ikat) bildeten die Erfinder den Namen des neuen Waschmittels: »Persil«. Waschmittel in der Art, wie wir sie heute kennen, sind erst 50 Jahre alt. Weil es immer mehr Kleidungsstücke aus Kunststofffasern gab, weil die Farben immer bunter wurden und weil das Waschen in Waschmaschinen andere Eigenschaften verlangte, entwickelten die Hersteller in den 1950er Jahren eine zeitgemäße Waschmittelzusammensetzung. Die neuartigen Waschmittel machten zwar alles rein, hatten aber eine umweltschädigende Nebenwirkung: Das enthaltene *Phosphat* führte zur Überdüngung der Gewässer und damit zum Sauerstoffmangel in Flüssen und Seen. 1960 kamen biologisch leicht abbaubare Tenside auf den Markt, um die Schaumberge in den Gewässern verschwinden zu lassen. 1973 wurde die Substanz *Sasil* als Phosphatersatz eingeführt. Die Forschung der folgenden Jahre führte dazu, dass immer weniger umweltschädliche Bestandteile in den Waschmitteln enthalten waren. 1992 erfolgte die Einführung des bleichefreien Farbwaschmittels für bunte Wäsche.

Pflanzen, die waschen können

Seifenkraut Die Blätter und Wurzeln des in der Nähe von Gewässern wachsenden Seifenkrauts wurden früher in Wasser gekocht und lieferten eine schäumende Flüssigkeit, die als Waschmittel diente. Diese *Saponine* wurden im Orient schon im 10. Jahrhundert zum Reinigen von Kleidern und Teppichen verwendet. **Waschnuss** Die Früchte des asiatischen Waschnussbaumes können nicht nur in der Medizin, sondern auch zum Waschen verwendet werden. Die Schalen der Nüsse enthalten ebenfalls *Saponin*. Obwohl das *Saponin* Verschmutzungen sehr effektiv entfernt, schont es die Farben und Fasern der Kleidung. **Rosskastanie** Ähnliche Dienste wie Waschnuss und Seifenkraut leistete ein Sud aus dem mehlartigen Inneren der Rosskastanie. Dieser Sud wurde häufig zum Fleckenentfernen verwendet.

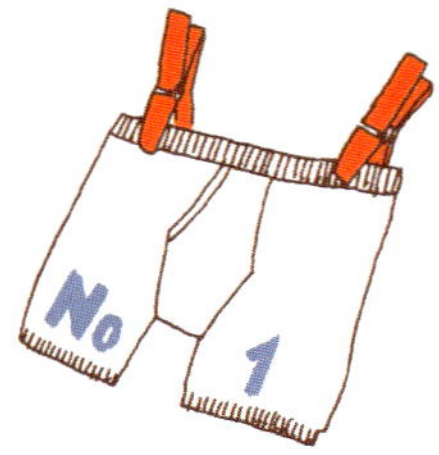

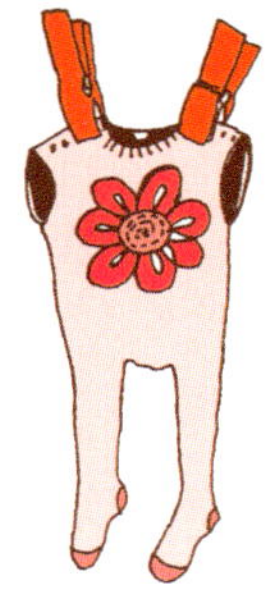

Der Aberglaube an der Wäscheleine

Wer keinen Wäschetrockner hat und abergläubisch ist, der muss auf einiges achten: Früher wurde in Deutschland der Männerschlüpfer oft als Erstes auf die Leine gehängt, weil ein Aberglaube besagte, dass dies einen guten Wind zum Trocknen bringe. Kinderwäsche klammerten Abergläubische nur tagsüber an die Leine. Sie fürchteten, dass über Nacht hängende Strampler den Kindern unruhigen Schlaf bereiten würden. Über Silvester sollte generell kein Wäschestück hängen bleiben, da ansonsten im neuen Jahr ein Unglück passieren würde. Und ein beim Aufhängen knisternder, knackender Wäschekorb bedeutete die baldige Geburt eines Kindes – und damit bald noch mehr Wäsche …

Was in einer Waschmaschine geschieht

Wasser läuft durch einen Schlauch in die Waschmaschine. Die Menge des Wassers wird von einem Ventil elektronisch gesteuert. Über das Waschmittelfach fließt das Wasser in den Laugenbehälter unter der Trommel der Maschine und nimmt das Waschmittel mit. Vom Laugenbehälter aus gelangt die Lauge durch die Löcher in die Trommel. Die Trommel dreht sich, so dass die komplette Wäsche nass wird. Das Wasser in der Trommel wird – je nach gewähltem Waschprogramm – mit Hilfe elektronischer »Heizschlangen« (Metallstäbe, die Tauchsiedern ähneln) auf 30, 40, 60 oder 95 Grad Celsius erhitzt. Die Trommel dreht sich mehrere tausend Male um die eigene Achse. Die schmutzige Kleidung wird so immer wieder mit der Lauge gespült. Dadurch lösen sich Schmutzbestandteile. Eine Pumpe spült das schmutzige Lauge-Wasser durch einen Schlauch in den Abfluss. Dann wird in mehreren Spülgängen sauberes Wasser nachgespült und abgepumpt, so dass die Lauge allmählich aus der Kleidung herausgewaschen wird. Die Wäsche wird bei 800 bis 1800 Umdrehungen pro Minute geschleudert. Die Zentrifugalkraft presst sie dabei an die Trommel. Durch die kleinen Löcher in der Trommel fließt ein Großteil des Wassers ab.

Eine glatte Sache – Bügeln

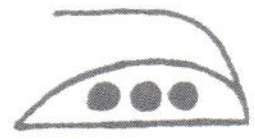

Die Chinesen wussten schon vor 2 200 Jahren, dass Wärme den Glättvorgang erleichtert. Mehrere Personen hielten das Wäschestück gespannt, während andere an langen Stielen heiße Pfannen darüber gleiten ließen. In Europa glättete man Wäsche vielerorts vom Mittelalter bis ins 20. Jahrhundert mit Hilfe großer hölzerner Wäschemangeln. Diese Geräte pressen die Wäsche mit Hilfe zweier Walzen glatt. Im 15. Jahrhundert wurden erste Bügeleisen benutzt, die ähnlich geformt waren wie unsere heutigen. Erhitzt wurden sie gewöhnlich auf dem Herd. Auch sogenannte Stacheleisen dienten dazu, Bügeleisen zu erwärmen: Die Eisen wurden ins Feuer gelegt und wenig später glühend durch eine kleine Tür ins Bügeleisen geschoben. Im Herdfeuer lagen oft mehrere dieser eisernen Einsätze zum Aufwärmen. Daher auch der Spruch: »Mehrere Eisen im Feuer haben«. Bei Kohlebügeleisen erzeugte ein Kohlefeuer im Inneren des Bügeleisens die Hitze. Die heiße Kohle wurde von oben in einen Hohlraum im Innern des Eisens gefüllt. Elektrische Bügeleisen wurden um 1880 erfunden. Fast zeitgleich meldeten findige Tüftler aus den USA, England, Frankreich, Deutschland und Österreich ihre Erfindung zum Patent an.

Die Sprache der Wäsche

In jedem noch so kleinen Wäschestück steckt ein kleines Geheimnis. Angenäht oder eingefügt, findet sich meist auf der Innenseite ein längliches Fähnchen mit allen möglichen Angaben und Zeichen: Das ist die Sprache der Wäsche. Der Fachmann sagt »Textilpflegesymbole« dazu. Diese Zeichen zu verstehen ist überlebenswichtig für das Wäschestück und manchmal auch für den Rest des Waschmaschineninhalts: Verirrt sich nämlich ein Pullover mit dem Zeichen Handwäsche (30 ° C) in die Maschine mit den weißen Baumwolllaken (95 ° C), ist er nach dem Waschen mit Sicherheit nicht mehr derselbe Pullover, sondern ein bis zwei Nummern kleiner. Mit den Symbolen empfiehlt der Hersteller des Wäschestücks

die Art der Behandlung beim Waschen, Trocknen, Reinigen und Bügeln. Die Internationale Organisation für Textilpflegekennzeichen (GINETEX) legte die Zeichen 1975 für ganz Europa fest. Sie wurden 1994 (durch die Euronorm) noch einmal vereinheitlicht. Außerdem gelten die Zeichen (z. T. in minimaler zeichnerischer Abwandlung) in Israel und in den Mitgliedsländern der nordamerikanischen Freihandelszone (USA, Kanada und Mexiko).

Die Sklaven der Modeindustrie

Den großen Bekleidungsketten sei Dank – neueste Modelle hipper Kleidung, hochmodische Farben und die aktuellsten Schnitte kann sich heutzutage fast jeder leisten: Ein Kleid für 20 Euro, eine Hose für 30 Euro, ein T-Shirt schon ab fünf Euro findet man fast überall. Aber wie kann es sein, dass ein Kleid nur so wenig kostet? 20 Euro ist doch schon allein der Stoff wert. Dazu die Schnitterstellung für die Schneiderei, die Näherinnen und noch der Transport von Bangladesch oder Indien nach Europa ... Die Antwort lautet: Billige Preise entstehen häufig auf Kosten der Kleinen. In Bangladesch zum Beispiel schuften Kinder unter 14 Jahren für minimalen Lohn und manchmal sogar als Sklaven (die Kinder werden von ihren Eltern verkauft und erhalten nur das Nötigste zum Leben) in den Textilfabriken. Ähnlich ist die Lage in Indien. Dort verrichten Kinderarbeiter harte Arbeit auf den Baumwollfeldern, auf denen die Rohstoffe für unsere Billigtextilien geerntet werden; zudem vergiften sie sich beim Färben der Stoffe mit ätzenden Chemikalien. Auch in südafrikanischen Ländern und in Lateinamerika müssen Kinder unter härtesten Bedingungen für die Bekleidungsindustrie arbeiten. Gegen die Kinderarbeit gibt es nur ein Druckmittel: Keine Wäsche von Herstellern kaufen, die Kinderarbeit zulassen. Weltweit operieren Organisationen wie die »Clean Clothes Campaign« (in Deutschland: »Kampagne für saubere Kleidung«), die gegen diese Missstände vorgehen (www.cleanclothes.org, www.saubere-kleidung.de).

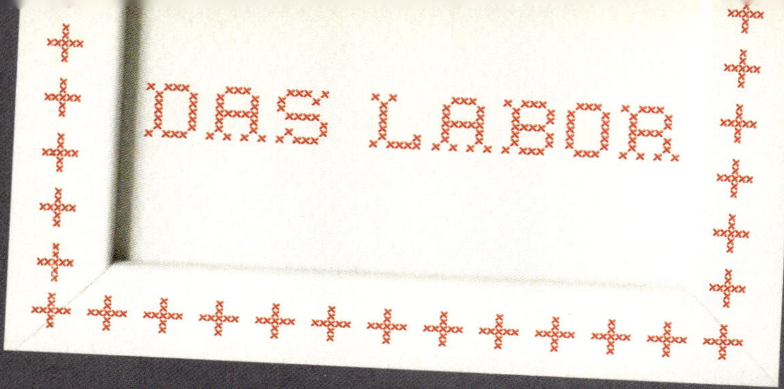

Der Keller mit der Brandschutztür

Obst-, Party-, Hobbykeller – die unterirdischen Räume eines Hauses finden in der Regel vielerlei Verwendung. Das Wort »Keller« stammt vom lateinischen cella *ab, es bedeutet ganze einfach »Kellergeschoss«. Im Französischen heißen die Räume unter der Erde* souterrain. *Nicht alle Häuser sind unterkellert, aber doch die meisten: Früher dienten die Kellerräume dazu, Lebensmittel bei gleichbleibend kühler Temperatur zu lagern, und das ging am besten unter der Erde. Heute gibt es für die Lebensmittellagerung Kühl- und Gefrierschränke, im Keller kommen deshalb andere Dinge unter, zum Beispiel Werkbänke, Partytische oder Heizungsanlagen. Heizungskeller sind bei Häuslebauern unbeliebte Räume, weil man sie nicht anderweitig verwenden kann: Für die Obstlagerung sind sie zu warm und als Partyraum sind sie zu ungemütlich. Was also tun mit halb leeren Heizungskellern? Zum Beispiel kann man neben der Zentralheizung hervorragend ein Fotolabor unterbringen, weil die frisch entwickelten Bilder dort sehr schnell trocknen. Und weil ein Fotolabor für private Zwecke nicht soooo viel Platz braucht, ist sogar noch Raum für ein richtiges Labor, für richtige Experimente mit Bunsenbrennern, Reagenzgläsern und allem Pipapo. Ein Glück also, dass so ein Heizungskeller meist eine niet- und nagelfeste Brandschutztür hat.*

Das Labor, eine Art Forscherbüro

Das Wort »Labor« stammt vom lateinischen *laborare* ab und bedeutete im alten Rom sowohl »arbeiten« als auch »leiden«. Ein Labor ist ein Ort, an dem ausprobiert, analysiert, experimentiert, geforscht wird. Wie der Finanzbeamte oder Bankkaufmann zum Arbeiten ins Büro gehen, betreten viele Forscher morgens ihr Labor. Seit es Menschen gibt, versuchen sie zu verstehen, was um sie herum geschieht, was sie sehen, hören, riechen, schmecken und fühlen. Deshalb kann man davon ausgehen, dass das Labor fast so alt ist wie die Menschheit. Eigentlich ist die ganze Welt ein Labor und jeder Mensch ein Forscher: Das Ausprobieren unbekannter Speisen, das Ergründen neuer Arbeitstechniken, das Beobachten der Mitmenschen sind alltägliche Analysen und Experimente, die jeder kennt. Wissenschaftliche Forschung hat aber einen ganz anderen Anspruch, denn sie versucht, allgemeingültige Gesetze aufzustellen. Der englische Philosoph Sir Francis Bacon (1561–1626) führte als einer der Ersten Experimente nach Arbeitsplänen durch, deren Versuchsabläufe auch für andere Forscher nachprüfbar waren. Damit wurde ein bis heute gültiger Grundsatz der Wissenschaft eingeführt: Eine wissenschaftliche Aussage ist so lange gültig, bis sie widerlegt wird!

Was ist eigentlich …

Astronomie Wissenschaft von den Himmelskörpern **Biologie** Wissenschaft von den Lebewesen **Chemie** Wissenschaft von den Stoffen **Cytologie** Wissenschaft von den Zellen **Informatik** Wissenschaft von der Informationsverarbeitung **Kosmologie** Wissenschaft von der Entstehung des Universums **Linguistik** Wissenschaft von der Sprache **Mathematik** Wissenschaft von Zahlen und abstrakten Strukturen **Mechanik** Wissenschaft von der Bewegung von Körpern **Meteorologie** Wissenschaft von der Erdatmosphäre und dem Wetter **Physik** Wissenschaft von den grundlegenden Wechselwirkungen im Universum **Psychologie** Wissenschaft vom menschlichen Verhalten **Soziologie** Wissenschaft von der Gesellschaft **Toxikologie** Wissenschaft von den Giftstoffen

Immer für einen Knaller gut: Das Experiment

Immanuel Kant (1724–1804, deutscher Philosoph) hat das Experiment eine »Frage an die Natur« genannt. Im Experiment wird eine Situation oder ein Prozess absichtlich herbeigeführt und das Geschehen beobachtet, um herauszufinden, was sich dabei abspielt. Wenn ein Experiment jederzeit zu den gleichen Bedingungen mit dem gleichen Ergebnis wiederholbar ist, liefert es eine allgemeingültige Antwort auf die gestellte Frage an die Natur. In den Naturwissenschaften hat sich das Experiment als die zuverlässigste Art erwiesen, wissenschaftliche Beweise zu erbringen. Wissenschaftliche Forschung findet auf fast allen nur erdenklichen Gebieten des Lebens statt. Fast täglich werden neue wissenschaftliche Ergebnisse veröffentlicht. Weltraumforschung, Meeresbiologie, Biotechnik, Medizin, Klimaschutz – viele Wissenschaftler versuchen, brennende Fragen der Menschheit zu lösen. Fragen an die Natur, also Experimente, sind dabei eines ihrer wichtigsten Arbeitsmittel.

Drei berühmte Experimente

Das »Äffchenexperiment« Harry Harlow (1905 bis 1981, Psychologe und Verhaltensforscher) erregte 1957 weltweites Aufsehen mit einem besonders listigen Untersuchungsaufbau zum Thema Mutter-Kind-Bindung: In einer alten Fabrik untersuchte er junge Rhesusaffen. Die Affenbabys wurden dabei ohne ihre Mütter in Käfige gesetzt. In den Käfigen befanden sich zwei Drahtgestelle in Affenform: eines, das Muttermilch aus kleinen Düsen spendete, und eines, das mit einer kuscheligen Fellattrappe versehen war. Die Babyaffen tranken zwar kurz an der Milch spendenden Attrappe, hielten sich aber vorwiegend bei der Drahtfellmutter auf und kuschelten herzerweichend mit der falschen Mama. Das Ergebnis: Schmusen ist wichtiger für ein gutes Lebensgefühl als bloße Nahrungsaufnahme.

Das »Erbsenexperiment« Gregor Mendel (1822 bis 1884, Mönch und Naturforscher) machte den Garten des Klosters Brünn zum Labor. Mit Hilfe von Erbsenpflanzen, die er durch künstliche Befruchtung (die Blütenpollen der einen Pflanze einer Erbsensorte werden auf die Narbe einer anderen aufgebracht) züchtete, konnte er Gesetze über die Weitergabe bestimmter Merkmale an die nächste Pflanzengeneration ableiten: Die Mendel'sche Vererbungslehre war begründet – und mit ihr das ganze Spektrum der genetischen Forschung (Lehre von der Vererbung). Das »Hundeexperiment« Iwan Petrowitsch Pawlow (1849–1936, russischer Arzt und Physiologe) fiel auf, dass bei Zwingerhunden der Speichelfluss bereits einsetzte, wenn sie nur die schlürfenden Schritte ihres Herrchens hörten und mit Futter rechneten. Pawlow schloss daraus, dass Hunde lernfähig sind: Sie erkennen die Schritte des Herrchens und »wissen«, dass es Fressenszeit ist. Im Labor startete der Verhaltensforscher nun ein Experiment: Einem Hund wurde Fleisch gezeigt, so dass das Tier vor Appetit sabberte. Das ist ein angeborener Reflex. Pawlow kombinierte nun diesen natürlichen Vorgang mit einem »neutralen Reiz«: Er ließ immer dann, wenn dem Hund das Fleisch gezeigt wurde, ein Glöckchen läuten, und das mehrere Male. Das Ergebnis: Nach einer gewissen Zeit begann der Hund jedes Mal, wenn das Glöckchen geläutet wurde, zu speicheln – auch dann, wenn es kein Fleisch gab. Mit den »Pawlow'schen Hunden« war bewiesen, dass man ein Lebewesen durch Anreize von außen zu einem bestimmten Verhalten bringen kann. Und das wiederum bedeutet, dass es eben nicht nur angeborene (unbedingte), sondern auch erlernte (bedingte) Reflexe gibt.

Laborkrimskrams

Abdampfschale, Becherglas, Heizbad, Klemmen, Laborrührer, Laborwaage, Messzylinder, Mörser, Pinzette, Pipette, Reagenzglas, Standzylinder, Spatel, Spitzkolben, Spritzflasche, Trichter, Vakuumpumpe, Zange, Zentrifuge

Experiment 1: Die Stimme aus der Kartoffel

Eine Kartoffel, die Geräusche macht? Klar, und jede Kartoffel kann das. Man braucht dazu:

- Einen Kupferdraht, ca. 5 cm lang
- Einen Zinkdraht, ca. 5 cm lang
- Kopfhörer mit Ohrstöpseln

Zuerst die beiden Drähte in einigem Abstand in die Kartoffel stecken. Dann den Kopfhörer aufsetzen und den Stecker so an die Kartoffel halten, dass die herausragenden Enden der Drähte den Stecker berühren. Die Kartoffel spricht zwar nicht, aber es ist ein Geräusch zu hören. Dieses Geräusch entsteht, weil der Saft der Kartoffel in den Drähten elektrische Energie erzeugt. Entdeckt wurde diese Reaktion im Jahr 1789 von Luigi Galvani (1727–1798), einem italienischen Mediziner. Man spricht deshalb auch vom Galvanismus.

Experiment 2: Pfefferputteln

Pfeffer aus einem Berg von Salzkörnern fischen, wie Aschenputtel die Erbsen aus der Asche sammelte. Dazu braucht es:

- Etwas grobkörniges Salz
- Etwas fein gemahlenen Pfeffer
- Einen Plastikeierlöffel
- Einen Wollpullover

Etwas Salz und Pfeffer zu einem kleinen Häufchen auf dem Küchentisch schütten. Dann den Eierlöffel kräftig am Pullover reiben. Jetzt den Löffel langsam in einiger Höhe über den Salz-Pfeffer-Berg führen. Die Pfefferteilchen fliegen an den Löffel und bleiben dort kleben. Den Löffel schnell auf den Teller legen, die Pfefferteilchen abstreifen – und mit dem Ganzen so lange fortfahren, bis Salz und Pfeffer getrennt sind. Der Pfeffer fliegt an den Plastiklöffel, weil dieser durch das Reiben elektrostatisch aufgeladen wurde. Die Pfefferteilchen sind leichter als die Salzkörner, deshalb können sie fliegen, während das Salz liegen bleibt. Hielte man den Löffel niedriger, bliebe auch das Salz am Löffel kleben.

Die Erfolge der Laborforscher

Louis Pasteur (1822–1895) ist einer der Pioniere auf dem Gebiet der Mikrobiologie (Lehre von den Mikroorganismen, also der kleinsten Bestandteile des Lebens). Die nach ihm benannte Pasteurisierung (durch Erhitzen werden Mikroorganismen abgetötet) war ein durchschlagender Erfolg für die Haltbarmachung von Lebensmitteln, vor allem von Milch und Milchprodukten. Pasteur entwickelte außerdem Impfstoffe gegen Tollwut, Milzbrand und Geflügeltuberkulose. Robert Koch (1843–1910) war der Entdecker des Tuberkuloseerregers. Bereits 1876 züchtete er außerdem erstmals den Erreger des Milzbrands im Labor und konnte nachweisen, wie das Bakterium die Krankheit auslöst. Durch seine Forschungen am Lungentuberkuloseerreger konnte die Volkskrankheit eingedämmt und letztlich besiegt werden. 1905 erhielt er den Nobelpreis für Physiologie oder Medizin. Paul Ehrlich (1854–1915) arbeitete als Arzt, Chemiker und Immunologe (befasst sich mit den Abwehrreaktionen des Körpers gegen Krankheiten). Er forschte und experimentierte vielfältig und gilt als der Begründer der Chemotherapie, einer Behandlungsform, mit der Tumorerkrankungen bekämpft werden. 1908 wurde er mit dem Nobelpreis für Physiologie oder Medizin ausgezeichnet. Lise Meitner (1878 bis 1968) war wesentlich an der Forschung zur physikalischen Erklärung der atomaren Kernspaltung beteiligt. Sie experimentierte im Labor, um Radioaktivität besser zu verstehen, und lieferte bahnbrechende Erkenntnisse zum Aufbau der Atomkerne und zum radioaktiven Zerfall.

Die Poesie der Chemie

Backpulver Natriumhydrogencarbonat **Bittersalz** Magnesiumsulfat **Blausäure** Cyanwasserstoff **Flusssäure** Fluorwasserstoffsäure **Harnstoff** Kohlensäurediamid **Hirschhornsalz** Ammoniumcarbonat **Kalilauge** Kaliumhydroxidlösung **Kernseife** Natriumoctadecanat **Kochsalz** Natriumchlorid **Milchsäure** 2-Hydroxypropansäure **Salzsäure** Chlorwasserstoffsäure **Schmierseife** Kaliumoctadecanat **Soda** Natriumcarbonat **Vanillin** 4-Hydroxy-3-methoxybenzaldehyd **Zyankali** Kaliumcyanid

Das größte Labor der Welt

Das größte Labor der Welt steht in der Nähe der Ortschaft Malargüe / Argentinien: 370 Ingenieure und Wissenschaftler aus 16 Ländern bauten dort das 3 500 Quadratkilometer große Pierre-Auger-Observatorium. Die Forscher wollen dort ein seit Jahrhunderten bekanntes Rätsel lösen: Woher kommt, wie entsteht und was bewirkt die hochenergetische kosmische Strahlung? Die Teilchen dieser Strahlung sind nur atomkerngroß, haben aber so viel Energie wie ein Tennisball, der mit einer Geschwindigkeit von 200 Metern pro Sekunde durch die Luft fliegt. Die Teilchen sind damit 100 Millionen Mal energiereicher als die Teilchenenergie, die bisher mit menschlichen Mitteln erzeugt werden konnte. In mondlosen, sehr klaren Nächten suchen in Malargüe 24 Spiegelteleskope von jeweils 12 Quadratmetern Größe den Himmel nach den Leuchtspuren ab, die die kosmischen Teilchen erzeugen. 1 600 Wassertanks wurden zudem auf den Rinderweiden der Pampa aufgestellt, um die Lichtteilchen »einzufangen«. Die Forscher gehen davon aus, dass insgesamt nur ein solches Teilchen pro Quadratmeter im Jahrhundert zu erwarten ist. Nur deshalb hat das Observatorium so riesige Ausmaße: Bei einer Fläche von 3 500 Quadratkilometern können die Wissenschaftler mit mindestens einem Teilchen pro Woche rechnen, und das ist genug »Stoff« für die anstehenden Experimente.

Schutzregeln für Labore

Schutzkleidung tragen (geschlossener Laborkittel, Handschuhe, rutschfeste Schuhe und Schutzbrille). **Im Labor** nichts essen, trinken oder probieren. Die Gefahr von Verwechslungen mit Laborstoffen ist zu groß. **Auf sauberes Arbeiten** achten. Nicht kleckern oder tropfen. Verschüttete Substanzen sofort mit Wasser abspülen. **Offenes Feuer** unbedingt vermeiden. **Die orangefarbenen** Gefahrenzeichen auf den Chemikalien kennen und beachten.

Versuchskaninchen

Im Jahr 2005 wurden in Deutschland fast 2,5 Millionen Tiere in Versuchslaboren unterschiedlichsten Experimenten ausgesetzt. 1,4 Millionen Mäuse, 600 000 Ratten, 100 000 Kaninchen, 100 000 Vögel, 100 000 Fische sowie 40 000 Meerschweinchen mussten Medikamente, chemische Substanzen, Cremes und Schminke testen, um die Menschen vor unerwünschten Nebenwirkungen dieser Produkte zu bewahren – und um herauszufinden, wie neu entwickelte Medikamente auf den Körper wirken.

Das Zukunftslabor

Der Vorstoß in den Nanokosmos: Kleine, intelligente Helikopter, die in unserem Blutkreislauf herumreisen und Viren, Bakterien oder Krebszellen bekämpfen, das ist eigentlich unvorstellbar. Doch seitdem der amerikanische Bioingenieur Carlo Montemagno im Jahr 2000 den ersten Nanokopter, einen mit bloßem Auge nicht sichtbaren Miniroboter, gebaut hat, scheint alles möglich. Die Nanotechnik ist ein wirklicher Flohzirkus: Der laufende Nanometer ist nur 10^{-9} Meter groß (ein Milliardstel Meter). Ein Computerchip der neuesten Generation dagegen hat ungefähr die Größe von 130 Nanometern. Das Prinzip der kleinen Rettungsmaschinen ist die Verbindung eines Energie erzeugenden Eiweißmoleküls, das einen winzigen Metallpropeller durch den Körper bewegt und dabei Aufträge erledigt. Am Berliner Universitätsklinikum der Charité wird bereits an der Behandlung von gefährlichen Hirntumoren mit Hilfe dieser Methode geforscht. Ein Supercomputer neuester Generation soll in China gebaut werden. Dieser Computer soll die Petaflop-Grenze (*floating points operations per second* = Maßeinheit für die Geschwindigkeit bei wissenschaftlich genutzten Computern) übertreffen, also in der Lage sein, über eine Billiarde Operationen in der Sekunde auszuführen. Der derzeit (Juni 2007) schnellste Rechner ist der Blue Gene/L im Lawrence-Livermoore-Nationallabor, Kalifornien, USA. Diese Wundermaschine hat eine Geschwindigkeit von 136 Billionen Vorgängen in der Sekunde und ist somit 100 000-mal so schnell wie die normalen Desktop PCs. Immerhin Platz 210 auf der Liste der 500 schnellsten Computer der Welt nimmt der 2005 in Betrieb genommene Rechner am Zentrum für Luft- und Raumfahrt in Jülich (Deutschland) ein. Mit Hilfe des Gerätes sollen Strömungen für Flugzeugtriebwerke simuliert werden. Allerdings schafft dieses Gerät nur 1,8 Teraflops, also 1,8 Billionen (18 000 000 000 000 bzw. 1,8 mal 1 012) Flops pro Sekunde.

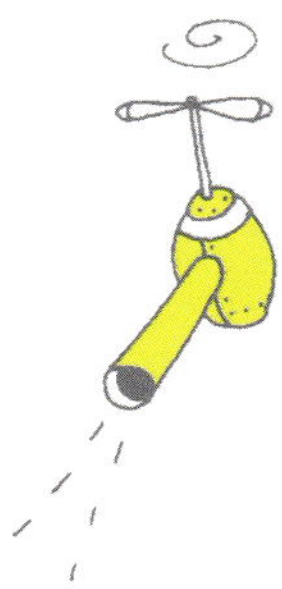

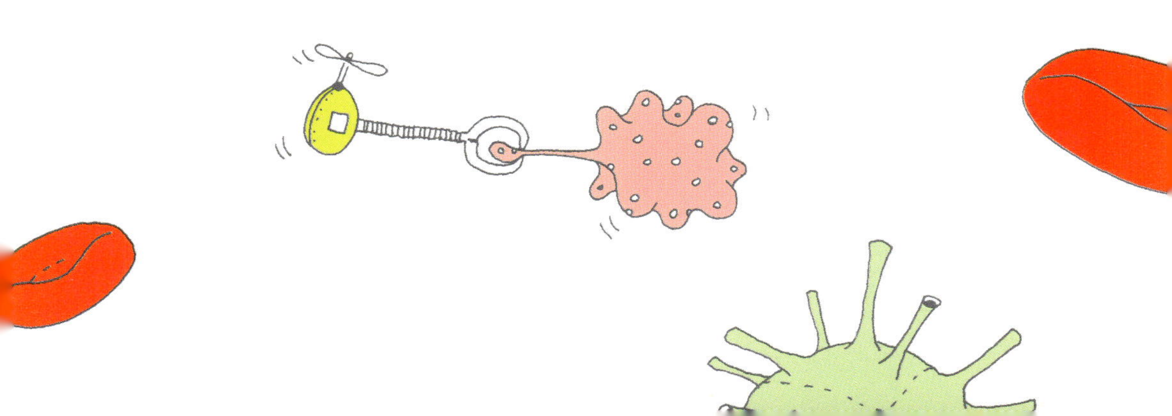

Das Mikroskop

Das Mikroskop ist ein Gerät, mit dessen Hilfe man kleinste Teilchen (z. B. Bakterien) sichtbar machen kann. Das Wort »Mikroskop« stammt aus dem Griechischen. Es ist ein zusammengefügter Begriff aus den Wörtern für »klein« und »betrachten«. Heutzutage bestehen Mikroskope üblicherweise aus zwei Teilen: Mit Hilfe einer Linse vergrößert das Objektiv das zu untersuchende Objekt zu einem Zwischenbild, das vom Okular noch einmal vergrößert wird. Bereits die Römer nutzten vor 2000 Jahren Vergrößerungstechniken, indem sie kleine Objekte durch Glasschalen betrachteten, die mit Wasser gefüllt waren. Das erste zusammengesetzte Mikroskop entwickelte der holländische Brillenmacher Hans Janssen zusammen mit seinem Sohn Zacharias Anfang des 17. Jahrhunderts. 1608 stellten die beiden ihr Gerät auf der Frankfurter Messe der staunenden Öffentlichkeit vor. In den folgenden Jahrzehnten wurden die Möglichkeiten des Mikroskopierens vor allem von holländischen und englischen Wissenschaftlern und Optikern immer weiter verbessert. Der deutsche Physiker, Optiker und Unternehmer Ernst Abbe (1840–1905) erarbeitete die theoretischen Grundlagen für noch genauere Mikroskope. In den letzten Jahrzehnten konkurrieren verschiedene extrem genaue Mikroskoptechniken um die Vormachtstellung im Bereich des Vergrößerns. So hat ein Team von Physikern auf Basis der Mikroskop-Theorien von Ernst Abbe eine völlig neuartige Technik entwickelt, mit deren Hilfe man ein Objekt zehn Mal exakter vergrößern kann als mit der traditionellen Methode.

Gefahrenzeichen

Totenkopf »Giftig!« Xn »Achtung, gesundheitsschädlich!« Xi Symbol für »reizend« C plus Reagenzgläser mit Hand »Vorsicht, ätzend!« F mit Flamme »Leichtentzündlicher Stoff« F+ mit Flamme »Hochentzündlicher Stoff« Flamme am Kreis Zeichen für brandfördernde Stoffe E Warnt vor der Explosionsgefahr eines Stoffes

Laborunfälle

René Gattefossé (1881–1950) gilt als der Erfinder der Aromatherapie. Dass ätherische (pflanzliche) Öle eine heilsame Wirkung haben, entdeckte er durch Zufall: Nach einer Explosion in seinem Labor suchte Gattefossé Schmerzlinderung für die Verbrennungen an seinen Händen, Armen und am Kopf, und nur die Öle halfen. Alfred Nobel (1833–1896) experimentierte in seinem Labor mit Nitroglyzerin, vor allem, um den explosiven Stoff für die Industrie nutzbar zu machen. Bei einem von mehreren Laborunfällen, die sich dabei ab 1864 ereigneten, starben sein Bruder Emil Nobel und weitere Mitarbeiter. Erst Jahre später waren Nobels Forschungen so weit fortgeschritten, dass der Sprengstoff sicher transportiert werden konnte. Marie Curie (1867–1934) forschte ihr ganzes Leben auf dem Gebiet der Radioaktivität. Über die gesundheitsschädigende Wirkung der Strahlen herrschte in den Laboren ihrer Zeit noch Unwissenheit. Marie Curie starb an den Folgen der Strahlenbelastung, der sie über Jahre ungeschützt ausgesetzt war.

Die Welt im Bild festhalten – Fotos sammeln

Die *Camera obscura* (lat. »dunkler Raum«) funktioniert nach einem einfachen Prinzip: Licht fällt durch ein kleines Loch in einen dunklen Raum, etwa einen Holzkasten. An der dem Loch gegenüberliegenden Wand entsteht daraufhin ein auf dem Kopf stehendes Bild. Mit diesem Vorläufer des Fotoapparates arbeiteten bereits die Astronomen des Altertums: Aristoteles (384 bis 322 v. Chr.) beobachtete auf diese Weise Sonnenfinsternisse. Einziges Problem: Das Bild der *Camera obscura* ließ sich nicht festhalten. Im 19. Jahrhundert versuchten mehrere Erfinder gleichzeitig die so entstandenen Bilder dauerhaft festzuhalten. Die Franzosen Joseph Niepce (1765–1833) und Louis Daguerre (1787–1851) waren die schnellsten und sind somit die eigentlichen Erfinder der Fotografie. Niepce stellte um 1827 das erste Foto her. Es benötigte eine Belichtungszeit von acht Stunden. Daguerre ermöglichte dann die Massenproduktion von Fotos durch Daguerreotypien, ein sehr aufwendiges Verfahren, bei dem die Bilder mittels Chemikalien auf einer polierten Silberplatte festgehalten wurden. Die Apparaturen waren riesig und die Chemikalien zur Herstellung der Fotoplatten hochgiftig. Der Engländer William Talbot (1800–1877) entwickelte als Erster ein Negativ (belichteter Bildträger) des fotografierten Objektes, mit dessen Hilfe er Positivabzüge auf Papier erstellen konnte. Der Amerikaner George Eastman (1854–1932) stellte 1887 den ersten Rollfilm vor. Im Jahr 1888 wurde die Kamera »Kodak Nr. 1« serienmäßig in der von Eastman gegründeten Firma hergestellt. Mit dieser Kamera musste der Fotograf nur das Ziel anvisieren, zielen und den Auslöser drücken. Die 6-m-Filmrolle mit Platz für hundert Bilder wurde an einer Flügelschraube per Hand weitergedreht. Die »Kodak Nr. 1« gilt als die erste Volkskamera. 1900 stellte Eastman dann die »Brownie« vor. Die Pappkamera kostete nur einen Dollar und war bunt bedruckt – ein Fotoapparat für Kinder. Seit Mitte der 1980er Jahre entwickelten verschiedene Konzerne digitale Fotoapparate, die in den 1990er Jahren die herkömmlichen Fotoapparate immer mehr verdrängten. Sie brauchen keinen Film mehr, sondern wandeln das eingefangene Bild in ein elektrisches Signal um, das auf Speichermedien (Speicherkarte, CD, Festplatte) gesichert und von dort aus ausgedruckt werden kann.

Das hirnlose Auge (*Camera obscura*)

Eine *Camera obscura* lässt sich leicht selbst bauen. Man braucht dazu folgendes Material: einen Karton aus Pappe, eine Reißzwecke, Pergamentpapier, Tesafilm und eine Lichtquelle (am besten eine Tischlampe ohne Schirm). Das Experiment kann an jedem beliebigen Ort ausgeführt werden; gut geeignet ist zum Beispiel ein Schreibtisch. In die Rückseite der Schachtel zunächst mit der Reißzwecke mittig ein kleines Loch stechen. Die Vorderseite mit dem Pergamentpapier bespannen. Im Raum, der bis auf die Glühbirne abgedunkelt ist, den Kasten im Abstand von rund zehn Zentimetern vor die Augen halten. Durch das Pergamentpapier und das dahinter liegende Loch in der Rückseite der Schachtel die Glühbirne anvisieren. Auf dem Pergamentpapier erscheint ein Bild – allerdings auf dem Kopf stehend. Weil durch das sehr kleine Loch nur sehr wenige Lichtstrahlen auf die Projektionsfläche fallen können, wird der untere Teil des betrachteten Gegenstands oben in der Schachtel abgebildet und der obere Teil unten. Die Glühbirne steht auf dem Kopf. Unser menschliches Auge funktioniert nach demselben Prinzip: Durch die Pupille treffen Lichtstrahlen auf die Netzhaut, auf dem Kopf stehend und seitenverkehrt. Der Unterschied zwischen Mensch und Schachtel: Das Sehzentrum im menschlichen Gehirn dreht das Bild wieder richtig herum, die Schachtel dagegen hat kein Gehirn, um das Bild naturgetreu abzubilden.

Eine kleine Geschichte des Heizens

Die Geschichte der Heizung ist so alt wie die des Feuers: Schon die Neandertaler (ca. 160 000 bis 25 000 v. Chr.) heizten ihre Behausungen mit Hilfe offener Feuerstellen in der Mitte des Gebäudes/Zeltes – eine Heizmethode, die noch bis ins Mittelalter (800 bis 1500 n. Chr.) hinein in ganz Europa verbreitet war. Für wohlhabende Bürger entwickelte der römische Kaufmann Gaius Sergius Orata um 100 v. Chr. die erste Zentralheizung: In einem Heizraum wurde die Luft erhitzt und durch Zwischenräume unter den Böden sowie durch Rohre in die einzelnen Räume des Hauses weitergeleitet. Diese auch »Hypokausten« genannte Heizart war allerdings sehr kostspielig. Gemauerte Herde ersetzten das offene Feuer ab dem 8. Jahrhundert nach und nach. Grund dafür war auch die hohe Brandgefahr, die in vielen Holzhäusern vom offenen Feuer ausging. Ein weiterer Vorteil des gemauerten Herdes: Er konnte Wärme speichern. Die Fähigkeit der Wärmespeicherung perfektionierten ab dem 14. Jahrhundert die Kachelofenbauer. Die Kacheln waren aus Ton gebrannt, der sich besonders gut zum Wärmeerhalt eignete. Die erste Zentralheizung, bei der erwärmtes Wasser durch Röhren geleitet wurde und so den Raum heizte, erfand der Schwede Marten Trifvald im Jahr 1716. Trifvalds Heizsystem erwärmte eigentlich ein Gewächshaus, aber seine Erfindung machte Schule: Ab Mitte des 19. Jahrhunderts setzte sich die Warmwasser-Zentralheizung mehr und mehr im privaten Wohnungsbau durch. Öl- und Gasheizungen wurden ab Anfang des 20. Jahrhunderts auch in Mietshäusern gebräuchlich. In den 1950er Jahren etablierten sich zeitweise auch Nachtspeicher-Stromheizungen, die mit billigerem Nacht-Strom erwärmt werden und die Wärme tagsüber nach und nach abgeben. Seit den 1970er Jahren ist die Zentralheizung in den meisten deutschen Wohnungen Standard.

Umweltfreundlich heizen ohne Kohle und Gas

Holzabfall Die preisgünstigste Variante, Kohle und Gas als Heizmittel zu ersetzen, sind Abfälle aus Sägewerken, die in kleine zylinderförmige Pellets gepresst werden. Diese Holzpellets erzeugen beim Verbrennen in der Heizung nur so viel des Treibhausgases Kohlendioxid (CO_2), wie die Bäume zuvor aus der Luft aufgenommen haben. Mit Holzpellets kann auch ein offener Kamin befeuert werden. Sonnenenergie Bei einer Solarheizung fangen Solarkollektoren die Energie der Sonnenstrahlen auf und speichern sie, so dass sie bei Bedarf verwendet werden kann. Fürs Heizen reicht die umgewandelte Sonnenenergie aber nur in der Übergangszeit aus. Im Winterbetrieb, wenn besonders viel Energie gebraucht wird, müssten die Speicher so groß sein, dass die Kosten der Anlage die Energieersparnis bei weitem übersteigen würden. Bis günstigere Speicherformen entwickelt werden, kann Solarenergie zum Heizen deshalb nur in Kombination mit anderen Energieformen genutzt werden. Erdwärme Bei dieser Art des Heizens wird mit Hilfe von Rohrsystemen die natürliche Wärme im Erdinneren verwendet. Über einen Wasserkreislauf in der Erde und eine elektrische Pumpe wird das Haus mit Wärme versorgt. Im Sommer kann das System auch zur Kühlung genutzt werden, denn das Erdreich ist im Sommer kühler und im Winter wärmer als die Außenluft. Windenergie Bei der Windheizung wird die Energie des Windes verwendet, um einen Wassertank zu erwärmen, mit dessen Hilfe dann die Räume geheizt werden können. Allerdings weht der Wind nicht immer gleichmäßig, so dass die Windheizung mit anderen Heizformen kombiniert werden muss.

30 Millionen Jahre Heizen mit Geothermie – denn die Erde hat es in sich

Da kann einem schon ein Schauer über den Rücken fahren: Die Erdöl- und Gasvorkommen der Erde, sagen Experten, werden nur noch wenige Jahrzehnte ausreichen, um den (Heiz-) Energiebedarf der Welt zu decken. Alternative Energien wie die Solartechnik und die Windkraft können das Erdöl und das Gas nach jetzigem Stand der Dinge aber nur zum Teil ersetzen. Die bange Frage ist deshalb: Woher werden wir, wenn es so weit ist, die Energie nehmen? Die Erde hat es in sich, könnte eine ganz simple Antwort lauten: Erdwärme, auch Geothermie genannt, könnte eine der wichtigsten Energieformen der Zukunft werden. Wissenschaftler gehen davon aus, dass im Erdkern Temperaturen von über 6 000 °C herrschen. Je weiter man an die Oberfläche kommt, desto kühler wird es. Aber noch im äußeren Erdmantel sind Temperaturen von 1 300 °C messbar. Und tatsächlich ist sehr viel Hitze in der Erde vorhanden: Nur ein Hundertstel des Erdvolumens ist einigermaßen kühl, der ganze Rest misst wärmer als 1 000 °C. Die Warmherzigkeit von Mutter Erde könnte, so glauben die Experten, den Energiebedarf aller Menschen auf der Welt für die nächsten 30 Millionen Jahre decken. Was die Isländer bereits seit 70 Jahren pflegen, wird deshalb vielleicht einmal weltweit zur Heizmethode Nummer eins: Ihre Energieversorgung wird längst zu einem großen Teil durch Erdwärme abgedeckt.

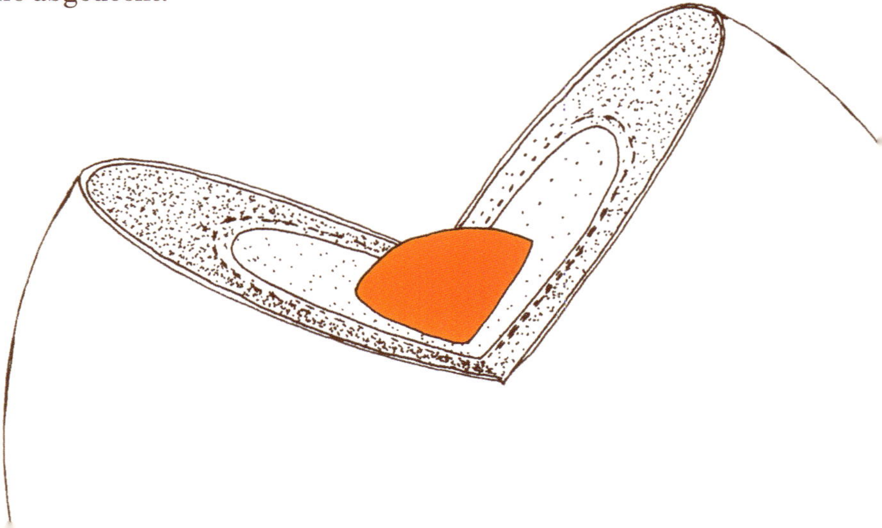

Der Bewegungsapparat? Dabeisein ist (nicht) alles

Der menschliche Bewegungsapparat ist nicht zum Sitzen und Schlafen da, sondern um sich zu bewegen. Er besteht aus 206 Knochen, 143 Gelenken sowie 656 Muskeln, und die wollen bewegt werden, denn eines ist klar: Wer rastet, der rostet. Bietet nun die Alltagswelt nicht mehr genügend Bewegungsspielraum, bleibt nur der Sport, um dem Körper das zu geben, was er braucht. Es gibt tolle Sportarten, die richtig Spaß machen: Rückwärtsfahrradfahren, Extrembügeln oder Barfußwasserski zum Beispiel. Und wenn man dann Feuer gefangen hat, will man mehr und mehr, will Rekorde, Siege, Meisterschaften. Um bei einer Olympiade starten und eventuell sogar gewinnen zu können, muss ein Bewegungswilliger allerdings schon ein bisschen mehr tun, als getreu dem olympischen Motto einfach nur dabei zu sein: Leistungssport erfordert unendliches, mühevolles, ausdauerndes Training. Schließlich will ein echter Sportler doch nur das eine: Siegen!

Seepferdchen, Pinguine, Haie – tierisch tolle Sportabzeichen

Ein Mal vom Beckenrand springen, 25 Meter schwimmen und einen Gegenstand aus schultertiefem Wasser fischen – das sind die Bedingungen, die Kinder in Deutschland erfüllen müssen, um das »Seepferdchen« zu erringen. In Österreich gibt es anstelle des »Seepferdchens« den »Pinguin«, doch hier müssen die Prüflinge zusätzlich fünf Schwimmregeln beherrschen. Genauso verhält es sich in der Schweiz. Allerdings können Nachwuchsschwimmer hier Abzeichen in sieben Kategorien erreichen: Krebs, Seepferd, Frosch, Pinguin, Tintenfisch, Krokodil, Eisbär. Jugendliche und Erwachsene können in Deutschland dafür den »Hai« erwerben, also das Deutsche Leistungsschwimmabzeichen in Bronze. Bedingungen hierfür: 50 Meter Brustschwimmen unter einer Minute. 50 Meter Kraulen unter 50 Sekunden. 50 Meter Rückenkraulen unter einer Minute. Vom Dreimeterbrett springen. Eine Bahn Wasserballdribbeln. Wasserscheue Sportler haben seit dem 7. September 1913 die Möglichkeit, das »Deutsche Sportabzeichen« zu erkämpfen. Voraussetzung: Ausdauer, Schnellkraft, Schnelligkeit, Sprungkraft und die »allgemeine Schwimmfähigkeit«. So ganz kommt man ums Schwimmen eben nicht herum. Bis zum 31. Dezember 2001 wurde das Deutsche Sportabzeichen 23 533 487-mal vergeben.

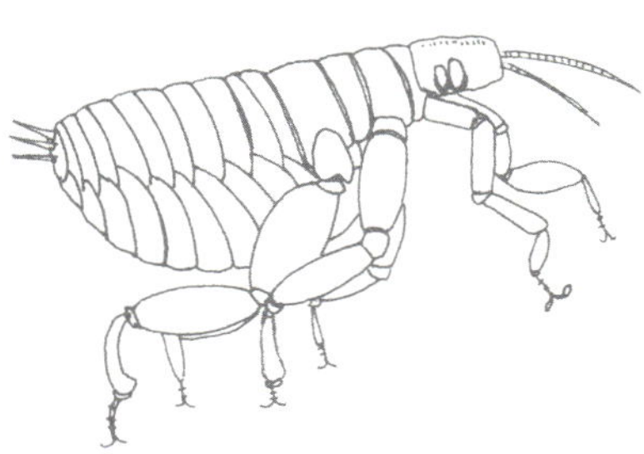

Der Weitsprung der Flöhe

Mike Powell, amerikanischer Spitzensportler, erzielte am 30. August 1991 bei den Leichtathletik-Weltmeisterschaften in Tokio den noch heute gültigen Weitsprung-Weltrekord von 8,95 Meter. Alle Achtung. Aber: Powells Satz ist nur ein kleiner Hüpfer im Vergleich zu den Sprungleistungen der Flöhe. Hätte ein Floh die Körpergröße eines Menschen (durchschnittlich 1,70 m), würde er umgerechnet 375 Meter weit springen, und zwar aus dem Stand. Der Floh hüpft bei einer Körpergröße von 1,5 Millimetern zwar nur 33 Zentimeter, das entspricht aber dem 220-fachen seiner Körperlänge. Würde Mike Powell das 220-fache seiner Körperlänge von 1,88 Meter weit springen, käme er 413,6 Meter weit. Da kann man nur sagen: Respekt! Großartig, Floh!

Turnen mit der Seele – Yoga

Yoga gehört zu den Entspannungstechniken, ist aber auch ein Sport. Und zwar für Körper und Seele. Ursprünglich war es eine philosophische Lehre, die aus Indien stammte. Inzwischen gibt es aber eine weltweit wachsende Fangemeinde, und wer etwas auf sich hält, hat seinen eigenen Yogameister. Das Wort »Yoga« stammt aus einer der ältesten indischen Sprachen, dem Sanskrit, und bedeutet »Vereinigung«, »unter Kontrolle bringen« oder auch »Anspannen«. Die Grundidee des Yoga ist es, durch bestimmte Übungen den Körper, den Geist und die Seele in Einklang zu bringen. Die Haltung des Körpers, die Abläufe von Bewegungen sollen in Zusammenarbeit mit der Atmung zu einem Zustand der Entspannung führen. Die Übungen werden häufig von leise gesprochenen Mantras (in Formeln gesprochene Worte) begleitet. Diese Mantras sollen geistige Kräfte freisetzen und zu innerer Gelassenheit führen. Zum Yoga gehören außerdem die Mudras, festgelegte Handbewegungen und mit den Fingern geformte Figuren. Das Zusammenspiel der verschiedenen Elemente aus Bewegung, Konzentration, Atmung und Sprache soll dazu führen, dass die Energien im Körper wieder besser fließen. Nicht nur Yogalehrer, sondern auch Mediziner und Wissenschaftler sind sich über die heilsame Wirkung des Yoga inzwischen einig: Stress, Ärger, schlechte Körperhaltungen und schmerzhafte Verspannungen werden durch diese bewussten Körperübungen reduziert. Der Mensch fühlt sich entspannter, lockerer und ausgeglichener: Alles fließt wieder.

Gymnastik und Athletik

Gymnastische Bewegungen dienen dazu, den Körper zu schulen und zu kräftigen. Durch die kunstvoll ausgeführten Übungen sollen möglichst alle Muskeln, Sehnen und Gelenke trainiert werden. Zur Gymnastik gehören neben dem Turnen und dem Geräteturnen auch die rhythmische Sportgymnastik, das Trampolinspringen, das Sportaerobic und die Sportakrobatik. Bei den Disziplinen der Athletik steht im Gegensatz zur Gymnastik nicht der komplette Körper, sondern die Übung und Leistung einer bestimmten Bewegung im Vordergrund: In der Schwerathletik kommt es auf die Ausbildung gezielter Kräfte an, wie beispielsweise beim Ringen oder beim Gewichtheben; in der Leichtathletik soll dagegen eine besondere Technik geschult werden, so etwa beim Hochsprung oder beim Laufen. So unterschiedlich ihre Methoden und Ziele sind, eines ist allen Sportarten gleich: dass sie den Körper schulen und kräftigen.

Der Yoga-Baum – eine Übung für Zwischendurch

Entspannt stehen, beide Füße in leichtem Abstand fest auf den Boden pressen. Langsam den linken Fuß auf den Oberschenkel des rechten Beines ziehen und dort auf der Innenseite des Oberschenkels ablegen. Die Hände währenddessen vor dem Brustkorb an den Innenseiten aneinanderlegen, dabei die Arme leicht vom Oberkörper abwinkeln. Ist das Gleichgewicht hergestellt, die Arme mit den geschlossenen Händen langsam und bewusst nach oben führen. In dieser sogenannten »Baumposition« einige Zeit verweilen, bewusst ein- und ausatmen, dabei spüren, wie alle Energien fließen. Langsam die Arme wieder nach unten führen und auch den Fuß wieder zum Boden senken. Die Übung nach Bedarf mit dem anderen Fuß wiederholen.

Die Sprache des Yoga

Yama allgemeine Regeln *Niyama* besondere Regeln *Asana* Körperhaltung, Sitzhaltung *Pranayama* Atemübungen *Pratyahara* Zurückziehen der Sinne *Dharana* Konzentration *Dhyana* Meditation *Samadhi* Eins-Sein

Der menschliche Muskelprotz

Der menschliche Körper besitzt 639 »willkürliche« Muskeln, die er gezielt betätigen kann. Dazu gehören die Muskeln, mit denen sich die Ohren bewegen lassen, genauso wie die mächtigen Muskelstränge im Oberschenkel. Am größten ist der Rückenmuskel, am stärksten der Kaumuskel, am betriebsamsten der Augenmuskel. Zum Runzeln der Stirn betätigt der Mensch allein 43 Muskeln. Würden die menschlichen Muskeln nicht völlig unterschiedlich und in verschiedene Richtungen arbeiten, sondern buchstäblich an einem Strang ziehen, wären wir wahre Muskelprotze: Mit der Kraft unserer Muskeln könnten wir einen ausgewachsenen Pottwal von rund 25 Tonnen Gewicht ohne Hilfe vom Strand ins Meer zurückschieben.

Körper und Geist ertüchtigen mit unseren Turnvätern

Turnen als Schulpflicht, das gibt es schon seit dem 19. Jahrhundert. Es war eine Erziehungsanstalt in Schnepfenburg, in der Johann Christoph Friedrich Guths Muths (1759–1839) die ersten Leibesübungen für eine geregelte Körperausbildung entwarf – und mit den Jugendlichen einübte. Eine überzeugende Idee, die von einem anderen Lehrer aufgegriffen und fortgeführt wurde: Friedrich Ludwig Jahn (1778–1852), der ebenfalls von dem Gedanken begeistert war, die Schüler mit Hilfe von Turnübungen nicht nur körperlich, sondern auch geistig zu ertüchtigen. Am 18. Juni 1811 eröffnete er den ersten Turnplatz mit Geräten im Berliner Volkspark Hasenheide. Jahn empfahl aber nicht nur das Geräteturnen, sondern auch andere Sportarten, so zum Beispiel das Fechten und das Schwimmen. In den politischen Wirren der damaligen Zeit, in der Deutschland aus vielen Kleinstaaten bestand, wurde das Turnen zum Spielball politischer Interessen. Die Mitglieder der meisten Turnvereine waren national gesinnt und wollten ein einheitliches deutsches Vaterland schaffen. Das Turnen wurde deshalb 1820 in Preußen, dem damals größten deutschen Königreich, und später auch in anderen Staaten verboten. Allerdings erkannten immer mehr Mediziner und Pädagogen, wie wichtig regelmäßige Bewegung und besonders das Turnen für das Wohlbefinden und die Gesundheit ist, und unterstützten regelmäßige Leibesübungen. So kam es, dass König Friedrich Wilhelm IV. im Jahr 1842 die Turnsperre wieder aufhob und das Turnen in Preußen zum Schulfach wurde. Friedrich Ludwig Jahn ging nicht als Politiker, sondern als Volkserzieher in die Geschichte ein: »Turnvater« Jahn hat dafür gesorgt, dass an deutschen Schulen bis heute eifrig geturnt wird. Dabei ist der Pädagoge genau genommen gar nicht der Vater des Turnens: Diese Rolle würde eigentlich Johann Christoph Friedrich Guths Muths zustehen. Nur: »Turnvater Guths Muths« – wie würde das denn klingen …

Kräftezehrend: Der Marathonlauf

Marathonläufe sind heute gesellschaftliche Großereignisse in Metropolen wie New York oder Berlin, die vom Fernsehen übertragen werden und an denen viele Tausend Läufer teilnehmen. Den ersten Marathonlauf bestritt nur ein Einziger: der griechische Soldat Pheidippides lief im Jahr 490 v. Chr. in voller Rüstung die 42 Kilometer von Marathon nach Athen, um in der Heimat die frohe Kunde vom Sieg gegen die Perser mitzuteilen. Kaum hatte der Soldat seine Aufgabe vollbracht, so die Legende, brach er vor Erschöpfung tot zusammen. Die Veranstalter der ersten Olympischen Spiele der Neuzeit erinnerten sich im Jahr 1896 an Pheidippides und dachten sich ein Rennen zu seinen Ehren aus, den Marathonlauf über 26 Meilen (=41,8 km). Die noch heute gültige Distanz von 42,195 km erhielt der Marathon nicht etwa, weil Pheidippides' Strecke genauso lang gewesen ist, sondern weil die englische Königin Alexandra wünschte, dass der Marathonlauf der Olympischen Spiele 1908 genau vor ihrem Palast begann.

Olympia im antiken Griechenland (Jahresangabe v. Chr.)

776 Koroibus gewinnt den Stadionlauf über 192 Meter und wird der erste Olympiasieger überhaupt. 720 Der Langstreckenlauf über 4780 Meter wird ins Programm aufgenommen. 708 Der Pentathlon (Fünfkampf, bestehend aus Diskuswurf, Sprung, Stadionlauf, Speerwurf, Ringen) wird als olympischer Wettbewerb zugelassen. 688 Faustkämpfe werden ins olympische Programm aufgenommen. 680 Die ersten Wagenrennen finden statt. 632 Auch Jugendliche dürfen an den Olympischen Spielen teilnehmen. 540 Milon von Kroton wird sechsmal hintereinander Olympiasieger im Ringkampf (540–516). 520 Der Waffenlauf in voller Rüstung wird als olympische Disziplin eingeführt. 476 Astylos aus Kroton wird zum achten Mal Olympiasieger im Laufen.

Fünf Boxer von Weltrang

Bob Fitzsimmons (1863–1917, Großbritannien): Weltmeister im Mittelgewicht 1891–1894. Schwergewichts-Weltmeister 1897–1899. Weltmeister im Halbschwergewicht 1903–1905. Der erste Boxer, der in drei Gewichtsklassen Weltmeister wurde. Gelernter Hufschmied. Max Schmeling (1905–2005, Deutschland): Weltmeister im Schwergewicht 1930–1932. Blieb jahrzehntelang der einzige deutsche Weltmeister in der »Königsdisziplin« Schwergewicht. Besiegte 1936 die amerikanische Box-Legende Joe Louis, wurde damit zu einer Berühmtheit in den USA und in Deutschland. Muhammad Ali (* 1942, USA): Olympiasieger im Halbschwergewicht 1960 in Rom. Weltmeister im Schwergewicht 1960 bis 1964 sowie 1974–1980. Der populärste Boxer aller Zeiten. Begann als Cassius Clay, nannte sich nach seiner Hinwendung zum Islam Muhammad Ali. George Foreman (* 1949, USA): Olympiasieger im Superschwergewicht 1968 in Mexiko. Weltmeister im Schwergewicht 1973/74. Ein Boxer, der den Ruf hatte, unschlagbar zu sein – bis er bei einem legendären Boxkampf in Zaire auf Muhammad Ali traf. Henry Maske (* 1964, DDR): Mittelgewichts-Olympiasieger 1988. Weltmeister im Halbschwergewicht 1989 und 1993. Erhielt die Spitznamen »Gentleman-Boxer« und »Sir Henry«, weil er bei öffentlichen Auftritten immer gute Manieren an den Tag legte. Mit seinen Titeln führte er den deutschen Boxsport nach langen Jahren der Zweitklassigkeit an die Weltspitze zurück.

Sport von A bis Z, Teil I

Sportarten und Länder, in denen sie bevorzugt ausgeübt werden

Akrobatik China, Russland, Deutschland **Badminton** Asien, USA, Dänemark **Curling** Kanada, Schottland, Schweiz, Skandinavien **Eiskunstlauf** USA, Kanada, Russland, Deutschland **Football** USA **Gewichtheben** Russland, Polen, Japan, Iran, Türkei, USA **Handball** Europa, Russland **Judo** Japan, Russland, Niederlande, Italien, Frankreich **Kanusport** Deutschland, Schweden, Dänemark, Ungarn, Rumänien, Polen, Russland **Leichtathletik** weltweit, insbesondere USA, Russland, England, Ostafrika **Motorsport** weltweit, insbesondere USA, Italien, Deutschland **Pelota** (Ballsport) Spanien, Baskenland, Frankreich **Ringen** Russland, Türkei, Bulgarien, Japan **Skeleton** (Rodeln im Eiskanal) Schweiz **Tennis** weltweit, insbesondere USA, Australien, Großbritannien, Deutschland **Volleyball** Brasilien, China, Japan, Russland, Osteuropa **Wasserball** Ungarn, Russland, Deutschland, Italien, USA

Kampfsportarten

Aikido Der Weg der Harmonie (Japan, Zusammenfassung verschiedener Kampfkünste, seit Anfang 20. Jahrhundert) Budo Der Weg des Krieges (Japan, Oberbegriff für die japanischen Kampfkünste) Judo Der sanfte Weg (Japan, seit 700) Jiu-Jitsu Die sanfte Kunst (Japan, waffenlose Kampfkunst, Grundprinzip Nachgiebigkeit, seit 70 v. Chr.) Karate Der Weg der leeren Hand (Japan, waffenlose Kampfkunst, seit Anfang 20. Jahrhundert, Ursprünge in Indien, 6. Jahrhundert) Kendo Der Weg der Schwerter (Japan, Schwertkampfkunst, wird in der heutigen Form seit 1850 praktiziert) Kung-Fu Hart arbeiten (China, Sammelbegriff für traditionelle und moderne chinesische Kampfkünste) Taekwondo Der Weg von Fuß und Faust (Korea, fürs Militär entwickelte Kampfsportart, seit 1955) Tai Chi Chuan Das höchste Prinzip (China, Kampfsportart, auch bekannt als Schattenboxen, seit dem 15. Jahrhundert)

Alt und beliebt, Teil I
Sportarten erfunden v. Chr.

4000 Rudern (Ägypten, Kreta) 3200 Kegeln (Ägypten) 3000 Rugby (China) 2800 Boxen (Mesopotamien) 2700 Hockey (China) 2400 Skilaufen (Skandinavien) 1900 Faustball (Ägypten) 800 Pferdepolo (Indochina) 200 Federball (Indien)

Sport mit Tieren

Brieftaubenwettbewerb, Elefantenpolo, Hahnenkampf, Hundeschlittenrennen, Kamelrennen, Pferderennen, Rodeo, Stierkampf

Muskelkater

Der Muskelkater plagt Hobbysportler immer dann, wenn sie ihren Körper zu sehr belastet haben: Stunden nach dem Fußballspielen, Klettern, Joggen verbreitet sich ein stechender Schmerz in den Teilen der Muskulatur, die man am meisten belastet hat. Jahrelang ging die Sportwissenschaft davon aus, dass beim Muskelkater ungeübte Muskeln durch die Ausschüttung von Milchsäure übersäuert werden. Diese Vermutung ist allerdings mittlerweile widerlegt worden, zum einen, weil auch trainierte Sportler Milchsäure ausschütten, ohne Muskelkater zu bekommen, zum anderen, weil die Säureausschüttung bereits 20 Minuten nach dem Bewegen erfolgt, der Muskelkater aber erst viel später zwickt. Heutzutage glauben Sportwissenschaftler, dass der Muskelkater durch kleine Risse verursacht wird, die in den Muskeln entstehen, wenn diese über Gebühr belastet werden: Zwölf bis 24 Stunden nach dem Sport dringt Wasser in die Risse ein, wodurch der Muskel anschwillt und stechende Schmerzen auftreten. Gegen den Muskelkater kann man nur zweierlei tun: sich dem Schmerz stellen und die brennenden Glieder erneut bewegen; oder einfach ein warmes Bad nehmen und hoffen, dass der Muskelkater schnell verschwindet.

Sport von A bis Z, Teil II

Seltsame Begriffe aus der Welt des Sports

Abgang Abschluss einer Turnübung mit Landung im Stand **Bodycheck** Harter Körpereinsatz im Eishockey **Cheerleading** Anfeuerungssport **Dreiband** Billardspiel **Einlauf** Das Endergebnis bei Pferderennen **Finte** Scheinangriff, Trick **Groggy** Angeschlagen **Hattrick** Drei Tore nacheinander von einem Spieler **Intervalltraining** Intensives Training mit nur kurzen Pausen **Jersey** Trikot **Knockout** Wettkampfende **Loipe** Skispur beim Langlauf **Maisbirne** Trainingssack für Boxer **Naturbahn** Bobbahn mit Natureis **Orientierungslauf** Querfeldeinrennen mit Kompass **Parade** Reaktion auf einen Fechtangriff **Quidditch** Besen-Ball-Spiel bei »Harry Potter« **Remis** Unentschieden **Snipe** Segelboot **Topspin** Schlag mit Drall im Tischtennis **Uppercut** Boxschlag nach oben **Velodrom** Radrennbahn **Wassertreten** Sich im Wasser aufrecht halten **Zehnkampf** Wettbewerb der »Könige« der Athleten

Die Anfänge des modernen Fußballs

1855 In Sheffield/England gründet sich der erste Fußballclub. 1871 Das Handspiel wird verboten. 1872 England und Schottland tragen das erste Länderspiel aus. Ergebnis: 0:0. 1874 Der Schienbeinschützer wird erfunden. 1877 Der Platzverweis wird ins Regelwerk aufgenommen. 1878 In Norwegen benutzt ein Schiedsrichter erstmals eine Trillerpfeife. 1885 In England gibt es die ersten Fußballprofis. 1888 In England wird die erste Fußballliga gegründet. 1889 Die Linienrichter nehmen ihre Arbeit auf. 1890 Die Tore bekommen Netze. 1891 Der Elfmeter wird ins Regelwerk integriert. 1891 Erster (inoffizieller) deutscher Fußballmeister ist Germania 1888 Berlin. 1900 Der Deutsche Fußball Bund (DFB) wird gegründet. 1903 Der VfB Leipzig gewinnt durch ein 7:2 über den DFB Prag die erste offizielle deutsche Fußballmeisterschaft. 1904 Der Weltfußballverband (FIFA) wird gegründet.

Die Weltmeister der Herzen

Spieler, Verein zur Zeit der Fußballweltmeisterschaft 2006

Tor Jens Lehmann (Arsenal London), Oliver Kahn (FC Bayern München), Timo Hildebrand (VfB Stuttgart) Abwehr Arne Friedrich (Hertha BSC Berlin), Robert Huth (Chelsea London), Marcell Jansen (Borussia Mönchengladbach), Philipp Lahm (FC Bayern München), Per Mertesacker (Hannover 96), Christoph Metzelder (Borussia Dortmund), Jens Nowotny (Bayer Leverkusen) Mittelfeld Michael Ballack (FC Bayern München), Bastian Schweinsteiger (FC Bayern München), Tim Borowski (Werder Bremen), Torsten Frings (Werder Bremen), Sebastian Kehl (Borussia Dortmund), Bernd Schneider (Bayer Leverkusen), Thomas Hitzlsperger (VfB Stuttgart) Sturm Gerald Asamoah (Schalke 04), Miroslav Klose (Werder Bremen), Oliver Neuville (Borussia Mönchengladbach), Lukas Podolski (1. FC Köln), Mike Hanke (VfL Wolfsburg), David Odonkor (Borussia Dortmund)

Sport für Lebensmüde: Der Cresta Run

Sich auf einem niedrigen Stahlschlitten (Skeleton) in den Eiskanal stürzen – das ist für viele junge Männer seit dem Jahr 1884/85 ein Höhepunkt des Winters: Seitdem wird im Schweizer Skiort St. Moritz der berühmte Cresta Run ausgetragen, ein Amateur-Schlittenrennen für Lebensmüde. Mit Spitzengeschwindigkeiten von bis zu 140 km/h rasen die Rennteilnehmer den 1,2 km langen Natureiskanal hinunter, wobei sie einen Höhenunterschied von 157 Metern überwinden. Wer an dem Rennen teilnehmen möchte, muss den »Death Talk« bestehen, bei dem die Veranstalter auf die Gefahren des Rennens hinweisen und mit drastischen Bildern das Risiko komplizierter Knochenbrüche belegen. Anfänger müssen am »Junction«-Startpunkt starten und legen eine um ein Drittel kürzere Strecke zurück. Wer schon öfter dabei war, kann oben am »Top«-Startpunkt ins Rennen gehen. Auf halber Strecke findet sich die U-förmige »Shuttlecock«-Kurve. Diese Kurve ist so gestaltet, dass alle, die ihr Skeleton nicht gut genug im Griff haben, aus der Bahn in die Strohballen fliegen. Wer die Kurve überwindet, braucht ungefähr eine Minute, um unten am Ziel anzukommen. Der Streckenrekord liegt bei 50,09 Sekunden. Knochenbrüche kommen beim Cresta Run häufig vor, Todesfälle sind eher selten: Erst vier Rennteilnehmer bezahlten seit 1884 ihren Start mit dem Leben. Frauen dürfen übrigens seit 1929 nicht mehr an den Rennen teilnehmen. Die etwas absurd klingende Begründung: Das Schlittenfahren im Eiskanal könne Brustkrebs auslösen.

Einige exotische Sportarten

Baumstammweitwurf, Bierfassrollen, Fingerhakeln, Flossenschwimmen, Handyweitwurf, Höhlenklettern, Hufeisenweitwurf, Kirschkernweitspucken, Motorsägen, Radball, Steinstoßen, Sumpfschnorcheln, Tauziehen, Unterwasserrugby, Wracktauchen

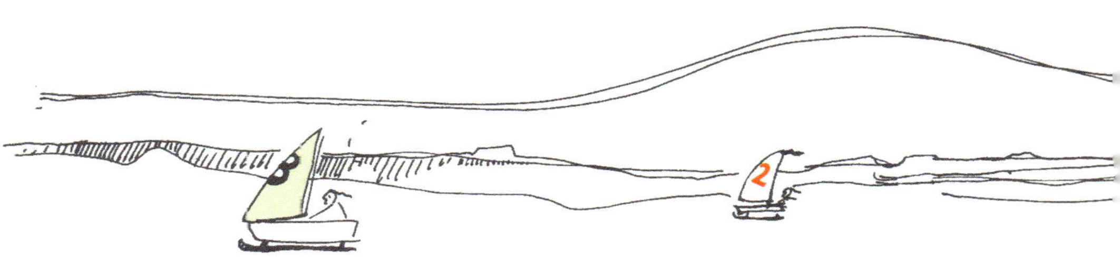

Der Monte Kaolino und das Sandboarden

Der Monte Kaolino in Hirschau / Bayern ist weithin zu sehen: Über 100 Meter hoch ist der Berg, der fast vollständig aus Quarzsand besteht. Der Sand wird um die Ecke im Kaolin-Tagebau gefördert. Kaolin wird zur Keramikherstellung verwendet; die Halde ist der »Abraum« der Förderung, also die oberste Schicht Quarzsand, die zu einem Hügel aufgetürmt wurde. Dieser Hügel erlebt seit dem Jahr 1952 eine ganz besondere Verwendung: Damals hatte ein Mann aus der Gegend die Idee, im Sommer auf dem Monte Kaolino Ski zu laufen. Eine Idee, die auch andere lustig fanden, so dass das Kaolin-Skiing bald immer mehr Anhänger hatte. Heute gibt es am Monte Kaolino ein Freibad, einen Campingplatz – und viele Sommer-Ski-Fans, die einmal im Jahr am Kaolinberg ihre Sandboard-Weltmeisterschaften austragen.

Alt und beliebt, Teil II
Sportarten erfunden n. Chr.

700 Judo (Japan) 1000 Korbwurf (Frankreich) 1050 Schach (Deutschland) 1250 Schlittschuhlaufen (Niederlande) 1330 Baseball (England) 1350 Boccia (Italien) 1450 Golf (Schottland) 1478 Kricket (Frankreich) 1514 Billard (England) 1610 Eissegeln (Niederlande) 1623 Sumo-Ringen (Japan) 1700 Galopprennen (England)

Hinter dem Haus

Ein großer Garten mit Gemüsebeeten, alten Bäumen, Beerensträuchern, jeder Menge Blumen, einem Teich und einem Gewächshaus, das ist ein Traum, den man sich heutzutage meist nur noch auf dem Land erfüllen kann. Mit ein bisschen Glück findet sich dort ein bezahlbares »Haus mit parkähnlichem Garten«. Neubausiedlungen haben dagegen meist rechteckig genau abgestimmte Maße; Stichwort: Handtuchgarten. *Von 39,12 Millionen Haushalten in Deutschland im Jahr 2004 hatten 20,27 Millionen einen Garten. Gartenbesitzer gaben im Durchschnitt 482,90 Euro für Blumen, Pflanzen, Gartengeräte etc. aus. In 65,3 Prozent aller Gärten wurde Obst angepflanzt, in 47,6 Prozent Gemüse und in 39,1 Prozent wuchsen auch Kräuter. Jeder dritte Garten hatte ein Gartenhaus, jeder vierte einen Teich, aber nur jeder 25. einen Pool.* *Das Wort »Garten« stammt vermutlich vom althochdeutschen* garto *(»das Umzäunte«) oder vom gotischen* gards *beziehungsweise* garda *(»Gerte«) ab. Die Goten zäunten mit Hilfe von Gerten (=abgebrochene Zweige von Bäumen) Rasenstücke ein, um ihre Pflanzen und Tiere vor Gefahren zu schützen – so entstanden die ersten Gärten.*

Der Garten aller Gärten

Glaubt man der Bibel, begann die Geschichte der Menschheit in einem Garten: im »Garten Eden«, dem Paradies (altgriech. *paradeisos* = »Garten, grüner Ort«) auf Erden, dem Garten aller Gärten. Gott schuf demnach den Garten Eden, bepflanzte ihn und formte dann die ersten Menschen Adam und Eva. Im Garten Eden standen der Baum des Lebens sowie der Baum der Erkenntnis des Guten und des Bösen, von dem zu essen den Menschen verboten war. Versuchung, Sündenfall, Vertreibung aus dem Paradies – der Rest ist (biblische) Geschichte … Ob der Garten Eden tatsächlich einmal existierte und wo er sich möglicherweise befand, konnte bis heute nicht geklärt werden. Aber es gibt Vermutungen: Der griechische Feldherr und Schriftsteller Xenophon (434–355 v. Chr.) bezeichnete die persischen Königsgärten als »paradeisos«. Vielleicht entstand so die Legende vom Garten Eden. Gut möglich aber auch, dass der Garten in Heden (im heutigen Iran) lag. Tatsächlich sind die in der Bibel beschriebenen Flussnamen und Landstriche nicht mehr so vorzufinden, wie sie vor 3 000 Jahren aussahen. Einige Wissenschaftler gehen deshalb davon aus, dass sich der Garten Eden im Quellgebiet der beiden mächtigen Flüsse Euphrat und Tigris im Osten der Türkei befand. Andere Forscher wiederum vermuten, dass die biblischen Beschreibungen von der Landschaft um den Urmiasee im heutigen Iran inspiriert wurden. Wo auch immer, eines jedenfalls ist klar: Das Paradies auf Erden war ein Garten – der Garten steht für ein Stück vom Himmel auf Erden.

Gärten?

Armengarten, Barockgarten, Bauerngarten, Irrgarten, Kindergarten, Kirchgarten, Kleingarten, Kräutergarten, Nutzgarten, Obstgarten, Rosengarten, Schrebergarten, Skulpturengarten, Stadtgarten, Steingarten, Tiergarten, Volksgarten, Zementgarten

Obstgartenschädlinge

Apfelwickler Sorgt für wurmstichige Früchte Blattlaus Frisst Blätter und Triebe Blutlaus Verursacht Wucherungen am Obst Frostspanner Frisst Blätter Kirschfruchtfliege Legt Eier in reifen Kirschen ab Nacktschnecke Fruchtfresser Schildlaus Setzt sich an Zweigen und Stämmen fest und ernährt sich vom Pflanzensaft Spinnmilbe Befällt Blätter, schwächt den Obstbaum Wühlmaus Wurzelfresser

Eine »Frühlingsnacht« im Garten

Über'n Garten durch die Lüfte
Hört' ich Wandervögel zieh'n,
Das bedeutet Frühlingsdüfte,
Unten fängt's schon an zu blüh'n.

Jauchzen möcht' ich, möchte weinen,
Ist mir's doch, als könnt's nicht sein!
Alte Wunder wieder scheinen
Mit dem Mondesglanz herein.

Und der Mond, die Sterne sagen
Und in Träumen rauscht's der H
Und die Nachtigallen schlagen's
Sie ist deine, sie ist dein!

Joseph Freiherr von Eichendorff, 1788–1857

Exotische Pflanzen, die in unseren Gärten wachsen

Andenbeere Stammt aus den Anden (Gebirge an der Westküste Südamerikas) und wurde vor 200 Jahren von Seefahrern nach Europa gebracht. Nutzpflanze. Aubergine Stammt aus Ostindien und wurde im Mittelalter von Reisenden nach Europa gebracht. Nutzpflanze. Dolden-Kalandrinie Magentarot leuchtende Blume für den Steingarten, die eigentlich aus Chile und Argentinien stammt. Ist nach dem Schweizer Mathematiker, Philosophen und Botaniker Jean-Louis Calandrini (1703–1758) benannt. Zierpflanze. Fledermausblume Dunkle, aus Asien stammende Zierblume, deren Blüten von Fledermäusen bestäubt werden. Kaffeebaum Stammt ursprünglich aus den tropischen Gebieten Afrikas und Asiens, wo er meist als Nutzpflanze dient. Wird in Europa zunehmend als Zierpflanze entdeckt. Kiwi Stammt aus China und wurde in den 1960er Jahren in Neuseeland kultiviert. Nutzpflanze. Die »Bayern-Kiwi« wächst auch in Deutschland.

Gartenkunst von A bis Z

Alpinum Steingarten mit Pflanzen aus dem Hochgebirge Belvedere Aussichtsplattform, die einen schönen Blick auf den Garten ermöglicht Colombaia Taubenhaus, Anbau an das Landhaus in italienischen Gärten Dendrologie Gehölzkunde Eremitage Einsiedelei bzw. Hütte, die von einem Einsiedler bewohnt wird; seit dem Mittelalter häufig in fürstlichen Gärten zu finden Fontäne Wasserstrahl eines Springbrunnens Garavicchio Skulpturengarten der Künstlerin Niki de Saint Phalle (1930–2002) in der Toskana, Italien Hibernaculum Überwinterungshäuschen für Pflanzen in mittelalterlichen Gärten Irrgarten Labyrinth aus Hecken Jardinière Blumenschale aus Glas oder Porzellan Kaskade Wassertreppe Locus amoenus Lieblicher Ort in einer paradiesischen Ideallandschaft Monopteros Tempelartiges, rundliches Gebäude im Garten Neophyten Pflanzen, die nach der Entdeckung Amerikas (1492) in Europa heimisch wurden Orangerie Gebäude, in dem die empfindlichen (Zitrus-) Pflanzen untergebracht sind Pergola Rankgerüst für Weinstöcke, das – dicht bewachsen – einen Laubengang oder eine versteckte Sitzecke bildet Quincunx Antike sowie mittelalterliche Methode schräg versetzter Baumpflanzung, die ermöglicht, dass die einzelnen Bäume mehr Licht bekommen Rabatte Rasenstück, das von Blumenbeeten umgrenzt wird Spalier Rankhilfe für Kletterpflanzen, meist aus Holz Tiergarten Zoo Vertugadin Künstlich angelegter, grasbewachsener Hügel Wintergarten Gärten unter Glas, in denen bei tropischen Temperaturen die Blumen auch im Winter blühen Xystus Terrasse oder Promenade nahe einer römischen Villa in der Antike Zwinger (Rasen-)Fläche zwischen den Befestigungsmauern einer Stadt, auf der mitunter auch Tiere gehalten wurden

(Fast) vergessene Nutzpflanzen

Guter Heinrich Nahrhafte Gemüsepflanze, die heute nur noch vereinzelt in Teilen Englands vorkommt. Wurde im Volksmund »wilder Spinat« genannt. Knollenziest Wurzelartig aussehende Pflanze. Stammt aus Nordchina. Wurde von Reisenden Ende des 19. Jahrhunderts nach Europa gebracht. War bis in die 1950er Jahre in Frankreich sehr beliebt. Kohlrübe Kreuzung aus Kohl und Herbstrübe, die in den 1790er Jahren von Schweden aus Europa eroberte. Gilt als »Armeleutekost«, weil im Kriegswinter 1917/18 viele Deutsche nichts anderes zu essen hatten als diese »Steckrüben«. Melde Eine dem Spinat ähnliche Pflanze, die schon die antiken Römer aßen. Sie wurde Anfang des 19. Jahrhunderts vom Spinat aus den Töpfen verdrängt. Mispel Wildobstart, mit deren Hilfe schon die Wikinger dafür sorgten, dass sie genügend Vitamin C aufnahmen. War bis ins 19. Jahrhundert hinein gebräuchlich. Kommt in Mitteleuropa heutzutage nur noch verwildert vor. Pastinake Wurzelgemüse, das um das Jahr 1850 herum von Mohrrüben und Kartoffeln verdrängt wurde. Wird heute wieder von einigen Biobauern angebaut. Gilt als Heilmittel gegen Magen- und Darmbeschwerden. Schwarzwurzel Als Speisepflanze erst seit dem 18. Jahrhundert in Gebrauch. Wurde im Mittelalter als Heilmittel gegen Schlangenbisse beziehungsweise gegen die Pest benutzt. Wird heute noch in Belgien, Holland und Frankreich angebaut.

Der grüne Daumen

Jemand hat einen grünen Daumen – das sagt man dann, wenn derjenige besonders gut mit Pflanzen umgehen kann. Ein grüner Daumen ist nicht nur Begabungssache: Pflanzenpflege kann man erlernen. Zum Beispiel mit einem Buch oder dem Internet, wobei viele dieser Bücher und Internetseiten – natürlich – das geflügelte Wort vom grünen Daumen im Titel führen. Schon wenige einfache Tipps helfen übrigens, damit die pflanzlichen Schützlinge nicht einfach verwelken: Wer seine Pflanzen regelmäßig pflegt, sie sanft gießt, mit ihnen redet, sie gelegentlich Musik hören lässt, der ist schon auf dem besten Weg, seinen Daumen zum Ergrünen zu bringen.

Die kleinen Männer mit der roten Mütze

Wenn Sie diese Zeilen lesen, werden wir nicht länger Teil dieser selbstsüchtigen Welt sein, in der wir Zwerge als bloße Dekoration dienen. Diese Zeilen standen auf einem Zettel, den man im Jahr 1998 bei elf Gartenzwergen fand, die Unbekannte im Osten Frankreichs an einer Brücke aufgehängt hatten. Dahinter steckte die FLNJ (*Front de libération des nains de jardins*), die Front zur Befreiung der Gartenzwerge, deren Mitglieder es sich zur Aufgabe gemacht haben, Gartenzwerge von ihrem undankbaren Job als Gartendekoration zu erlösen. Gartenzwerge gibt es seit dem Jahr 1744, als die Kaiserliche Hofmanufaktur in Wien mit der Herstellung von dekorativen Zwergen für Barockgärten begann. Seit den 1870er Jahren werden tönerne Gartenzwerge in großen Mengen hergestellt. 1898 wurden sie erstmals offiziell auf der Leipziger Messe angeboten. Seit den 1950er Jahren erlebt der Gartenzwerg aus Kunststoff einen beispiellosen Siegeszug: In deutschen Gärten stehen schätzungsweise 20 Millionen Zwerge. Fragt man ausländische Touristen nach typisch deutschen Mitbringseln, antworten die meisten »Kuckucksuhr« und »Gartenzwerg«.

Der Garten und die vierte Dimension

Einen schönen Garten anzulegen ist eine Kunst; nicht umsonst gibt es seit der Antike die Gartenbaukunst. Kann man die Meister des Gartenbaus also mit Malern, Architekten, Dichtern, Bildhauern gleichsetzen? Nur bedingt, denn in einem Punkt unterscheiden sich die Gartenkünstler wesentlich von den anderen: Sie müssen den Faktor Zeit in ihre Arbeit einbeziehen; sie müssen die Jahreszeiten, den Kreislauf der Natur berücksichtigen. Die Zeit, die sogenannte vierte Dimension, ist der Dreh- und Angelpunkt eines gelingenden Gartenkunstwerks.

Seltsame Gartenwerkzeuge

Distelstecher, Krail (Kralle), Grubber, Karst, Pickel, Pendelhacke, Regner, Rillenzieher, Rodehacke, Sauzahn

Einige Gärtnertipps

Äste sägt man am besten zunächst einmal von unten an, und zwar bis zu einem Viertel ihres Durchmessers. Anschließend lässt sich der eigentliche Schnitt von oben durchführen, ohne dass das Sägeblatt verkantet und die Schnittstelle aussplittert. Beim Rasenmähen sollten die gemähten Bahnen sich nicht mehr als fünf bis zehn Zentimeter überlappen. So nutzt man die Schnittbreite möglichst gut aus. Nasser Rasen lässt sich nicht gut mähen. Wird der Rasen in der prallen Sonne gemäht, kann er Schaden nehmen. Gartenscheren (auch: Rosenscheren) sollten immer gut geschliffen sein, damit der Schnitt keine »Quetschwunden« an den Pflanzen verursacht. Gartenscheren sollten mit einer »Muttersicherung« versehen sein, damit man sich nicht in den Finger schneidet. Laub ist (besonders im Herbst) immer und überall zu finden. Zum Rechen der Gartenwege sollte man unbedingt einen Fächerbesen verwenden. Der Rechen eignet sich dagegen besser zum Bearbeiten der Beete. Unter Bäumen, Sträuchern, Hecken kann man das Laub liegen lassen, weil es die Pflanzen im Winter schützt. Nach dem Gießen sollte der Boden eines Beetes mindestens 15 Zentimeter tief gut feucht sein. Wasser zu sparen schützt die Umwelt. Deshalb empfiehlt sich die Anschaffung eines Regenfasses.

Berühmte Gärten

Adenauergarten Röhndorf, Deutschland Rubensgarten Antwerpen, Belgien Die Gärten von Lyme Park Cheshire, Großbritannien La Garenne Lemot Gétigné Clisson, Frankreich Garten der Erinnerung Duisburg, Deutschland Villa Gamberaia Florenz, Italien Jardin Majorelle Marrakesch, Marokko Wilanów Warschau, Polen New York Botanical Garden USA Ryoan-ji-Garten Kyoto, Japan

Der Gartenphilosoph und die Nazis

Blumen können ganz schön verrückte Namen haben. »Wennschondennschon«, »Goldgrünherz« und »Berghimmel« sind zum Beispiel die Bezeichnungen für Pflanzen, die der Gartenphilosoph Karl Foerster (1874–1970) züchtete. Foerster gilt als einer der großen Denker der Gartenkunst, und er revolutionierte die Gartengestaltung: Nicht nur mit seinen den ganzen Winter durchblühenden Pflanzenschöpfungen, sondern auch mit Büchern wie *Blumengärten für intelligente Faule* oder *Jetzt wird durchgeblüht* verhalf der Pflanzenliebhaber der Gartenkunst zu großem Ansehen. Als in den 1940er Jahren die Nazis verlangten, nur noch heimische Pflanzen in deutschen Gärten zu verwenden, leistete der damals sehr berühmte Foerster Widerstand: Er beschäftigte in seiner Gärtnerei Juden und Menschen, die politisch verfolgt wurden. Und er gab den Machthabern zu verstehen, dass es so etwas wie heimische Pflanzen gar nicht gibt, weil fast alle Pflanzen Wurzeln in anderen Teilen der Erde haben: »In unseren nordischen Geistesadern kreist auch Blut südlicher Geisteswelten, auf unserem Mittagstisch stehen Gerichte aus fünf Erdteilen, und in unseren Bauerngärten wachsen ›althergebrachte‹ Stauden aus chinesischen Alpenwiesen und amerikanischen Prärien (…) Also für Heimatpuritaner und ihre Überfremdungsängste haben wir nur ein Lächeln und empfinden sie gewissermaßen als vom Sturm der Entwicklung entwurzelte Leute.« Der von Karl Foerster angelegte Garten in seiner Heimatstadt Bornim bei Potsdam nahe Berlin ist heute eine Gedenkstätte und Teil des Weltkulturerbes der UNESCO.

Pflanzen: Bodenfresser

Die Fruchtbarkeit des Bodens bedeutet für Bohnen, Radieschen und Kartoffeln Stärke und Wachstum, denn die in der Feuchtigkeit des Bodens aufgelösten Stoffe dienen den Pflanzen als Nahrung. Sie verlangen dem Boden bei der Nahrungsaufnahme einiges ab, manche machen ihn sogar für die kommende Anbausaison unbrauchbar. Bodenfresser eben, beziehungsweise »Bodenzehrer«, wie der Fachmann sagt.

Schwachzehrer Bohnen, Erbsen, Feldsalat, Kräuter aller Art

Mittelzehrer Endiviensalat, Fenchel, Knoblauch, Mais, Mangold, Möhren, Radieschen, Rote Beete, Rosenkohl, Salat, Spinat, Zwiebeln

Starkzehrer Blumenkohl, Brokkoli, Gurken, Kartoffeln, Kürbis, Melonen, Lauch, Rotkohl, Sellerie, Tomaten, Weißkohl, Zucchini

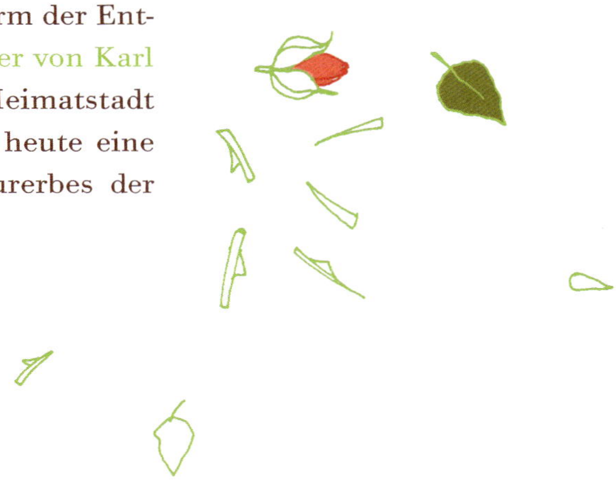

Der Charakter des Bodens

Sandboden Schnelle Erwärmung, gute Durchlüftung. Feuchtigkeit wird gut verwertet. Muss aber häufig gegossen werden. Humoser Sandboden Sandboden mit Humusanteilen, der die guten Eigenschaften des Sandbodens mit denen des Humusbodens vereinigt. Humus ist lockerer, mineralreicher Erdboden, in dem Pflanzen besonders gut gedeihen. Lehmiger Sandboden Etwas reduzierte Durchlüftung. Dafür gute Wasserspeichereigenschaft. Für Düngung gut geeignet. Sandiger Lehmboden (auch: Mittelboden) Gut zu pflegender »Normal«-Boden. Wichtig: Es muss regelmäßig neuer Humus zugegeben werden. Lehmboden Hervorragende Wasserspeicherung. Mäßige Durchlüftung. Erwärmt sich nur langsam. Moorboden Boden mit fast perfekter Wasserspeicherungseigenschaft. Düngung ist kaum nötig. Ist aber häufig sauer und nur mäßig durchlüftet.

Einige sprechende Pflanzennamen

Bärenklau, Bocksbart, Drachenwurz, Eberwurz, Eisenhut, Frauenschuh, Gänsedistel, Hahnenfuß, Kapuzinerkresse, Kuckucksnelke, Knabenkraut, Lausekraut, Löwenzahn, Osterglocke, Rittersporn, Schafgarbe, Schlangenwurz, Schlüsselblume, Schneeglöckchen, Stiefmütterchen, Silberdistel, Sonnenblume, Tausendschön, Teufelskralle, Vergissmeinnicht, Wolfsmilch

Der Garten des Lebens

Willst du einen Tag glücklich sein,
dann betrink dich.
Willst du drei Tage glücklich sein,
dann heirate.
Willst du aber für den Rest deines
Lebens glücklich sein,
dann lege einen Garten an.

Altes chinesisches Sprichwort

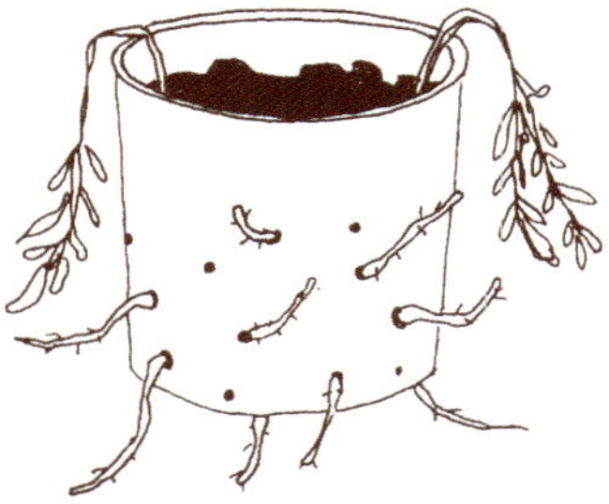

Selbst ist der Gartenbaumeister!

Der Garten in der Obstkiste Den Boden einer Sperrholzkiste mit einer sorgfältig zugeschnittenen, festen Plastikfolie auslegen und darauf achten, dass die Folie an den Rändern leicht hochsteht. Zunächst mit einer Schicht Kieselsteinen, dann mit Gartenerde auffüllen. Nach Belieben kleine Blühpflanzen wie Primeln oder Stiefmütterchen einpflanzen. Die hängenden Gärten vorm Fenster Einen Blumentopf aufhängen (solche Blumentöpfe, sogenannte Ampeln, kann man auch kaufen) und mit mehreren Hänge- oder Klettererdbeerpflanzen versehen. Täglich gießen und einfach warten, bis die vielen kleinen roten Früchte reif sind. Dann ernten – und genießen. Die Kartoffeln im Eimer Einen alten Plastikeimer mit Löchern versehen. Im Mai eine Handvoll Kartoffeln in dem mit Erde gefüllten Eimer versenken. Anschließend immer gut, aber nicht zu reichlich gießen. Der Eimer sollte draußen stehen, aber nicht im prallen Sonnenlicht, sonst wird es zu warm für die Pflanzen. Nach einigen Wochen erscheinen zunächst kleine grüne Triebe, dann entstehen Blätter. Ungefähr Ende August, wenn die grünen Blätter welken, können die neuen Kartoffeln geerntet werden. Der Kresseball im Wattebausch Einen Kreis aus Watte formen und mit Kressesamen bestreuen. Dann den Wattekreis vorsichtig und regelmäßig befeuchten. Nach einigen Tagen keimen die Samen, nach einer Woche lässt sich der Kresseball bestaunen. Als Standort ist ein Fensterbrett geeignet, das nicht in der prallen Sonne liegt.

Schrebers Gärten für naturfreundliche Laubenpieper

Sie liegen häufig an Bahnlinien, sie sind meist *sehr* ordentlich und man findet sie normalerweise nur in Gruppen vor: In Deutschland gibt es mindestens eine Million Schrebergärten, deren Besitzer in sogenannten Kleingartenkolonien organisiert sind und einem sehr strikten Regelwerk unterliegen. Schrebergärten dürfen grundsätzlich nicht größer als 400 Quadratmeter sein. Sie bergen in der Regel eine Laube und manchmal sogar ein Gartenhäuschen. Nur bestimmte Pflanzen und Gemüse dürfen in ihnen angebaut werden. Sie dienen Vögeln und Kleintieren in den Städten als Lebensraum – und zugleich gewähren sie menschlichen Stadtbewohnern ein Stück Natur. Schrebergärtner heißen im Volksmund auch »Laubenpieper«. Die Schrebergärten sind nach dem Leipziger Arzt Daniel Gottlob Moritz Schreber (1808–1861) benannt, der sich dafür einsetzte, dass Schulkinder Spielplätze erhielten. Zu seinen Ehren wurde der erste dieser Spielplätze 1865 Schreber-Platz genannt. Jahre später ließ ein Lehrer am Rand des Platzes Gärten für Eltern und Schüler anlegen, die wegen ihrer Lage bald Schrebergärten genannt wurden. Von Leipzig aus verbreitete die Idee sich um die Welt. Die Original-Schrebergartenkolonie am Johannapark steht seit den 1990er Jahren unter Denkmalschutz, in ihr befindet sich ein Museum zur Geschichte der Laubenpieperei.

Der Treibhauseffekt zum Selbermachen

Der »Treibhauseffekt« ist einer *der* Schrecken unserer Zeit. Gemeint ist damit meist die von Menschen gemachte globale Erwärmung der Erdatmosphäre. Sie bewirkt, dass das Eis an den Polen schmilzt und die Meeresspiegel steigen. Eigentlich bezeichnet der »Treibhauseffekt« aber etwas ganz anderes: die Tatsache, dass in einem geschlossenen (gläsernen) Gewächshaus die Temperatur ansteigt, wenn die Sonne darauf scheint. Dadurch können Früchte und Gemüse besser, schneller und reichlicher wachsen. Gewächshäuser beziehungsweise Treibhäuser sind häufig aus Glas, deshalb spricht man auch vom »Glashauseffekt«, der von dem französischen Mathematiker und Physiker Joseph Fourier (1768–1830) entdeckt wurde. Beim Glashauseffekt erwärmt die Sonne von außen zunächst den Boden, dann die Pflanzen. Pflanzen und Boden geben die Wärme wieder ab, sie kann aber wegen der Glaswände nicht mehr nach außen entweichen. Deshalb ist es im Gewächshaus deutlich wärmer als draußen. Den Treibhauseffekt kann übrigens mit einem »Flaschengarten« jeder selbst erzeugen: Einfach einen Glas- oder Plastikbehälter (zum Beispiel ein Einmachglas) zu einem Drittel mit einer Mischung aus Erde, Moos und Farn füllen, dann einen Schuss Wasser hinzugeben, verschließen und an einen sonnengeschützten, aber hellen Ort stellen. Jetzt ereignet sich der Treibhauseffekt im Kleinen: Der Behälter erwärmt sich, das Wasser verdunstet und sammelt sich an der Flaschenwand, die Pflanzen wandeln das entstandene Kohlendioxid mit Hilfe der Photosynthese in Sauerstoff um, nachts wird der Sauerstoff wieder verbraucht, das Wasser regnet ab, morgens dann wird das System wieder erhitzt, das Wasser verdampft und so weiter und so fort …

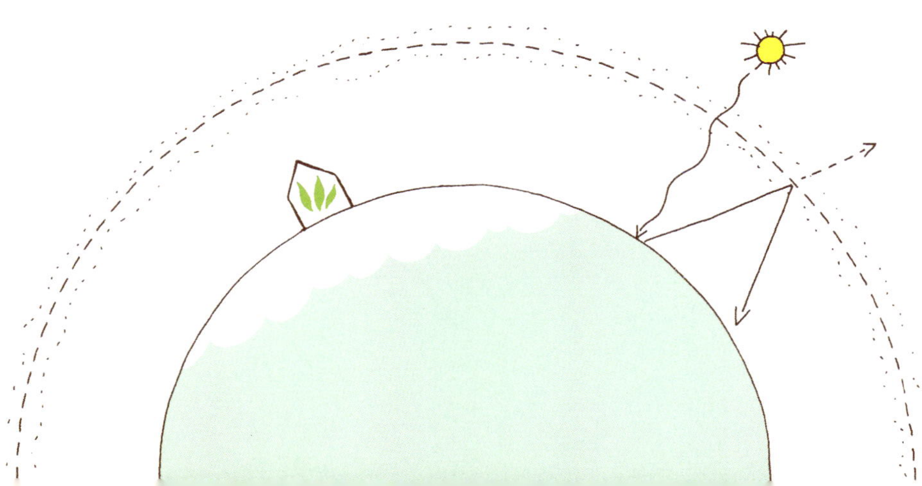

Ein Schuppen ist ein Schuppen ist eine Werkstatt …

Schuppen findet man in der Regel nur in großen Gärten: Schnell zusammengezimmerte, aus günstigen Materialien bestehende, mal baufällige, mal liebevoll gepflegte Gebäude ohne eindeutigen Verwendungszweck. Häufig werden alte Scheunen, Gartenlauben oder Garagen als Schuppen benutzt. Der Schuppen ist sozusagen der Dachboden des Gartens, ein Raum, in dem man all das unterbringen kann, was ansonsten keinen Platz gefunden hat oder den ordentlichen Anblick stören würde. Notfalls übrigens auch eine Werkstatt mit Werkbank, Teilelager, jeder Menge Arbeitsraum und allem Pipapo. Aber es geht auch anders: »Schuppen« kann auch eine leicht abfällige Bezeichnung für alte, etwas heruntergekommene Häuser oder auch für Tanzlokale und Jazzclubs sein. Dann stehen sie meist jedoch nicht im heimischen Garten.

Schuppen und Schuppen

Ein Schuppen im Garten ist praktisch. Schuppen, die von den Haaren rieseln, sind dagegen weniger gut. Andere Menschen finden es häufig peinlich, wenn ihnen vom Kragen eines schuppengeplagten Mitmenschen die weißen Ekelpaketchen entgegenblinken. Harald Schmidt, der Fernsehentertainer, hat sogar eine auf Schuppen spezialisierte Mitarbeiterin, die ihm schnell den Anzug bürstet, wenn die Kamera in seiner Show mal kurz ins Publikum guckt. Dabei sind Schuppen an sich nichts Negatives: Jeder hat sie, sie sind ganz einfach Hautzellen, deren Zeit nach rund 28 Tagen abgelaufen ist, so dass sie vom Körper erneuert werden müssen. Bei Menschen wie Harald Schmidt läuft dieser Prozess schneller ab. Bei ihnen haben sich die einzelnen Zellen vor dem Herunterfallen noch nicht voneinander gelöst und bleiben deshalb in größeren, auf der Kleidung gut sichtbaren Stücken. Schuld daran ist ein Hefepilz namens *Malassezia furfur*, der sich bei Stress, schlechter Luft oder bei Verwendung eines falschen Haarwaschmittels so aggressiv vermehrt, dass der Körper mit dem Abbau nicht mehr nachkommt. Wer keine Schuppen-Assistentin hat, kann sich selbst helfen, indem er seinen Lebenswandel ändert und ein Anti-Schuppen-Shampoo kauft.

Was man in Schuppen alles finden kann

Falltüren, Gartengeräte, Liegestühle, Mäuse, Mistgabel, Oldtimer, Pferdegeschirr, Rasenmäher, Ratten, Saatgut, Saustall, Schubkarre, Setzlinge, Staub, Spinnen, Tauben, Verstecke, Werkbank

Im Werkzeugschrank

Akkuschrauber, Axt, Blechschere, Bohrer, Bohrmaschine, Brechstange, Bundsäge, Bürste, Cutter, Dietrich, Dorn, Drillbohrer, Dübel, Engländer, Fäustel, Feile, Feststellzange, Fliesenschneider, Franzose, Gabelschlüssel, Gewindebohrer, Gummihammer, Hammer, Hobel, Inbusschlüssel, Kelle, Knochen, Kombizange, Kuhfuß, Laubsäge, Lötkolben, Meißel, Messer, Metallsäge, Nägel, Phasenprüfer, Pinzette, Ringschlüssel, Rohrzange, Säge, Schleifpapier, Schraubenzieher, Schraubzwinge, Spachtel, Stichsäge, Tacker, Zange, Zwinge

Bohren, bohren, bohren

Schleifmaschine, Flex und Kreissäge – Elektrowerkzeuge sind aus einer gut bestückten Werkstatt heutzutage nicht mehr wegzudenken. Sie erleichtern die Arbeit so entscheidend, dass viele Heimwerkereien überhaupt erst mit ihrer Hilfe möglich sind. Vielleicht das wichtigste Elektrowerkzeug ist die Bohrmaschine, die der deutsche Erfinder und Unternehmer Wilhelm Emil Fein (1842–1898) im Jahr 1895 entwickelt hat: eine metallene Kurbel mit Bohrspitze, die sowohl von Hand wie auch elektrisch angetrieben wurde, das erste Elektrowerkzeug überhaupt. Wilhelm Emil Fein, dessen Unternehmen auch heute noch Werkzeuge herstellt, erfand unter anderem auch den ersten elektrischen Feuermelder (1875) und das erste tragbare Telefon (1885). So wie diese Geräte haben sich auch die Bohrmaschinen seit Feins Zeiten radikal verändert: Heute gehören Bohrhammer und Schlagbohrmaschine zum Alltag. Sie durchlöchern jede noch so massive Wand, indem sie den Bohrer mit 3 000 Umdrehungen und mehr hineinfräsen oder -schlagen. Allerdings ist so ein Bohrloch nur die Hälfte wert, wenn man keinen Dübel hat: kleine Zylinder aus Kunststoff, die man in das frisch gebohrte Loch steckt. Dübel sind so konstruiert, dass sie sich auseinanderspreizen, wenn die Schraube in sie hineingedreht wird. Dadurch verkanten sie sich fest mit der Wand. Erfunden wurde der Kunststoffdübel von dem Schwaben Artur Fischer (* 1919), weshalb er meist auch Fischer-Dübel genannt wird.

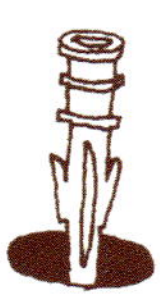

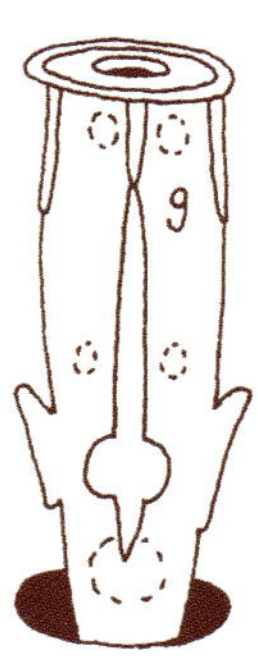

Richtig dübeln

Zunächst die richtige Schraube aussuchen. Durchmesser und Länge der Schraube müssen ausreichend sein, um die Last zu tragen, die für sie vorgesehen ist. Einen Dübel wählen, der für die jeweilige Schraube die passende Größe hat. Ein »sauberes« Loch bohren, das tief genug in die Wand hineinreicht. Vor dem Dübeln das Bohrmehl aus dem Loch entfernen, zum Beispiel mit einem Staubsauger. Den Dübel so weit in das Loch hineingleiten lassen, dass der Dübelrand bündig mit der Wand abschließt.

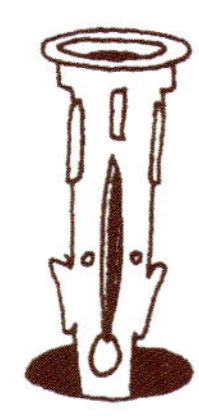

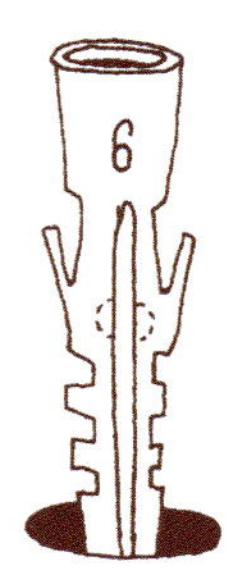

Nicht nur Handarbeit

Wenn traditionelle Holzschuhmacher den entstehenden Schuh mit einem Löffelbohrer aushöhlen, halten sie mit dem Hals den Bohrer im Lot und drücken ihn zugleich auf das Holz, so dass beide Hände zum Arbeiten frei sind. Die Leiste kommt zum Einsatz, wenn der Holzschuhmacher den Beilhammer am Holzklotz, aus dem der Schuh entstehen soll, mit Hilfe seiner Leiste andrückt, um ebenfalls beide Hände für andere Tätigkeiten frei zu haben. Der Spruch »Schuster, bleib bei deinen Leisten« stammt allerdings daher, dass der Schuster sich eines sogenannten Leistens (Holzstück mit der Form eines Fußes) bedient, um einen Schuh herzustellen. Eskimos, die auf traditionelle Weise mit einem Drillbohrer Feuer machen, halten den Bohrer mit dem Mund fest, weil sie die Hände brauchen, um den Bohrer anzutreiben und mit Hilfe der Reibung Funken entstehen zu lassen. Winzer, die Reb-Pflöcke einschlagen, tragen einen Spezialschuh, mit dessen Hilfe der Fuß den Pflock festhält, so dass der Winzer beide Hände frei hat, um den Pflock in die Erde zu treiben.

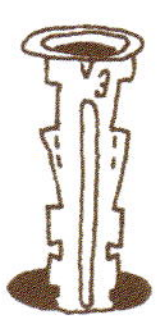

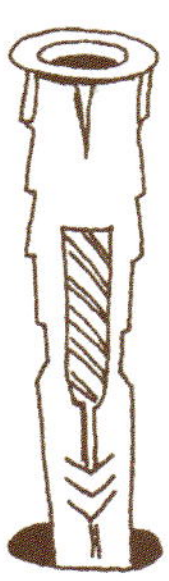

Hammer und Sichel

Hammer und Sichel, das war bis 1991 das Flaggensymbol der UdSSR, der Union der Sozialistischen Sowjetrepubliken. Dabei handelte es sich um einen von Russland dominierten Vielvölkerstaat, der sich der Idee des Sozialismus verschrieben hatte: Die Arbeiter, so die Idee der sozialistischen Herrscher, sollten gemeinsam voranmarschieren in eine Welt der Gerechtigkeit. Hammer und Sichel stehen dabei symbolisch für die Zusammenarbeit von Industrie und Landwirtschaft. Von 1959 bis 1989 schrieb sich auch ein Teil Deutschlands die sozialistische Idee auf die Fahnen: Die Deutsche Demokratische Republik (DDR) fügte auf ihrer Flagge dem Hammer und der Sichel allerdings noch einen Zirkel hinzu. Das sollte symbolisieren, dass auch die Ingenieure und Architekten, die Forscher und die Lehrer im Dienst der gemeinsamen Sache standen. Eine schöne Idee, die allerdings Ende der 1980er Jahre scheiterte, weil die sozialistischen Staaten pleite-gingen und ein immer größerer Teil der Bevölkerung gegen die staatliche Bevormundung in allen Lebensbereichen aufbegehrte.

Tiere und Werkzeuge

Was unterscheidet Menschen eigentlich von Tieren? Der Gebrauch von Werkzeugen, dachten Wissenschaftler noch zu Beginn des 20. Jahrhunderts. Klingt logisch, einen Specht, der sein Vogelhäuschen mit Bohrhammer, Stichsäge und Akkuschrauber selbst zusammenzimmert, hat man bisher noch nicht entdeckt. Allerdings ist der Unterschied zwischen Menschen und Tieren manchmal kleiner, als man meinen sollte; das Genmaterial mancher Affenarten unterscheidet sich von unserem nur um wenige Prozent. Kein Wunder also, dass auch Tiere Werkzeuge benutzen: Affenweibchen im Nouabalé-Ndoki-Nationalpark in Kongo-Brazzaville benutzen zum Beispiel Stöcke, um die Wassertiefe in einem Tümpel herauszufinden. Verhaltensforscher haben Schimpansen beobachtet, die Nüsse mit Hilfe von Steinen öffnen, Honig mit Stöckchen aus Bienennestern stibitzen und ebenfalls mit Stöcken Termiten aus ihren Erdhöhlen picken. Schimpansenweibchen wurden in Senegal beim Jagen mit Speeren beobachtet; Kapuzineraffen benutzen in Brasilien Steine, um nach Wurzeln zu graben. Aber nicht nur Affen, auch viele andere Tiere nutzen Werkzeuge: Spechtfinken graben auf den Galapagosinseln mit Kaktusstacheln nach Insekten; Seeotter knacken während des Rückenschwimmens Nüsse mit Hilfe von Steinen; Geradschnabelkrähen bauen sich in Neukaledonien aus Drähten und Blättern Werkzeuge, mit denen sie Maden aus Baumritzen »angeln« können.

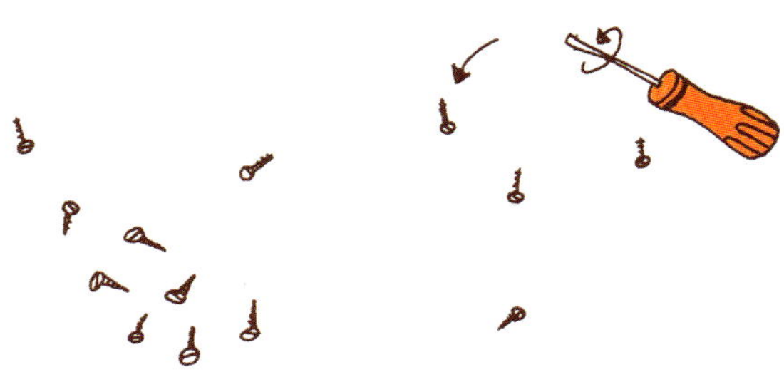

»Handwerk« im Mundwerk

Jemandem ins Handwerk pfuschen. Sein Handwerk beherrschen. Jemandem das Handwerk legen. Einfach nur sein Handwerk verrichten.

Sprechende Namen

Berufsbezeichnungen im Mittelalter – Namen aus der Gegenwart

Armbruster Armbrustmacher · Backfisch Fischbrater · Deißler Deichselmacher · Euler Töpfer · Feulner Feilenschmied · Geschmeidler Schmuckmacher · Hämmerle Schmied · Kapp Mützenmacher · Lödel Lodenweber · Mauser Mäusefänger · Napp Napfmacher · Parucker Perückenmacher · Quast Pinselhersteller · Riefenstahl Stahlschmied · Schirrmacher Werkzeugmacher · Steinbeiß Steinhauer · Tonne Tonnenmacher · Weinzierl Winzer · Zapf Gastwirt

Vergessene Berufe

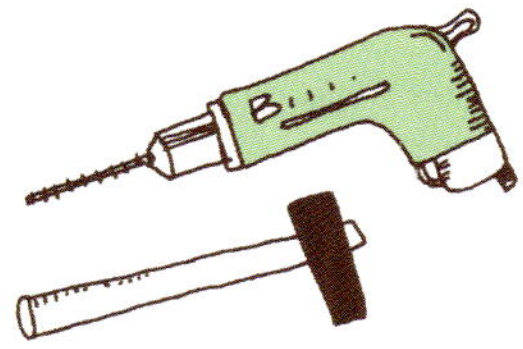

Ameisler sammelten im Mittelalter in den Wäldern die Larven von Ameisen, die sie dann als Vogelfutter verkauften. Bandschneider stellten aus Baumstämmen die Holzstreifen her, aus denen Fässer gebaut wurden. Beutler fertigten im 14. Jahrhundert in Wien Handschuhe und Säckchen aus Leder. Briefmaler stellten im 15. Jahrhundert Briefe, Urkunden oder Gratulationsschreiben her. Drahtzieher produzierten im Mittelalter Metalldrähte für den handwerklichen Gebrauch und zur Herstellung von Schmuck. Falkner jagten vom 14. bis zum 17. Jahrhundert mit Hilfe von Greifvögeln (zumeist Turmfalken). Grautucher stellten ab dem 13. Jahrhundert in Straßburg grobe Wollstoffe her. Hohlhipper verkauften seit dem Mittelalter als Hausierer ein Gebäck namens »Hohlhippen«, das sie selbst herstellten. In Österreich bekommt man heute noch längliche Waffeln, die Hohlhippen heißen. Joppner besaßen im 15. Jahrhundert in Wien das Vorrecht, Joppen, also Jacken, herzustellen. Kalfaterer dichteten im Mittelalter Schiffsrümpfe ab, indem sie in Stoff gewickelte Drähte zwischen die Planken pressten und diese mit Teer verschlossen. Klüttenbäcker bauten im 16. Jahrhundert in kleinen Gruben Braunkohle ab und bearbeiteten diese so, dass sie in der Sonne getrocknet und verkauft werden konnte. Kotzenmacher stellten Wolldecken und dicke Kleider her. Leinhösler produzierten bis ins 17. Jahrhundert hinein Leinenstrumpfhosen. Nestler waren für die Herstellung von Schuhbändern zuständig. Posamentierer stellten Borten, Troddeln, Bänder, Fransen, Quasten usw. her. Raschmacher produzierten im 16. Jahrhundert das sogenannte Rasch, eine Woll-Art. Siebmacher versorgten die Gesellschaft ab dem 13. Jahrhundert mit Sieben, deren Gitternetz oft aus Pferdehaaren gewoben war.

Das Wandern ist des Handwerkers Lust

Klobige Arbeitsschuhe, eine schwarze Cordhose mit Seitentasche für den Zollstock, eine feste, wollene Joppe und ein großer schwarzer Schlapphut – derart in einer »Kluft« gekleidet sind in der Regel nur sogenannte Tippelbrüder auf der Walz. Handwerker und Handwerkerinnen, die mit der Ausbildung fertig sind, wandern dabei mindestens zwei Jahre und einen Tag lang von Ort zu Ort. Ihren ganzen Besitz tragen diese »Tippelbrüder« in einem kleinen Sack bei sich. Sie dürfen sich nur zu Fuß oder per Anhalter bewegen. Sie ernähren sich, indem sie unterwegs ihre handwerklichen Dienste anbieten. Sie müssen unter 30 Jahre alt und unverheiratet sein. Ihrer Heimat dürfen sie sich nicht näher als bis auf 50 Kilometer nähern. Die Wanderschaft zu beenden ist nur dann erlaubt, wenn ein schwerwiegender Grund vorliegt, zum Beispiel eine schlimme Krankheit. Wird die Wanderschaft ohne triftigen Grund aufgegeben, gilt der Wanderer als unehrenhaft. Heutzutage ist das Wandern für Handwerker ein freiwilliges Vergnügen, dem in Deutschland ungefähr 800 Frauen und Männer pro Jahr nachgehen. Im 18. Jahrhundert dagegen war die Walz eine Pflicht für alle die Handwerker, die Meister werden und sich mit einem eigenen Betrieb an einem bestimmten Ort niederlassen wollten. Nach ihrer Wanderschaft mussten diese Handwerker einige Jahre lang in einem Betrieb des Ortes arbeiten, um am Ende ihr »Meisterstück« anfertigen zu dürfen. Erst wenn all diese Bedingungen erfüllt waren, durften sie bleiben, einen Betrieb eröffnen und schließlich sogar in dem Ort heiraten. Berühmte Tippelbrüder waren der Drechsler August Bebel (1840–1930; später: Mitbegründer der SPD und deren Vorsitzender), der Mechaniker Adam Opel (1837–1895; später: Autohersteller) und der Schneider Johann Klepper (1868–1949; später: Hersteller von Regenmänteln).

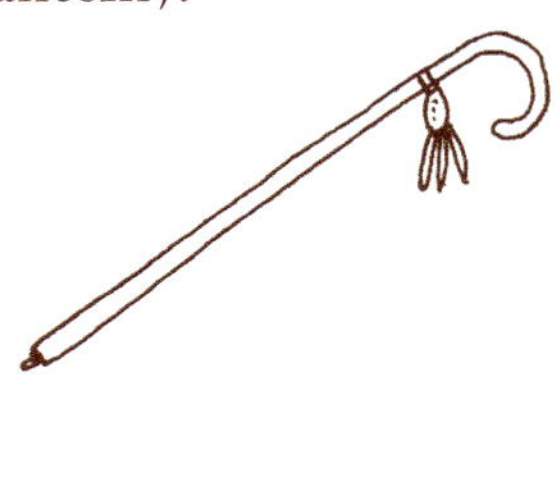

Die anerkannten Handwerksberufe in Deutschland

Maurer und Betonbauer

Ofen- und Luftheizungsbauer

Zimmerer

Dachdecker

Straßenbauer

Wärme-, Kälte- und Schallschutzisolierer

Brunnenbauer

Stuckateur

Maler und Lackierer

Steinmetz und Steinbildhauer

Schornsteinfeger

Metallbauer

Gerüstbauer

Karosserie- und Fahrzeugbauer

Chirurgiemechaniker

Feinwerkmechaniker

Zweiradmechaniker

Kälteanlagenbauer

Informationstechniker

Kraftfahrzeugtechniker

Landmaschinenmechaniker

Büchsenmacher

Installateur und Heizungsbauer

Klempner

Elektrotechniker

Tischler

Elektromaschinenbauer

Boots- und Schiffbauer

Bäcker

Konditor

Fleischer

Seiler

Hörgeräteakustiker

Augenoptiker

Orthopädietechniker

Orthopädieschuhmacher

Friseur

Glaser

Zahntechniker

Vulkaniseur und Reifenmechaniker

Glasbläser und Glasapparatebauer

Stand: 2007, Quelle:
Zentralverband des deutschen
Handwerks e.V.

Leben in den Wipfeln

Ein Baumhaus, wer hätte sich das nicht schon einmal gewünscht. Baumhäuser sind Traumhäuser zwischen Himmel und Erde. Aber nicht nur das: Die Luftschlösser hatten in früheren Zeiten einen überlebenswichtigen Zweck. Hoch oben in den Wipfeln waren die Menschen sicher vor wilden Tieren und den Angriffen feindlicher Stämme. In den Urwäldern von Neuguinea nutzen die Stämme der Kombai und der Korowai noch heute die Baumhaussiedlungen zum (Über-)Leben.
Und tatsächlich gibt es immer noch unbekannte Baumhausbewohner in den Urwäldern zu entdecken: Der Völkerforscher Roland Grave war im Jahr 2002 mit einem Forscherteam und zwei Kundschaftern der Korowai unterwegs, um mehr über das Leben der Korowai zu erfahren. Zu Fuß und mit einem Boot kämpfte sich die Gruppe immer tiefer in den Urwald hinein – bis plötzlich zwei kleine Männer mit Pfeil und Bogen vor ihnen standen und die Fremden interessiert musterten. An der Bekleidung erkannten die Wissenschaftler, dass die Männer nicht zum Stamm der Korowai gehörten. Nach kurzer Verständigung wurde klar: Die Fremden gehörten zum Stamm der Din, der bis dahin noch nie Kontakt mit modernen Menschen gehabt hatte und der auch den Korowai nicht bekannt war. Allerdings sind die Din auch nicht leicht zu finden: Zusammen mit ihren Hunden, Wildschweinen und Papageien leben sie zehn Meter über der Erde in Baumdörfern.

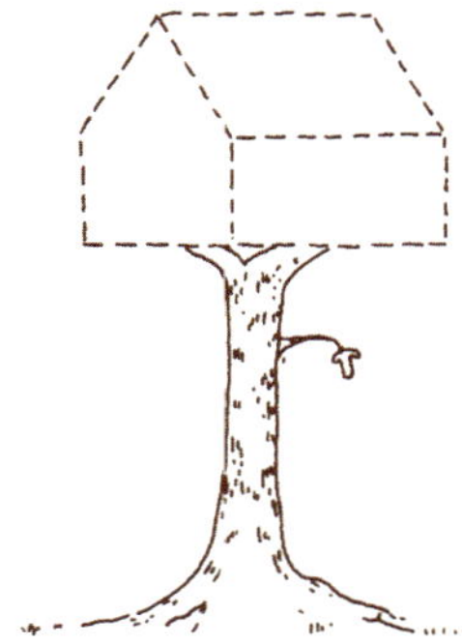

Die Geschichte der Baumhäuser

Nicht nur im Urwald bauten die Menschen Baumhäuser. Die alten Römer beispielsweise feierten in den Bäumen große Feste auf kunstvoll gefertigten, hölzernen Luftschlössern. Der mächtige Familienclan der Medici, der in Florenz seit Ende des 14. Jahrhunderts zu Ruhm und Reichtum kam, besaß sogar einen marmornen Baumpalast. Aber auch in England und Frankreich haben Häuser in den Baumkronen eine lange Tradition. Das älteste Baumhaus Englands befindet sich in den Ästen einer Linde in der Nähe der Ortschaft Shrewsbury und stammt aus dem 18. Jahrhundert. Heutzutage gibt es Architekten, die sich nur mit der Entwicklung von naturnahen Baumhauskonstruktionen befassen.

Ein Baumhausbauplan

Bäume sind ungefähr so verschieden wie Menschen: Jeder ist einzigartig. Ein Baumhaus muss sich deshalb immer nach der Persönlichkeit des Baumes, nach seiner Eigenart richten. Da der ausgewählte Baum ein Haus und mehrere Personen zu tragen hat, sollte es sich um einen starken und gesunden Baum handeln. Besonders geeignet sind Eichen, Buchen, Eschen und Linden. Die stützenden Äste für das Baumhaus sollten genügend vergabelt sein und nicht allzu hoch liegen, da die Äste eines Baumes nach oben hin immer zarter werden. Am besten eignet sich die Gabelung eines dicken Stammes. Die Bodenplatte sollte sehr stabil konstruiert sein, da sie am meisten Gewicht trägt. Entweder eine Platte aus Sperrholz anbringen oder einzelne, genau abgemessene Bretter durch Querhölzer zu einer Platte verbinden. Die Platte wird so ein-

Baumriesen mit merk-würdigen Namen

Affenbrotbaum Afrika, Australien Blutbuche Europa Campherbaum Ostasien, Afrika Dreilappige Papau Nordamerika Eisenholz Tropen Flatterulme Europa Granatapfel Mittelmeerraum Hungerbaum Süddeutschland Immergrüne Magnolie Nordamerika Johannisbrotbaum Mittelmeerraum, Asien Kolabaum Tropen Leberwurstbaum Afrika Mammutbaum Amerika Nusseibe Nordamerika, Asien Ohrweide Europa, Asien Pfefferbaum Südamerika Rosskastanie Europa, Nordamerika Selbstmordbaum Indien Taschentuchbaum China Urweltmammutbaum China Viersporn-baum China, Birma Wollapfel Japan Ylang Ylang Asien Zimtapfel Karibik

gepasst, dass sie auf mehreren Ästen gleichzeitig liegt. An den Stellen, an denen die Platte den Baum berührt, sollten unbedingt Filz- oder Gummipolsterungen angebracht werden, damit der Baum nicht verletzt wird. Die Folge wäre Fäulnis durch die eindringenden Bakterien und morsches Holz. Für die Wand- und Dachkonstruktion sollte möglichst leichtes Sperrholz verwendet werden, da der Baum schon genug zu tragen hat. Das Dach so anbringen, dass Regenwasser ablaufen kann. Bilden sich Pfützen, besteht die Gefahr, dass die Feuchtigkeit das Holz vermodern lässt. Wichtig ist auch ein möglichst einfacher Zugang mit Hilfe eines Seils oder einer alten Leiter. Ein Baumhausherr, der jedes Mal eine umständliche Klettertour absolvieren muss, verliert nämlich bald die Freude an seinem Luftschlösschen.

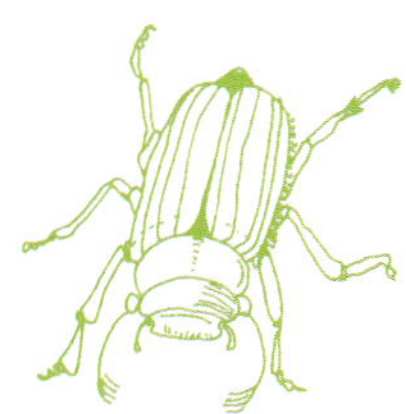

Baumhotels

Das erste Baumhaushotel Deutschlands befindet sich im Waldgebiet zwischen Görlitz und Rothenburg in Sachsen. In den Holzhütten in bis zu zehn Metern Höhe können ganze Familien schlafen und träumen. Auf dem Gelände rund um die bebauten Bäume befindet sich ein Abenteuerspielplatz mit unterirdischen Gängen, einem Wasserlauf, einem Schloss und einem Seeräuberschiff. Im Sternenhimmel schlafen kann man im »Green Magic Natur Resort« im südindischen Dschungel bei Vithiry: In 30 Metern Höhe, oben in den Ästen eines Feigenbaums, befindet sich ein Himmelbett – und über dem Gast nur der Himmel. Unten am Fuße des Baumes tummeln sich des Nachts schon mal Panther, Schakale und Elefanten. Am Ostkap Südafrikas, in der Nähe der Stadt Knysna, wartet das »Tsala Treetop Lodge Hotel« auf Gäste mit Luxusanspruch. In riesigen Bäumen finden sich ganze Suiten mit Wohnzimmer, Schlafzimmer, Luxusbad und Blick aufs Meer.

Überleben mit Bäumen

Neben einem Baumhaus, das hoch oben vor Gefahren am Boden schützt, können aus Zweigen und Ästen gebaute Unterstände zum Schutz vor Wind oder Regen auch am Fuß von Bäumen gebaut werden. Im tiefen Schnee bieten Fichten einen warmen Unterschlupf. Die unteren Zweige sind bei vielen Fichten so tief, dass sie im tiefen Schnee eine Art Zelt bilden. Ist das nicht der Fall, kann man aus abgebrochenen Ästen und Zweigen ein Schutzdach rund um den Stamm bauen. Das funktioniert auch bei anderen Bäumen. Der Baum als Destillator (*destillare* = lat. »herabtröpfeln«): Bei großer Hitze oder in tropischen Gebieten gewinnt man Wasser mit Hilfe eines Plastikbeutels, der um die Blätter am Ende eines Zweiges gebunden wird. Durch die Sonnenstrahlung verdampft das Wasser in den Blättern, der Wasserdampf setzt sich an dem Beutelrand ab und läuft in den Beutel. Für den Bau eines Floßes, das einem über einen brückenlosen Fluss hilft, braucht man Baumstämme. Zunächst testen, ob das Holz schwimmfähig ist (es muss mindestens zur Hälfte aus dem Wasser schauen). Dann die Enden der Stämme auf zwei starke Äste legen, und zwar so, dass der längste Stamm in der Mitte und die kürzesten jeweils ganz außen liegen. Die obere Seite der Stämme mit einer Axt an den Enden einkerben, so dass zwei weitere Äste als Querstangen längs über die noch losen Stämme gelegt werden können. Die Querstangen müssen an den Enden mit einem Seil fest zusammengebunden werden.

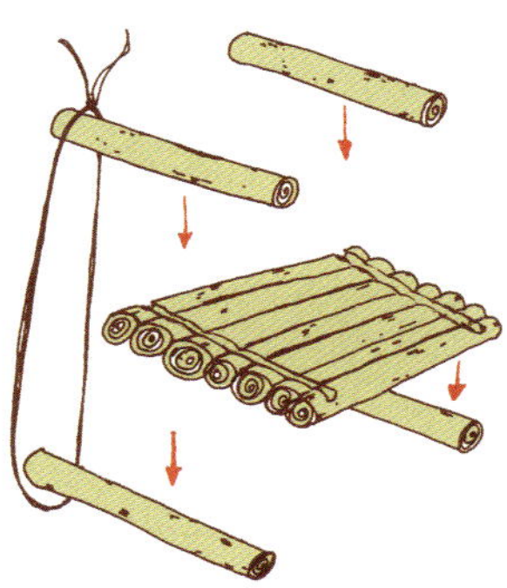

Baumfresser

Ameisen bauen Nester im Baum, die so groß werden können, dass seine Standfestigkeit gefährdet ist. Efeu, Wein, Misteln und andere Gewächse können einem Baum durch Bewuchs regelrecht den Atem nehmen, da sie ihm Nährstoffe aussaugen. Maikäfer, Schmetterlingsraupen und andere Kleintiere fressen sich durch das Blattwerk. Das wird dann gefährlich, wenn die hungrigen Krabbler den Baum kahl fressen. Hexenbesen sind Wucherungen, die aussehen wie auf dem Baum wachsende Sträucher. Sie werden durch Viren oder Pilze hervorgerufen. Insekten können einen Baum zerstören, weil sie ihre Larven in seine Rinde und mitunter auch in den Holzkern legen. Besonders gefährliche Holzschädlinge sind Bockkäfer, Borkenkäfer und Nagekäfer.

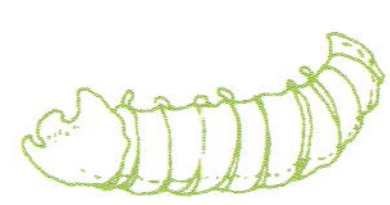

Pfahlbauten: Wasserbaumhäuser

Da staunten die Züricher nicht schlecht: Als der Zürichsee in einem Winter der 1850er Jahre wenig Wasser hatte, wollten sie die Gelegenheit nutzen, um durch geschickt gebaute Dämme das Wasser dauerhaft zurückzuhalten und so etwas Land zu gewinnen. Während der Baumaßnahmen entdeckten die Arbeiter Hunderte Pfähle und auch Zeichen einer menschlichen Kultur. Geschichtswissenschaftler untersuchten die Funde und kamen zu dem Schluss, dass die Menschen in früheren Zeiten in solchen »Pfahlbauten« gelebt haben. Heute weiß man mehr, weil später auch an anderen Seen (vor allem im Alpenraum) Pfahlbauten gefunden und genau untersucht wurden: Die Pfahlbauten stammen aus der Steinzeit und wurden zumeist in Sumpfgebieten oder am Rand von Seen angelegt. Die Pfähle waren meistens zwischen drei und fünf Meter lang. Sie wurden paarweise in den Boden eingebracht und mit schweren Steinen zusätzlich gesichert. Die Bodenflächen wie auch die darauf stehenden Hütten waren ebenfalls aus Pfählen gebaut. Die Wände wurden mit Lehm abgedichtet, die Dächer mit Reisig und Stroh gedeckt. Das bekannteste und älteste Museum für Pfahlbauten findet sich in Unteruhldingen am Bodensee: Dort hat man seit den 1920er Jahren über 20 Pfahlbauten aus der Steinzeit nachgebaut.

Seile knoten

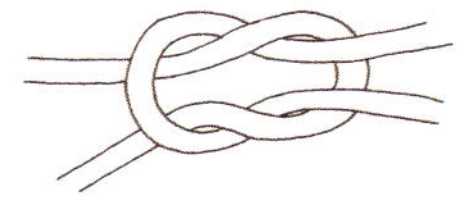

Kreuzknoten

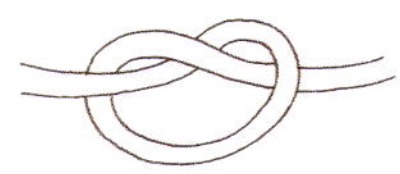

Halber Schlag

Palstek

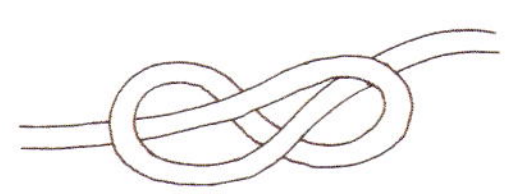

Achtknoten

Doppelter Halbstek

Kleine Überlebenshilfe für Katastrophenfälle

Erdbeben Nicht weglaufen, man bringt sich meist nur in noch größere Gefahr. Wichtig ist, sich von Bäumen, Telefonmasten und Gebäuden fernzuhalten – allen Objekten also, die ein- oder umstürzen können. Die Ruhe bewahren, um notfalls überlegt reagieren zu können. Gewitter Bäume und den Kontakt mit Wasser meiden, erhöhte Stellen und offenes Gelände verlassen. Vorsicht: Der Blitz sucht sich immer den höchsten Punkt, deshalb sind Bäume besonders gefährdet. Ein Blitzschlag leitet Energie in die Flüssigkeitsbahnen des Baumes und erzeugt dabei so enorme Hitze, dass der Baum explodieren kann. Bei Gewitter in offener Landschaft am besten in einer kleinen Senke flach auf den Boden legen. Volkssprüche wie »Vor Eichen sollst du weichen, Buchen sollst du suchen« sind falsch. Bei einem Gewitter ist jeder Baum gefährlich, egal ob Buche, Eiche, Fichte oder Tanne! Überschwemmungen Als Erstes sollte man versuchen, ein erhöhtes Gelände zu erreichen. Nicht durch das Hochwasser laufen, man könnte mitgerissen werden. Zelte oder Autos sofort verlassen. In der allergrößten Not auf einen massiven, stabil wirkenden Baum klettern. Waldbrand Schnellstmöglich vom Brandherd entfernen. Nach Möglichkeit in einem Gewässer die Kleidung durchfeuchten. Ist man vom Feuer eingeschlossen, nach einer Lücke suchen und sichten, ob das Feuer nicht zu hoch und zu breitflächig ist, um hindurchzurennen. Eventuell versuchen, auf bereits abgebrannte Flächen zu gelangen. Am besten flach auf den Boden legen und dicht über der Erde atmen, damit die Lunge von der heißen Luft nicht versengt wird und man keinen Rauch einatmet.

Feuer machen ohne Feuer

Feuer machen zu können ist überall auf der Welt wichtig für das Überleben: zum Kochen, zum Wärmen, als Schutz vor wilden Tieren, als Signal. Als Brennmaterial lässt sich Holz, trockener Dung oder getrocknetes Gras verwenden. Zunder zum Entfachen des Feuers können Holzspäne, Baumrinde, Vogelfedern, trockenes Gras oder Piniennadeln sein. Zum Entzünden der Flamme nimmt man Streichhölzer oder ein Feuerzeug. Ist beides nicht vorhanden, gibt es verschiedene Not-Möglichkeiten, eine Flamme zu entfachen: Mit Hilfe eines Glases/einer Lupe lassen sich Sonnenstrahlen bündeln und in Feuer verwandeln. Wenn man einen angespitzten Stab auf ein Holz aufsetzt und schnell hin- und herdreht, werden durch die Reibung kleine Funken erzeugt, die den Zunder in Brand setzen können.

Nahrungsquelle Baum

Bucheckern, die Früchte der in Europa wachsenden Rotbuche, lassen sich nach dem Entfernen der Schale essen. Sie schmecken nussartig-süß, sollten aber nicht in größeren Mengen und nur im Notfall gegessen werden, da die enthaltene Oxalsäure leicht giftig wirkt, wenn man sehr viele Bucheckern isst. Der im Mittelmeerraum und in Nordafrika verbreitete Johannisbrotbaum (Carubbaum) besitzt essbare Samenkapseln. Die jungen grünen Kapseln lassen sich roh oder gekocht verzehren. Die älteren braunen Schoten sollten zerrieben und zu Mehl verarbeitet werden. Das feine Mehl des Baumes heißt Carubmehl und ergibt einen süßlich schmeckenden Brei. Die Edelkastanie kommt in Europa und Kleinasien vor. Ihre Früchte, die Esskastanien, können geröstet, gekocht, geräuchert oder luftgetrocknet werden. Durch das Rösten springt die Schale auf und gibt die schmackhafte Nuss im Innern frei. Nicht zu verwechseln ist diese Frucht mit den Kastanien der Rosskastanie, die für Menschen ungenießbar sind. Die genießbare Esskastanie oder auch Marone erkennt man an einem mit bräunlichen Borsten besetzten Fruchtbecher, während die Rosskastanie eine grüne, stachlige Kapsel umgibt. Die Früchte der in Asien, Afrika und Nordamerika wachsenden Persimone (auch: Kakibaum) sind ebenfalls essbar. Sie sehen aus wie riesige orange Tomaten und schmecken angenehm süß. Lorbeerzweige sind nicht nur ein kräftiges Würzmittel, sondern auch ein Mittel gegen den kleinen Hunger zwischendurch. Lorbeerbäume gibt es im gesamten Mittelmeerraum.

Baumhausbewohners Nachbarn

Amsel, Blaukehlchen, Elster, Gimpel, Haubentaucher, Kohlmeise, Lachmöwe, Mäusebussard, Nachtigall, Rotdrossel, Saatkrähe, Schleiereule, Trauerschnäpper, Uhu, Waldkauz, Zaunkönig

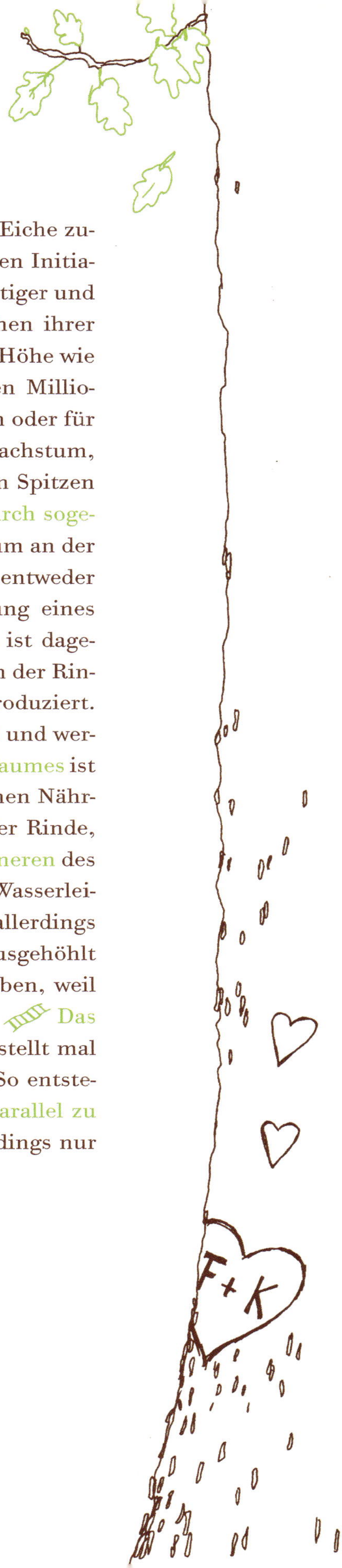

Das Herz wird immer dicker, die Liebe auch?

Als Franz und Karin nach über 20 Jahren zu jener Eiche zurückkehren, in deren Rinde sie einst ein Herz mit ihren Initialen ritzten, wundern sie sich: Der Baum ist zwar mächtiger und größer geworden, das Herz ebenfalls, aber das Zeichen ihrer jungen Liebe befindet sich immer noch auf derselben Höhe wie damals. Der Grund: Bäume bestehen aus vielen Millionen von Zellen, die entweder für das Längenwachstum oder für das Breitenwachstum zuständig sind. Das Längenwachstum, also das Wachstum nach oben, findet vor allem in den Spitzen der Äste statt, nicht aber unten am Stamm. Durch sogenanntes Bildungsgewebe werden beim Längenwachstum an der Baumspitze ständig neue Zellen hervorgebracht, die entweder der Weiterleitung von Nährstoffen oder der Festigung eines neuen Sprosses dienen. Für das Dickerwerden ist dagegen das sogenannte Kambium zuständig, das zwischen der Rinde und dem Holz sitzt und ebenfalls ständig Zellen produziert. Diese neuen Zellen bilden sozusagen den Speckgürtel und werden im Bauminneren angebaut. Die Rinde des Baumes ist extrem wichtig, da sie die über die Wurzeln gewonnenen Nährstoffe nach oben leitet. Die äußere Schrumpelhaut der Rinde, die Borke, ist ihr Schutzmantel. Das Holz im Inneren des Baumes hat zum Teil ebenfalls wichtige Speicher-, Wasserleitungs- und Festigungsaufgaben. Der größte Teil ist allerdings abgestorbenes Gewebe. Ein alter Baum, der innen ausgehöhlt ist, kann mit einer Füllung aus Zement gut weiterleben, weil die äußeren Schichten der Rinde noch voll arbeiten. Das Kambium arbeitet abhängig von den Jahreszeiten, erstellt mal dicke und dichte Zellen, mal eher zarte und leichte. So entstehen gut sichtbar die Jahresringe im Holz. Ob parallel zu ihrem Baum auch ihre Liebe wuchs, das wissen allerdings nur Karin und Franz.

Der Baum

Der Baum, auf dem die Kinder
Der Sterblichen verblühn,
Steinalt, nichts desto minder
Stets wieder jung und grün.
Er kehrt auf einer Seite
Die Blätter zu dem Licht,
Doch kohlschwarz ist die zweite
Und sieht die Sonne nicht.
Er setzet neue Ringe,
So oft er blühet, an,
Das Alter aller Dinge
Zeigt er den Menschen an.
In seine grüne Rinden
Drückt sich ein Name leicht,
Der nicht mehr ist zu finden,
Wenn sie verdorrt und bleicht.
So sprich, kannst du's ergründen,
Was diesem Baume gleicht?

Friedrich Schiller, 1759–1805

Die Kraft der Baumgeister

Birke Der »Lichtbaum« steht für Neuanfang und soll eine aufmunternde Wirkung haben. Buche In der keltischen Mythologie »Mutter des Waldes«. Ihr wird eine beruhigende Wirkung nachgesagt. Eiche Von alters her als heiliger Baum verehrt, gibt Kraft und Energie, stärkt das Selbstbewusstsein. Kastanienbaum Gilt als Friedensbaum, soll Gelassenheit schenken und Zweifel ausräumen. Kastanien sollen Glück bringen. Linde Die Linde ist der Baum der germanischen Liebesgöttin Freya. Sie soll bei Liebeskummer helfen, Harmonie verbreiten und Schutz bieten. Palme Ihre strahlenförmigen Blätter machten sie zum Symbol für die heilende, belebende Kraft der Sonne.

Der Tag des Baumes

Ein karger, abweisender Landstrich, mitten in Nebraska / USA. Ausgerechnet hier, mitten in der Wildnis, will sich der 22-jährige Julius Sterling Morton im Jahr 1854 zusammen mit seiner Braut ein neues Leben aufbauen. Die beiden pflanzen Bäume, Büsche und Sträucher als Schutz gegen den Wind. Die Arbeit ist mühsam, aber die Mortons sind geduldig und ausdauernd, allen Rückschlägen zum Trotz. Und sie sind erfolgreich: Bald spricht ganz Nebraska von dem erfolgreichen Landwirt, der nicht einfach nur Pflanzen setzt, sondern später auch sein Land mit modernsten Methoden aufforstet, Siedler im Waldbau ausbildet und immer wieder Bäume, Bäume, Bäume pflanzt. Aus unwirtlichem, wildem Land macht er so eine fruchtbare Waldlandschaft. Im Jahr 1872 fasst der Naturfan seine Erkenntnisse über Aufforstung und die Bedeutung des Waldes in einer Resolution (Stellungnahme) zusammen. In diesem Text macht er den Vorschlag, einen »Tag des Baumes« zu ernennen, was am 10. April 1872 tatsächlich geschieht: Im gesamten US-Bundesstaat Nebraska werden am ersten »Arbor Day« über eine Million Bäume gepflanzt. In den folgenden Jahren ziehen die anderen amerikanischen Bundesstaaten nach: Der zweite Mittwoch im April ist seitdem der »Arbor Day«. Viele andere Nationen folgten dem Beispiel; in Deutschland wird der »Tag des Baumes« seit 1954 am 25. April gefeiert. Ein ganz besonderer Feiertag, wie ein Zitat von Julius Sterling Morton beweist: *Andere Festtage dienen der Erinnerung, der Tag des Baumes dient der Zukunft.*

Baumrekorde

Der höchste Baum der Welt ist mit 112 Metern ein Küstenredwood (Mammutbaumart) im Redwood-Nationalpark an der Pazifikküste im Norden Kaliforniens. Ein Mammutbaum oder Sierra Redwood namens »General Sherman« ist der gewaltigste Baum der Welt. Der Koloss ist bereits 2500 Jahre alt, sein Stamm hat einen Umfang von maximal 35 Metern. Der Baum steht im Sequoia-Nationalpark in Kalifornien. Der vermutlich älteste Baum ist mit 4800 Jahren eine Grannenkiefer in den White Mountains / Kalifornien.

Bäume des Jahres in Deutschland

1997	Eberesche	*Sorbus aucuparia*
1998	Wildbirne	*Pyrus communis L.*
1999	Silberweide	*Salix alba L.*
2000	Sandbirke	*Betula pendula Roth*
2001	Esche	*Fraxinus excelsior L.*
2002	Wacholder	*Juniperus communis L.*
2003	Schwarzerle	*Alnus glutinosa L.*
2004	Weißtanne	*Abies alba Mill.*
2005	Rosskastanie	*Aesculus hippocastanum*
2006	Schwarzpappel	*Populus nigra L.*
2007	Waldkiefer	*Pinus silvestris L.*

Bauernregeln mit Baum

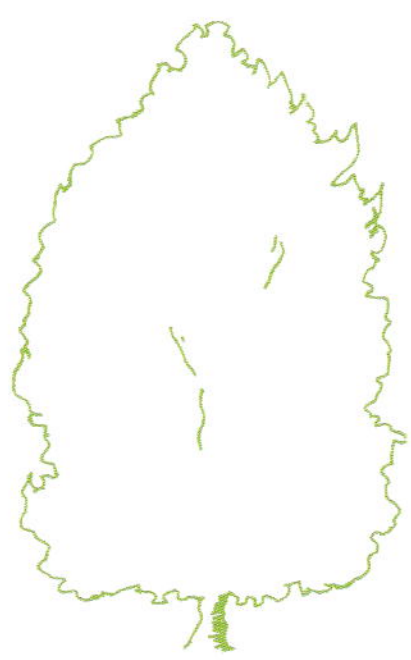

Wenn Sankt Agnes gekommen, wird neuer Saft im Baum vernommen. 21. Januar *Im Februar zu viel Sonne am Baum lässt dem Obst keinen Raum. St. Matthäus habe ich lieb, denn er gibt dem Baum den Trieb.* 24. Februar *Der August muss Hitze haben, sonst Obstbaumsegen wird begraben. Baumblüt' im November gar noch nie ein gutes Zeichen war.*

Bäume und Geld

Erst wenn der letzte Baum gerodet, der letzte Fluss vergiftet, der letzte Fisch gefangen ist, werdet ihr feststellen, dass man Geld nicht essen kann!

Bekannter Aktionsspruch der Umweltschützer, soll von den Cree-Indianern stammen

Rettet die Bäume!

Gayadhar Parida (83) aus Orissa in Indien lebt seit 50 Jahren auf einem Baum. Nachdem er sich im Jahr 1956 mit seiner Frau zerstritten hatte, entschied sich der junge Mann, zu Hause auszuziehen. Seitdem verlässt er sein Baumhaus nur, wenn er sich Lebensmittel und Wasser besorgen muss. Um einen 1000 Jahre alten Redwood-Mammutbaum vor der Kettensäge zu retten, verbrachte die amerikanische Umweltschützerin Julia Hill zwei Jahre auf 30 Metern Höhe in den Wipfeln des Baumes. Sie ließ sich auch nicht davon beirren, als die Holzfirma sie mit Hilfe von Hubschraubern aus dem Geäst »pusten« wollte. Von dem einstmals baumreichen Urwald an der amerikanischen Pazifikküste sind im letzten Jahrhundert bereits 97 Prozent der altehrwürdigen Riesen dem Kahlschlag zum Opfer gefallen. Immer wieder besetzen Umweltaktivisten Bäume, um sie vor dem Abholzen zu schützen. So zum Beispiel im Januar 2007 in Rüdnitz bei Berlin: Vier Umweltschützer ketteten sich auf den Bäumen einer Allee fest. Der Grund: Die rund 700 völlig gesunden Bäume der Allee sollten abgeholzt werden, um die Straße verkehrssicher ausbauen zu können. Die Aktivisten errangen einen Teilerfolg: Zwar räumte die Polizei die Bäume und die Baumschützer wurden angezeigt. Dafür begann eine öffentliche Diskussion darüber, ob sich die Allee nicht doch erhalten ließe, so dass die Bäume fürs Erste stehen bleiben konnten.

Die Garage sorgt für Sicherheit

So eine Garage ist eine feine Sache: Autos, Motorräder, Fahrräder und natürlich Krimskrams aller Art findet in diesem »Zimmer« einen Platz – und ist damit diebstahlsicher und wetterfest untergebracht. Das Wort Garage stammt vom französischen Verb garer *(»in Sicherheit bringen«) ab. Die »Garage« steht allerdings nicht nur für Fahrzeugunterkünfte: In Teilen des deutschen Sprachraums heißen auch Kfz-Werkstätten Garagen. »Garage« ist ein Teilbereich der House-Musik aus den 1990er Jahren. Und »Garagepunk« ist ein Wort für raue, wilde, ungemütliche und sehr schnelle Rockmusik. Zwei der erfolgreichsten Geschäftsleute aller Zeiten begannen ihre Karriere übrigens in einer Garage: Walt Disney, der erfolgreiche Zeichentrickfilmproduzent, und Bill Gates, der Gründer der Softwarefirma Microsoft, der in einer Garage seine ersten Computerprogramme schrieb. Aber in erster Linie sind Garagen eines: das Zuhause von Fahrzeugen aller Art. Hier sind sie so sicher, dass Garagenbesitzer sogar geringere Versicherungsbeiträge zahlen müssen als Autofahrer, die ihren Wagen draußen abstellen.*

Bertha Benz und die erste Werbetour der Autogeschichte

Süddeutschland, ein sonniger Tag im Jahr 1888. Wo sonst nur Pferde, Kutschen und Fußgänger unterwegs waren, tuckerte plötzlich laut knatternd ein dreirädriges Gefährt durch die Gegend; und zwar wie von Geisterhand angetrieben. Da staunten die Menschen in Mannheim, Pforzheim und Heidelberg nicht schlecht. Was ist das für ein unheimliches Gerät? fragten sie sich voller Schrecken. Keine Höllenmaschine, nur Werbung, lautet die Antwort. Berta Benz (1849–1944), die Ehefrau des Autokonstrukteurs Carl Benz (1844 bis 1929), unternahm mit ihren beiden Söhnen die erste, 106 Kilometer lange Fernfahrt mit einem Kraftfahrzeug. Mit Sorge hatte Frau Benz gesehen, dass mögliche Geldgeber zögerten, ihren Mann in seiner Arbeit zu unterstützen. Der Firma ging es nicht gut, die Pleite drohte. Deshalb startete die Erfindergattin ohne Wissen ihres Mannes die erste automobile Werbetour der Geschichte. Benzin bekam Frau Benz bei einer Apotheke in Wiesloch. Und ganz nebenbei wurde die Automobilistin am 5. August 1888 auch zur ersten Verkehrssünderin: Autos durften damals nur in der Nähe der Werkstatt des Erfinders zu Testzwecken bewegt werden; Fahrten von Stadt zu Stadt waren nicht erlaubt.

Die größten Parkhäuser

Allianz-Arena, München: 9 800
Flughafen München: 6 400
Messegelände, Frankfurt: 5 400
Messe München: 4 600
Parkhaus über der Autobahn, Stuttgart: 4 000
Flughafen Köln / Bonn: 4 000

Deutschland, Anzahl Stellplätze

Die meistverkauften Autos

1. Volkswagen 689 116
2. Mercedes 342 768
3. Opel 334 479
4. BMW 272 805
5. Audi 262 356
6. Ford 243 845
7. Renault 149 516
8. Toyota 142 908
9. Škoda 118 523
10. Peugeot 111 151

Deutschland, 2006

Das Auto, ein Selbst-Beweglich

Auto ist eine Abkürzung von »Automobil«. »Automobil« wiederum ist ein zusammengesetztes Wort aus *autos* (griech. »selbst«) und *mobilis* (lat. »beweglich«). Dieses Selbst-Beweglich kann aber auch sein: ein Kraftfahrzeug, ein Personenkraftwagen, ein Gefährt, eine Karre, ein Flitzer, ein Vehikel, eine Familienkutsche, ein Jahreswagen, ein Unfallwagen, eine Rostlaube, ein Renn-, Gelände-, Klein-, Sport- oder Stadtwagen, ein Cabrio, eine Limousine, ein Van, eine Blechkiste auf vier Rädern, ein Umweltsünder, ein Vehikel der Freiheit, ein Schmuckstück, ein Höhepunkt der Ingenieurskunst.

Wo bin ich? – Das Navigationsgerät

Das »Navi« ist verantwortlich dafür, dass beim Autofahren weniger gestritten wird: Seitdem es Navigationsgeräte für jedermann gibt, müssen Fahrer und ihre Beifahrer nicht mehr diskutieren, welche Strecke die beste ist, weil das Gerät diese Frage für sie beantwortet. Das geschieht vor allem mit Hilfe des amerikanischen GPS (Global Positioning System) sowie künftig auch mit dem europäischen Galileo-System (ab 2011 einsatzbereit). Die Navigationsgeräte können mit Hilfe von Satellitensignalen die Position eines Objektes im Verhältnis zu diesen Satelliten bestimmen. Diese Informationen sind aber nur dann sinnvoll zu verwerten, wenn sie in einem Datenverarbeitungsprozess namens *Map Matching* (»Kartenabgleich«) mit den eingespeicherten Daten der Straßenkarten abgeglichen werden. Dabei müssen die Systeme allein in Deutschland 700 000 Straßenkilometer und fast 250 000 *Points of Interest* (engl. »interessante Orte«) kennen und zuordnen können. All das muss in Sekundenbruchteilen errechnet werden, schneller als man fahren kann, schneller als ein Streit zwischen Fahrer und Beifahrer entsteht.

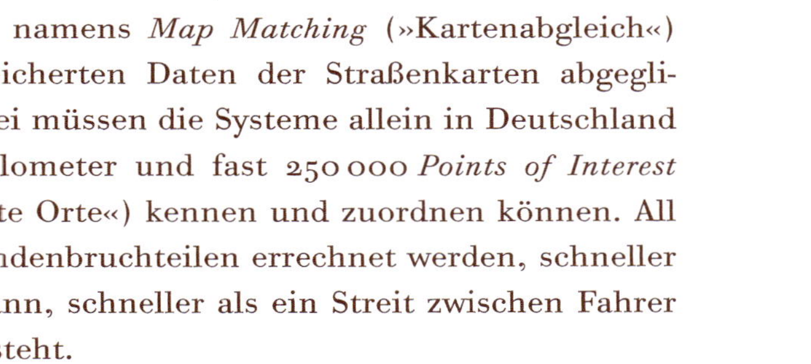

Die deutsche Automobilindustrie in Zahlen

Im Jahr 2005 setzte die deutsche Autoindustrie 236 Milliarden Euro um. Für diesen Umsatz sorgten 766 076 Arbeitnehmer. 405 470 waren direkt bei den Automobilherstellern beschäftigt; 323 827 bei zuliefernden Firmen. Insgesamt produzierten die deutschen Autobauer in diesem Jahr 5 350 187 Personenkraftwagen und 407 523 Nutzfahrzeuge. In beiden Bereichen war dies die größte Produktionsmenge aller Zeiten. 3 795 361 Personenkraftwagen und 285 237 Nutzfahrzeuge wurden ins Ausland verkauft. Für diese Exporte wurden aus dem Ausland 151 Milliarden Euro bezahlt. Auch dies ist ein Rekord.

Die schlimmsten Umweltsünder

Für kluge Ingenieure eigentlich eine lösbare Aufgabe: Zehn Jahre, von 1998 bis 2008, gab die Europäische Union den Automobilherstellern Zeit, den Ausstoß des Treibhausgases Kohlendioxid (CO_2) auf durchschnittlich 140 Gramm pro Wagen und Kilometer zu reduzieren. Aber vielen Autobauern sind andere Dinge wichtiger als der Umweltschutz. Sie haben (Stand: 2007) die Vorgaben durchweg deutlich verfehlt. Die deutschen Autohersteller schneiden dabei leider besonders schlecht ab.

Kleine Geschichte der Auto-Technik

1816 Achslenkung (Georg Lankenspenker, Deutschland)
1838 Oberflächenvergaser (William Barnett, Großbritannien)
1860 Zündkerze (Étienne Lenoir, Frankreich)
1866 Viertaktmotor (Nikolaus August Otto, Deutschland)
1886 Fahrzeug mit Motorantrieb (Karl Benz, Deutschland)
1897 Kfz-Heizung (Gottlieb Daimler, Deutschland)
1900 Automatikgetriebe (Louis Bonneville, Frankreich)
1903 Sicherheitsgurt (Gustave Désiré, Frankreich)
1908 Scheibenwischer (Prinz Heinrich von Preußen, Deutschland)
1911 Elektrischer Anlasser (Firma Cadillac, USA)
1922 Autoradio (Firma Ford, USA)
1926 Allradantrieb (Feorges Latil, Frankreich)
1930 Scheibenwaschanlage (J. H. Derby, Großbritannien)
1938 Klimaanlage (Firma Nash, USA)
1952 Airbag (Walter Linderer, Deutschland)
1952 Benzineinspritzung (Firma Bosch, Deutschland)
1982 Antiblockiersystem ABS (Firma Bosch, Deutschland)

Ein ganz besonderes Autorennen

Da staunten die Darmstädter nicht schlecht: Mitten in der Innenstadt sausten ihnen am ersten Maiwochenende 2007 plötzlich jede Menge Erwachsene ausgerechnet auf Bobbycars entgegen. Hintergrund: Drei Studenten aus Mainz, Frankfurt und Darmstadt haben sich Anfang der 2000er Jahre einen lustigen Wettkampf zwischen verschiedenen Universitäten ausgedacht, ein Wettrennen für Studenten mit einem Fortbewegungsmittel für Kleinkinder. Im Mai 2007 gewannen das Rennen zwei Sportstudenten aus Mainz. Der Publikumsliebling war aber ein Rennfahrer aus Darmstadt: Alexander Olzszewfski, der zufällig vorbeikam und spontan mitmachte. Er war zum Zeitpunkt des Rennens immerhin schon 82 Jahre alt.

Autos mit automatischer Alkoholkontrolle

Autos machen die Welt unsicherer; vor allem dann, wenn der Fahrer Alkohol getrunken hat. In Japan kamen zum Beispiel im Jahr 2005 über 700 Menschen bei alkoholbedingten Verkehrsunfällen ums Leben. Um dem entgegenzuwirken, arbeiten die Ingenieure des japanischen Automobilherstellers Toyota an einer bahnbrechenden Erfindung: Sie entwickeln ein neues Lenkrad mit Sensoren, die mit dem Handschweiß des Fahrers eine Alkoholkontrolle durchführen können. Hinzu kommt ein technisches System, das den Fahrstil des Fahrers überwacht. Das Anti-Alkohol-Auto ist unerbittlich: Hat der Fahrer mehr getrunken, als er darf, bleibt es einfach stehen. Einen ähnlichen Service bietet auch der schwedische Autohersteller Saab an: Der Saab Alcokey (ein Funk-Schlüssel mit integriertem Alkoholtest) öffnet das Auto nur dann, wenn die zuvor in ein Röhrchen am Schlüssel abgegebene Atemprobe nachweisen konnte, dass der Fahrer nicht zu viel getrunken hat.

Cool: Der MC Kuhle Wampe

»Bandidos« und »Hells Angels«, so heißen berühmte Motorradclubs, die in den 1950er bis 1970er Jahren von ehemaligen Soldaten in den USA gegründet wurden und die heutzutage weltweit Zweigstellen und Nachahmer haben. Ihre Mitglieder fahren große Maschinen, sehen meist bedrohlich aus (Vollbart, Lederjacke, grimmiger Blick) und sind berüchtigt dafür, dass sie häufig gegen das Gesetz verstoßen. Aber es geht auch anders. Das beweist zum Beispiel »Kuhle Wampe«, ein Zusammenschluss von 60 Motorradclubs mit 600 Mitgliedern in Deutschland: Die Mitglieder des Vereins setzen sich gegen Rechtsradikalismus, für den Umweltschutz und für gesellschaftliche Gerechtigkeit ein. »Kuhle Wampe« heißt ihr Dachverein nicht etwa deshalb, weil sie alle besonders cool und dicklich wären, sondern weil sie sich mit ihrer Lebenshaltung auf den Film KUHLE WAMPE aus den 1930er Jahren beziehen, der für eine gerechte, friedliche Welt eintritt und gleiche Chancen für jedermann fordert.

Hersteller / CO_2-Ausstoß (Gramm pro km)

Fiat 139
Citroën 144
Renault 149
Seat 150
Ford 151
Peugeot 151
Škoda 152
Opel 156
Volkswagen 159
Audi 177
Mercedes 185
BMW 192
Volvo 195

Wie Autofahrer den CO_2-Ausstoß verringern können

Niedrigtourig fahren — Nicht zu schnell fahren — Das Tempo gleichmäßig halten — Bei längerem Halten den Motor ausschalten — Möglichst keine Kurzstrecken fahren

Eine Stadt für Fahrradfahrer

Münster/Westfalen ist Deutschlands Fahrradstadt Nummer eins: 500 000 von gut einer Million anfallenden Fahrten pro Tag werden von den Münsteranern mit dem Fahrrad erledigt. Das ist mehr als dreimal so viel wie in anderen Städten. Die Stadt verfügt über insgesamt 254 Kilometer Radwege, und am Hauptbahnhof gibt es ein Radparkhaus (inkl. Fahrradwaschanlage) mit 3 300 Stellplätzen, von denen 2 700 an Dauerparker vermietet sind. Hinzu kommen ca. 8 000 Fahrradständer außerhalb des Parkhauses. Bei 280 000 Bewohnern gibt es in Münster über 500 000 Fahrräder. Allerdings hat die Fahrradfreundlichkeit auch ihre Schattenseiten: Jedem zweiten Münsteraner ist schon einmal ein Fahrrad gestohlen worden; jeder sechste musste sogar drei oder mehr verschwundene Räder ersetzen.

Fahrräder

BMX-Rad, Bonanzarad, Bauchlieger, Dreirad, Einrad, Faltrad, Hochrad, Liegerad, Mountainbike, Nebeneinandem, Rennrad, Rikscha, Schienenfahrrad, Tandem, Velomobil, Waffenrad

Die Sprache der Motorradfahrer

Abflug Sturz
Angstrand Der Teil des Reifens, der (in der Schräglage bei Kurvenfahrten) noch nicht mit dem Asphalt in Berührung kam
Benzin reden Über das Motorradfahren plaudern
Bürgerkäfig Auto
Dose Auto
Flattern Wenn ein Motorrad bei hohen Geschwindigkeiten wackelt
Joghurtbecher Japanische Motorräder mit Kunststoffverkleidung
Reisschüssel Japanische Motorräder
Rennleitung Polizei

Das Fahrradfahren, nichts für Frauen?

So sittlich und edel, lieber Herr Collega, diese Leibesübung dem Manne ansteht, so sehr ist der Anblick eines Rad fahrenden Weibes geeigenschaftet, unserem an klassischem Geiste geläuterten Schönheitssinn in seiner vollen und ganzen Tiefe zu empören.

Aus der Satire-Zeitschrift SIMPLICISSIMUS, 1898

Radlerlatein von A bis Z

Anlötösen Kleine Gewinde-Ösen am Rahmen, an denen Zusatzteile befestigt werden können. Bowdenzug Drahtzug für die Bremse oder die Gangschaltung. Citybikes Fahrräder, die speziell für die Nutzung in der Stadt entwickelt wurden. Drehglocken Durch Drehen des Griffs am Lenker ertönt die Klingel. Einrad Fahrrad für Künstler, Akrobaten oder solche, die es werden wollen. Faltrad Fahrrad, das sich so klein zusammenklappen lässt, dass man es leicht transportieren kann, auch Klapprad genannt. Gabel Der Teil des Fahrrades, an dem das Rad befestigt ist. Hungerast Kräfteeinbruch beim Radrennen, wenn der Rennfahrer zu wenig gegessen oder getrunken hat. Kontermutter Eine Schraubenmutter, die auf einer Achse gegen eine andere gespannt wird, so dass die andere Mutter sich nicht lockern kann. Laufstreifen Der Teil des Reifens, auf dem das Rad tatsächlich rollt. Mergomobil Kinderfahrrad aus Brettern und Draht, das ab 1920 in Deutschland produziert wurde. Niederrad Fahrrad mit zwei gleich großen Rädern, wie heute gebräuchlich. Ölbadbettenkasten Geschlossener, mit Öl gefüllter Kasten, durch den die Kette läuft. Pneu Mit Luft gefüllter Reifen. Quadruplet Fahrrad für vier Personen mit sechs Rädern. Hergestellt 1888 in München. Radfahrcorps Militärische Einheit, die mit dem Fahrrad unterwegs ist. Schwitzwasser Kondenswasser, das sich in den Rahmenrohren bildet. Kann zur Durchrostung führen. Tandem Fahrrad für zwei Personen. Umwerfer Teil der Kettenschaltung, der die Kette von Kettenblatt zu Kettenblatt bewegt. Vector Liegerad für Höchstleistungen. Bisherige Höchstgeschwindigkeit: 102 km/h. Wasserträger Helfer in einer Radrennmannschaft, der den Kapitän unterstützen muss. Xtraordinary Hochrad von 1875 mit sehr großem Vorderrad. Zehnlochschlüssel Radwerkzeug für alle Gelegenheiten.

Eine kurze Geschichte des Radfahrens

1817 Karl Friedrich Drais von Sauerbronn erfindet die Laufmaschine »Velociped«. 1839 Herstellung von vulkanisiertem (widerstandsfähigem) Gummi. 1845 Erfindung von mit Luft gefüllten Kutschenreifen aus Gummi. 1861 Das erste Rad mit Pedalantrieb wird serienreif. 1869 Erstes Straßenrennen über eine längere Strecke (Paris–Rouen, 124 km). 1871 Das erste Hochrad »Ariel« kommt auf den Markt. 1884 Mit der Einführung des Niederrades »Rover« endet die Zeit der Hochräder schon wieder. 1888 Immer mehr Räder werden mit Luftreifen ausgestattet, das Fahrrad wird Massenprodukt. 1896 Das erste Sechstagerennen findet in New York statt. 1903 Die erste »Tour de France«. 1907 Die erste Zwei-Gang-Nabenschaltung kommt auf den Markt. 1909 Der »Giro d'Italia« findet erstmals statt. 1927 Auf dem Nürburgring/Eifel wird die erste Profiweltmeisterschaft ausgetragen. 1932 Die Kettenschaltung wird marktreif. 1958 Erstmals werden auch Weltmeisterschaften für Frauen veranstaltet. 1972 Das erste offizielle BMX-Rennen findet in Santa Monica/USA statt. 1972 Erfindung des Mountainbike. 1989 Die Federgabel kommt auf den Markt.

Straßenstundenweltrekordhalter

Wie viele Kilometer schafft ein Radfahrer in einer Stunde? Die Antwort auf diese Frage liefert der Stundenweltrekord – er gilt als Königsdisziplin des Radrennsports.

11. Mai 1893 – Henri Desgrange (Frankreich): 35,325 km 3. Juli 1898 – Willie Hamilton (USA): 40,781 km 20. Juni 1907 – Marcel Berthet (Frankreich): 41,520 km 18. August 1914 – Oscar Egg (Schweiz): 44,247 km 31. Oktober 1935 – Giuseppe Olmo (Italien): 45,090 km 29. Juni 1956 – Jacques Anquetil (Frankreich): 46,159 km 30. Oktober 1967 – Ferdinand Bracke (Belgien): 48,093 km 25. Oktober 1972 – Eddy Merckx (Belgien): 49,431 km 27. November 2000 – Chris Boardman (Großbritannien): 49,441 km 19. Juli 2005 – Ondrej Sosenka (Tschechische Republik): 49,700 km

Wohnen auf Rädern

Camper tun es; Schausteller tun es; Bands auf Tour tun es; Sinti und Roma tun es: Das Wohnen auf vier bis acht Rädern ist heute genauso beliebt wie in den Zeiten des Wilden Westens; allerdings schlafen, essen und wohnen moderne Nomaden nicht mehr im Planwagen, sondern im – Wohnwagen. Wohnwagen sind mindestens ebenso alt wie Automobile: In England wurden schon im 19. Jahrhundert »Reisewagen« von Pferden durch die Lande gezogen, und 1908 gründeten einige Briten den ersten »Caravan Club«. In Deutschland verhalf die Liebe dem Wohnwagen zu seinem Durchbruch: Die Künstlerin Fridel Edelmann wünschte sich von ihrem Verlobten Arist Dethleffs einen PKW-Anhänger, in dem sie schlafen, aber auch malen könnten. Daraufhin baute Dethleffs das erste deutsche »Wohnauto«. Seine Erfindung erregte so großes Aufsehen, dass Dethleffs, der bis dahin als Vertreter gearbeitet hatte, eine Firma gründete, die bis heute erfolgreich Wohnwagen und Wohnmobile herstellt. Das größte Wohnmobil der Welt ist übrigens ein umgebauter Doppeldecker-Bus. Er ist 18 Meter lang, zweieinhalb Meter breit, vier Meter hoch – und hat im hinteren Teil sogar eine eingebaute Garage, in der ein Kleinwagen für schnelle Besorgungen Platz findet.

Im Rausch der Geschwindigkeit

Flugzeug 10 360 km/h (unbemanntes Testflugzeug, USA, 2004) Raketenfahrzeug 1 228 km/h (Andy Green, USA, 1997) Zug 575 km/h (Eric Pieczak im TGV, Frankreich, 2007) Dieselfahrzeug 529 km/h (Andy Green, USA, 2006) Straßentaugliches Kraftfahrzeug 407 km/h (unbekannter Testfahrer im Bugatti Veyron, Deutschland, 2005) Hubschrauber 401 km/h (unbekannter Testpilot, Großbritannien, 1986) Straßentaugliches Kfz auf Eis 321 km/h (Juha Kankkunen, Finnland, 2007) Ski alpin 251 km/h (Simone Origone, Italien, 2006) Fahrrad (Speedbiking-Abfahrt) 212 km/h (Christian Taillefer, Frankreich, 1998) Fahrrad (Straße, Flachland) 130 km/h (Sam Whittingham, Kanada, 2001)

Stephanie Busch ist Psychologin und arbeitet darüber hinaus als freie Autorin und Journalistin. Zusammen mit Ulrich Noller hat sie das Buch OHNE ANGST ZUM KINDERARZT (2007) veröffentlicht. Ulrich Noller ist Journalist, Lektor und Moderator und arbeitet vor allem für den WDR. Er ist u. a. Co-Autor der bekannten Kinder- und Jugendkrimireihe BOLLE UND DIE BOLZPLATZBANDE, die der Hessische Rundfunk seit Jahren erfolgreich sendet.

Monika Horstmann studierte Kommunikationsdesign, Illustration und Buchgestaltung. Seit 2002 arbeitet sie im Hamburger Atelier Amaldi als Illustratorin und Grafikerin für verschiedene Verlage und Agenturen.

Das Gedicht von Christa Reinig auf S. 62 ist entnommen aus Christa Reinig, SÄMTLICHE GEDICHTE © Verlag Eremiten-Presse 1984

Die Internetseite zum Buch www.das-haus-buch.de in Kooperation mit

Vermittelt durch die Literatur- und Medienagentur Ulrich Pöppl, München
Umschlaggestaltung: Manja Hellpap, Berlin, unter Verwendung einer Illustration von Monika Horstmann, Hamburg
Typografie, Satz & Gestaltung: Manja Hellpap, Berlin
Gesetzt aus der BodoniSix
Druck & Bindung: Tlaciarne BB, spol. s r. o.
Printed in Slovak Republic 2007
ISBN: 978-3-8270-5236-0

www.berlinverlage.de